Unternehmensmodellierung

Unternehmensmodellierung

Josef L. Staud

Unternehmensmodellierung

Objektorientierte Theorie und Praxis mit UML 2.5

2., aktualisierte und überarbeitete Auflage

Springer Gabler

Josef L. Staud
Hochschule Ravensburg-Weingarten
Weingarten, Deutschland

ISBN 978-3-662-59375-2   ISBN 978-3-662-59376-9 (eBook)
https://doi.org/10.1007/978-3-662-59376-9

Die Deutsche Nationalbibliothek verzeichnet diese Publikation in der Deutschen Nationalbibliografie; detaillierte bibliografische Daten sind im Internet über http://dnb.d-nb.de abrufbar.

Springer Gabler

Springer Gabler ist ein Imprint der eingetragenen Gesellschaft Springer-Verlag GmbH, DE und ist ein Teil von Springer Nature.
Die Anschrift der Gesellschaft ist: Heidelberger Platz 3, 14197 Berlin, Germany

Vorwort

Unternehmensmodellierung heute

Für die Wirtschaftsinformatik ist die Unternehmensmodellierung ein zentrales Thema. Hat ein Fach die Aufgabe, die Welt der Anwendungssysteme zu durchleuchten, dann gehört dieses Thema ganz einfach dazu. Das Gebiet *Unternehmensmodellierung* umfasst viele Bereiche, die Daten- und Prozessmodellierung, die Vorgangsbearbeitung, die Organisationsmodellierung und – z.B. im technischen Bereich – Architekturfragen zur Vorbereitung der Hardware- und Softwarerealisation.

Daten- und Prozessmodellierung

Den größten Anteil, auch was den Modellierungsaufwand angeht, haben in einer Unternehmensmodellierung aber die *Daten- und Prozessmodellierung*. Während die Datenmodellierung einen inzwischen doch sehr gefestigten Eindruck macht (trotz der neueren Vorschläge bzgl. NoSQL-Datenbanken), kann dies bei der Prozessmodellierung nicht gesagt werden. Hier findet, v.a. auch in der Praxis, eine intensive Diskussion statt, z.B. über den Gegensatz klassischer und objektorientierter Methoden.

Da setzt dieses Buch ein. Es widmet sich den Fragen:

- In welchem Umfang kann eine zeitgemäße Unternehmensmodellierung objektorientiert sein? Ist der Anspruch der UML-Autoren begründet, mit ihrem Theorievorschlag die Gesamtheit der Unternehmensmodellierung (insbesondere auch die Prozessmodellierung) abdecken zu können?

Um dies zu erreichen, umfasst das Buch folgende Inhalte:

- Eine Einführung in die objektorientierte Theorie, so wie sie inzwischen in der UML 2.5. formuliert wurde – umfassend, ohne „Aussparungen" und in voller Tiefe.
- Eine Hinterfragung aller Theoriekomponenten der UML 2.5 auf ihre Tauglichkeit für die Unternehmensmodellierung, insbesondere die Prozessmodellierung.

- Überall, wo es sinnvoll ist, eine Diskussion des (wirklichen oder scheinbaren) Gegensatzes „System – Prozess". Auch in den Beispielen. Hier werden die in einem solchen Text sowieso immer vorhandenen Systembeispiele (Beispiele, die eher auf Systeme zielen, z.B. *Geldautomaten*) um typische Prozessbeispiele ergänzt.

Informationsstrukturen

Dass die objektorientierte Theorie grundsätzlich geeignet ist, Strukturen (im Sinne von Informationsstrukturen, die zu Datenbanken führen) zu modellieren, wird hier vorausgesetzt. Deshalb fällt die Betrachtung beim Vergleich „klassisch vs. objektorientiert" oft auf die Betrachtung der Prozessmodellierung zurück. Auch ihre Eignung für die Systemanalyse und Vorbereitung der Programmrealisierung wird hier vorausgesetzt.

Viele Begriffe

Die Zahl der Begriffe, die die UML-Autoren bei den Konstrukten zur *Verhaltensmodellierung* benötigen, ist sehr groß. Um die Übersichtlichkeit zu erhöhen und um die Beziehung zum Originaltext herzustellen, wird daher bei den meisten Kapiteln am Schluss die oben angeführte Auflistung der verwendeten Begriffe angegeben, in ihrer Originalsprache und in der gewählten Übersetzung. Letztendlich wird es unumgänglich sein, für einzelne Fragen den Originaltext zu konsultieren, da sollten diese Angaben eine Hilfe sein.

Abkürzungen für Methoden: AD – SD – AF – ZA

Wenn es darum geht, einzelne Teile der objektorientierten Theorie anzusprechen, werden in diesem Buch folgende Kurzbezeichnungen verwendet:

- **Methode AD**: alle Theorieelemente zur Erfassung und Darstellung von Aktivitäten
- **Methode SD**: alle Theorieelemente zur Erfassung und Darstellung von Sequenzdiagrammen
- **Methode AF**: alle Theorieelemente zur Erfassung und Darstellung von Anwendungsfällen
- **Methode ZA**: alle Theorieelemente zur Erfassung und Darstellung von Zustandsautomaten

Weil in einigen Fällen objektorientierte Methoden zur Geschäftsprozessmodellierung mit der Theorie rund um die Prozessmodellierung verglichen werden, werden auch noch diese Kurzbezeichnungen verwendet:

- **Methode EPK**: alle Theorieelemente zur Erfassung und Darstellung von Ereignisgesteuerten Prozessketten
- **Methode BPMN**: alle Theorieelemente zur Erfassung und Darstellung von Business Process Diagrams der BPMN

Motiv

Ein wichtiges Motiv für dieses Buch ist, dass die Fragen der *Unternehmensmodellierung* (und ganz besonders der *Prozessmodellierung*) in der Literatur zur objektorientierten Theorie nur stiefmütterlich und teilweise nach Auffassung des Verfassers falsch behandelt werden, weshalb die oben gestellte Frage damit nur unzulänglich beantwortet werden kann.

Weingarten, Deutschland — Josef L. Staud

Inhaltsverzeichnis

Abkürzungsverzeichnis

AD	Aktivitätsdiagramm
AF	Anwendungsfall
BPMN	Business Process Modeling Notation
BPR	Business Process Reengineering
EPK	Ereignisgesteuerte Prozesskette
ERP	Enterprise Ressource Planning
IKS	Informations- und Kommunikationssysteme
IT	Informationstechnologie/n
KI	Künstliche Intelligenz
OCL	Object Constraint Language
OID	Objektidentifizierer
ooERP	objektorientierte ERP-Software
SD	Sequenzdiagramm
SPM	Standardprozessmodellierung
UML	Unified Modeling Language
vs.	versus (gegen, kontra)
Web	World Wide Web
ZA	Zustandsautomat

1.1 Aufbau des Buches

Im Groben geht es in der Unternehmensmodellierung um zwei Bereiche, zum einen um die Modellierung von „Strukturen" (i.w. um das informationelle Abbild des Unternehmens), zum anderen um die Modellierung von Verhalten (Abläufen, Verhalten, Geschäftsprozessen usw.).

In den Ansätzen vor der Objektorientierung war die Aufteilung recht klar und einfach. Die Strukturen waren informationelle Strukturen und wurden per Datenmodellierung bewältigt. Die „Dynamik" (Verhalten, Abläufe, Geschäftsprozesse) wurde per Systemanalyse in Modelle umgesetzt, die Geschäftsprozesse wurden nicht oder getrennt betrachtet.

Statische und dynamische Aspekte des Anwendungsbereichs
Mit der objektorientierten Theorie wurde dies etwas anders. Es werden zwar „structure" und „behavior" (wie die US-amerikanische Literatur es nennt) immer noch getrennt, mit der Einbindung von Methoden bei den Klassen sind diese aber auch gleich mit wichtigen Aspekten von Dynamik ausgestattet, sodass wir hier bezüglich der Thematik „Struktur + Verhalten" folgende Situation haben:

- Modellierung der Strukturen durch Klassen mit ihren Attributen (hier in den Kap. 2, 3, 4, 5, und 6).
- Modellierung der „Dynamik Stufe 1" durch Methoden/Operationen in den Klassen (hier in Kap. 7). In der Abbildung unten mit *Nachrichtenverkehr* bezeichnet.
- Modellierung „Dynamik Stufe 2" durch die UML-Theorieelemente für die Verhaltensmodellierung (hier in den Kap. 9, 10, 11, 12 und 13).

Abb. 1.1 gibt den daraus folgenden Aufbau der inhaltlichen Kapitel des Buches an.

© Springer-Verlag GmbH Deutschland, ein Teil von Springer Nature 2019
J.L. Staud, *Unternehmensmodellierung*, https://doi.org/10.1007/978-3-662-59376-9_1

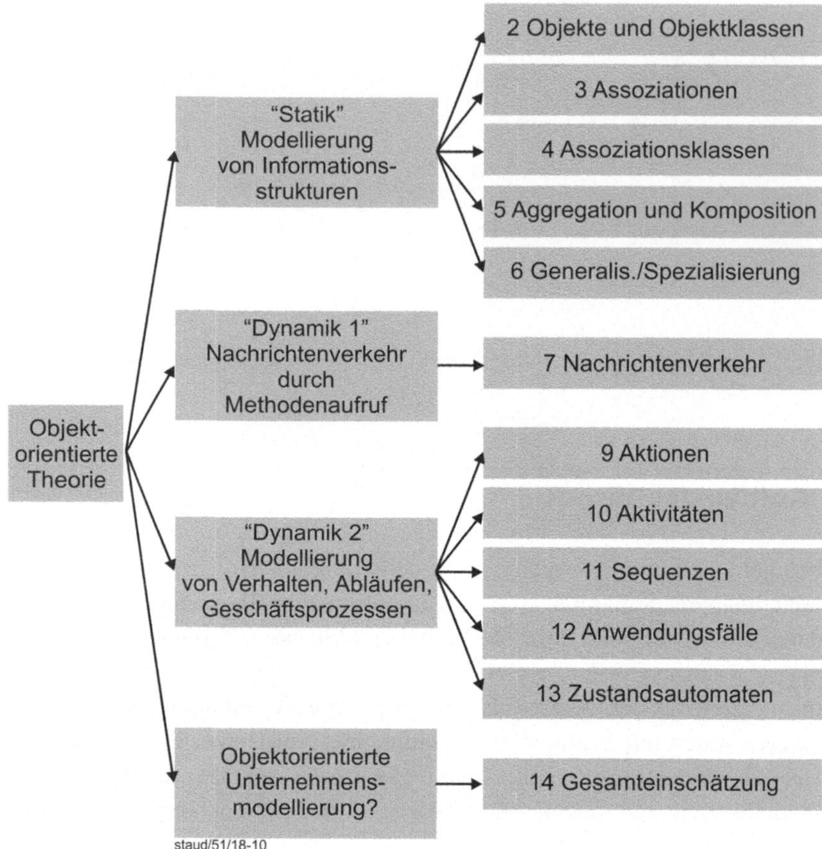

Abb. 1.1 „Struktur und Verhalten" bzw. „Statik und Dynamik" in der objektorientierten Theorie und in den Kapiteln des Buches

Verwendete Datentypen
UML-Datentypen
  Innerhalb der in den folgenden Kapiteln gezeigten Beispiele werden teilweise auch Datentypen angegeben. Folgende werden in den Texten der UML und in Rumbaugh, Jacobson und Booch (2005) verwendet und sollen deshalb auch hier zum Einsatz kommen:

- Category
- Money
- String
- Date
- Integer
- Boolean
- TimeofDay

C++

Einige Beispiele werden auch in C++ angegeben. Da finden folgende Datentypen Verwendung:

- Char
- Float
- Double
- Int

Wo nötig und sinnvoll sind noch selbsterklärende weitere Datentypen eingefügt.

Formatierung und Schreibweise

Im Text und in den Grafiken wird jeweils ein bestimmtes Schriftformat für Anwendungsbereiche, objektorientierte Modelle, Objekte, Klassen, Attribute und Methoden verwendet. Außerdem schreibt die UML bei einigen dieser Bezeichner einen bestimmten Aufbau des Wortes bzgl. Kleinschreibung, Großschreibung und Unterstreichung vor. Dieser wird hier schon mal vorgestellt, bei der Einführung des jeweiligen Theorieelements dann erläutert.

Hier die für diesen Text gewählte Formatierung:

- Anwendungsbereiche: Großschreibung, fett gesetzt, z.B. **UNTERNEHMEN**
- Objektorientierte Modelle: Großschreibung, z.B. PERSONALWESEN
- Klassen: normale Schreibweise, fett gesetzt, z.B. **Angestellte**
- Metaklassen: normale Schreibweise, kursiv gesetzt
- Objekte: normale Schreibweise, Doppelpunkt zwischen Objekt und Klassenbezeichnung, z.B. Maier:Angestellte
- Attribute: Beginnend mit Kleinschreibung, evtl. mehrere Wörter, zweites und jedes weitere Wort mit Großschreibung beginnend, z.B. gehalt, datumEinstellung
- Methoden/Operationen: wie Attribute, dazu Klammern, z.B. einstellen()

1.2   Unternehmensmodellierung

Oben wurde der Begriff Unternehmensmodellierung bereits angesprochen. Hier soll er näher beschrieben werden.

1.2.1   Daten – Prozesse – Organisationsstrukturen

Jedes Unternehmen (ja sogar jede Organisation) benötigt eine Planung seiner Strukturen und Abläufe. Im einfachsten Fall geht es um die Daten-, Prozess- und Organisationsmodellierung:

- Datenmodellierung: Welche Daten werden benötigt, welche entstehen, welche müssen über die Zeit gerettet werden.
- Prozessmodellierung: Welche Abläufe liegen vor, wie können sie möglichst effizient gestaltet werden?
- Organisationsmodellierung: Welche Organisationsstrukturen müssen geplant werden, welche sind in der jeweiligen Unternehmens- und Unternehmensumweltsituation nötig.

Das ist sozusagen der Kern der Unternehmensmodellierung. Darum herum sind weitere Modellierungsvorhaben angesiedelt, von der Planung der konkreten IT bis zur Planung des Workflow – zum Beispiel.

1.2.2   Mehrere Ebenen

Mehr oder weniger detailliert
Zu einer Unternehmensmodellierung gehört auch die Bereitstellung unterschiedlicher Niveaus in der Modellierung. Nicht nur eine umfassende und detaillierte Darstellung (z.B. des Datenmodells oder der Geschäftsprozesse), sondern auch Übersichtsnotationen. Dies sogar meist auf mehreren Ebenen.

Von Basis-EPKs bis zu Wertschöpfungsketten
So verwendete die SAP, als sie ihr Unternehmensmodell aufstellte (vgl. Kap. 8 in (Staud 2006) für eine Kurzdarstellung), für die Dynamikaspekte auf der detailliertesten Ebene *Ereignisgesteuerte Prozessketten*, darüber *Szenarien* (wo in einem Element ganze Geschäftsprozesse enthalten sind) und darüber *Wertschöpfungsketten*. Bei letzteren kann dann z.B. der ganze Vertrieb in einem Element enthalten sein.

Von ERM bis zu Relationen
Im Strukturteil werden oft Modellierungstechniken der semantischen Datenmodellierung verwendet, insbesondere ER-Modelle, bei der SAP in den Varianten SERM und SAP-SERM (vgl. für eine Darstellung (Staud 2005)). Da kann dann leicht integriert werden, z.B. indem mehrere Entitätstypen (aus einem Bereich des Vertriebs) zu einem zusammengefasst werden. Dies ist in mehreren Ebenen denkbar und auf der obersten Ebene kann dann das gesamte Unternehmen auf einer Seite dargestellt werden.

Das ist der Grund weshalb hier bei den Theorieelementen, wo immer es sinnvoll ist, gefragt wird, ob sie die Bildung von Übersichtsnotationen zulassen.

1.2.3   Klassisch oder Objektorientiert

RM + EPK/BPMN
Die Aufgabe der Unternehmensmodellierung kann „klassisch" oder objektorientiert gelöst werden. „Klassisch" meint, evtl. auf der Basis des ARIS-Ansatzes von Scheer, die Verwen-

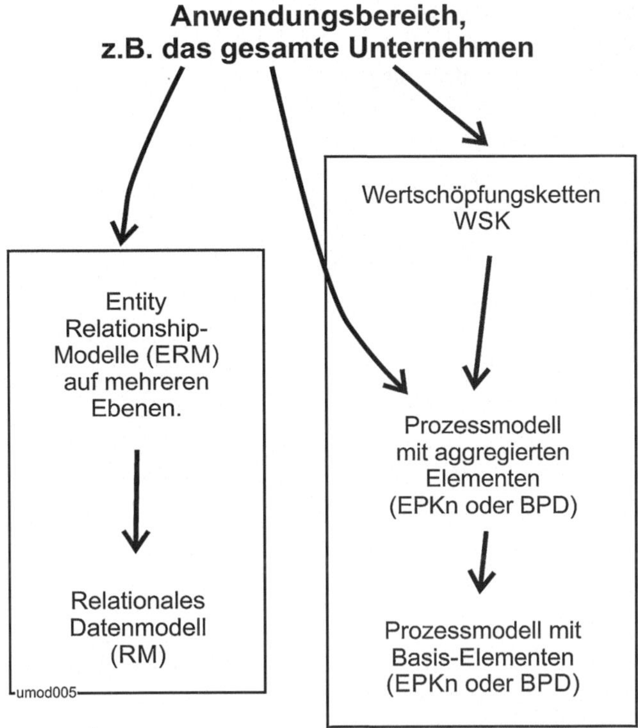

dung relationaler Datenbanken, die Beschreibung der Prozesse durch nicht-objektorientierte Methoden (durch Ereignisgesteuerte Prozessketten (EPKs) oder Business Process Diagrams der BPMN) usw. Alle großen kommerziellen Lösungen (als ERP-Software, Branchensoftware,…) sind heute so geplant und realisiert. Abb. 1.2 deutet diese klassische Variante an.

▶ **Lesehinweis zu Abb. 1.2 und 1.3** Die Elemente sind in der Regel Modelle – entweder aus dem Struktur- oder dem Verhaltensbereich. Die Pfeile deuten die einzelnen zu gehenden Schritte an.

Vgl. hinsichtlich wichtiger Aspekte der klassischen Unternehmensmodellierung

- Staud (2005) und Staud (2015) zur relationalen Datenmodellierung,
- Staud (2006) und Staud (2014) zur Prozessmodellierung mit *Ereignisgesteuerten Prozessketten* und
- Staud (2017) zur Prozessmodellierung mit der *Business Modell and Notation* (BPMN).

OOStruktur + OOVerhalten

Eine konsequent objektorientierte Lösung bestünde darin, ausgehend von einem Klassendiagramm die Strukturaspekte des Anwendungsbereichs objektorientiert zu beschreiben und von da aus eine integrierte objektorientierte Beschreibung der Geschäftsprozesse, der

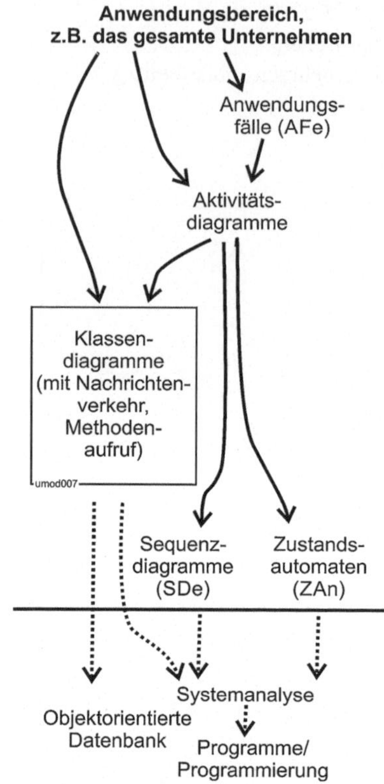

Abb. 1.3 Elemente einer objektorientierten Unternehmensmodellierung

dynamischen Aspekte also, zu realisieren. Eine solche Lösung gibt es diesseits von experimentellen, kleinen oder Laboranwendungen nicht.

Abb. 1.3 deutet die hier umzusetzenden Komponenten und Vorgehensweisen an. Die gestrichelten Pfeile deuten die Schritte an, die *nach* der Unternehmensmodellierung für die konkrete Umsetzung erfolgen müssten. Zum einen müsste die objektorientierte Datenbank entstehen, zum anderen über eine Systemanalyse die Anwendungsprogramme.

1.2.4 Gegenstand dieses Buches

Klassische und objektorientierte Vorgehensweise

Mit obigen Ausführungen kann der Gegenstand dieses Buches nochmals verdeutlicht werden. In Abb. 1.4 sind die klassische und mögliche objektorientierte Vorgehensweise bei der Unternehmensmodellierung zusammengestellt, auch mit der Andeutung von Alternativen. So stehen sich klassische und objektorientierte Theorien im Bereich der Strukturen und des Verhaltens gegenüber.

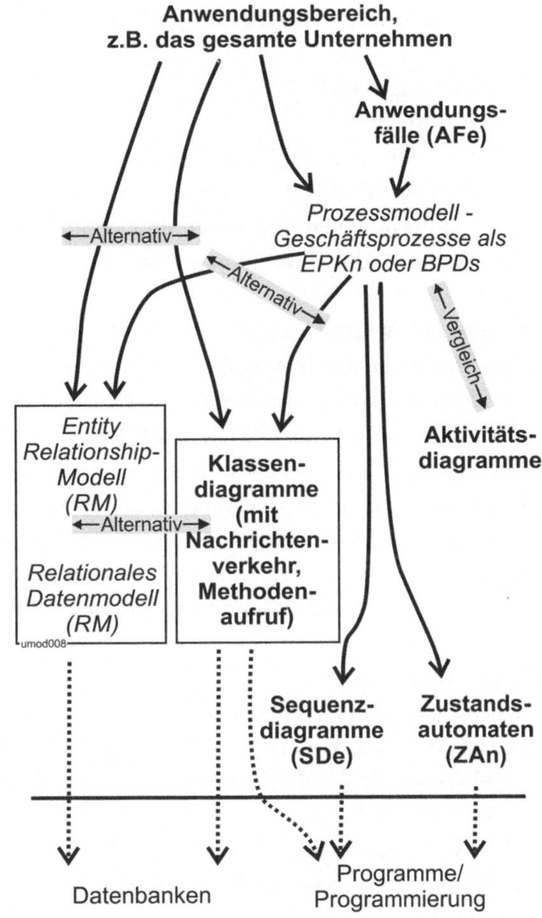

Abb. 1.4 Unternehmensmodellierung im Vergleich und als Forschungsgegenstand

Alles in allem ein weites Feld, wie leicht zu erkennen ist, das den Rahmen einer einzelnen Veröffentlichung sprengt.

Themen des Buches

Die in diesem Buch betrachteten Themenbereiche sind die in Abb. 1.4 **fett** gesetzten. Zum einen wird die objektorientierte Theorie ganz grundsätzlich in ihrer aktuellen Fassung vorgestellt (wobei allerdings, wo sinnvoll, System- **und** Geschäftsprozessbeispiele angeführt werden), zum anderen wird bei fast jedem Kapitel gefragt, welchen Beitrag das jeweilige Theorieelement zur Unternehmensmodellierung leistet.

Die gestrichelten Pfeillinien am unteren Ende deuten wiederum die nächsten Schritte an.

Die in der Abbildung kursiv gesetzten Themenbereiche werden in Staud (2005) und Staud (2015) (relationale Datenmodellierung), Staud (2006) und Staud (2014) (Prozessmodellierung mit *Ereignisgesteuerten Prozessketten*) und Staud (2017) (Prozessmodellierung mit der *Business Modell and Notation*) dargestellt.

1.3   Objektorientierung als solche

Entwicklungsstand
Programmierung

Die objektorientierte Theorie ist mittlerweile im Bereich der Programmiersprachen fest etabliert. Dies betrifft nicht nur C++, sondern die meisten neuen Sprachen, v.a. auch die für Webanwendungen. Entweder sind sie gleich objektorientiert (wie z.B. Java) oder ihre eigentlich prozedurale Grundstruktur wird um objektorientierte Komponenten erweitert.

Systemanalyse und -design

Damit und auch unabhängig davon (als Modellierungsinstrument) ist sie in Systemanalyse und -design ebenfalls umfassend eingeführt, wobei zu beobachten ist, dass das System-design noch umfassender objektorientiert erfolgt als die Systemanalyse. Die Ursache liegt sicherlich darin, dass sich die heutigen grafischen Bedienoberflächen sehr leicht und um-fassend objektorientiert denken lassen. Auf der anderen Seite ist die Umsetzung der Funk-tionalität eines Anwendungsbereichs in objektorientierte Modelle oftmals nicht so einfach möglich oder macht zumindest mehr Schwierigkeiten. Zumal es auch Funktionalität gibt, die sich dem objektorientierten Ansatz ganz entzieht.

Datenbanksysteme

Nicht so ist es bei Datenbanksystemen. Hier ist zwar in der Theorie alles vorbereitet und es existieren auch kommerziell verfügbare Datenbanksysteme mit einem „Stück Objekt-orientierung", der große Durchbruch in der Praxis lässt allerdings auf sich warten. Und dies schon recht lange.

Da wird auch in absehbarer Zeit nicht viel kommen, da der Fokus der Datenbankge-meinde derzeit auf andere Themen gerichtet ist, z.B. auf InMemory-Datenbanken und NoSQL-Datenbanken.

Geschäftsprozesse

Immer noch ganz am Anfang steht die objektorientierte Theorie bei der Prozessmodellie-rung. Hier ist noch nicht mal die Frage beantwortet, ob ihr Einsatz überhaupt sinnvoll ist. Dies sieht man auch daran, dass die von den UML-Autoren direkt vorgeschlagene Me-thode zur Modellierung von Tätigkeitsfolgen – Aktivitätsdiagramme – gar nicht objekt-orientiert ist, sondern recht unabhängig neben der objektorientierten Theorie her existiert.

Deshalb findet Prozessmodellierung in der Praxis heute fast ausschließlich klassisch (nicht objektorientiert) statt.

Objektorientierung

Was ist das nun, Objektorientierung? Es bedeutet eine bestimmte Art und Weise, mit der in der Informatik und Wirtschaftsinformatik Realweltphänomene wahrgenommen werden. In der Systemanalyse und Programmierung die der zu programmierenden Anwendung. Im Bereich der Datenbanken der sogenannte *Weltausschnitt*, der zur Modellierung ansteht. Bei der Geschäftsprozessmodellierung der jeweilige Anwendungsbereich, der im Extremfall – bei der Unternehmensmodellierung – das ganze Unternehmen umfasst.

> ▶   **Tipp** Wie oben wird hier und im Weiteren der Begriff *Anwendungsbereich* für die zu modellierende Realwelt verwendet.

Objektorientierte Modellierung, objektorientierte Modelle
Die objektorientierte Theorie ist also ein *Modellierungsansatz*, ein Werkzeug zur adäquaten Beschreibung eines Anwendungsbereichs. Für die Anwendungsentwicklung als Systemanalyse und Systemdesign, für Datenbanken als Datenmodell. Diese Modelle dienen dann der konkreten Programmierung bzw. der Einrichtung der Datenbank. Das Ergebnis der Modellierungsbemühungen wird *Objektmodell* genannt.

Zusätzlich zu obigem behaupten wichtige Vertreter der objektorientierten Theorie (vor allem die Autoren der UML, worauf hier immer wieder eingegangen wird) seit einigen Jahren, dass die objektorientierte Theorie auch geeignet sei, Geschäftsprozesse zu modellieren. Dass also das Instrumentarium zur Beschreibung von Abläufen, vom Zusammenspiel in Systemen, auch geeignet sei für die Prozessmodellierung. Es wird in dieser Arbeit zu prüfen sein, ob dies tatsächlich so ist.

Umfassendes objektorientiertes integriertes Unternehmensmodell?
Wäre dies möglich, dann wäre der objektorientierte Ansatz in seiner gegenwärtigen Ausprägung geeignet, Unternehmen in ihrer ganzen Komplexität zu modellieren, also nicht nur bezüglich der Datenstrukturen, sondern auch bezüglich der Geschäftsprozesse und anderer Eigenschaften. Dann könnte der Schritt zu einem umfassenden objektorientierten integrierten Unternehmensmodell getan werden.

Diese Hinwendung der Autoren (in der objektorientierten Fachliteratur) zu den Geschäftsprozessen erfolgt nicht zufällig, sondern kommt von dem Bedeutungsgewinn, den die Prozessanalyse in den letzten Jahrzehnten gewonnen hat. Trotzdem werden Fragen der *Prozessmodellierung* in den einschlägigen Veröffentlichungen nur stiefmütterlich behandelt. Dies soll in diesem Buch nicht geschehen.

Geschäftsprozesse = Systemverhalten?
Meist wurden und werden von diesen Autoren Prozesse mit Systemen gleichgesetzt, was zum gegenwärtigen Stand der Entwicklung der Informationstechnologien (IT) zumindest fragwürdig ist und was hier ja auch hinterfragt werden soll. Zumindest bei einigen Autoren hat sich dies inzwischen auch geändert. Es wurde erkannt, dass es „über" der Systemebene noch die Geschäftsprozesse gibt und dass diese eine besondere Behandlung verdienen. Ein Grund dafür ist, dass Geschäftsprozesse auch Abläufe betreffen die nicht automatisiert sind, die also nicht durch Software unterstützt werden.

Sind Geschäftsprozesse Automaten?
Und doch gibt es in der Praxis heutiger IT-Systeme in Unternehmen einen Trend, der diese
Betrachtungen in einem völlig neuen Licht erscheinen lässt: Den zu fast vollständig automatisierten (d.h. durch Software abgewickelten) Geschäftsprozessen. Die Webunterneh-
men führen uns diesen Trend gerade eindrücklich vor. Nicht nur der Kontakt zum Kunden,
sondern seine Rückmeldungen, das Mahnwesen, Finanzwesen, die Leistungserbringung
usw. werden automatisiert abgewickelt.

Dazu unten in den Kapitelzusammenfassungen und in der Gesamteinschätzung
(Kap. 14) mehr.

1.4   Die UML

1.4.1   Was ist die UML?

Objektorientierung gab es vor der UML und wird es auch danach geben, wie das so ist im
Wissenschaftsleben. Die *Unified Modeling Language* stellt aber einen Standard dar. Die
Leistung der UML-Autoren bestand u.a. darin, eine Vereinheitlichung der verschiedenen
objektorientierten Theorieansätze durchzuführen. In der ersten Version, der UML 1 (vgl.
(Rational Software u.a. 1997)), wurden die damals wichtigsten objektorientierten Methoden (Booch, OMT, OOSE) zusammengefasst und um etablierte Konzepte aus den Bereichen „modeling language design", objektorientierte Programmierung und Architekturbe-
schreibungssprachen ergänzt. Seitdem erfolgte von Version zu Version eine Präzisierung,
wobei mit der Version 2.0, ausformuliert in OMG (2003a) und OMG (b) bereits eine strin-
gente Fassung erreicht wurde. Für die Fassung 2.5, ausformuliert in OMG (2017), wurden
weitere Präzisierungen vorgenommen.

Die UML-Autoren selbst definieren die UML wie folgt:

> The objective of UML is to provide system architects, software engineers, and software deve-
> lopers with tools for analysis, design, and implementation of software-based systems as well
> as for modeling business and similar processes. (OMG 2017, S. 1)

Hier ist also auch der Anspruch formuliert, die für die Unternehmensmodellierung wichtigen Geschäftsprozesse ebenfalls zu modellieren und damit verfügbar zu machen.

Die Definition der Version 2.0 ist etwas aussagekräftiger und widerspricht auch nicht
der obigen Definition:

> The Unified Modeling Language is a visual language for specifying, constructing and docu-
> menting the artifacts of systems. It is a general-purpose modeling language that can be used
> with all major object and component methods, and that can be applied to all application do-
> mains (e.g., health, finance, telecom, aerospace) and implementation platforms (e.g., J2EE,.
> NET). (OMG 2003b, S. 22)

Hier werden zwei Ziele betont. Zum einen die Absicht, visuelle Darstellungen von Systemkomponenten zu ermöglichen, zum anderen die, eine universelle Einsetzbarkeit bzgl. der Methoden und Anwendungsbereiche sicherzustellen.

1.4.2   Statik vs. Dynamik – Struktur vs. Verhalten

Hauptwirkungsbereich der objektorientierten Theorie war und bleibt die Systemanalyse mit ihrer Zweiteilung zwischen Struktur und Verhalten (im Anwendungsbereich). Diese Zweiteilung wurde in der objektorientierten Theorie von Anfang an übernommen[1], vor der UML und dann auch durch die UML-Autoren. Das ist nun mal ein wesentliches Strukturmerkmal von Systemen, aber auch von anderen Anwendungsbereichen, z.B. Geschäftsprozessen (wo sich dies in Abläufen und genutzten Daten artikuliert).

Dies sehen auch die UML-Autoren so. Sie betonen, dass die UML Modellkonstrukte in zwei *semantische Kategorien* (semantic categories) fallen:

- Struktur-Modellelemente (structural semantics) zu den zu modellierenden Informationsträgern (wörtlich: „individuals in the domain being modeled")
- Verhaltens-Modellelemente (behavioral semantics), die Verhalten erfassen und damit die möglichen Veränderungen der Informationsträger im Zeitablauf.

Vgl. (OMG 2017, S. 13). Die Gesamtdarstellung der Modellkomponenten liegt in Abb. 1.5 vor.

1.4.3   Abbildungen zu Modellkomponenten

Eine Theorie im Bereich der Unternehmensmodellierung wird erstmal textlich formuliert und legt so ihre Begriffe, Konzepte und Konstrukte fest. Typisch für eine Theorie, die Modelle zum Ziel hat, ist die zusätzliche Nutzung von Abbildungen, mit denen Modelle, Modellelemente oder Modellaspekte ausgedrückt werden. Deshalb, und auch weil der Verfasser Beispiele für sehr sinnvoll hält, die zahlreichen Abbildungen in diesem Buch – für Struktur- und für Verhaltensaspekte, aus dem System- und dem Prozessumfeld. Die folgende Grafik zeigt die Theorieelemente der UML und die verwendeten Abbildungen für die beiden Bereiche, dort werden sie „structure and behavior diagrams" genannt. Die meisten davon werden in diesem Buch vorgestellt.

---

[1] Auf die Darstellung einer anderen Entwicklungslinie, die zu diesem Grundkonzept führte (oder von der entsprechenden Realweltstruktur motiviert wurde), die *abstrakten Datentypen* mit ihrer Verbindung von Informationstyp und für ihn geeigneten Verarbeitungsprozessen, wird hier verzichtet.

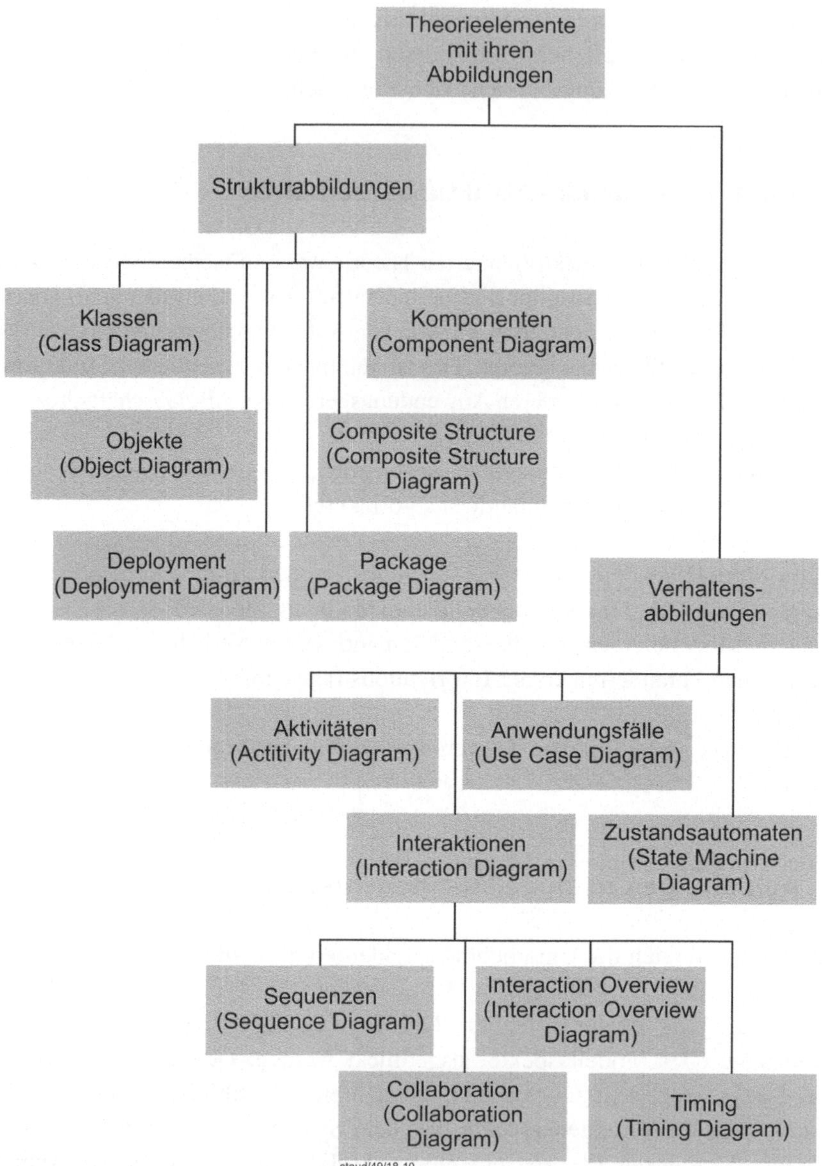

Abb. 1.5 Abbildungen für die Struktur- und Verhaltensmodellierung in der UML. Quelle: (OMG 2017, S. 685, Figure A.5), grafisch verändert

1.5 UML-Modelle

1.5.1 Modelle

In der Quelle wird sehr genau ausgeführt, was die UML-Autoren unter einem Model verstehen:

> A model is always a model of something. The thing being modeled can generically be considered a system within some domain of discourse. The model then makes some statements of interest about that system, abstracting from all the details of the system that could possibly be described, from a certain point of view and for a certain purpose. (OMG 2017, S. 12)

Dabei wird auch sehr deutlich, dass an Systeme gedacht ist. Auch der immer notwendige Abstraktionsschritt auf die für die jeweilige Fragestellung wichtigen Aspekte wird klar formuliert.

Unterschieden wird nach *existierenden* und *geplanten* Systemen. Für ein existierendes System stellt das erstellte Modell eine Analyse seiner Eigenschaften und seines Verhaltens dar. Für ein geplantes System stellt das Modell dar, wie das System aufgebaut sein soll und welches Verhalten erwartet wird (OMG 2017, S. 12).

UML_Modellkomponenten
Ein UML-Modell besteht aus drei Komponenten („major categories of model elements"). Dies sind:

- *Classifier*. Ein Classifier (vgl. Abschn. 2.8.4) beschreibt eine Menge von Objekten. An dieser Stelle wird unter einem Objekt ein Informationsträger („individual") mit einem Zustand und Beziehungen zu anderen Objekten verstanden. Der Zustand eines Objekts ist durch die Werte seiner Attribute gegeben.
- Ereignissen (events). Und zwar Ereignisse, die Auswirkungen haben für das betrachtete System.
- Verhalten (behaviors). Sie bestehen aus einer Menge von Aktivitäten der Verhaltenskomponenten („executions") mit Wirkung auf das System, z.B. führen sie zur Änderung des Zustands von Objekten.

(Vgl. OMG 2017, S. 12).

Um keine Verwirrung entstehen zu lassen: Zu einem späteren Zeitpunkt ihrer theoretischen Ausführungen wird Verhalten ebenfalls als Classifier aufgefasst. Hier aber, bei den grundsätzlichen Betrachtungen, empfinden es die UML-Autoren angemessener, Verhalten in einer anderen semantischen Kategorie anzusiedeln als Classifier und Objekte.

1.5.2 Metamodelle

Eine Modellierungsmethode wie die UML beschreibt Aspekte der Realwelt und erlaubt, ein abstrahiertes und fokussiertes Modell davon zu erstellen. Zu diesem Zweck hat sie Elemente, oft *Konstrukte* genannt, mit deren Hilfe die Modellbildung erfolgt. Hier also die oben beschriebenen grundsätzlichen Konstrukte und die in den folgenden Kapiteln beschriebenen spezifischen.

In einer *Metamodellierung* wird nun die jeweilige Modellierungsmethode beschrieben (modelliert). Für so etwa sind normalerweise philosophische Überlegungen notwendig. Im Falle der UML fügt es sich, dass die Methode selbst (mit ihrer Absicht Systeme der Realwelt zu beschreiben) auch dafür geeignet ist, die Methode (die ihr zugrundeliegenden Theorieüberlegungen) zu beschreiben. Etwas konkreter: die Möglichkeit Informationsträger zu definieren und Beziehungen zwischen diesen zu beschreiben (wie es z.B. in Klassendiagrammen geschieht) erlaubt auch die Beschreibung von Modellkomponenten und deren Beziehungen untereinander. Deshalb haben wir im Falle der UML die Möglichkeit, die Methode selbst durch eine ihrer Teilmengen zu beschreiben und damit Metamodelle zu erstellen. Dabei geht es um die *abstrakte Syntax*, wie es die UML-Autoren nennen, um das regelgerechte Zusammenspiel der jeweiligen Elemente. Entsprechend findet sich in (OMG 2017) zu Beginn eines jeden Kapitels mit einer Methodenbeschreibung ein Klassendiagramm, das die jeweilige Methode diesbezüglich erklärt.

Die UML-Autoren definieren also die Syntax der UML mithilfe eines Metamodells. Dieses benutzt Konstrukte aus einer Untermenge der UML, die in der MOF 2 – Spezifikation festgelegt ist (www.omg.org/spec/MOF/2.5). Ein solches Verfahren, eine Methode mit ihren eigenen Konstrukten zu definieren, ist durchaus angemessen, wie auch die UML-Autoren anmerken (OMG 2017, S. 12), allerdings naürlich nicht immer möglich.

Aufsetzpunkte – root concepts
Das geht nicht umfassend. Es gibt immer Konstrukte, die ganz am Anfang der Entwicklung einer solchen Methode stehen. Hier sind das die Konzepte *Element* und Relationship. Sie werden von den UML-Autoren *root concepts* genannt:

> The root concepts of *Element* and *Relationship* provide the basis for all other modeling concepts in UML. (OMG 2017, S. 21)

Das sind allerdings nicht die einzigen. Folgende Begriffe und Konzepte werden u.a. in OMG (2017) ebenfalls vorausgesetzt:

- Individual („An object is an individual with a state and relationships to other objects." (OMG 2017, S. 12)
- Entity („A persistent information component representing a business concept." (OMG 2017, S. 680)
- Situation (in der üblichen Bedeutung)

- Element („If a model element has a behavioral effect, then this effect may occur over some duration." (OMG 2017, S. 74)
- Model („A model is always a model of something." (OMG 2017, S. 12)
- Event (Ereignis) („An *event* is a specification of something that may *occur* at a specific point in time …") (OMG 2017, S. 74)
- Relationship („A relationship is an element that specifies some kind of relationship between other elements." (OMG 2017, S. 22)

1.6   Zeit

Zu einer Methode, die über Systeme Aspekte und Ausschnitte der Realwelt modellieren möchte, gehört natürlich auch die Berücksichtigung der zeitlichen Dimension. Die UML-Autoren haben hierzu folgende Sichtweise:

- Die Strukturkomponenten der Methode erfassen Eigenschaften von Informationsträgern (entities) zu einem bestimmten Zeitpunkt.
- *Ereignisse* ändern u.U. diese Eigenschaften
- *Zeit* wird dann als „coordinate" gesehen, die das Auftreten der Ereigniss eim Zeitablauf ordnet. Jedem Auftreten eines Ereignisses kann ein Zeitpunkt zugeordnet werden.
- *Zeitdauer* ist der Zeitabschnitt zwischen dem Auftreten zweier Ereignisse. Sie wird über die Koordinaten der Zeitpunkte berechnet. Hier ist dann auch von starting event und von ending event die Rede.

(Vgl. OMG 2017, 74).

Wie wir im Weiteren sehen werden, spielen zeitliche Aspekte in der konkreten Ausformulierung der UML-Komponenten keine sehr große Rolle. Lediglich bei den Sequenzdiagrammen (vgl. Abschn. 11.4), insbes. Abb. 11.4 bzw. Abb. 11.13) werden sie stärker thematisiert.

Literatur

OMG Object Management Group. 2003a. *UML 2.0 Superstructure Specification* (Unified Modeling Language: Superstructure, version 2.0, final Adopted Specification, ptc/03-08-02).
OMG Object Management Group. 2003b. *UML 2.0 Infrastructure Specification* (Unified Modeling Language (UML) Specification: Infrastructure, version 2.0, ptc/03-09-15).
OMG Object Management Group. 2017. *OMG Unified Modeling Language (OMG UML)*. Version 2.5.1.
Rational Software u.a. 1997. *UML Extension for Business Modeling. Version 1.1.* 1 September 1997 (www.rational.com/uml runtergeladen am 9. Juli 2000).
Rumbaugh, James, Ivar Jacobson, und Grady Booch. 2005. *The unified modeling language reference manual*, 2. Aufl. Boston: Addison-Wesley Professional.

Staud, Josef Ludwig. 2005. *Datenmodellierung und Datenbankentwurf.* Berlin: Springer.

Staud, Josef Ludwig. 2006. *Geschäftsprozessanalyse. Ereignisgesteuerte Prozessketten und objekt-orientierte Geschäftsprozessmodellierung für Betriebswirtschaftliche Standardsoftware*, 3. Aufl. Berlin: Springer.

Staud, Josef Ludwig. 2014. *Ereignisgesteuerte Prozessketten. Das Werkzeug für die Modellierung von Geschäftsprozessen.* Vilshofen: Lindemann.

Staud, Josef Ludwig. 2015. *Relationale Datenbanken. Grundlagen, Modellierung, Speicherung, Alternativen.* Vilshofen: Lindemann.

Staud, Josef Ludwig. 2017. *Geschäftsprozesse und ihre Modellierung mit der Methode Business Process Model and Notation (BPMN 2.0).* Hamburg: Lindemann.

> **Hinweis** Am Ende des Kapitels ist eine Liste der verwendeten Fachbegriffe in Deutsch und Englisch angegeben (s. Tab. 2.1).

Zwei Basisbegriffe

Mit Hilfe der objektorientierten Theorie werden Modelle erstellt. Typischerweise von einem Anwendungs- oder Gegenstandsbereich. Z.B. von einem geplanten Geldautomaten, den Geschäftsprozessen in einer Abteilung, dem Mahnwesen eines Internetunternehmens usw. Diese Modelle dienen dann der Erstellung der Software.

Realweltphänomene

Ganz zu Beginn dieser Modellierungsprojekte muss man sich somit mit der Realwelt auseinandersetzen. Deshalb braucht man einen Begriff für die ersten noch vagen Eindrücke, die man erhält, wenn man mit der Untersuchung beginnt. Dieser Begrift ist *Realweltphänomen*. Er bezeichnet also unsere noch nicht modelltechnisch strukturierten Wahrnehmungen zu Beginn der Modellierung.

Entity, Informationsträger

Hat man dann die Realweltphänomene strukturiert und mit Informationen versehen, müssen sie auch wieder abstrakt benannt werden können. Die UML-Autoren nutzen dafür den Begriff *entity*. Untersucht man den Sprachgebrauch,[1] stellt man fest, dass mit *entity* in den UML-Texten wie auch ansonsten in Teilen der US-amerikanischen Informatikliteratur tatsächlich so etwas wie *Informationsträger* gemeint ist: Es existiert und hat Eigenschaften, die hier in der objektorientierten Theorie als Attribute festgehalten werden.

---

[1] Also wie der Begriff (das Konzept) in der Fachliteratur verwendet wird. Dies ist in solchen Fällen meist die einzige Möglichkeit der Klärung.

© Springer-Verlag GmbH Deutschland, ein Teil von Springer Nature 2019
J.L. Staud, *Unternehmensmodellierung*, https://doi.org/10.1007/978-3-662-59376-9_2

Tab. 2.1 Verwendete Fachbegriffe in Kapitel 2

	information hidding
	primitive object
abstrakte Klassse	abstract class
abstrakte Metaklassse	abstract meta class
Attribut	attribute
Informationsträger	entity
Informationsträger (auch: *Ding*, bei (Booch, Rumbaugh und Jacobson 2006))	classifier
Instantiierung	instantiation
Instanz	instance
Kapselung	encapsulation
Klassenattribut	class attribute
klassenbezogene Methoden	class methods
Klassifikation	classification
Konzeptionelle Modellierung	conceptual modeling
Methoden	methods
Methoden, klassenbezogene	class methods
Operation	operation

Links der in diesem Text verwendete Begriffe. Rechts der in der objektorientierten Theorie bzw. in der UML verwendete Begriff. Begriffe ohne Übersetzung wurden auch im Text in englischer Sprache verwendet.

▶ **Tipp** Auch die UML hat Begriffe und Konzepte, die sie nicht aus sich heraus erklären kann, sondern auf denen sie aufbaut. Sie entstammen ihrer begrifflichen und philosophischen Umwelt. In der objektorientierten Theorie im Allgemeinen und in der UML im Besonderen ist einer dieser Begriffe *entity*. Vgl. auch Abschn. 1.5.

2.1 Einführung

Objekte in dieser Welt

Wir alle benutzen umgangssprachlich den Begriff *Objekt*. Es wäre wohl auch Übereinstimmung zwischen uns allen herstellbar, dass der Begriff etwas Zusammengehöriges bezeichnet. Genau das war die Motivation für die Wortwahl, ganz am Anfang des objektorientierten Denkens: Die elementaren Einheiten einer Modellierungstheorie sollten etwas Zusammengehöriges beschreiben und nicht Teile davon.

„My cat is object-oriented"

Überwindung der Aufteilung von Information also. Motiviert war dies v.a. durch die relationale Datenbanktheorie, die durchaus für ein Realweltphänomen (ein Objekt) eine Vielzahl von Relationen fordert. Einen Ausdruck fand dieses Denken in dem Satz von Roger King (1989).

Nun wissen wir auf- oder besser abgeklärten Menschen des neuen Jahrtausends, dass Zusammengehörigkeit letztendlich auch eine Illusion ist. Alle was ist, besteht aus Teilen, diese auch wieder usw. Trotzdem bedarf es eines Angel- oder Ankerpunktes, mit dem wir arbeiten können, sonst wäre Realitätserfassung nicht mehr möglich.

So kommt es, dass wir den Wald (der Spaziergänger) oder die Fichten, Tannen, Laubbäume aller Art usw. (der Förster) erfassen und nicht die Bestandteile Blätter, Zweige usw., vom weiteren inneren Aufbau ganz zu schweigen.

Ankerpunkt und Subjektivität

Obiges macht zweierlei klar: Erstens die Wahl eines "Ankerpunktes" in der sozusagen senkrechten „Zerlegungsdimension" und zweitens die Subjektivität des Vorgangs. Denn der „einfache" Waldbesucher nimmt anderes wahr als der Förster und dieser wiederum anderes als ein durch den Wald wandernder Biologe, ganz zu schweigen von einem durch den Wald flanierenden Liebespaar, dessen konzentrierte Wahrnehmung kaum von den Waldbestandteilen jeglicher Art gestört wird.

Das, wofür man sich letztendlich entscheidet, wird dann *Objekt* genannt. Also z.B. Abteilung, Stelle, Geldautomat, Rechnung usw.

Objekte in der objektorientierten Theorie
Informationen zuordnen

Wie kann das nun für die objektorientierte Theorie präzisiert werden? Zuerst einmal knüpfen wir an das an, was wir auch umgangssprachlich darunter verstehen. Objekte sind die Dinge (die UML-Autoren haben dafür den Begriff *Classifier*, vgl. Abschn. 2.8.4), die wir wahrnehmen und denen wir dadurch Informationen zuordnen.

Damit sind wir einen Schritt weiter. Wahrnehmung bedeutet Informationen zuzuordnen. Dadurch werden Realweltphänomene fassbar, bzw zu etwas Fassbarem.

Selektive, hoffentlich aber gezielte Wahrnehmung

Diese erste Wahrnehmung der Realität ist Thema der sog. *Konzeptuellen Modellierung* und wird hier nicht weiter thematisiert. Nur zwei Aspekte sollen angesprochen werden. Erstens ist unsere Wahrnehmung nicht nur subjektiv, wenn wir einen Anwendungsbereich betrachten (siehe oben), sondern auch zielgerichtet, idealerweise auf das Ziel, die Geschäftätigkeit des Unternehmens zu unterstützen. Zweitens sind es im wesentlichen *Attribute* (vgl. zu Attributen (Staud 2015, Kap. 2) die wir für die Modellierung verwenden. Auf Attribute fallen also die Informationen zurück, die oben angesprochen wurden.

Doch zurück zu den Objekten. In einem Theoriegebäude wird so ein Konzept der Alltagswelt dann natürlich präzisiert. So sind die „wahrgenommenen Informationen" hier die gerade eingeführten Attribute (die gegenüber *Eigenschaften* präziser gefasst sind) und zusätzlich wird die Möglichkeit der Informationsverarbeitung bedacht: Objekte haben Methoden, die angeben, welche Informationsverarbeitung mit ihren Attributsausprägungen möglich ist.

Beispiel Angestellte
Nehmen wir als Beispiel die Angestellen eines Unternehmens. Sie sind Objekte und haben
Attribute. Z.B. name, vorname, datumEinstellung. Als Methoden kommen einstellung(),
gehaltszahlung(), versetzung() usw. in Frage.

▶   **Hinweis** Vgl. zur Formatierung der Bezeichnungen von Attributen und Metho-
      den Abschn. 1.1.

Wichtig war den ersten Autoren der objektorientierten Theorie auch der direkte Bezug von
Realwelt und Modell. Einem Objekt der Realwelt (z.B. einer Angestellten in einem Unternehmen) sollte eine integrierte Repräsentation im Modell gegenüberstehen.

Basiseinheiten
Objekte sind damit die kleinsten Einheiten eines objektorientierten Modells, die, auf denen das restliche Modell aufbaut. So wie Relationen („Tabellen") in der relationalen Theorie, Entitäts- und Beziehungstypen in der ER-Modellierung, Funktionen und Ereignisse
in der Geschäftsprozessmodellierung mit EPKs usw. Aufbauend darauf können Objekte
wie folgt definiert werden:

▶ **Objekte** Objekte im Sinne des objektorientierten Ansatzes sind Realweltphänomene,
die durch Attribute beschrieben und/oder denen Methoden zugewiesen werden.

Mittlerweile kann diese Definition dahingehend ergänzt werden, dass natürlich weitere
Informationstypen wie Grafik, Bild, Text usw. ebenfalls zur Identifizierung und Spezifizierung von Objekten dienen können.

Ganz pragmatisch: Objektfindung durch Attribute
In der praktischen Arbeit ist die Bildung korrekter Objekte von großer Bedeutung. Ein
pragmatischer Weg dahin geht über die Betrachtung der Attribute, die erfasst werden
sollen. Geht es nur um ein einzelnes Attribut für das Realweltphänomen (z.B. abteilungsbezeichnung) wird dieses zu einer beschreibenden Information für ein anderes
Realweltphänomen (z.B. Angestellte). Geht es dagegen um mehr als ein Attribut (z.B.
abteilungsbezeichnung und abteilungsleiter) entsteht ein *Informationsträger* im Sinne
der konzeptionellen Modellierung und hier in der objektorientierten Theorie ein Objekt.
Natürlich muss mindestens eines der Attribute identifizierenden Charakter haben.
      Es werden also alle die Realweltphänomene zu Objekten, denen man neben einem
identifizierenden Attribut (oder einer identifizierenden Attributkombination) mindestens
ein weiteres zuordnet:
      Identifizierende(s) Attribut(e) + mindestens ein weiteres beschreibendes ==> Objekt

Noch einige Beispiele
bezPS
Nehmen wir das Attribut bezPS (Bezeichnung einer Programmiersprache). Dies
kann einfach ein Attribut sein, z.B. von den Angestellten eines Softwarehauses (die

Programmiersprache, mit der sie hauptsächlich programmieren). Entschließt man sich aber, die Programmiersprache näher zu beschreiben, z.B. durch Angabe des Compilers (bezComp), entstehen datenbanktechnisch Programmiersprachen als Objekte. Der Schlüssel ist dann bezPS, die Bezeichnung des Compilers ist ein beschreibendes Attribut.

bezProjekt

Angenommen, in einem Anwendungsbereich Unternehmen sollen Projekte erfasst werden. Dann kann z.B. das Attribut persNr (Personalnummer) zusammen mit einem Attribut bezProjekt (Projektbezeichnung) festhalten, welcher Angestellte in welchem Projekt mitarbeitet. Es beschreibt also Projektmitarbeit. Kommt dann aber z.B. das Attribut name (Name des Angestellten) hinzu, entstehen zusätzlich Objekte, die Angestellte beschreiben. Erst mal mit persNr und name, im Weiteren dann sicherlich auch mit wohnort, plz, strasse usw.

Objekt oder Eigenschaft?

Dies löst auch die in der Literatur immer wieder gestellte Frage, wann ein beobachtetes Phänomen *Objekt oder Eigenschaft* ist. Dient es dazu, etwas anderes zu beschreiben, ist es Eigenschaft und wird als Attribut bzw. Attributsausprägung modelliert. Wird es selber durch andere Informationen beschrieben, ist es Objekt.

Beispiel

Wenn es Geschäftsstellen eines Unternehmens in mehreren Städten gibt, sollten dann die Städte eine Eigenschaft der Objekte *Geschäftsstellen* sein oder sollten sie zu eigenständigen Objekten werden?

Zuordnung

Mit der oben eingeführten Regel kommt man zu folgendem Ergebnis: Werden die Städte näher beschrieben, z.B. durch die Attribute einwohnerzahl, kaufkraft, region usw. müssen eigene Objekte angelegt werden. Sind die Städte über ein identifizierendes Attribut allein als Eigenschaften der Geschäftsstellen geführt, dann sollten sie Attribut der Geschäftsstellen sein.

Objektklassen

Von Objekten zu Objektklassen

Objekte, die dieselben Attribute und Methoden haben, die also strukturell gleich sind, werden zu *Objektklassen* (kurz auch *Klassen*) zusammengefasst.

Auch dieser Abstraktionsvorgang ist uns vertraut. Schließlich nehmen wir, wenn wir aus einiger Entfernung eine Ansammlung bestimmter Bäume sehen, diese als Wald war. Das heißt wir abstrahieren und fassen Tannen, Fichten, Laubbäume usw. als Einheit auf. Diese Klassenbildung ist ein gängiger Abstraktionsmechanismus aller Modellierungsansätze, ein Schritt, um die Komplexität der realen Welt für die gezielte Modellierung zu reduzieren.

Es werden also z.B. *alle* Angestellten eines Unternehmens zusammengefasst, um im obigen Beispiel zu bleiben. Aber schon, wenn wir für unterschiedliche Gruppen von Angestellten teilweise unterschiedliche Attribute und/oder Methoden haben, ist dies nicht mehr so einfach (vgl. Kap. 6).

Die Klasse erhält dann eine Bezeichnung und sie hat die für die Einzelobjekte eingeführten Attribute und Methoden.

Attributszuordnung

Natürlich werden einer Objektklasse nur Attribute zugeordnet, die genau diese Objekte beschreiben – und zwar mit jeweils genau einer Attributsausprägung – und nur Operationen, die auf genau diesen Objekten ausführbar sind.

Beispiel

Deshalb wird bei dem Realweltphänomen *Rechnung* zwischen *Rechnungskopf* und *Rechnungspositionen* unterschieden. Rechnungsköpfe haben die Attribute rechnungsnummer, rechnungsdatum usw. Rechnungspositionen dagegen die Attribute positionsnummer, artikelbezeichnung, menge, einzelpreis und positionsgesamtpreis. Das heißt es entstehen Objekte, die Rechnungsköpfen und andere Objekte, die Rechnungspositionen entsprechen.

Die Sicht der UML-Autoren

Wie sehen dies die UML-Autoren und wie betten sie das Klassenkonzept in ihr Theoriegebäude ein? Sie gehen aus vom Ziel einer Klasse, das sie wie folgt definieren: Eine Klasse soll eine Klassifizierung von Objekten leisten und die Struktur- und Verhaltenseigenschaften dieser Objekte festlegen (OMG 2003, S. 87), (OMG 2017, S. 194). Dies entspricht dem oben ausgeführten.

Classifier

Für die UML-Autoren ist eine Klasse ein sog. *Classifier* (vgl. Abschn. 2.8.4) und zwar einer, der (u.a.) Attribute und Operationen hat.

Die oben schon angeführte strukturelle Gleichheit aller Objekte betont die folgende Definition:

▶ **Klasse** Eine Klasse beschreibt eine Menge von Objekten, die dieselben Merkmale, Einschränkungen (semantische Integritätsbedingungen) und dieselbe Semantik besitzen (OMG 2003, S. 86), Übersetzung durch den Verfasser.[2]

Womit sie dann das Ziel einer Klasse präzisieren können:

▶ Das Ziel einer Klasse ist die Klassifikation von Objekten und die Festlegung der Merkmale, die die Struktur und das Verhalten dieser Objekte festlegen (OMG 2003, S. 87), (OMG 2017, S. 194). Übersetzung durch den Verfasser.

---

[2] Mit Merkmalen sind Eigenschaften/Attribute gemeint.

Sehr wichtig, oft nicht beachtet!
Weiter geben sie einen wichtigen Hinweis auf korrekte Modellierung, wenn sie ausführen, dass die Objekte einer Klasse für jedes Attribut, das zur Klasse gehört, Werte enthalten müssen[3] (OMG 2017, S. 194). Denn das bedeutet, dass jedes Attribut für alle Objekte Gültigkeit haben muss. Dies verhindert zum Beispiel, dass das Attribut *(beherrschte) Programmiersprache* für alle Angestellten angelegt wird, wenn es Angestellte gibt, die nicht programmieren (vgl. zu dieser Problematik auch Kap. 6).

Voreinstellung für die Instantiierung
Sie weisen auch darauf hin, dass es voreingestellte Werte für die Attribute geben kann, die bei der Objekterzeugung (Instantiierung, vgl. unten), falls nicht anders gewollt, genutzt werden. Diese werden dann beim Attribut vermerkt.
   Soweit die UML-Autoren. Zusammenfassend kann dann wie folgt definiert werden:

▶ **Objektklasse** In einer *Objektklasse* sind Objekte zusammengefasst, die dieselben Attribute und Methoden haben.

Objektorientierte Modelle
In einem objektorientierten Modell gibt es in der Regel zahlreiche Objektklassen. Diese beschreiben zum einen jeweils eine Menge von Objekten der Realwelt, zum anderen stehen sie in Beziehungen (dazu unten mehr).

Objekte – Attribute – Methoden
Mit obigem sollte es bereits klar geworden sein: Auch die objektorientierte Theorie baut, wie die meisten anderen Modellierungsansätze, auf dem *Attributkonzept* auf. Attribute sind das zentrale Beschreibungsmittel, Attribute bestimmten, welche Realweltphänomene zu Objekten werden und welche dann zu Klassen zusammengefasst werden.

Notwendige Schritte
Wir können also zu Beginn einer Modellierung von folgenden notwendigen Schritten ausgehen:

- Im ersten Schritt werden bestimmte Realweltphänomene durch Attribute beschrieben, wodurch sie zu Objekten werden. Ihnen werden Methoden zugeordnet.
- Im zweiten Schritt werden die Objekte, die dieselben Attribute haben und denen dieselben Methoden zugeordnet sind, zu Objektklassen zusammengefasst.

---

[3] Das schließt natürlich nicht aus, dass Daten schlicht fehlen, d.h. noch nicht verfügbar sind.

Methoden

Was ist nun, etwas genauer, mit *Methoden* gemeint? Mit Objekten der Realwelt können bestimmte Dinge gemacht werden, bzw. sie haben ein bestimmtes Verhalten. Einiges davon ist im Anwendungsbereich von Bedeutung. Zum Beispiel:

- Objekte *Studierende*: Sie können immatrikuliert und exmatrikuliert werden, sie können Prüfungen besuchen und Noten erhalten.
- Objekte *PCs* für ein Unternehmen: Sie können beschafft, in einer Abteilung installiert, einem Angestellten zugewiesen oder auch ausgemustert werden.
- Objekte *Abteilungen* in einem Unternehmen: Sie können eingerichtet, mit Personal versehen, einen geografischen Standort mit bestimmten Räumen zugeordnet bekommen oder auch geschlossen werden.
- Objekte *Angestellte* eines Unternehmens: Sie können eingestellt, entlassen, befördert, versetzt werden und Gehälter bekommen.
- Objekte *Rechnungen*: Sie können entstehen, bezahlt, storniert oder gemahnt werden.

Weil diese Methoden einzelne Instanzen betreffen und nicht die gesamte Klasse (vgl. unten), werden sie auch *Instanzmethoden* genannt.

Passiv und aktiv

Für Methoden gibt es in der Literatur zwei Interpretationen, die passive („können gemacht werden") und die aktive („haben Verhalten"). Beide sind richtig. Es geht immer um Aktivitäten, die mit den Objekten in Zusammenhang stehen.

Die UML-Autoren sprechen in (OMG 2003) und (OMG 2017) nur von *behavior*, wenn sie die dynamischen Aspekte eines Anwendungsbereichs thematisieren. Dazu unten mehr.

Realwelt vs. Modell

So wie die Realweltobjekte durch die Modellobjekte in der Datenbank repräsentiert werden, wird das *Verhalten* durch die Methoden repräsentiert. „Eingestellt werden" also durch eine Methode, die eine Personalakte in den Datenbanken des Unternehmens anlegt usw.

Abb. 2.1 fasst dies alles zusammen: erstens den Zusammenhang zwischen Realwelt und Modell, zweitens den Zusammenhang zwischen Attributen, Objekten und Methoden.

Damit wird wieder der qualitative Sprung deutlich, der hier gegenüber älteren Modellierungsansätzen vorliegt. In der objektorientierten Modellierung werden die Objekte nicht nur informationell durch Attribute beschrieben, sondern es wird auch ihr *Verhalten* modelliert.

Methoden vs Operationen

Im objektorientierten Modell werden dv iese Methoden durch *Operationen* repräsentiert. Oftmals werden Methoden und Operationen so abgegrenzt, dass *Operationen* als die „Dienstleistungen, die von einem Objekt angefordert werden können" und *Methoden* als die Implementierungen der Operationen definiert werden.

Welche Methoden bzw. Operationen auf ein Objekt anwendbar sind, hängt sehr stark von dessen Aufgabe im Anwendungsbereich ab. Einige Operationen sind aber natürlich

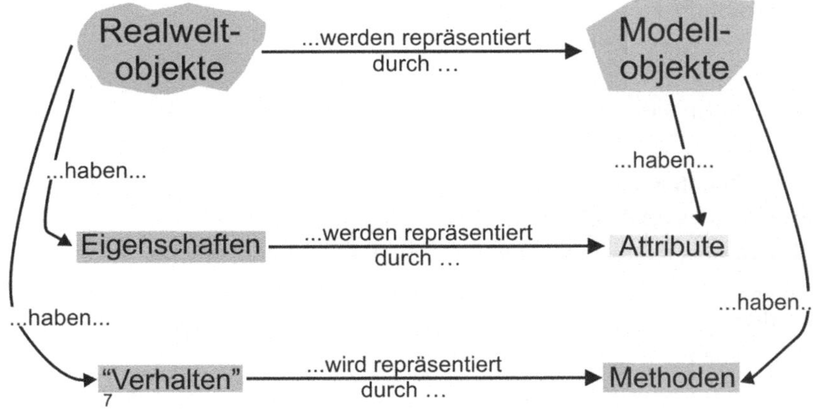

Abb. 2.1 Realwelt und ihre Repräsentation im objektorientierten Modell

von grundlegender Bedeutung und liegen immer vor. So z.B. die für die Erzeugung oder die Löschung eines Modellobjektes.

Dreiecksbeziehung
Insgesamt geht es also darum, die „Dreiecksbeziehung" zwischen Attributen, Objekten und Methoden zu klären, d.h., identifizierte Objekte mit gewünschten Attributen und Methoden in eine geeignete Struktur zu bringen.

Änderung von Attributsausprägungen – hier und dort
Die UML-Autoren sehen Operationen so, dass diese auf einem Objekt aufgerufen werden und Änderungen in den Attributsausprägungen („Werte der Attribute") des Objekts bewirken können. Sie können auch als Ergebnis einen Wert zurückgeben, wenn ein „Ergebnis-Typ" für die Operation definiert wurde. Darüberhinaus kann der Aufruf von Operationen auch Veränderungen in den Werten anderer Objekte bewirken, die – direkt oder indirekt – von dem Objekt, auf dem die Operation aufgerufen wird angesteuert werden können (OMG 2003, S. 87).

Sie weisen außerdem darauf hin, dass durch den Aufruf von Operationen auch die Erzeugung und Löschung von Objekten veranlasst werden kann.

In (OMG 2017, S. 116) sind die Ausführungen dazu verkürzt auf die Formulierung, dass eine Operation ein BehavioralFeature ist, das zu einem Interface, einem Datentyp oder einer Klasse gehört. Der Bezug zu den Methoden wird dann über die Definition der *BehavioralFeatures* hergestellt (OMG 2017, S. 108).

Beispiel Angestellte
Betrachten wir nochmals das Beispiel der Angestellten eines Unternehmens. Sie existieren, wir nehmen sie wahr, wir weisen Informationen zu (die für die Geschäftsprozesse benötigten), z.B.

- Personalnummer
- Name
- Vorname

- Postleitzahl (PLZ)
- Ort
- Straße
- Einstellungsdatum
- Geburtstag
  usw. Sie benötigen aber auch Methoden wie
- Einstellen (des Realweltobjekts, Erzeugung des Datenbankobjekts)
- Entlassen (des Realweltobjekts, Löschen des Datenbankobjekts)
- Versetzen
- Befördern
- Gehalt zahlen
- usw.

2.2   Instantiierung und Klassifikation

Instanzen

In der objektorientierten Theorie, vor allem in der objektorientierten Programmierung, werden Objekte oft als *Instanzen* bezeichnet. Woher kommt dieser Begriff?

Bei der Bildung von Objektklassen werden die Definitionsmerkmale der Objekte bei der Klasse hinterlegt, sodass formuliert werden kann:

▶   Die Objekte einer Klasse werden durch die Klassendefinition beschrieben.

Erzeugt nun (z.B. in einem Programm) die Klasse ein Objekt (z.B. mit Hilfe einer Methode CREATE) nutzt sie die hinterlegten Definitionsmerkmale und richtet das Objekt ein. Z.B., um im obigen Beispiel zu bleiben, für einen neuen Angestellten. Dieser Vorgang wird als *Instantiierung* (instantiation) bezeichnet. Daher rührt dann der Begriff *Instanz* für das neu entstehende Objekt.

Instantiierung bedeutet somit, dass ein und dieselbe Definition benutzt wird, um Objekte mit demselben Aufbau und demselben Verhalten zu erzeugen. Konkret wird u.a. folgendes festgelegt:

- die Menge der Attribute der Instanzen
- die Menge der Operationen
- die Menge der Methoden, die den Operationen entsprechen

Klassifikation

Dieser Schritt von der Klasse zum Einzelobjekt hat als Gegenstück den ursprünglichen, der von den Einzelobjekten zur Klasse führte (vgl. oben). Er beruhte auf der (strukturellen) Gleichheit der Objekte und wird *Klassifikation* (classification) genannt.

Hier nun die allgemeine Definition der UML-Autoren von Instanzen auf der Basis des Begriffs *entity*:

▶ **Instanz** „An entity that has unique identity, a set of operations that can be applied to it, and state that stores the effects of the operations." (OMG 2003, S. 10)

2.3   Objektklassen als Verwalter von Information

So wie sie nun hier definiert sind, werden Objektklassen auch zu Verwaltern von Informationen. Zu den Informationen, die bei der Klasse verwaltet werden, gehören

* die Informationen der einzelnen Instanzen,
* Informationen zur Klasse als Ganzes,
* Prozeduren, mit denen die interne Repräsentation der Datenstruktur (Beschreibung der Objekte) verändert wird.

Klassenattribute

Zu den Informationen für die Klasse als Ganzes gehören Attribute, die für alle Instanzen gleich sind und aggregierte Informationen wie „Anzahl Objekte" oder der Mittelwert eines entsprechenden Attributs. Solche Attribute werden *Klassenattribute* genannt. Sie sind so definiert, dass eine Ausprägung die gesamte Klasse betrifft. Ihre Kennzeichnung erfolgt durch Unterstreichung. Beispiele sind <u>anzahlMitarbeiter</u> und <u>gehaltssumme</u> in einer entsprechenden Klasse zu den Angestellten eines Unternehmens.

▶   **Tipp** Bezeichnungen von Attributen und Methoden/Operationen: zu ihrem Aufbau vgl. unten, zur Formatierung Abschn. 1.1.

Klassenmethoden

Daneben gibt es auch *klassenbezogene Methoden* (class methods). Sie sind unabhängig von der Existenz der einzelnen Objekte, sie betreffen die Gesamtheit der Objekte der Klasse. Beispiele in einer Klasse Angestellte könnten <u>feststellenAnzahl</u> und <u>berechnenGehaltssumme</u> sein, passend zu den obigen Attributen. Wie in der UML vorgeschlagen, werden in den textlichen und grafischen Darstellungen von Objektklassen Klassenattribute und -methoden durch Unterstreichung gekennzeichnet (vgl. die Abbildungen unten).

Klassen als Träger von Attributen und Methoden

Klassenmethoden und -attribute machen einen grundsätzlichen Unterschied bei der Klassenbildung im objektorientierten Ansatz und bei älteren Modellierungsansätzen, z.B. der Bildung von Entitätstypen in der ER-Modellierung, deutlich. Sie zeigen, dass hier auch die Klassen selbst Träger von Attributen und Methoden sein können.

2.4   Grafische und textliche Darstellung

2.4.1   Klassen

Die Darstellung von Klassen erfolgt durch ein Rechteck mit der Bezeichnung der Klasse. Folgende weitere Festlegungen für die grafische Darstellung gelten in der UML:

- Die Bezeichnung der Klasse wird zentriert und in Fettschrift gesetzt.
- Der erste Buchstabe der Klassenbezeichnung wird groß gesetzt.
- Besteht die Bezeichnung aus mehreren Wörtern, werden diese jeweils mit Großbuchstaben begonnen und ohne Leerzeichen aneinandergefügt.

Vgl. (OMG 2003, S. 88), (OMG 2017, S. 195).
    Abb. 2.2 zeigt einige Beispiele.

Classifier

In der UML ist das auch die grafische Darstellung eines *Classifiers*, der „obersten" Klasse in der Metamodellierung, und Klassen sind davon abgeleitet. Deshalb müsste eigentlich über der Klassenbezeichnung das Schlüsselwort *class* stehen. Dieses wird bei Klassen aber weggelassen, da, wie die UML-Autoren schreiben, Klassen die am meisten genutzten Classifier sind. So wird es auch hier gehalten.

    Das Rechteck kann Unterbereiche haben für die Attribute und Methoden. Werden die Attribute hinzugenommen ergibt sich mit dem obigen Beispiel zu den Angestellten die Darstellung wie in Abb. 2.3.

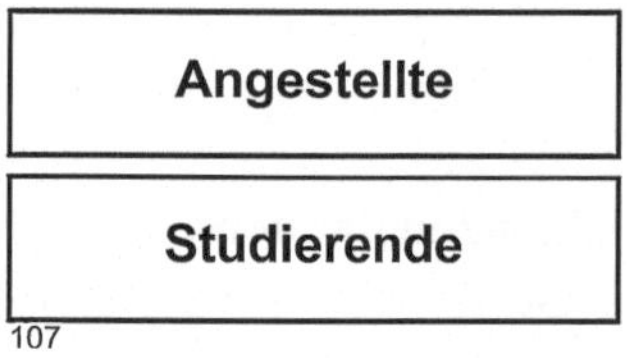

Abb. 2.2 Grafische
Darstellung einer Objektklasse

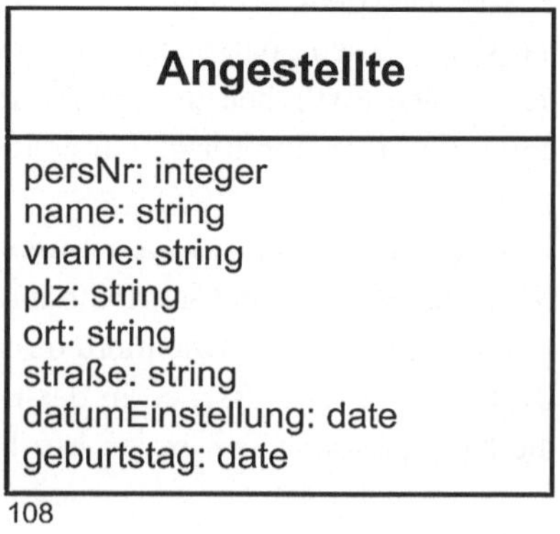

Abb. 2.3 Darstellung von
Objektklassen mit Atributen

Aufbau der Bezeichnungen von Attributen und Methoden/Operationen
Die Attribute und Operationen werden textlich wie folgt angegeben:

- Sie werden in Normalschrift gesetzt und links ausgerichtet
- Sie werden klein geschrieben
- Falls sie aus mehreren Wörtern bestehen, wird das zweite Wort mit einem Großbuchstaben begonnen und direkt an das erste angefügt. Für ein evtl. drittes Wort gilt entsprechendes.
- Beispiele: gehalt, alter, datumEinstellung.

Ergänzt man zusätzlich die Methoden/Operationen wird ein weiterer Bereich mit der Auflistung der Operationen unten angefügt. Die Operationen werden textlich wie die Attribute gestaltet, zusätzlich werden Funktionsklammern, mit oder ohne Parameter, angegeben.

Beispiele: zahlenGehalt(), einstellen(), entlassen().

Klassenattribute und –methoden werden genauso dargestellt und zusätzlich unterstrichen. Mit obigen Klassenattributen und -methoden ergibt sich damit die Klasse **Angestellte** wie in Abb. 2.4.

Bedeutung der Attribute und Methoden
Attribute (immer auf die einzelnen Angestellten bezogen):

- persNr: Personalnummer
- name: Name
- vname: Vorname

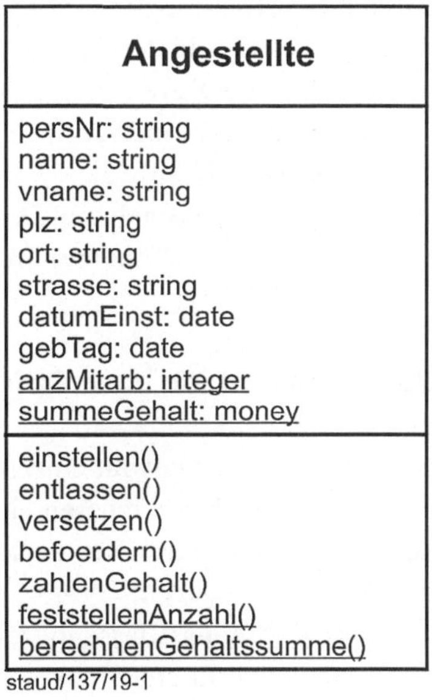

Abb. 2.4 Grafische Darstellung von Objektklassen mit Attributen, Methoden, Klassenattributen und Klassenmethoden

Angestellte
persNr: string name: string vname: string plz: string ort: string strasse: string datumEinst: date gebTag: date <u>anzMitarb: integer</u> <u>summeGehalt: money</u>
einstellen() entlassen() versetzen() befoerdern() zahlenGehalt() <u>feststellenAnzahl()</u> <u>berechnenGehaltssumme()</u>

staud/137/19-1

- plz: Postleitzahl
- ort: Wohnort der Adresse
- strasse: Straße der Adresse
- datumEinst: Datum der Einstellung
- gebTag: Geburtstag

Klassenattribute:

- <u>anzMitarb()</u>: Anzahl der Mitarbeiter
- <u>summeGehalt()</u>:Gehaltsumme der Angestellten

Methoden:

- einstellen(): Systemseitige Durchführung einer Einstellung.
- entlassen(): Systemseitige Durchführung einer Entlassung.
- versetzen(): Systemseitige Durchführung einer Beförderung.
- befoerdern(): Systemseitige Durchführung einer Beförderung.
- zahlenGehalt(): Systemseitige Durchführung einer Gehaltszahlung.

Klassenmethoden:

- <u>feststellenAnzahl()</u>: Bestimmung der Gesamtzahl der Angestellen
- <u>berechnenGehaltssumme()</u>: Bestimmung der Gehaltssumme aller Angestellten

Voreinstellungen

Zusätzlich ist es möglich, Voreinstellungen bei den Attributen anzugeben. Dies erfolgt nach der Festlegung des Datentyps. Zum Beispiel, wenn in der obigen Klasse die meisten Angestellten aus Ravensburg kommen, so:

ort: string = ‚Ravensburg‘
plz: string = ‚D-88212‘

Vgl. weitere Beispiele mit Datentypen, die aus der Anwendung heraus entstanden sind (Area, Rectangle, XWindow) im folgenden Abschnitt.

2.4.2   Instanzen bzw. Objekte

Manchmal ist es sinnvoll, einzelne Instanzen und ihr Zusammenspiel zu betrachten (vgl. Abschn. 2.4.2). Dann müssen einzelne Instanzen (Objekte) dargestellt werden. Dies geschieht ebenfalls durch Rechtecke. Dabei wird im oberen Teil das Objekt und die zugehörige Klasse angegeben:

<u>Objektbezeichnung:Klassenbezeichnung</u>

Ein Beispiel für ein Objekt aus der Klasse Angestellte:

<u>müller:Angestellte</u>

Ist die Benennung eines bestimmten Objekts nicht wichtig, nicht sinnvoll oder nicht möglich, wird die Objektbezeichnung weggelassen:

:Angestellte

Darunter folgen die Attribute mit der zur Instanz gehörenden Attributsausprägung:

Attributsbezeichnung = attributsausprägung

Z.B.

ort = München

Im Vergleich zur Darstellung von Klassen werden hier also statt der Attribute mit ihren Datentypen die Attributsbezeichnungen und Attributsausprägungen angegeben. Statt konkreter Werte bei den Attributsausprägungen können auch Wertebereiche angegeben werden. Abb. 2.5 zeigt die abstrakte grafische Darstellung.

Der Ausdruck *Objektbezeichnung:Klassenbezeichnung* wird nicht fett gesetzt. Die ganze Bezeichnung wird unterstrichen. Folgende Abbildungen mit dem Beispiel der Klasse Angestellte und dem Objekt „Widder" mögen dies illustrieren.

Oftmals genügt es bei Objektdiagrammen, nur die Bezeichnung von Objekt und Klasse anzugeben. Deshalb ist die in Abb. 2.6 angegebene Variante die am häufigsten vorkommende Notation.

In manchen Situationen ist es aber sinnvoll, nicht nur das Objekt zu benennen, sondern auch einige seiner Attribute. Dann werden diese in einem zweiten Bereich angegeben. Die Liste der Attribute muss nicht vollständig sein, sondern kann sich auf die konzentrieren, die für die jeweilige Analyse von Bedeutung sind. Ein Beispiel zeigt Abb. 2.7.

Genügt in der Analysesituation die Angabe der Objektbezeichnung, kann auch die Darstellung von Abb. 2.8 gewählt werden.

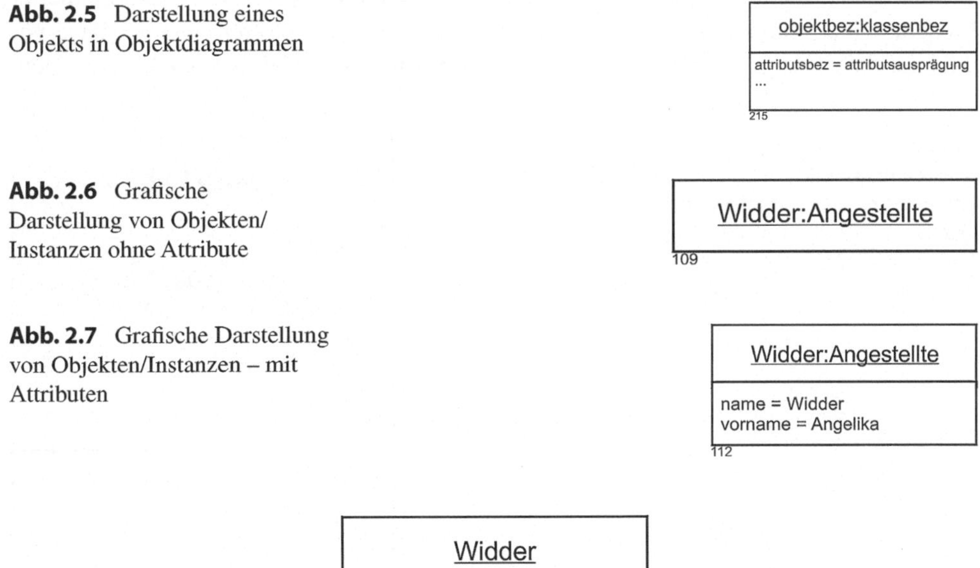

Abb. 2.5 Darstellung eines Objekts in Objektdiagrammen

Abb. 2.6 Grafische Darstellung von Objekten/Instanzen ohne Attribute

Abb. 2.7 Grafische Darstellung von Objekten/Instanzen – mit Attributen

Abb. 2.8 Grafische Darstellung von Objekten/Instanzen – nur mit Objektbezeichnung

2.5 Sichtbarkeit

Stark von der objektorientierten Programmierung inspiriert sind die weiteren Möglichkeiten, Attribute und Methoden zu kennzeichnen und zu gruppieren. Dabei geht es vor allem um die Sichtbarkeit eines Modellelements im jeweiligen Modell bzw. um das Zusammenwirken von Methoden verschiedener Klassen (vgl. Kap. 7).

- Mit *public* werden die Attribute und Methoden bezeichnet, die grundsätzlich auch anderen Klassen zur Verfügung stehen.
- Mit *private* werden die Attribute und Methoden bezeichnet, die nur innerhalb der Klasse genutzt werden können.
- Mit *protected* werden die Attribute und Methoden bezeichnet, die für die Klassen sichtbar sind, die in einer Generalisierung (vgl. Kap. 6) übergeordnet sind.

Abstrakte Klasse Window

Dazu ein Beispiel aus den UML-Texten (s. Abb. 2.9). Die Kursivsetzung der Bezeichnung bedeutet, dass es sich um eine *abstrakte Klasse* (eine die keine eigenen Instanzen hat; näheres hierzu findet sich in Abschn. 6.7) handelt.

Statt der Begriffe *public*, *protected* und *private* können auch die in Abb. 2.10 angegebenen Zeichen „+", „#" und „-" benutzt werden.

2.6 Kapselung

Die oben vorgestellte Sichtbarkeit spiegelt eines der Grundmerkmale objektorientierter Modelle wider, die sog. *Kapselung* (encapsulation) . Diese bedeutet, dass Attribute vor direkten Zugriffen geschützt sind. Normalerweise kann also auf ihre Ausprägungen nicht

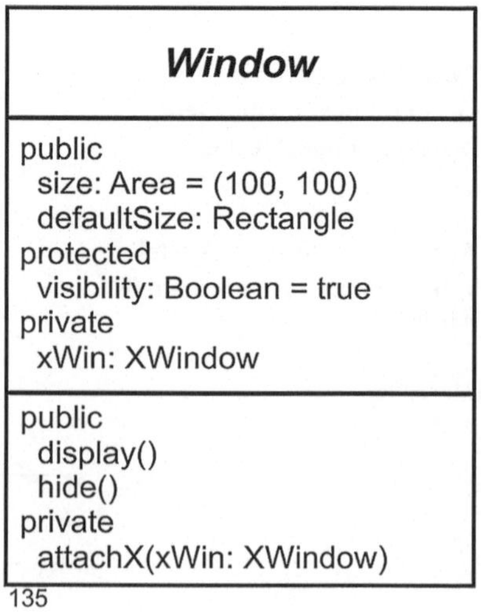

Abb. 2.9 Darstellung von Klassen in der UML – Gruppierung nach Sichtbarkeit. Quelle: (OMG 2003, S. 89, Figure 38; 2017, S. 196, Figure 11.17)

```
Window

public
  size: Area = (100, 100)
  defaultSize: Rectangle
protected
  visibility: Boolean = true
private
  xWin: XWindow

public
  display()
  hide()
private
  attachX(xWin: XWindow)
```

135

Abb. 2.10 Darstellung von
Klassen in der UML –
Gruppierung nach Sichtbarkeit.
Quelle: (OMG 2003, S. 88,
Figure 37), (OMG 2017,
S. 196, Figure 11.16)

Window
+ size: Area = (100, 100) # visibility: Boolean = true + defaultSize: Rectangle - xWin: XWindow
+ display() + hide() - attachX(xWin: XWindow)

136

direkt zugegriffen werden, so wie z.B. in Relationalen Datenbanken, sondern nur über die
Methoden, die für die Objekte definiert sind. Ganz wird dieses Prinzip allerdings nicht
durchgehalten. So erlauben objektorientierte Datenbanksysteme meist den direkten Zugriff auf die Attributsausprägungen, z.B. zum Zwecke der Abfrage.

Kapselung in objektorientierten Modellen

Geleistet wird durch die Kapselung folgendes: Die Datenstrukturen (die Objekte und
Beziehungen repräsentieren) und die Prozeduren zur Manipulation der internen Repräsentation der Datenstruktur werden logisch und softwaretechnisch zusammengefasst[4].
Jedes Objekt enthält und definiert die Prozeduren (Methoden) und die Schnittstelle
(das Interface) durch die es angesprochen und manipuliert werden kann (durch andere
Objekte). Die Schnittstelle eines Objekts besteht aus einer Menge von Operationen,
die auf das Objekt angewandt werden können. Somit kann der *Zustand eines Objekts*
(the state of an object), d.h. die konkreten Ausprägungen seiner Attribute, nur durch
die Methoden verändert werden, die durch die entsprechenden Operationen aufgerufen
werden.

Information hidding

Damit bleibt die interne Repräsentation der Datenstruktur und der Methoden dem Nutzer
verborgen. Dieser „sieht" nur die Schnittstelle, wie die Objekte usw. intern realisiert werden, bleibt für sie unsichtbar. Kapselung erlaubt somit *information hidding*. Damit ist es
auch möglich, dass sich z.B. die Methoden einer Klasse ändern, ohne dass der übrige Bereich der Anwendung tangiert wird (falls die Schnittstelle gleich bleibt).

2.7 Beispiele

In diesem Buch werden Beispiele aus drei Anwendungsbereichen verwendet: *Hochschule*,
WebShop und *Angestellte*. Im Hochschulbeispiel wird vor allem das Geschehen rund um
die Vorlesungs- und Prüfungsdurchführung betrachtet. Beim WebShop konzentriert sich
die Betrachtung auf das Zahlungs- und Mahnwesen. Bezüglich der Angestellten eines

---

[4] Dieses Konzept geht auf das der *abstrakten Datentypen* zurück.

Unternehmens werden die Zugehörigkeit zu Abteilungen, die Mitarbeit in Projekten und die Nutzung von Computern betrachtet. Die Ausgestaltung der Beispiele ist didaktisch motiviert.

Hier nun – dem Kapitel entsprechend – eine erste Sammlung von Attributen und Methoden und eine erste Klassenbildung.

2.7.1 Hochschule

Betrachten wir beispielhaft eine Hochschule und stellen wir uns vor, der Vorlesungsbetrieb sollte modelliert werden. Dann würden zwei Objektklassen sich geradezu aufdrängen: **Studierende** und **Dozenten**.

Studierende

Als Attribute für Studierende sind unschwer zu erkennen Matrikelnummer (matrikelNr), name, vorname, plz, ort, straße, Zeitpunkt des Beginns (beginnStudium) und des Endes des Studiums (endeStudium) sowie studiengang und fachsemester. Als Operationen: immatrikulieren(), exmatrikulieren(). Als Klassenattribut anzahl() mit der Klassenmethode anzahlStud(). In Abb. 2.11 sind sie angeführt.

Dozenten

Für die Dozenten (vgl. Abb. 2.12) finden sich auf Anhieb die Attribute Dozentennummer (dozNr), anrede, name, Vorname (vname), ort, Postleitzahl (plz), strasse, email und die Methoden Vorlesungs- und Prüfungsdurchführung (haltenVorlesung(), haltenPrüfung().

Abb. 2.11 Objektklasse **Studierende**

Studierende
matrikelNr: string name: string vname: string plz: string ort: string strasse: string beginnStudium: date endeStudium: date studiengang: string fachsemester: integer anzahl()
immatrikulieren() exmatrikulieren() anzahlStud()

2.7.2 WebShop

Betrachten wir das Geschehen rund um einen WebShop, sind ebenfalls sehr schnell sehr viele Attribute und Klassen erkennbar. Hier sollen im ersten Schritt die **Kunden**, die **Rechnungsköpfe** und **Rechnungspositionen** sowie die **Artikel** betrachtet werden.

Kunden
Für die Kunden (vgl. Abb. 2.13) werden die Attribute Kundennummer (kNr), name, vorname, plz, ort, strasse, Mailadresse (email), telefon und Kundenstatus (status) sowie die Methoden Rechnungs- und Mahnungserstellung (erstellenRechnung(), erstellenMahnung()) erfasst.

Rechnungsköpfe
Die Rechnungsköpfe (vgl. Abb. 2.14) können mit den Attributen Rechnungsnummer (rechnNr), Rechnungsdatum (rechnDatum), Kundennummer (kNr), zahlungsart und versandart beschrieben werden. Für jede Rechnung wird auch noch die Rechnungssumme

Abb. 2.12 Objektklasse Dozenten

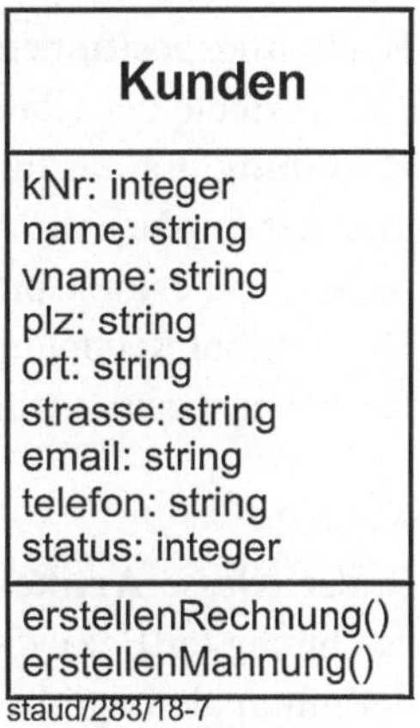

Dozenten

dozNr: string
anrede string
name: string
vname: string
ort: string
plz: string
strasse: string
email: string

haltenVorlesung()
haltenPrüfung()

staud/138/18-7

Abb. 2.13 Anwendungsbereich WebShop, Klasse Kunden

Kunden

kNr: integer
name: string
vname: string
plz: string
ort: string
strasse: string
email: string
telefon: string
status: integer

erstellenRechnung()
erstellenMahnung()

staud/283/18-7

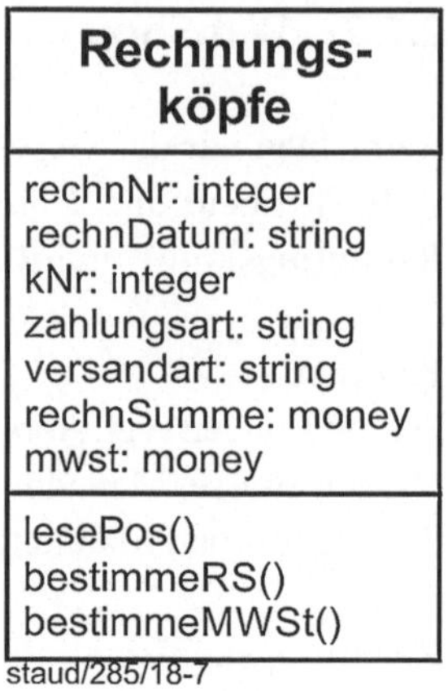

Abb. 2.14 Anwendungsbereich WebShop, Klasse
Rechnungsköpfe

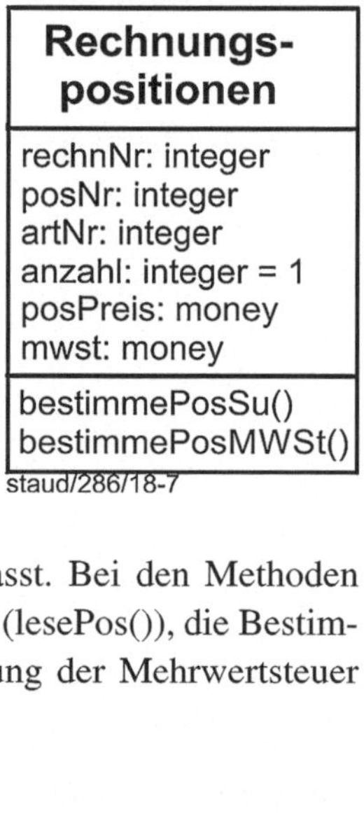

Rechnungs-köpfe
rechnNr: integer rechnDatum: string kNr: integer zahlungsart: string versandart: string rechnSumme: money mwst: money
lesePos() bestimmeRS() bestimmeMWSt()

staud/285/18-7

Abb. 2.15 Anwendungsbereich WebShop, Klasse
Rechnungspositionen

Rechnungs-positionen
rechnNr: integer posNr: integer artNr: integer anzahl: integer = 1 posPreis: money mwst: money
bestimmePosSu() bestimmePosMWSt()

staud/286/18-7

(rechnSumme) und die angefallene Mehrwertsteuer (mwst) erfasst. Bei den Methoden
sollen fürs Erste das Lesen der Rechnungspositionsinformationen (lesePos()), die Bestimmung der Rechnungssumme (bestimmeRS()) und die Bestimmung der Mehrwertsteuer
(bestimmeMWSt()) reichen.

Rechnungspositionen

Die Attribute der Klasse **Rechnungspositionen** (vgl. Abb. 2.15) ergänzen die der Klasse
Rechnung um die Informationen, die positionsspezifisch sind. Dies sind die Positionsnummer (posNr), die Artikelnummer (artNr), die Mengenangabe bei der Position (anzahl)
sowie der Positionspreis (posPreis) und der Mehrwertsteuerbetrag der Position (mwst).
Das Attribut Rechnungsnummer (rechnNr) hält fest, zu welcher Rechnung die jeweiligen
Rechnungspositionen gehören.

Artikel

In der Klasse **Artikel** (vgl. Abb. 2.16) wird die Artikelnummer (artNr), die Artikelbezeichnung (artBez), die Artikelbeschreibung (artBeschr), der Listenpreis (listPreis) sowie
der minimale Lagerbestand (bei dessen Erreichen oder Unterschreiten nachbestellt wird)

Abb. 2.16 Anwendungsbereich WebShop, Klasse Artikel

Artikel

---

artNr: integer
artBez: string
artBeschr: string
listPreis: money
lagMin: integer

---

entnahme()
hinzufuegen()

staud/283/18-7

(lagMin) festgehalten. Elementare Methoden begleiten hier die Entnahme und das wieder Hinzufügen von Artikeln in das Lager (entnahme(), hinzufügen()).

2.7.3 Angestellte eines Unternehmens

Berücksichtigen wir aus diesem Anwendungsbereich die Abteilungszugehörigkeit, die Projektmitarbeit (Angestellte arbeiten in Projekten in wechselnder Zusammensetzung mit) und den PC-Einsatz, sind im ersten Schritt die nachfolgend angeführten Attribute zu erheben.

Angestellte

Für die Angestellten, wie in Abschn. 2.3 schon gezeigt, Personalnummer (persNr), Name (name), Vorname (vname), Postleitzahl (plz), Ort (ort), Straße (strasse), Einstellungsdatum (datumEinst) und Geburtstag (gebTag). Außerdem sollen die jeweilige Anzahl der Mitarbeiter (anzMitarb) und die Gehaltssumme (summeGehalt) ausgewiesen werden. Letztere sind Klassenattribute.

Bezüglich der Methoden erfassen wir Einstellung, Entlassung, Versetzung, Beförderung und Gehaltszahlung (einstellen(), entlassen(), versetzen(), befoerdern(), zahlenGehalt()).

Abb. 2.17 zeigt die Klasse. Dort wurden auch die Klassenmethoden *Anzahl feststellen* (feststellenAnzahl()) und *Gehaltssumme berechnen* (berechnenGehaltssumme()) eingefügt.

Projekte

Für die Projekte, die im Unternehmen mit wechselnder personeller Zusammensetzung realisiert werden, werden die Bezeichnung (bez), der Standort (standort), der Einrichtungstag (tagEinr) und die geplante Dauer in Monaten (dauer) erfasst (vgl. Abb. 2.18).

Personal Computer

Für die Personal Computer (PC) (Abb. 2.19) werden die Inventarnummer (invNr), die Bezeichnung (bez) und der Typ (typ) erfasst.

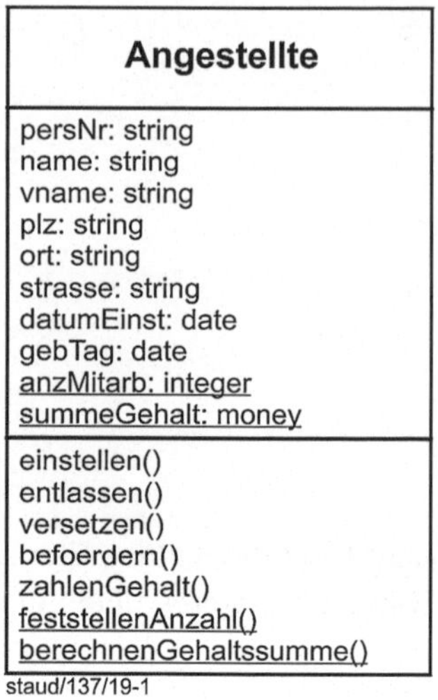

Abb. 2.17 Anwendungsbereich Angestellte, Klasse Angestellte

Angestellte
persNr: string name: string vname: string plz: string ort: string strasse: string datumEinst: date gebTag: date <u>anzMitarb: integer</u> <u>summeGehalt: money</u>
einstellen() entlassen() versetzen() befoerdern() zahlenGehalt() <u>feststellenAnzahl()</u> <u>berechnenGehaltssumme()</u>

staud/137/19-1

Abb. 2.18 Anwendungsbereich Angestellte, Klasse Projekte

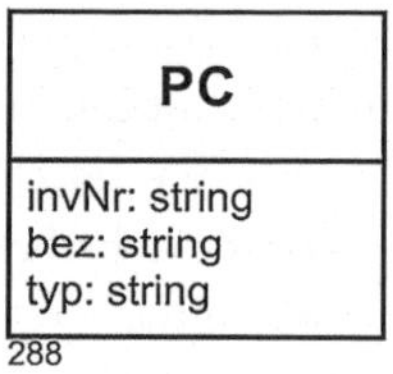

Projekte
bez: string standort: string tagEinr: date dauer: integer

289

Abb. 2.19 Anwendungsbereich Angestellte, Klasse PC

PC
invNr: string bez: string typ: string

288

Abb. 2.20 Anwendungsbereich Angestellte, Klasse Abteilungen

Abteilungen
abtBez: string LeitAbtNa: string standort: string

290

Abteilungen

Für die Abteilungen (vgl. Abb. 2.20) die Abteilungsbezeichnung (abtBez), den Namen des Abteilungsleiters (abtLeiterNa) und den Standort (standort) der Abteilung (Gebäude x im Unternehmensteil y).

2.8 Vertiefung

2.8.1 Klassenbildung und Objektfindung

Klassenbildung bei Objektfindung

Eine angedachte Klassenbildung sollte bereits bei der Objektfindung berücksichtigt werden. Realweltphänomene sollten nur dann zu Objekten gemacht werden, wenn aus diesem Schritt mehrere Objekte entstehen, die dann zu einer Objektklasse werden können. Das heißt, parallel zum Suchen nach den geeigneten Objekten muss bereits reflektiert werden, welche Objekte *zusammen in eine Objektklasse* gehören.

Oftmals denkt man auch bereits an Objektklassen, wenn man über Objekte redet, da man den Abstraktionsschritt von den Objekten zur Klasse fast automatisch vollzieht.

Objekte finden

Wie findet man nun ganz konkret Objekte? Der sicherste Weg ist der in Abschn. 2.1 beschriebene, der über die Betrachtung von Attributen und Realweltphänomenen zum Ziel führt. Andere Autoren (v.a. die mit einem Datenbankhintergrund) behelfen sich einfach mit einem Hinweis auf die entsprechenden Realweltobjekte, wie z.B. Bertino und Martino:

> In object-oriented systems, each real world entity is represented by an object to which is associated a state and a behavior. (Bertino und Martino 1993, S. 14)

Damit ist das Problem – zumindest was das Finden (bzw. Festlegen) der Objekte angeht – aber nur verlagert, denn Realweltobjekte besitzen auch nicht immer die Eindeutigkeit, die für eine Lösung der Frage notwendig wäre.

Meier und Wüst definieren Objekte als „Grundbausteine, aus welchen objektorientierte Anwendungssysteme aufgebaut werden" und präzisieren dann:

> Unter einem Objekt versteht man einen wohlunterscheidbaren Gegenstand aus der realen Welt oder einen abstrakten Begriff aus der Vorstellung. (Meier und Wüst 1997, S. 13)

Ähnliche Definitionen finden sich in großer Zahl in der Literatur. Sie helfen ein Stück weit, auf dem Hintergrund der heutigen Speichertechnologien führt aber die im vorigen Abschnitt beschriebene Herleitung über die Attributkonstellation schneller zu besseren Ergebnissen.

Objektfindung durch Methoden

Methoden werden üblicherweise von Objekten abgeleitet und dann mit diesen verwaltet. Oftmals geben Methoden aber auch Hinweise auf zu identifizierende Objekte. Nehmen wir z.B. die Methode *Rechnungsstellung*. Sie gibt nicht nur einen eindeutigen Hinweis auf die Objekte *Rechnungen*, sondern auch gleich auf die Adressaten der Rechnungen (Kunden) und die Waren oder Dienstleistungen, um die es geht.

Durch Methoden zu Attributen

Nicht vergessen werden soll an dieser Stelle, dass Methoden auch Hinweise auf zu erfassende Attribute geben. Eine Methode *Gehaltszahlung* erzwingt z.B. die Erfassung von Attributen wie *Familienstand, Steuerklasse* usw.

1:1-Abbildung

Im Bereich der objektorientierten *Daten*modellierung gehen einige Autoren so weit, eine *1:1-Beziehung* zwischen den Objekten der Datenbank und denen des Anwendungsbereichs (hier auch oft Weltausschnitt genannt) zu fordern. Diese direkte Übereinstimmung zwischen Realweltobjekten und Datenbankobjekten, bzw. Elementen des Datenmodells, wird im Datenbankbereich geradezu als zentral angesehen. Ein Grund dafür ist der Wunsch, die Segmentierung der Information für ein Objekt in konventionellen Datenbanken zu überwinden. In relationalen Datenbanken werden zum Beispiel die Attribute zur Beschreibung eines Objekts in der Regel über eine größere Zahl von Relationen verteilt. Da üblicherweise eine Relation auch einer Datei entspricht, führt dies zu einer Segmentierung auf logischer und auf physischer Ebene, die viele Auswertungen, Abfragen usw. sehr kompliziert macht.

2.8.2   Identität und Gleichheit

Ein Modellierungskonzept, das für die objektorientierte Unternehmensmodellierung mit Sicherheit von Bedeutung ist, wird vor allem in der Diskussion um objektorientierte Datenbanken betont: die eindeutige, beständige und von der Beschreibung durch Attribute unabhängige Identifizierbarkeit der Objekte.

Objektidentifizierer

Bei objektorientierten Datenbanken soll jedes Datenbankobjekt eindeutig identifiziert werden durch einen *Objektidentifizierer* (OID) (object identifier), der vom Datenbanksystem vergeben wird. Er ist unabhängig von den Attributen der Objektklasse. Insbesondere darf dieser OID nicht mit einem inhaltlich basierten Schlüssel (z.B. *Projektbezeichnung*) verwechselt werden, wie es ihn z.B. bei Relationen in der Datenbanktheorie gibt. Vom Aufbau her ähnelt er den Schlüsseln, die als laufende Nummer angelegt und z.B. vom Datenbanksystem verwaltet werden.

Gleich und doch nicht identisch

Mit diesem Konzept der OID kann dann zwischen *Identität* und *Gleichheit* von Objekten unterschieden werden. Mehrere Objekte können absolut gleich sein, gemessen an den Ausprägungen ihrer Attribute, und sind doch nicht identisch. Ein Beispiel wären die Produkte einer Serienfertigung, z.B. Fernsehapparate, die – gemessen an den beschreibenden Attributen – absolut gleich sind.

Surrogat

Eine solche Objektidentifikation wird auch als *Surrogat* (surrogate) bezeichnet. Der Begriff soll andeuten, dass die identifizierende Information Stellvertreter für das Realweltobjekt ist. Folgende Eigenschaften werden für Surrogate definiert:

- Unveränderbarkeit: Ein einmal vergebener Wert bleibt unverändert, er wird nicht neu vergeben, auch wenn das Objekt gelöscht wird.
- Ortsunabhängigkeit: Sie werden unabhängig vom geografischen Speicherungsort und von der Speicherungsform vergeben.

Dies macht sie geeignet für den „referenzbasierten *Aufbau von Beziehungen*" zwischen Objektklassen (vgl. unten sowie (Meier und Wüst 1997, S. 16), (Geppert 1997, S. 2)).

Wertbasierte Suchschlüssel

Trotz der Existenz dieses Systemschlüssels können andere benutzerbezogene Identifikations- oder Zugriffsschlüssel eingerichtet werden. Dies erfolgt über die Attribute, z.B. Personalummern, Produktnummern, Kontonummern, Artikelnummern usw. Die entstehenden Attributskombinationen werden *wertbasierte Suchschlüssel* genannt. Seine Spezifizierung erfolgt durch den Zusatz *Key* in der Klassendefinition, z.B. Key(Personalnummer). Die UML-Autoren empfehlen, einer Eigenschaft, die Teil des Schlüssels ist, die Eigenschaft *isID* zuzuordnen (OMG 2017, S. 113).

2.8.3 Komplexe Objekte

Nicht-primitive Objekte

Objekte werden auch im objektorientierten Ansatz in erster Linie durch Attribute beschrieben. Attribute in der ganz üblichen Auffassung, wie oben beschrieben. Zusätzlich können hier allerdings die Ausprägungen eines Attributs nicht nur die üblichen einfachen Attributsausprägungen sein, sondern ganze Objekte, Mengen von Attributsausprägungen oder Mengen von Objekten. In diesem Kontext werden dann einfache Attributsausprägungen als *primitive objects* bezeichnet.

Liegen nun aber als „Attributsausprägungen" nicht-primitive Objekte vor, spricht man von *komplexen* oder *zusammengesetzten Objekten*.

Entsprechend beschreiben (Balzert 1999, S. 542) und (Meier und Wüst 1997, S. 6) komplexe Objekte als Objekte, „deren Attribute selbst wiederum Objekte sein können".

2.8.4 Eine ganz besondere Klasse – Classifier

Die UML-Autoren haben in ihrem Theoriegebäude eine Vielzahl von Elementen (Begriffe, Konzepte, Konstrukte), die sie auch in Beziehung setzen. Vor allem in eine

Beziehung, die hier mit „*ist abgeleitet von*" bezeichnet werden soll und die wir weiter unten als Generalisierung/Spezialisierung näher kennenlernen werden Kap. 6).

Durch eine solche Beziehung entsteht eine Hierarchie, in der die Elemente quasi untereinander angeordnet sind und die ein Element „ganz oben" benötigt (oftmals hier Wurzel (root) genannt, in diesem Bild wäre die Spitze aber dann unten). Dieses ganz oben angesiedelte Element ist im Theoriegebäude der UML der sog. *Classifier*.

Von ihm sind also die meisten anderen Theorieelemente abgeleitet, was natürlich zu Folge hat, dass er sehr abstrakt definiert sein muss.

Er ist eine sog. *abstrakte Metaklassse*. „Meta" bedeutet hier „übergeordnet" (konzeptionell über anderen Klassen angesiedelt), *abstrakte Klassen* werden unten (vgl. Abschn. 6.7) ausführlich vorgestellt, hier soll folgendes genügen: Abstrakte Klassen haben keine Objekte (Instanzen). In der Sprache der UML: Sie können nicht instanziieren (Rumbaugh, Jacobson und Booch 2005, S. 129).

Die UML-Autoren definieren nun einen *Classifier* als eine Sammlung von Instanzen, die sich ähnlich sind

> A collection of instances that have something in common. A classifier can have features that characterize its instances. Classifiers include interfaces, classes, datatypes, and components. (OMG 2003, S. 6)

Gleichwertig, wenn auch etwas unschärfer, ist die Definition in der Version UML 2.5:

> A Classifier represents a classification of instances according to their Features.
> A Classifier has a set of Features, some of which are Properties called the attributes of the Classifier. Each of the Features is a member of the Classifier (…). The values that are classified by a Classifier are called instances of the Classifier. (OMG 2017, S. 99)

Diese Definition berücksichtigt stärker die Vielzahl der möglichen unterschiedlichen Instanzen.

Klassifizierte Informationsträger

Damit gewinnt die Definition Konturen. Interfaces, Klassen, Datentypen und Komponenten sind Informationsträger und sie werden klassifiziert, nach bestimmten ihrer Eigenschaften. Das Ergebnis dieser Klassifikation sind die Classifier.

Im Deutschen steht dafür eigentlich der Begriff *Kategorie* zur Verfügung. Hier soll trotzdem der englische Begriff benutzt werden (Klassifizierer würde doch recht seltsam klingen), auch um den Zusammenhang mit der objektorientierten Theorie gleich herzustellen.

Ding

In (Booch, Rumbaugh und Jacobson 2006) wird für *Classifier* die Übersetzung *Ding* verwendet. Dies ist ein mutiger Vorschlag, da er auch die Allgemeinheit des Begriffs (und Konzepts) zum Ausdruck bringt. Allerdings wird er hier nicht nachvollzogen, da er sprachlich zu argen Wortungetümen führen würde.

Dass sich die UML-Autoren mit der Definition hier nicht leicht tun, zeigt auch folgendes Zitat:

A classifier models a discrete *concept that describes things (objects)* having identity, state, behavior, relationships, and an optional internal structure (Rumbaugh, Jacobson und Booch 2005, S. 48). Hervorhebung durch den Verfasser.

Diese Schwierigkeiten bei der Definition sind nicht überraschend. Der Begriff *Classifier* ist ein Grundbegriff mit philosophischen Aspekten und bedarf daher eines hohen Abstraktionsgrades.

Grafische Darstellung

Die grafische Standardnotation für einen Classifier ist ein Rechteck mit durchgezogenen Linien, in dem die Bezeichnung des Classifier angegeben ist. Der Typ des Classifier kann in Guillemets über der Bezeichnung angegeben werden. Optional können Bereiche durch horizontale Linien abgetrennt werden. In diesen Bereichen werden Merkmale oder andere Elemente des Classifier eingetragen.

Folgende weiteren Festlegungen gelten:

- Der genaue Typ des Classifier kann in Guillemets über der Bezeichnung angegeben werden.
- Die Spezialisierungen von Classifiern haben ihre eigene grafische Notation.
- Liegt ein abstrakter Classifier vor, wird die Bezeichnung kursiv gesetzt.

Ist ein Classifier eine Klasse, ergibt sich die Darstellung wie in Abb. 2.21, die ja oben schon genutzt wurde.

Unterbereiche in Classifiern

In Abb. 2.22 ist ein Beispiel für die Darstellung von Unterbereichen in Classifiern, wieder am Beispiel einer Klassendarstellung:

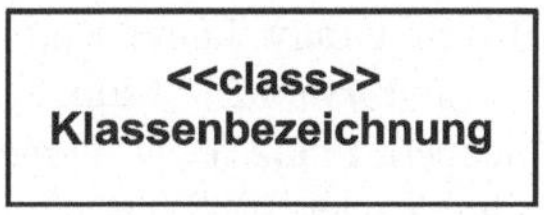

Abb. 2.21 Grafische Darstellung eines Classifiers am Beispiel einer Klasse

Abb. 2.22 Grafische Darstellung eines Classifiers mit Unterbereichen am Beispiel einer Klasse

Da *Klassen* die am häufigsten vorkommenden Classifier sind, kann bei ihnen die Bezeichnung des Typs („class") weggelassen werden, was auch hier im Weiteren geschieht.

2.9   Beitrag zur Unternehmensmodellierung

Gehen wir von einem Unternehmen als Anwendungsbereich aus.

Informationelles Grundgerüst des Unternehmens

Klassen bilden durch die Attribute das informationelle Grundgerüst des Unternehmens ab. Sie beschreiben aus Prozesssicht alle Dokumente (z.B. auch Geschäftsobjekte) und sonstigen Informationen, die bei der Abwicklung der Geschäftsprozesse und bei der Realisierung der Funktionen benötigt werden.

Elementare Verarbeitungsschritte von Informationen

Durch die zusätzliche Erfassung der Methoden erfassen sie auch elementare Verarbeitungsschritte von Informationen, allerdings – erst mal – nur solche, die sich auf die Objekte der eigenen Klasse beziehen. Wobei mit Methoden allein kein Geschäftsprozess modelliert werden kann (vgl. hierzu die Diskussion in Kap. 7).

Insgesamt also eine gute Ausgangsgsituation. Klassen erscheinen durch ihre Verbindung von statischen und dynamischen Aspekten geradezu prädestiniert für die Unternehmensmodellierung. Mehr dazu in den nächsten Kapiteln.

Vgl. insbesondere die zusammenfassende Diskussion zum gesamten „Strukturteil" in Abschn. 7.8.

Literatur

Balzert, Heide. 1999. *Lehrbuch der Objektmodellierung. Analyse und Entwurf.* Heidelberg/Berlin: Spektrum Akademischer Verlag.

Bertino, Elisa, und Lorenzo Martino. 1993. *Object-oriented database systems. Concepts and architectures.* Wokingham: Addison-Wesley Educational Publishers Inc.

Booch, Grady, James Rumbaugh, und Ivar Jacobson. 2006. *Das UML-Benutzerhandbuch. Aktuell zur Version 2.0.* München: Addison-Wesley.

Geppert, Franz. 1997. *Objektorientierte Datenbanksysteme. Ein Praktikum.* Heidelberg: Dpunkt.

King, Roger. 1989. *Object-oriented concepts, databases and applications.* New York: Wiley.

Meier, Andreas, und Thomas Wüst. 1997. *Objektorientierte Datenbanken. Ein Kompaß für die Praxis.* Heidelberg: Dpunkt.

OMG Object Management Group. 2003. *UML 2.0 Superstructure Specification* (Unified Modeling Language: Superstructure, version 2.0, final Adopted Specification, ptc/03-08-02).

OMG Object Management Group. 2017. *OMG Unified Modeling Language* (OMG UML). Version 2.5.1.

Rumbaugh, James, Ivar Jacobson, und Grady Booch. 2005. *The unified modeling language reference manual,* 2. Aufl. Boston: Addison-Wesley Professional.

Staud, Josef Ludwig. 2015. *Relationale Datenbanken. Grundlagen, Modellierung, Speicherung, Alternativen.* Vilshofen: Lindemann.

Assoziationen   3

> **Hinweis** Am Ende des Kapitels ist eine Liste der verwendeten Fachbegriffe in Deutsch und Englisch angegeben (s. Tab. 3.2).

3.1 Definition

Objekte in eine inhaltliche Beziehung setzen

In Kap. 2 wurden die Grundkonzepte *Objekt* und *Objektklasse* eingeführt. In diesem Abschnitt geht es nun um die Techniken, mit denen diese Objekte bzw. Objektklassen miteinander in Beziehung gesetzt werden können, denn natürlich stehen in objektorientierten Modellen die einzelnen Objektklassen nicht unverbunden nebeneinander.

Diese Beziehungen sind inhaltliche, sie kommen aus der Semantik des Anwendungsbereichs und werden ausgewählt nach den Anforderungen der Modellierung.

Nehmen wir als Beispiel wieder den Anwendungsbereich HOCHSCHULE mit den Klassen **Dozenten**, **Vorlesungen**, **Studierende**, **Räume** und **Prüfungen**. Die Anwendung soll den Lehrbetrieb erfassen. Dann wären dies Beziehungen wie:

- Dozenten halten Vorlesungen
- Studierende besuchen Vorlesungen
- Vorlesungen finden in Räumen statt
- Studierende besuchen Prüfungen

Es gibt natürlich mehr solche Beziehungen in einem Anwendungsbereich. Ausgewählt werden aber nur die, die für die Anwendung (z.B. bestimmte Geschäftsprozesse) von Bedeutung sind.

© Springer-Verlag GmbH Deutschland, ein Teil von Springer Nature 2019   45
J.L. Staud, *Unternehmensmodellierung*, https://doi.org/10.1007/978-3-662-59376-9_3

Instanzen

Assoziationen werden meist auf Klassenebene betrachtet, stellen aber ganz konkret Instanzen der beteiligten Klassen miteinander in Beziehung.

Von Ein- bis Mehrstellig

Grundsätzlich gibt es folgende Möglichkeiten der Bildung von Assoziationen:

- Eine Assoziation einer Klasse mit sich selbst (einstellig)
- Eine Assoziation zwischen zwei Klassen (zweistellig, binär)
- Eine Assoziation zwischen mehr als zwei Klassen (mehrstellig, z.B. ternär)

Beispiele für *einstellige Assoziationen* sind Stücklisten („ist enthalten in") oder ein Vorgesetztenverhältnis („ist vorgesetzt").

Zweistellige Assoziationen sind sehr zahlreich. Im Anwendungsbereich **HOCHSCHULE** z.B. *Prüfungsbesuch* (beteiligte Klassen wären **Studierende** und **Prüfungen**) oder *Vorlesungsbesuch* (**Studierende** und **Vorlesungen**). Im Anwendungsbereich **ANGESTELLTE** z.B. *Abteilungszugehörigkeit* (beteiligte Klassen: **Angestellte** und **Abteilungen**).

Mehrstellige Assoziationen kommen nicht sehr oft vor. Hier zwei Beispiele, mit denen oben angeführte zweistellige Assoziationen inhaltlich ausgebaut werden.

Im Anwendungsbereich **HOCHSCHULE** ist eine dreistellige (ternäre) Assoziation denkbar, die den Besuch von Lehrveranstaltungen beschreibt. Sie verbindet die Klassen **Studierende**, **Dozenten** und **Lehrveranstaltungen** und kann so interpretiert werden: Ein Studierender besucht eine Vorlesung bei einem Dozenten. Vgl. das Hochschulbeispiel unten.

Eine weitere dreistellige Assoziation wird im Hochschulbeispiel unten betrachtet, die zwischen **Studierende**, **Lehrveranstaltungen** und **Prüfungen**. Sie kann so interpretiert werden: Ein Studierender besucht eine Prüfung, die sich auf eine Lehrveranstaltung bezieht.

Beide dreistelligen Assoziationen unterscheiden sich in ihrer Aussagekraft von den gleichnamigen zweistelligen. Dazu unten mehr.

3.2   Grafische Darstellung

Die grafische Darstellung von Assoziationen erfolgt durch eine Linie ohne oder mit Raute. Eine zweistellige Assoziation dann z.B. durch eine durchgezogene Linie zwischen den beiden Klassen (Abb. 3.1). An der Linie sind die Bezeichnungen der Assoziation angegeben. Es sind zwei, eine für jede Richtung.

Die Variante mit Raute zeigt Abb. 3.2. Dann verbindet eine durchgezogene Linie jede beteiligte Klasse mit der Raute.

Liegen mehr als zwei Klassen vor, ist die Assoziation also mehr als zweistellig, kann sie nur auf diese Weise (vgl. unten) gezeichnet werden.

Die gefüllten Dreiecke bei den Assoziationsbezeichnungen zeigen die Leserichtung (vgl. die Beispiele unten).

Eine *einstellige Assoziation* wird normalerweise einfach durch eine durchgezogene Linie dargestellt, die die Klasse mit sich selbst verbindet (Abb. 3.3). Auch hier werden zwei Assoziationsbezeichnungen angefügt.

Die Darstellung mit einer Raute ist ebenfalls möglich (Abb. 3.4).

Dreistellig

Abb. 3.5 zeigt die grafische Darstellung einer dreistelligen Assoziation. Hier wird die Bezeichnung der Assoziation an der Raute angebracht.

Bei jeder Klasse sind im konkreten Fall noch Wertigkeiten anzufügen. Vgl. hierzu die Ausführungen unten.

Außerdem kann durch einen Schrägstrich vor der Assoziationsbezeichnung die Assoziation als „abgeleitet" gekennzeichnet werden (vgl. unten). Wird keine Assoziationsbezeichnung angegeben, genügt in solch einem Fall der Schrägstrich alleine.

Abb. 3.1 Grafische Darstellung einer zweistelligen Assoziation – ohne Raute

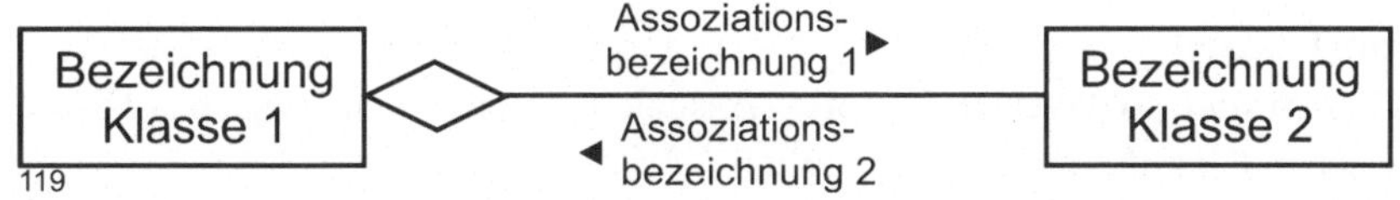

Abb. 3.2 Grafische Darstellung einer zweistelligen Assoziation – mit Raute

Abb. 3.3 Grafische Darstellung einer einstelligen Assoziation

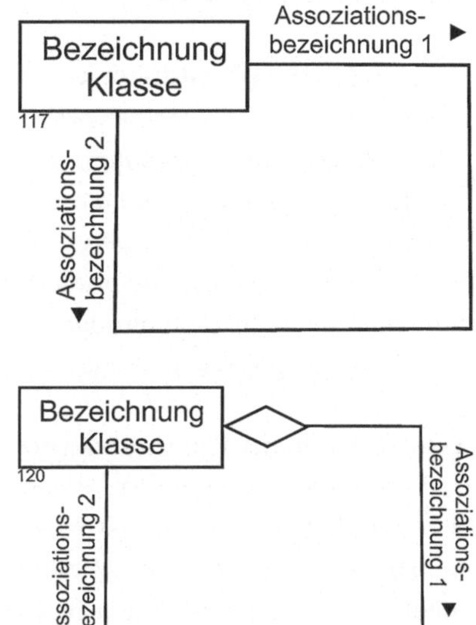

Abb. 3.4 Grafische Darstellung einer einstelligen Assoziation mit Raute

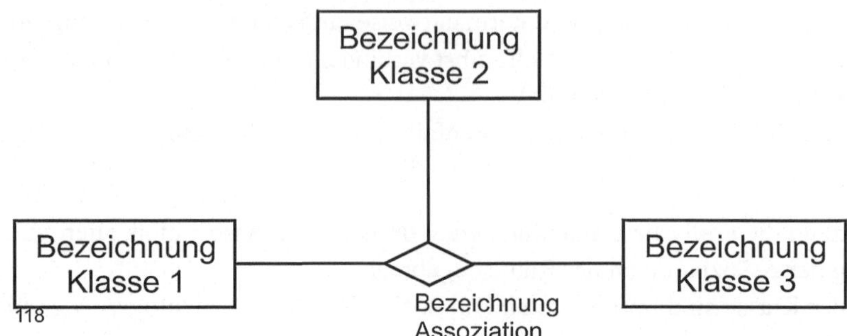

Abb. 3.5 Grafische Darstellung einer dreistelligen Assoziation

Generalisierungen (vgl. unten) *zwischen Assoziationen* können durch einen Generalisierungspfeil, der zwischen den betreffenden Assoziationssymbolen eingefügt wird, ausgedrückt werden.

Das *Assoziationsende* kann beschriftet werden. Dann wird die Bezeichnung des Assoziationsendes in der Nähe des Linienendes platziert. Als Assoziationsende bezeichnen die UML-Autoren die Verbindung zwischen der Linie, die die Assoziation darstellt und dem grafischen Element für die Klasse.

Nicht nur Klassen

Grundsätzlich sind, so die UML-Autoren, Assoziationen nicht nur zwischen Klassen, sondern zwischen Classifiern aller Art möglich.

3.3   Hintergrund

Vorgänger Datenbanktheorie

Das Konzept der *Assoziation*, wie es in der objektorientierten Theorie ausformuliert wird, entspricht dem „in Beziehung setzen" von Modelleinheiten (Relationen, Entitätstypen) in der klassischen Datenbanktheorie. Werden dort, z.B. in der ER-Modellierung, die Entitätstypen *Dozenten* und *Vorlesung* in die Beziehung „Dozent hält Vorlesung" gesetzt (durch einen Beziehungstyp), entspricht dies einer Assoziation. In relationalen Datenmodellen wird eine solche Beziehung sogar gleich datentechnisch durch Schlüssel / Fremdschlüssel-Beziehungen „physisch" umgesetzt.

Assoziationen als Kommunikationspfade

In der objektorientierten Systemanalyse ist allerdings die Sichtweise meist eine andere. Hier wird betont, dass die Assoziationen notwendig sind, *damit Objekte miteinander kommunizieren können* (vgl. beispielhaft (Oestereich 1998, S. 268)). Damit wird die Tatsache angesprochen, dass in einem objektorientierten System die einzelnen Klassen und ihre Objekte bei der Erledigung der Aufgaben zusammenwirken (vgl. Kap. 7). Dies geschieht aber entlang der oben eingeführten semantisch wichtigen Beziehungen zwischen den Klassen. Insofern ergibt sich kein Widerspruch.

Verknüpfung durch Objektidentifizierer
Insbesondere in Abgrenzung zum relationalen Modell muss hier noch darauf hingewiesen werden, dass die konkrete Realisierung dieser Beziehungen zwischen Objekten modelliert wird, indem die entsprechenden Objekte mithilfe ihrer Objektidentifizierer verknüpft werden und nicht mithilfe attributbasierter Schlüssel.

3.4 Wertigkeiten

Oben wurden schon mehrfach Wertigkeiten (Multiplizitäten, Kardinalitäten) von Assoziationen angegeben. Hier nun die Präzisierung.

Die Wertigkeiten[1] von Assoziationen geben an, wieviele Objekte jeder beteiligten Klasse an der Assoziation teilhaben. Es gibt also für jede an der Assoziation beteiligten Klasse eine solche Wertigkeit.

Folgende Darstellung haben die UML-Autoren festgelegt:

- 1 (einfach). Genau ein Objekt der jeweiligen Klasse geht in die Beziehung ein.
- 0..1 (konditionell einfach). Kein oder ein Objekt der jeweiligen Klasse geht in die Beziehung ein.
- * (konditionell mehrfach). Null, eines oder viele Objekte der jeweiligen Klasse geht in die Beziehung ein.

Weitere Konkretisierungen bezüglich der maximalen und minimalen Anzahl von Objekten können erfolgen, sodass z.B. folgende Angaben möglich sind:

- fünf oder mehr: 5..*
- null bis drei: 0..3
- genau fünf: 5
- drei, vier oder acht: 3, 4, 8
- alle natürlichen Zahlen außer elf: 1..10, 12..*

Kann- und Muss-Assoziationen
Balzert führt zusätzlich die Begriffe *Kann-* und *Muss-Assoziationen* ein. *Kann-Assoziationen* haben als Untergrenze die Kardinalität 0, *Muss-Assoziationen* die Kardinalität 1 oder größer (Balzert 1999, S. 41f).

In den Abbildungen werden die Wertigkeiten an den Assoziationsenden vermerkt. Vgl. die Beispiele unten und die Hinweise zur Anordnung der Wertigkeiten in den Abbildungen.

---

[1] Oestereich spricht hier von „Multiplizitäten einer Assoziation" (Oestereich 1998, S. 268; Balzert 1999, S. 41) von Kardinalitäten, wie bei Entity Relationship – Modellen.

3.5   Beispiele

Hier nun Beispiele von Assoziationen mit unterschiedlichen Wertigkeiten.

Zweistellige Assoziationen
Angestellte – PC
   Abb. 3.6 erfasst eine mögliche Variante des Verhältnisses von Angestellten und PC. Es gilt:

- Ein Angestellter benutzt *genau einen* PC.
- Ein PC ist *mindestens einem* Angestellten zugeordnet.

▶   Die kursiv gesetzten Texte in der Abbildung machen die Positionierung der Wertigkeiten deutlich: Wie viele Objekte einer Klasse an der Assoziation teilhaben, wird jeweils am entgegengesetzten Ende der Assoziation vermerkt.

Die Beziehungen können so wie in der Abbildung angegeben gelesen werden.

Angestellte – Abteilungen
Das zweite Beispiel (Abb. 3.7) zeigt eine Assoziation zwischen **Angestellte** und **Abteilungen**. Es gelten folgende Wertigkeiten:

- Ein Angestellter ist *genau einer* Abteilung zugeordnet.
- Eine Abteilung hat üblicherweise *mehrere* zugehörige Angestellte (genauer: keinen, einen oder mehrere).

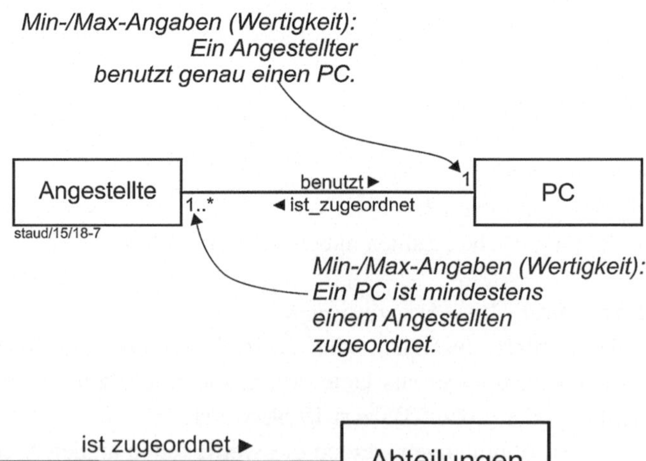

Abb. 3.6 Zweistellige Assoziation mit Wertigkeiten und benannten Beziehungen

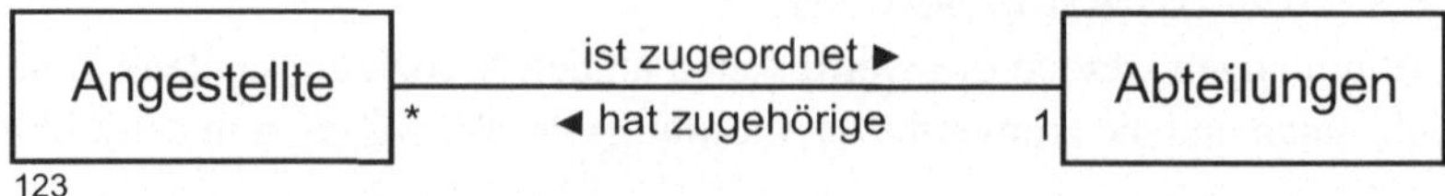

Abb. 3.7 Zweistellige Assoziation mit Wertigkeiten und benannten Beziehungen

Von zwei- zu dreistelligen Assoziationen
Prüfungsbesuch zweistellig

Mit den dreistelligen Assoziationen soll an den Beispielen *Prüfungsbesuch* und *Vorlesungsbesuch* auch der Unterschied zwischen mehreren zweistelligen und einer dreistelligen Assoziation erläutert werden.

Eine zweistellige Assoziation *Prüfungsbesuch* muss als Grundlage folgende Klassen haben:

- Klasse **Studierende**
- Klasse **Prüfungen**. In dieser Klasse muss als Attribut festgehalten sein, welche Lehrveranstaltung durch jede Prüfung geprüft wird.

In Abb. 3.8 ist deshalb in **Prüfungen** das Attribut bezugLV eingefügt, das angibt, auf welche Lehrveranstaltung sich die Prüfung bezieht. Die Wertigkeiten bedeuten hier, dass ein Studierender keine, eine oder mehrere Prüfungen besucht und dass eine Prüfung von keinem, einem oder mehreren Studierenden aufgesucht werden kann.

Prüfungsbesuch dreistellig

Sind dagegen die Prüfungen zu einer eigenständigen Existenz gekommen, ergibt sich eine andere Situation. Dann bilden sie eine Klasse **Prüfungstypen**. Dies soll hier (vgl. Abb. 3.9) der Fall sein, weil die Prüfungen „an sich" erfasst werden, ohne Bezug zu einer konkreten Lehrveranstaltung. Damit sind in **Prüfungstypen** nur Einträge wie in Tab. 3.1 möglich.

Redundanz?

Würde man die Prüfungstypen direkt bei den Lehrveranstaltungen mit verwalten, ergäbe sich eine große Redundanz, da die Daten der Prüfung dann bei jeder einschlägigen Lehrveranstaltung erfasst werden müssten.

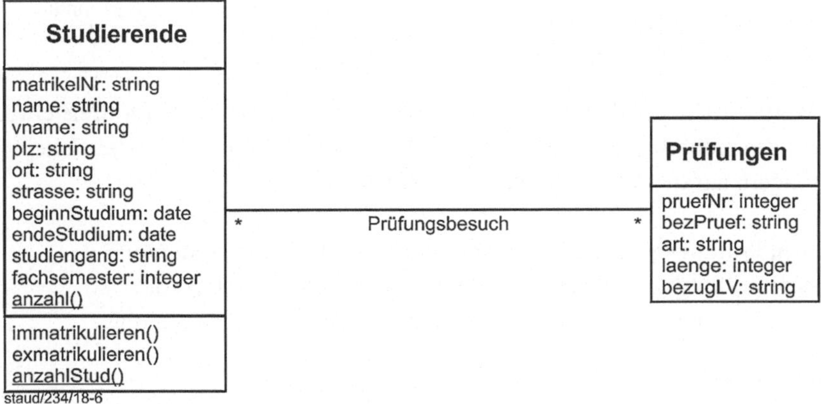

Abb. 3.8 Zweistellige Assoziation – Beispiel *Prüfungsbesuch zweistellig*

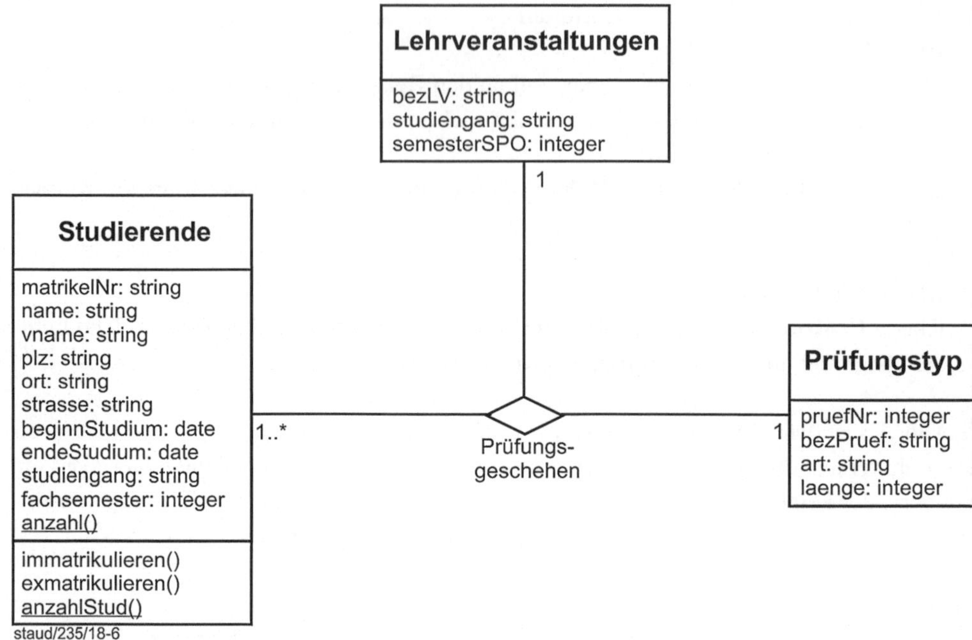

Abb. 3.9 Dreistellige Assoziation – Beispiel *Prüfungsbesuch*

Tab. 3.1 Prüfungstypen

pruefNr	bezPruef	art	laenge
1	Klausur	schriftlich	60 Minuten
2	Klausur	schriftlich	90 Minuten
3	Mündliche Prüfung	mündlich	30 Minuten
4	Laborarbeit	praktisch	1 Semester
5	Praktische Arbeit	praktisch	1 Semester
6	Bachelorarbeit	Abschlussarbeit	3 Monate
7	Masterarbeit	Abschlussarbeit	6 Monate

Mögliche Prüfungstypen im Anwendungsbereich **HOCHSCHULE**

Die Wertigkeiten bei den einzelnen Klassen beziehen sich hier im dreistelligen Fall nicht auf „gegenüberliegende" Klassen wie bei den zweistelligen Assoziationen (geht ja nicht), sondern auf die Assoziation als solche. Hier also:

- In einem Prüfungsgeschehen nimmt mindestens ein Studierender teil.
- In einem Prüfungsgeschehen liegt ein bestimmter Prüfungstyp vor.
- In einem Prüfungsgeschehen geht es um genau eine Lehrveranstaltung.

Vorlesungsbesuch zweistellig

Nun das Beispiel zum Vorlesungsbesuch, zuerst zweistellig (Abb. 3.10). Die Wertigkeit für **Studierende** bedeutet: Ein Studierender kann keine oder beliebig viele Lehrveranstaltungen

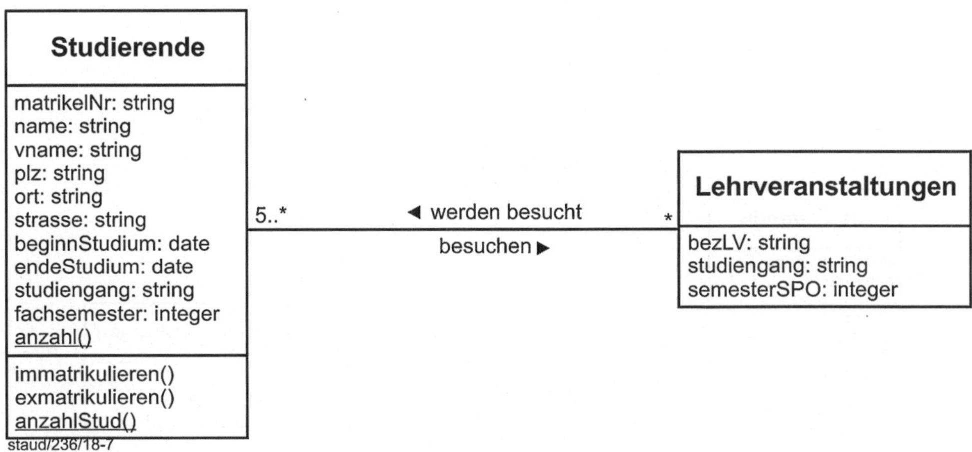

Abb. 3.10 Zweistellige Assoziation – Beispiel *Lehrveranstaltungsbesuch*

besuchen. Die für **Lehrveranstaltungen**: Eine Lehrveranstaltung hat mindestens 5 Studierende, die sie besuchen, sonst findet sie nicht statt.

Obige Lösung geht davon aus, dass jede Lehrveranstaltung einmalig ist, dass dieselbe Lehrveranstaltung (zum Beispiel BWL 1) zu einem Zeitpunkt wirklich nur einmal und nur von einem Dozenten angeboten wird. Wird sie, z.B. wegen hoher Studierendenzahlen, mehrfach angeboten (von einem Dozenten oder von mehreren), ist diese Tatsache nicht im Modell ausdrückbar.

Vorlesungsbesuch dreistellig

Bei einer dreistelligen Assoziation dagegen ist dies kein Problem mehr (Abb. 3.11). Der Veranstaltungsbesuch wird dann durch die kombinierte Information aus Studierenden / Lehrveranstaltung / Dozenten erfasst. Damit wäre es möglich, dass die drei Dozenten Maier, Müller und Bauch alle je eine Lehrveranstaltung BWL 1 geben. Ein Studierender besucht dann eine Lehrveranstaltung *bei einem Dozenten*. Vgl. dazu auch das Hochschulbeispiel unten.

Die Wertigkeiten bedeuten:

- Bei **Studierenden**: Mindestens 5 Studierende nehmen teil.
- Bei **Lehrveranstaltungen**: Es geht jeweils um genau eine Lehrveranstaltung.
- Bei **Dozenten**: Jeweils ein Dozent hält die Lehrveranstaltung.

Würde man auch die Variante berücksichtigen wollen, dass u.U. mehrere Dozenten gemeinsam eine bestimmte LV durchführen, dann müsste die Wertigkeit bei **Dozenten** verändert werden.

Einstellige (rekursive) Assoziationen

Bei den einstelligen (rekursiven) Assoziationen geht es um Beziehungen innerhalb einer Klasse.

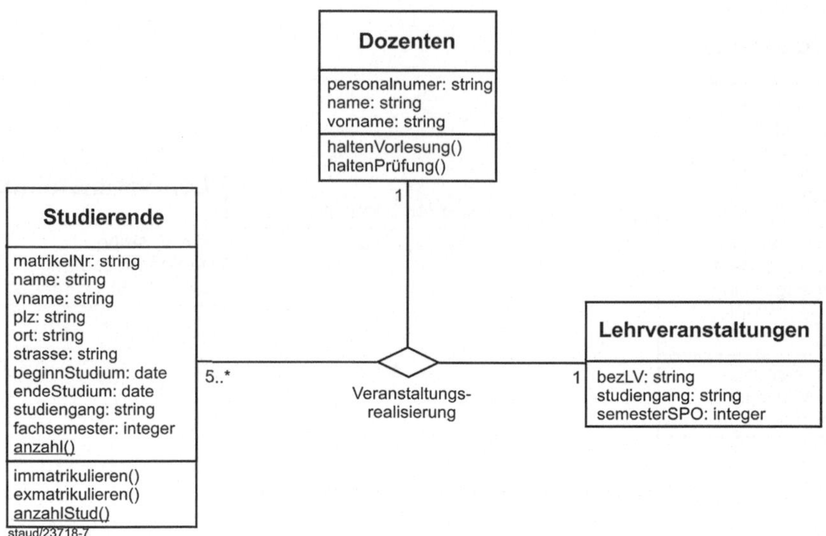

Abb. 3.11 Dreistellige Assoziation – Beispiel *Veranstaltungsbesuch*

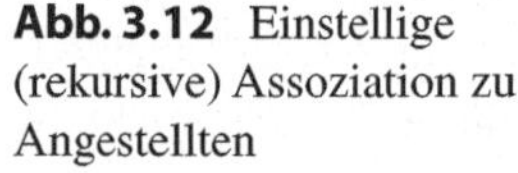

Abb. 3.12 Einstellige
(rekursive) Assoziation zu
Angestellten

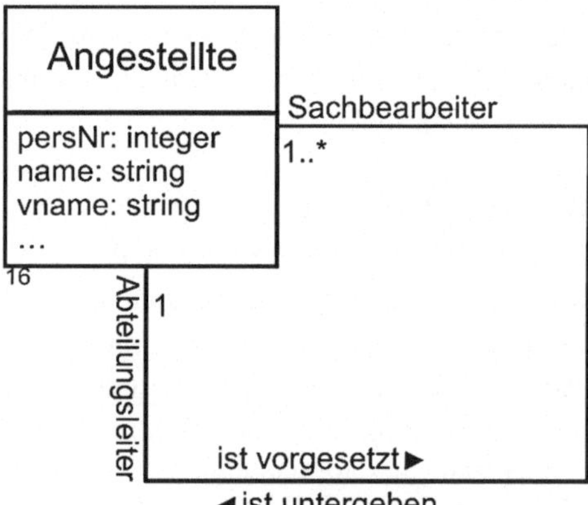

Beispiel Angestellte

Betrachten wir als Beispiel (Abb. 3.12) eine Objektklasse **Angestellte** mit den üblichen
Hierarchiestufen (z.B. Sachbearbeiter, Abteilungsleiter, Hauptabteilungsleiter usw.). Hier
stehen tatsächlich die Angestellten untereinander in einer Beziehung. Z.B. alle Sachbearbeiter einer Abteilung mit dem Abteilungsleiter und umgekehrt. Die Wertigkeiten und
Rollenangaben in der folgenden Abbildung bedeuten:

- Jeder Sachbearbeiter hat genau einen Vorgesetzten, den Abteilungsleiter
- Jeder Abteilungsleiter hat mindestens einen Untergebenen.

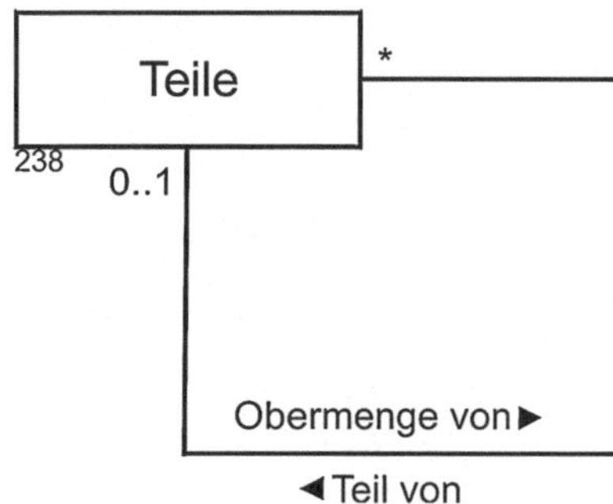

Abb. 3.13 Stückliste als einstellige (reflexive) Assoziation

Beispiel Stückliste

Das bekannte Beispiel einer Stückliste kann auch hier zur weiteren Veranschaulichung einer rekursiven Definition einer Objektklasse benutzt werden. Geht es um die zwei Beziehungen „Teil von" und „Obermenge von", kann eine Stückliste so wie in Abb. 3.13 grafisch dargestellt und entsprechend modelliert werden.

Bis auf ein Teil (das „oberste") ist jedes „Teil von" genau einem anderen, woraus sich die Wertigkeit „0..1" (konditionell einfach) für diese Richtung ergibt. Sollte es Teile geben, die in mehreren enthalten sind, müsste die Wertigkeit verändert werden.

Umgekehrt kann jedes Teil „Obermenge von" vielen anderen Teilen sein, muss aber nicht (die „untersten"), woraus sich die konditionell mehrfache Assoziation in diese Richtung ergibt.

Der Sachverhalt *Stückliste* kann – mit mehr Aussagekraft – auch als Aggregation modelliert werden. Vgl. Kap. 5, insbesondere Abb. 5.2.

3.6 Rollen

Nicht nur *eine* Assoziation

Die Objekte einer Klasse können an mehreren Assoziationen teilhaben. So könnten z.B. die Angestellten zum einen als PC-Nutzer fungieren (wie im obigen Beispiel), zum anderen aber auch als Projektmitarbeiter. Diese unterschiedlichen Funktionen werden hier als *Rollen* bezeichnet, als Rollen der Objekte in der jeweiligen Assoziation.

Diese können in der grafischen Darstellung angegeben werden. Sie werden an die Assoziationslinie auf der Seite hinzugefügt, auf der sich die Objektklasse befindet, deren Rolle in der jeweiligen Beziehung geklärt werden soll. Die folgenden Abbildungen zeigen zwei Beispiele.

Beispiel Angestellte
Angestellte mit Projekte

In Abb. 3.14 wurde ein Beispiel von oben wieder aufgenommen, jetzt aber mit einer zusätzlichen Klasse **Projekte** und einer umfangreicheren Klassendarstellung

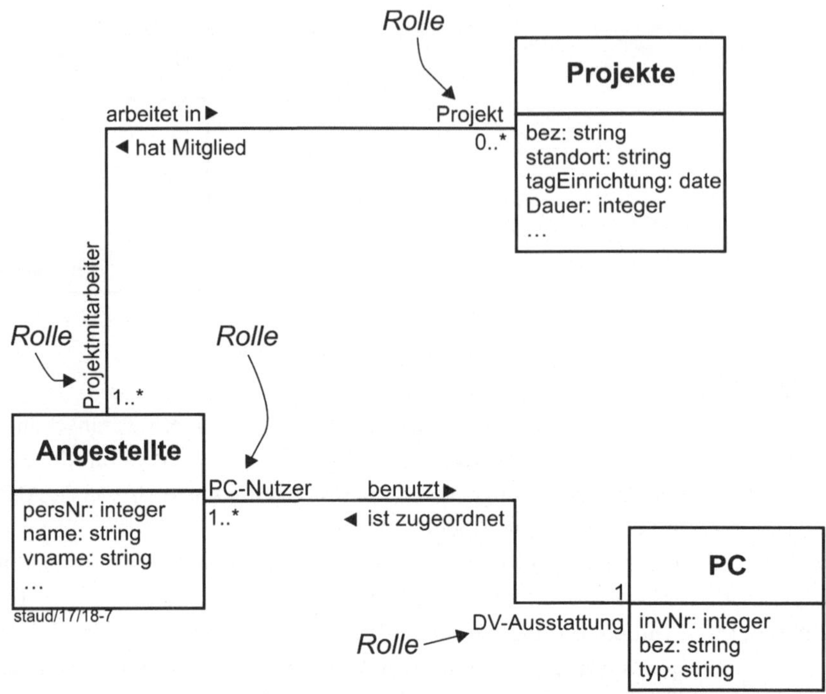

Abb. 3.14 Assoziationen mit Rollen im Anwendungsbereich **ANGESTELLTE**

Das Beispiel enthält zwei Assoziationen. Die zwischen **Angestellte** und **PC** betrifft die
PC-Nutzung. Die Angestellten des Unternehmens sind in Bezug auf diese Assoziation
PC-Nutzer, die PCs haben hier die Rolle einer DV-Ausstattung.

Die zweite Assoziation verknüpft **Angestellte** und **Projekte**. Hier haben die Angestellten die Rolle Projektmitarbeiter. Die Wertigkeiten bei der neuen Assoziation bedeuten:

- Ein Angestellter arbeitet in keinem, einem oder mehreren Projekten mit.
- Ein Projekt hat mindestens einen Angestellten als Projektmitarbeiter.

Beispiel Hochschule

Abb. 3.15 stellt die Dozenten einer Hochschule und die Lehrveranstaltungen (Vorlesungen, Übungen, Praktika) in Beziehung. Die Dozenten haben hier die Rolle als *Lehrende*,
die Lehrveranstaltungen als *Studienbetrieb*. Die Wertigkeiten bedeuten:

- Ein Dozent hält keine, eine oder mehrere Lehrveranstaltungen.
- Eine Lehrveranstaltung wird entweder von einem oder von zwei Dozenten gehalten.

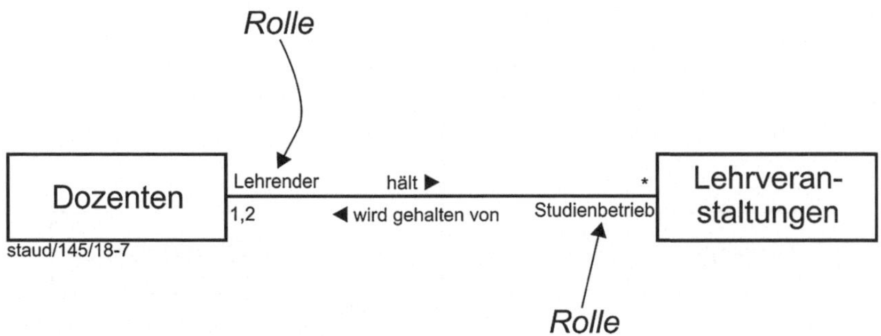

Abb. 3.15   Rollen in Assoziationen

3.7   N-stellige Assoziationen vertieft

Mehr als zwei!
Oben wurde die Grundform einer dreistelligen Beziehung schon vorgestellt. Allgemein spricht man bei Assoziationen mit mehr als zwei beteiligten Klassen von *n-stelligen Assoziationen*. Die Wertigkeit von n-stelligen Assoziationen mit n größer als 2 ist wie folgt definiert:

▶ Die Wertigkeit an einem Assoziationsende stellt die potentielle Anzahl von Werten dar, wenn die Werte an den n-1 anderen Enden auf bestimmte Werte fixiert sind.

Damit ist folgendes gemeint: Liegen insgesamt n Enden vor, wird eine beliebige Auswahl von n-1 Enden genommen, denen ja jeweils Instanzen zugeordnet sind. Dann wird die Menge der Verknüpfungen dieser n-1 Assoziationen eine ganz bestimmte Menge von Instanzen am anderen Ende identifizieren (vgl. die Beispiele unten). Spielt man alle Wertigkeiten der n-1 Klassen durch, erhält man den Rahmen für die Wertigkeit der n-ten Klasse.

Beispiel Hochschule
Vierstellig
Das erste Beispiel in Abb. 3.16 beschreibt wiederum den Lehrbetrieb an Hochschulen, jetzt am Beispiel einer vierstelligen Assoziation: *Dozenten* halten *Lehrveranstaltungen* für *Studiengänge* in bestimmten *Räumen*. Grundlage dieses Beispiels ist, dass alle vier Klassen existieren, dass also alle vier Realweltphänomene als Klassen modelliert wurden.

Zu beachten ist, dass es nicht um Lehrveranstaltungs*termine* geht, sondern um die Lehrveranstaltung *als solche*, bzw. als Gegenstand der Studienordnung.

Die Wertigkeiten bei den Klassen bedeuten:

• Ein Dozent oder maximal zwei führen die Lehrveranstaltung durch.
• Es geht jeweils um eine Lehrveranstaltung.

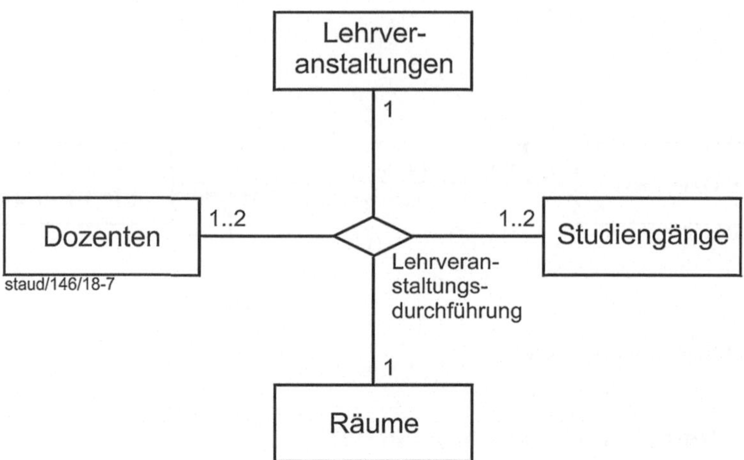

Abb. 3.16 N-stellige (vierstellige) Assoziation und ihre Wertigkeiten

- Üblicherweise findet eine Lehrveranstaltung in einem einzelnen Studiengang statt. Es können aber auch zwei sein, wenn z.B. AI (Angewandte Informatik) und WI (Wirtschaftsinformatik) gemeinsam Mathematik 1 hören usw.
- Eine konkrete Lehrveranstaltung findet in genau einem Raum statt.

Fixieren und betrachten

Nehmen wir obigen Gedankengang – Fixierung von n-1 Enden, Betrachtung des n-ten Assoziationsendes – auf, ergibt sich folgendes:

- Fixieren wir **Dozenten**, **Räume** und **Studiengänge** auf den jeweils untersten Wert. Dann gibt es für einen Dozenten, einen Raum und einen Studiengang genau eine Vorlesung. Entsprechendes gilt auch für die jeweils obersten Werte. In diesem Fall gestalten zwei Dozenten in einem Raum für zwei Studiengänge eine Vorlesung.
- Fixieren wir nun **Dozenten**, **Lehrveranstaltungen** und **Studiengänge** mit den minimalen Werten. Dann gestaltet ein Dozent eine Lehrveranstaltung für einen Studiengang in genau einem Raum.
- Zuletzt noch eine Fixierung von **Lehrveranstaltungen** (auf 1), **Studiengänge** (auf 2) und **Räume** (auf 1). In diesem Fall wird eine Vorlesung in einem Raum für 2 Studiengänge von einem oder auch mehreren Dozenten getätigt.

Beispiel Trainingsgeschehen

Das zweite Beispiel spiegelt *Trainingsdurchführung* wider. Es wird angenommen, dass **Trainer, Trainingsorte** und **Mannschaften** eigenständige Klassen darstellen. Sie haben also eigene Attribute und Methoden. Die ternäre Assoziation beschreibt die Trainingsdurchführung (vgl. Abb. 3.17). Die Wertigkeiten ergeben sich dann wie folgt: Eine Trainingsdurchführung (zu einem Zeitpunkt) findet statt …

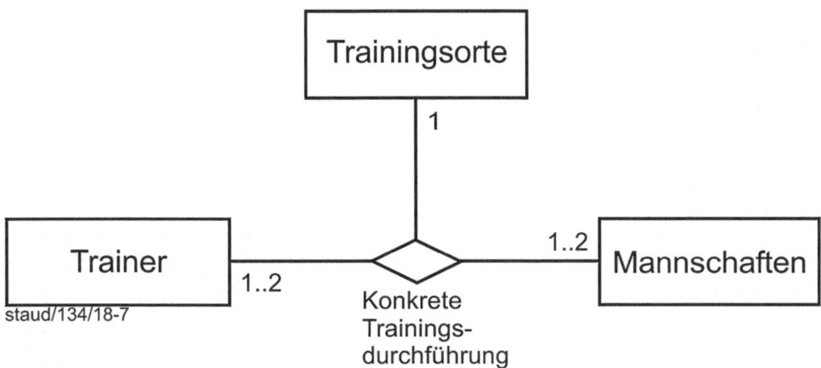

Abb. 3.17 Dreistellige Assoziation *Trainingsdurchführung*

- … mit einem Trainer oder mit zweien
- … an einem Trainingsort
- … mit einer Mannschaft oder mit zweien.

3.8 Klassendiagramme – Definition und Beispiele

Klassen + Assoziationen

Stellt man für ein objektorientiertes Modell die Klassen und ihre Assoziationen zusammen, entsteht ein *Klassendiagramm*. Das ist dann aber nur die Grundversion, die durch viele weitere Theorieelemente ausgebaut werden kann. Z.B. durch grafische Elemente für die in den nächsten Kapiteln einzuführende *Aggregation und Komposition* Kap. 5 sowie *Generalisierung/Spezialisierung* Kap. 6. Insbesondere aber auch durch die Verhaltensaspekte, die durch Methodenaufrufe modelliert werden können (vgl. ab Kap. 8).

Die Klassendiagramme sind im Rahmen der objektorientierten Modellierung die wichtigsten Diagramme (So auch (Rumbaugh, Jacobson und Booch 2005, S. 217), [27]).

Die folgenden Beispiele zu den Anwendungsbereichen **HOCHSCHULE** und **ANGE-STELLTE** geben einen Eindruck von der Grundversion. Die Beispiele werden in den nächsten Kapiteln ausgebaut.

Beispiel Hochschule

Ziel der Anwendung beim Hochschulbeispiel (vgl. Abb. 3.18) ist die Verwaltung des Vorlesungsbetriebs und der Studierendenakten (bzgl. Vorlesungs- und Prüfungsbesuch) sowie des Betreuungsverhältnisses zwischen Dozenten und Studierenden (bzgl. Diplomarbeiten, Bachelerarbeiten, Projektarbeiten usw.).

Folgende Klassen wurden gefunden:

- **Dozenten**
- **Studierende**
- **Lehrveranstaltungen**
- **Prüfungstypen**

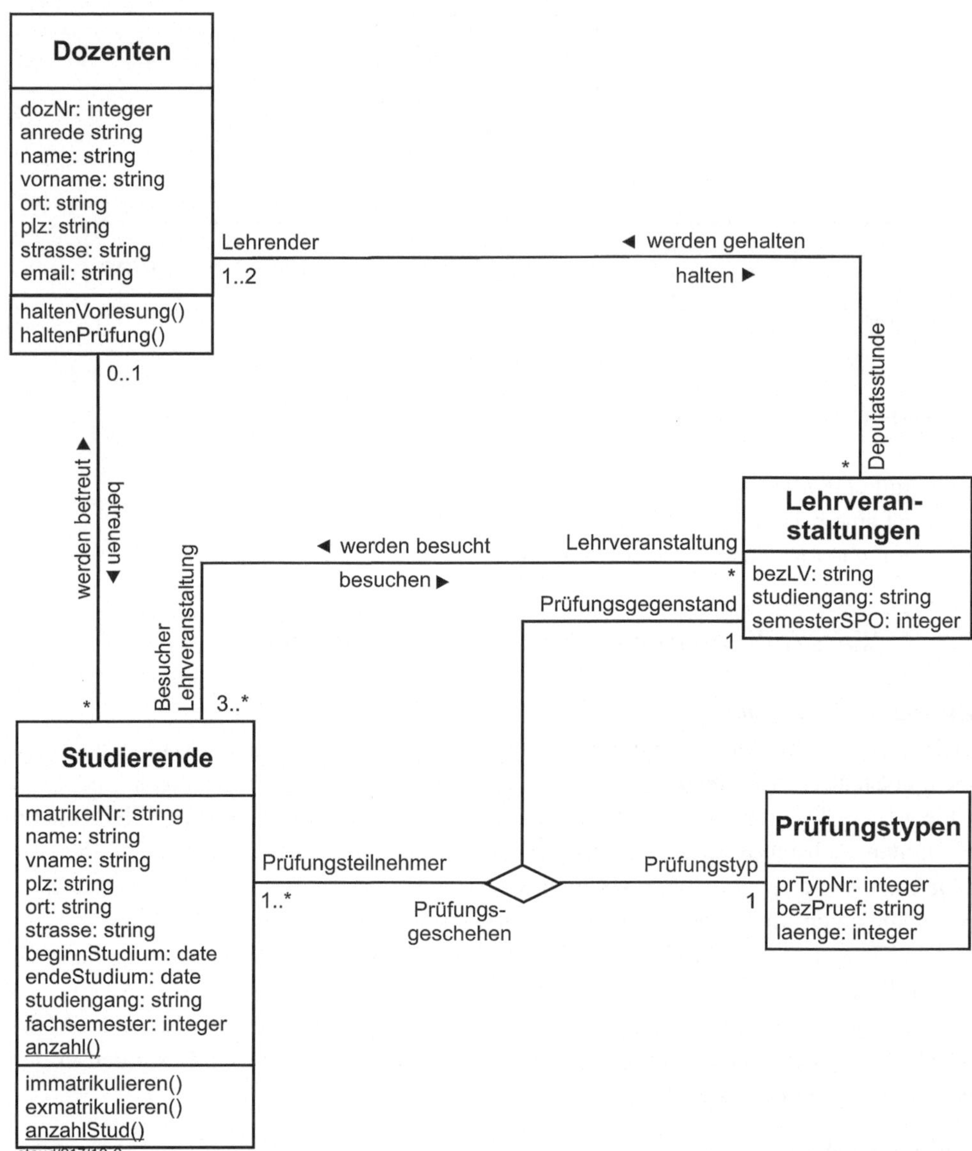

Abb. 3.18 Klassendiagramm zum Anwendungsbereich **HOCHSCHULE** – Prüfungsgeschehen dreistellig

Die ersten drei dürften unstrittig sein. Was die Prüfungen angeht, wurde hier die oben eingeführte Lösung gewählt: Die Prüfungen werden „an sich" festgehalten (als Prüfungstypen), d.h. ohne Bezug zu konkreten Lehrveranstaltungen.

Die Assoziationen

Von den Assoziationen ist wohl nur das *Prüfungsgeschehen* erklärungsbedürftig. Diese dreistellige Assoziation erfasst den Besuch von Prüfungen, die sich ja immer

auf bestimmte Lehrveranstaltungen beziehen, durch Studierende. Die Wertigkeiten
bedeuten:

- 1..* bei Studierende (Rolle *Prüfungsteilnehmer*): An einem Prüfungsgeschehen nimmt
  mindestens ein Studierender teil.
- 1 bei Lehrveranstaltungen (Rolle *Prüfungsgegenstand*): Ein Prüfungsgeschehen bezieht sich auf eine Lehrveranstaltung.
- 1 bei Prüfungen (Rolle *Prüfung*): Ein Prüfungsgeschehen erfolgt auf eine bestimmte
  Prüfungsart (Klausur, mündliche Prüfung usw.).

Dass dieselbe Lehrveranstaltung u.U. am Ende *eines jeden* Semesters geprüft wird und
damit entlang der Zeitachse mehrfach vorkommt, ist hier noch nicht berücksichtigt, kommt
unten aber dazu.

Unbehagen?

Wer bei diesem Klassendiagramm „Unbehagen" verspürt und sich z.B. fragt, wo denn die
Prüfungsergebnisse abgelegt werden, spürt richtig. Vgl. hierzu Kap. 4.

Das Klassendiagramm in Abb. 3.18 enthält u. a. folgende Komponenten
Eine dreistellige Assoziation
Mehrere zweistellige Assoziationen
Objekte mit verschiedenen Rollen
    Außerdem zahlreiche beschriftete Assoziationen.

Semantikvarianten

Dass je nach Festlegung der Semantik unterschiedliche objektorientierte Modelle entstehen, zeigt die folgende Variante des obigen Modells (vgl. Abb. 3.19). Für dieses
wurde angenommen, dass auch der Lehrveranstaltungsbesuch durch eine dreistellige
Assoziation erfasst wird. Der Unterschied zu oben besteht darin, dass jetzt bei jedem
Lehrveranstaltungsbesuch das Tripel Dozent/Studierende(r)/Lehrveranstaltung erfasst
wird, während oben zwei zweistellige Assoziationen diesen Sachverhalt abdeckten (Stu-
dierende/Lehrveranstaltung bzw. Dozenten/Lehrveranstaltung).

Mehr Semantik

Grundsätzlich gilt, dass eine solche dreistellige Assoziation bzgl. dreier Klassen A, B und
C mehr von der Semantik der Beziehung erfasst als die zweistelligen Assoziationen AB,
AC und BC.

Das Klassendiagramm in Abb. 3.19 enthält u. a. folgende Komponenten

- Zwei dreistellige Assoziationen
- Eine zweistellige Assoziation
- Objekte mit verschiedenen Rollen

Außerdem zahlreiche beschriftete Assoziationen.

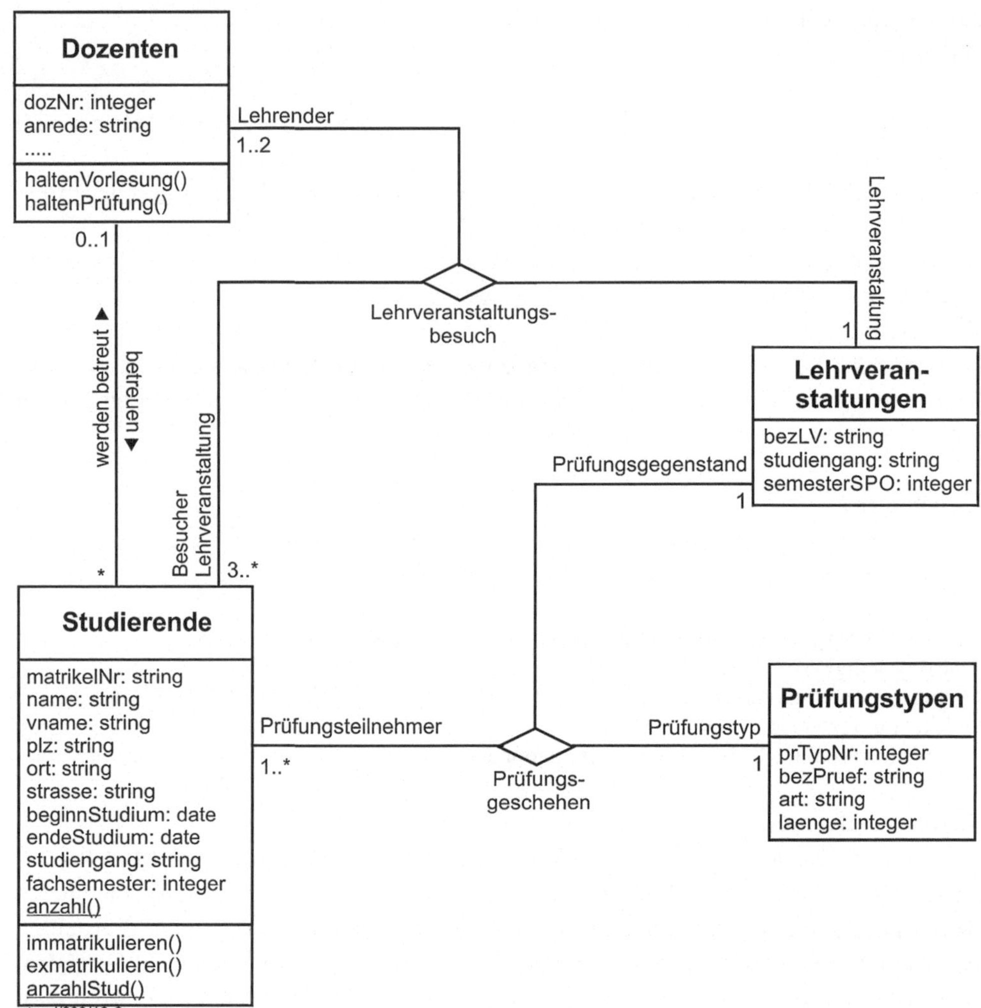

Abb. 3.19 Klassendiagramm zum Anwendungsbereich **HOCHSCHULE** – Prüfungsgeschehen und Lehrveranstaltungsbesuch dreistellig

Anwendungsbereich „Angestellte eines Unternehmens"

Im Beispiel zum Anwendungsbereich **ANGESTELLTE** (wie er hier kurz genannt wird) werden die hierzu oben eingeführten Modellfragmente zusammengeführt (Abb. 3.20). Im Mittelpunkt steht die Klasse **Angestellte**. Ihre Objekte sind gleichzeitig *Projektmitarbeiter, Mitarbeiter in Abteilungen, PC-Nutzer*, sowie *Abteilungsleiter* bzw. *Sachbearbeiter*.

Amgestellte mit vielen Rollen

Entsprechend ergeben sich die Assoziationen. Die Assoziation zwischen den Klassen **Projekte** und **Angestellte** hält fest, welche Angestellte in welchen Projekten tätig sind. Die unteren

Werte sind Null, weil wir hier auch Projekte anlegen wollen, die noch keine zugewiesenen Angestellten haben und weil es auf der anderen Seite (natürlich) Angestellte gibt, die in keinem Projekt tätig sind.

Die Assoziation zwischen den Klassen **Angestellte** und **Abteilungen** hält die Abteilungszugehörigkeit fest. Hier wird angenommen (bzw. wurde festgelegt), dass jeder Angestellte in genau einer Abteilung ist und dass eine Abteilung mindestens einen Angestellten hat.

Die Assoziation zur PC-Nutzung hält fest, dass ein PC keinem, einem oder vielen Angestellten zugeordnet sein kann. Der Hintergrund könnte sein, dass in der Anwendung und in der zugrundeliegenden Datenbank neu angeschaffte PC und PC in Reparatur keine

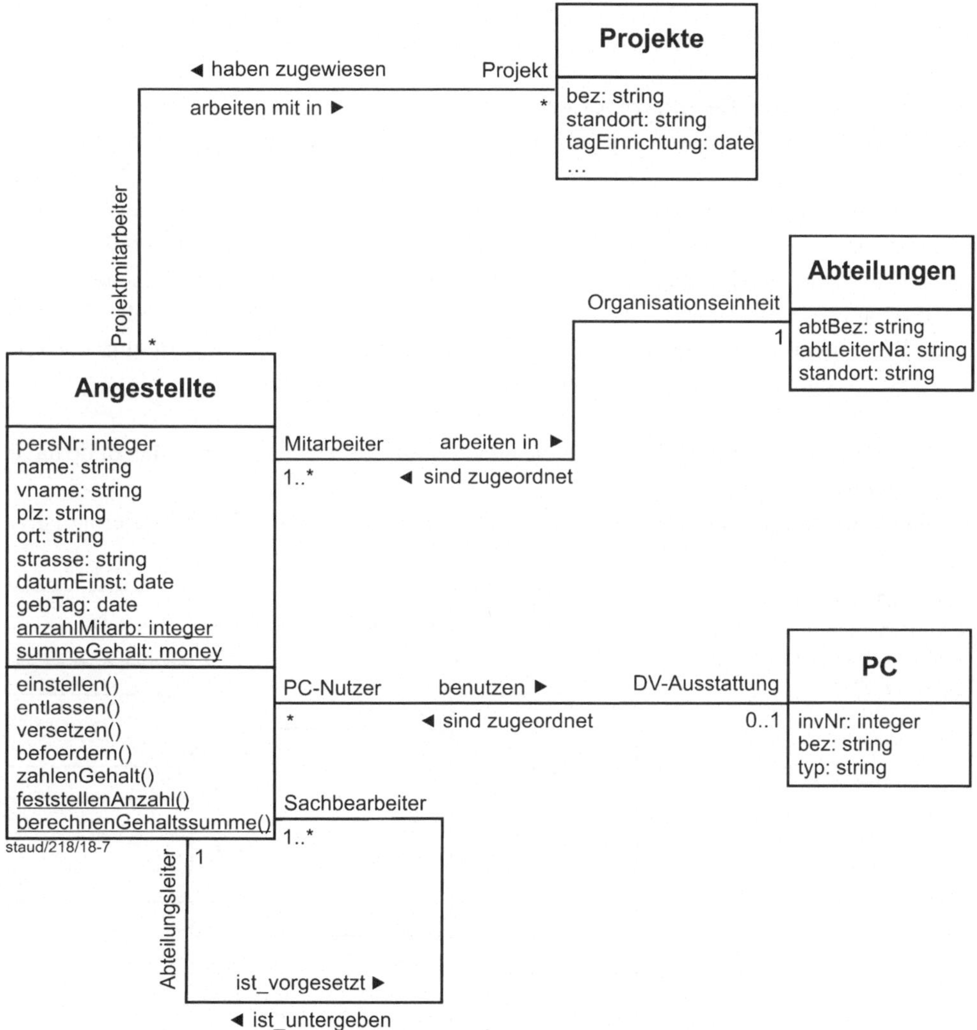

Abb. 3.20 Klassendiagramm zum Anwendungsbereich **ANGESTELLTE**

Zuordnung zu Angestellten haben. Umgekehrt soll gelten, dass einem Angestellten kein PC oder maximal einer zugeordnet ist.

Bleibt noch die rekursive Assoziation, die das Vorgesetztenverhältnis erfasst.

Das Klassendiagramm in Abb. 3.20 enthält u. a. folgende Komponenten

- Eine einstellige Assoziation
- Mehrere zweistellige Assoziationen
- Objekte mit verschiedenen Rollen

Außerdem zahlreiche beschriftete Assoziationen.

3.9 Navigierbarkeit

Navigierbare Enden für binäre Assoziationen

Die Entscheidung, ob ein Assoziationsende navigierbar ist oder nicht, hängt davon ab, ob eine Assoziation eine Eigenschaft hat. Wenn eine Eigenschaft am Ende einer Assoziation zu einem der assoziierten Classifier (meist: eine Klasse) gehört, stellt sie ein navigierbares Ende der Assoziation dar. In diesem Fall ist die Eigenschaft auch ein Attribut des assoziierten Classifiers. Navigierbare Ende sind nur für binäre Assoziationen vorgesehen.

Die Navigierbarkeit kann in den Grafiken angezeigt werden oder nicht. Sie kann in beide Richtungen existieren oder auch nur in eine. In den Grafiken wird sie durch Pfeile und Kreuze angezeigt (vgl. Abb. 3.21).

- Eine nicht gefüllte Pfeilspitze am Ende einer Assoziation bedeutet, dass das Ende navigierbar ist.
- Ein kleines x am Ende der Assoziation bedeutet, dass das Ende nicht navigierbar ist.

Abb. 3.21 Assoziationen – Navigierbarkeit von Enden. Quelle: (OMG 2017, S. 205, Figure 11.29)

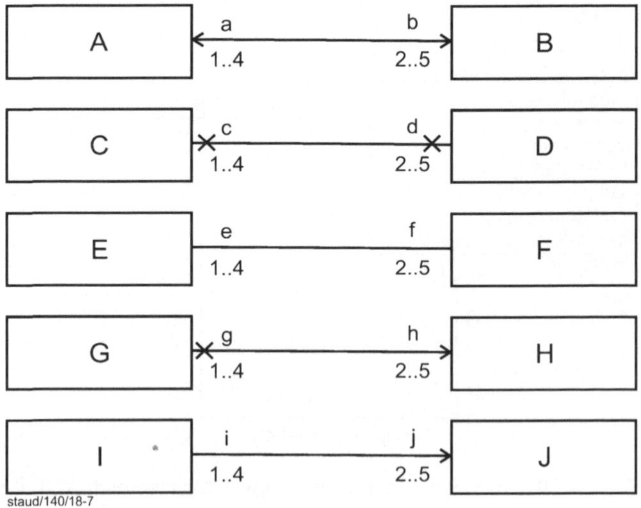

Abb. 3.22 Navigierbares Ende einer Assoziation in Attribut-Notation. Quelle: (OMG 2017, S. 206, Figure 11.32)

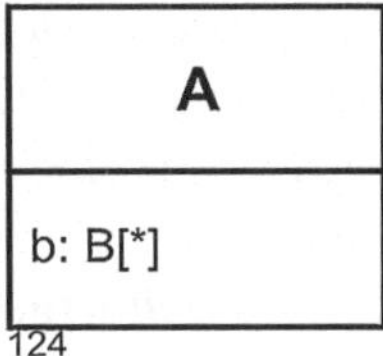

Die folgende Abbildung zeigt einige Beispiele.

- Oberstes Paar AB: Binäre Assoziation mit zwei navigierbaren Enden.
- CD: Binäre Assoziation mit zwei nicht-navigierbaren Enden.
- EF: Binäre Assoziation mit nicht festgelegter Navigierbarkeit
- GH: Binäre Assoziation, bei der ein Ende navigierbar ist und das andere nicht.
- IJ: Binäre Assoziation, bei der ein Ende navigierbar ist und bei dem dies für das andere Ende nicht festgelegt ist.

Navigierbares Ende als Attribut

Abb. 3.22 zeigt ein navigierbares Ende mit der Attributnotation. Diese Darstellung ist möglich, weil ein navigierbares Ende ein Attribut ist.

3.10 Vertiefungen

Oben wurde der Begriff schon eingeführt: *Assoziationsende* für die Enden einer Assoziation, von denen jede Assoziation mindestens zwei hat. Diese Assoziationsenden können Eigenschaften haben, die in den Grafiken angegeben werden können.

Folgende „Präzisierungen" können am Linienende in geschweiften Klammern angegeben werden:

- Das Ende ist eine Teilmenge einer Eigenschaft. Dies wird durch {subsets <property-name>} angegeben. <property-name> ist die Eigenschaft.
- Das andere Ende <end-name> wird durch das betreffende Ende neu definiert. Dies wird durch {redefined <end-name>} angegeben.
- Das Ende ist die Vereinigung seiner Teilmengen. Dies wird durch {union} angegeben.
- Das Ende stellt eine geordnete Menge dar. Dies wird durch {ordered} angegeben.
- Das Ende ist eine Sammlung, in der ein Element mehrfach vorkommen kann. Dies wird durch {bag} angegeben.
- Das Ende ist eine Sequenz (eine geordnete Sammlung). Dies wird durch {sequence} or {seq} angegeben.
- Falls das Ende navigierbar ist, kann jede Eigenschaft, die zu einem der Attribute gehört, angegeben werden.

Falls das Assoziationsende abgeleitet ist, kann dies durch einen Schrägstrich vor der Bezeichnung gezeigt werden. Falls keine Bezeichnung vorliegt, kann der Schrägstrich auch alleine eingefügt werden.

Subset/Teilmengen
Das Ende einer Assoziation kann unter folgenden Umständen als eine Teilmenge des Endes einer anderen gekennzeichnet werden:

- Beide haben dieselbe Anzahl von Enden.
- Jede der „Type-Mengen", die durch die teilmengenbildende Assoziation verbunden werden, entspricht einem entsprechenden „Type", der durch die aufgeteilte Assoziation verknüpft ist.

In diesem Fall ist die Sammlung des teilmengenbildenden Endes vollkommen enthalten in der Sammlung, die durch das aufgeteilte Ende bezeichnet ist.

Neudefinition (redefining)
Ein Assoziationsende kann als neudefinierend für ein anderes bezeichnet werden, falls gilt:

- Beide haben dieselbe Anzahl von Enden
- Jede der Type-Mengen, die durch die neudefinierende Assoziation verknüpft sind, entspricht einem entsprechenden Type, der durch die neudefinierte Assoziation verknüpft ist.

Ist also eine Menge von spezifischen Instanzen für die anderen Enden beider Assoziationen gegeben, gilt: Die Sammlungen der neudefinierenden und der neudefinierten Enden sind dieselben.

Spezialisierung von Assoziationen
Spezialisiert und spezialisierend
Assoziationen können auch spezialisiert werden. Das Bestehen einer Verknüpfung einer *spezialisierenden* Assoziation bedeutet die Existenz einer Verknüpfung, die dieselbe Menge von Instanzen in einer spezialisierten Assoziation in Beziehung setzt.

Beispiele
Abb. 3.23 zeigt Assoziationen, die zahlreiche der hier oben und in den oberen Abschnitten angeführten Beschreibungsmerkmale aufweisen:

- Drei der vier Enden haben Bezeichnungen: a, b und d.
- Alle Enden haben Beziehungswertigkeiten von 0..1 bei a, $*$ bei b, 1 bei dem nicht benannten Ende und 0..1 bei d.

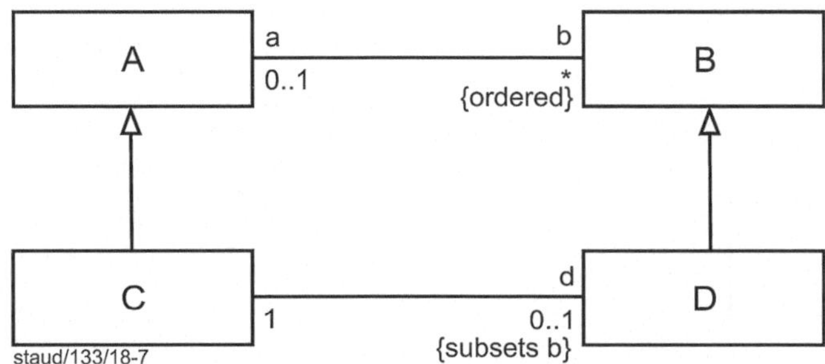

Abb. 3.23 Assoziationsenden mit verschiedenen Ergänzungen. Quelle: (OMG 2017, S. 206, Figure 11.32)

- Festlegung, dass am Assoziationsende b eine Reihenfolge vorliegt.
- Teilmengenbildung bei d. Für eine Instanz der Klasse C ist die Sammlung d eine Teilmenge der Sammlung b.

3.11 Objektdiagramme

Von Klassen zu Objekten

In einem Klassendiagramm sind die Klassen des Anwendungsbereichs zusammengestellt. In manchen Situationen ist es aber auch gewünscht, einzelne Objekte und ihren jeweiligen Zustand (die aktuellen Daten) zu betrachten.

Dies ist möglich, weil ein objektorientiertes Modell wie oben gesehen Daten widerspiegelt, die als Attribute bzw. deren Ausprägungen angelegt sind. Betrachtet man deshalb ein objektorientiertes Modell zu einem bestimmten Zeitpunkt, kann man den Zustand der Daten zu diesem Zeitpunkt feststellen. Dazu ist es aber notwendig, nicht die Klassen, sondern einzelne Objekte (Instanzen) mit ihren Beziehungen untereinander zu betrachten. Diese Beziehungen sind hier erst mal nur die Assoziationen, später kommen Generalisierung/Spezialisierung (vgl. Kap. 6) sowie Aggregation und Komposition (vgl. Kap. 5) hinzu.

Abbildung mit Objekten

Eine solche Abbildung, die dann als Knoten nur einzelne Objekte (Instanzen) enthält, wird *Objektdiagramm* oder *Objektmodell* genannt. Es enthält die ausgewählten Objekte mit Assoziationen und die interessierende Datenlage.

Abb. 3.24 zeigt ein Beispiel in Anlehnung an das Klassendiagramm ANGESTELLTE. Vgl. Abschn. 2.4.2 für die grafische Darstellung von Objekten. Es ist tatsächlich ein „Schnappschuss", z.B. in einer Anwendung, die Projektmitarbeit abfragt.

Ausgedrückt ist, dass der Angestellte *Paul Maier* im Projekt *bpr* (Business Process Reengineering) mitwirkt und dass er den PC *A1723* nutzt.

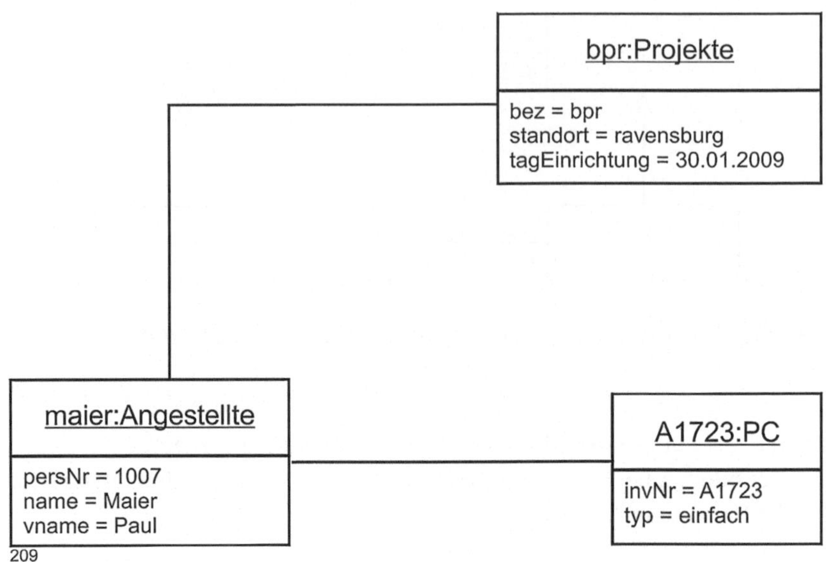

Abb. 3.24 Objektdiagramm zum Klassendiagramm ANGESTELLTE

Tab. 3.2 Zusätzliche verwendete Fachbegriffe in Kapitel 3

Assoziation, einstellige	unary association
Assoziation, mehrstellig	n-ary association
Assoziation, rekursive	recursive association
Assoziation, zweistellig / binär	binary association
Assoziationsende	association end
Assoziationsende, abgeleitetes	derived association
Assoziationsklasse	association class
Klassendiagramm	class diagram
Navigierbarkeit	navigability
Objektdiagramm	object diagram
Rolle	role

Links der in diesem Text verwendete Begriff. Rechts der in der objektorientierten Theorie bzw. in der UML verwendete Begriff

3.12 Beitrag zur Unternehmensmodellierung

Ergänzung des Grundinstrumentariums

Assoziationen ergänzen das in Kap. 2 vorgestellte Grundinstrumentarium (vgl. die Zusammenfassung in Abschn. 2.9). Erst durch die damit mögliche semantische Verknüpfung, bzw. durch die damit ermöglichte Ergänzung von Semantik gewinnen objektorientierte Modelle die Fähigkeit, Informationsstrukturen angemessen zu erfassen.

Wegen diesem ergänzenden Charakter lohnt sich eine weitergehende Betrachtung der Tauglichkeit für die Unternehmensmodellierung hier nicht. Vgl. dazu die Diskussion zum gesamten „Strukturteil" in Abschn. 7.8 .

Literatur

Balzert, Heide. 1999. *Lehrbuch der Objektmodellierung. Analyse und Entwurf.* Heidelberg und Berlin.

Oestereich, Bernd. 1998. *Objektorientierte Softwareentwicklung. Analyse und Design mit der Unified Modeling Language*, 4. Aufl. München und Wien.

OMG Object Management Group. 2017. *OMG Unified Modeling Language (OMG UML).* Version 2.5.1.

Rumbaugh, James, Ivar Jacobson, und Grady Booch. 2005. *The unified modeling language reference manual*, 2. Aufl. Boston u. a.

Assoziationsklassen 4

4.1 Einführung

Attribute und Methoden auf Beziehungen

Beziehungen zwischen Objekten bzw. Objektklassen hatten in der bisherigen Darstellung keine eigenen Attribute und Methoden, sie stellten einfach eine auf semantischen Gegebenheiten beruhende Verknüpfung von Objekten dar. Dies ist auch oft der Fall, allerdings bei weitem nicht immer, wie ja auch die älteren Datenmodellierungsansätze zeigen, wo Beziehungen sehr oft durch Attribute beschrieben werden.

Auch das obige etwas ausführlichere Beispiel zum Anwendungsbereich **HOCHSCHULE** musste dem aufmerksamen Leser einige Fragen stellen:

- Wo werden die Daten, die aus der dreistelligen Assoziation *Prüfungsgeschehen* herrühren, gespeichert und damit verfügbar gemacht (z.B. für den Ausdruck von Notenlisten)?
- Wo wird erfasst, wann ein Lehrveranstaltungsbesuch tatsächlich stattfand, unabhängig davon ob er in einer zwei- oder dreistelligen Assoziation modelliert wurde?
- Wie erfolgt die Erfassung der Zeitaspekte, hier in den Beispielen (wesentliches Merkmal einer Prüfung ist der Zeitpunkt, an dem sie stattfindet) und grundsätzlich?

Offensichtlich gibt es also Attribute und auch Methoden, die der Assoziation zugeordnet werden müssen und die im Modell zu erfassen sind.

© Springer-Verlag GmbH Deutschland, ein Teil von Springer Nature 2019   71
J.L. Staud, *Unternehmensmodellierung*, https://doi.org/10.1007/978-3-662-59376-9_4

Tab. 4.1 Zusätzliche verwendete Fachbegriffe in Kapitel 4

Assoziationsklasse	association class
Klasseneigenschaft	class property

Links der in diesem Text verwendete Begriff. Rechts der in der objektorientierten Theorie bzw. in der UML verwendete Begriff

Entweder im objektorientierten Modell oder direkt im Anwendungsprogramm
Grundsätzlich wäre auch denkbar, dass die objektorientierte Modellierung Attribute und Methoden von Beziehungen auf andere Weise modelliert, nicht durch die Präzisierung der Modellierung von Beziehungen. Dies scheinen auch viele Autoren in diesem Bereich zu denken, die auf die Betrachtung dieses Sachverhalts verzichten, wodurch er – da er ja nicht verschwindet – direkt in die zu programmierenden Anwendungen verlagert wird und das heißt, in Systemanalyse und Systemdesign.

Es geht also darum, Attribute und Methoden, die zur Assoziation gehören, zu erfassen. Das Werkzeug hierfür sind die sog. *Assoziationsklassen*. Sie sind gleichzeitig Klasse und Assoziation, was auch die Definition der UML-Autoren ausdrückt:

A model element that has both association and class properties. An association class can be seen as an association that also has class properties, or as a class that also has association properties. (OMG 2017, S. 220)

An AssociationClass is both an Association and a Class. (OMG 2017, S. 199)

Kritische Situation
Von Bedeutung ist hier die richtige Zuordnung der Attribute. Nur genau die Attribute, die für die Beziehung gültig sind, gehören in die Assoziationsklasse. Hierzu einige Beispiele:

- Nehmen wir an, dass es in einem objektorientierten Modell die Klassen **Männer** und **Frauen** sowie die Assoziationsklasse **Ehe** gibt. Dann gehören in die Klasse **Ehe** nur Attribute wie beginn, zahlKinder usw.
- Angenommen, in einem objektorientierten Modell gibt es die Klassen **Kraftfahrzeuge** und (Kraftfahrzeuge verkaufende) **Händler** sowie eine Assoziation zwischen diesen („wer verkauft welche Kraftfahrzeuge"). Dann gehört ein Attribut listenpreis in die Klasse **Kraftfahrzeuge**, während ein Attribut marktpreis für den jeweils niedrigsten Preis der Assoziation zuzuordnen ist.

Die Thematik ist im Übrigen eine alte, die in der klassischen Datenmodellierung auch gelöst werden musste. Z.B. in der Relationalen Datenmodellierung bei der Erfassung von n:m-Beziehungen und der Zuordnung von Attributen zur Verbindungsrelation (vgl. (Staud 2015, Kap. 5) und der semantischen Modellierung, wo in ER-Modellen die entsprechenden Attribute dem Beziehungstyp zugeordnet werden (vgl. (Staud 2005, Kap. 3).

Schlüssel

Beziehungen identifizieren

Sobald einem Realweltphänomen Attribute zugeordnet werden, muss es auch eine identifizierende Information erhalten. In der relationalen Datenbanktheorie wird dies – wenn es um die Verknüpfung zweier Relationen geht – in der Regel durch zwei Attribute gelöst, die Schlüssel der beteiligten Relationen. Grundsätzlich ist auch die Vergabe eines Schlüssels für die Beziehung möglich, sodass z.B. jeder Prüfungsbesuch (wenn es um Studierende und Prüfungen geht) eine eigene Nummer erhält.

„Id's"

In den Texten zur objektorientierten Theorie wird dieses Problem oft ignoriert oder es wird in der Assoziationsklasse eine „Id" vergeben, die strukturell der oben angeführten zweiten Möglichkeit entspricht. Oftmals werden dann aber doch die „Ids" der beteiligten Klassen zusätzlich mit angegeben.

Um alle Möglichkeiten offen zu halten, wird in den Beispielen hier ähnlich verfahren: Zu Beginn der Attributliste werden neben einer identifizierenden Information die identifizierenden Informationen der beteiligten Klassen angegeben.

4.2   Grafische Darstellung

Bei einer n-stelligen Assoziation wird die gestrichelte Linie mit der dann ja notwendigen Raute verbunden. Abb. 4.2 zeigt eine Assoziationsklasse an einer dreistelligen Assoziation.

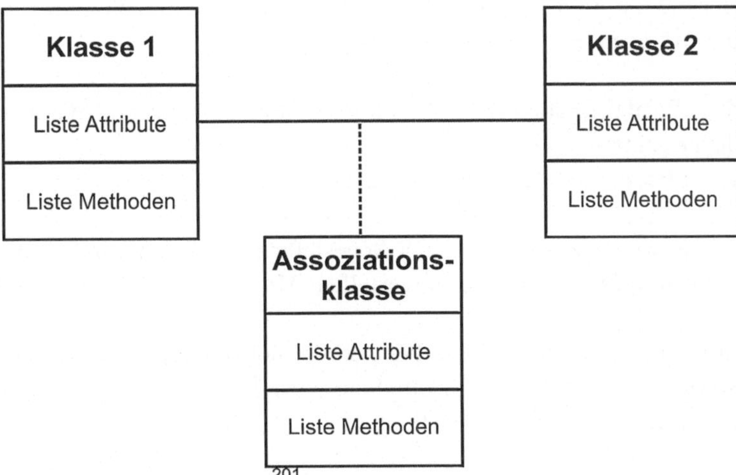

Abb. 4.1 Grafische Darstellung einer Assoziationsklasse an einer zweistelligen Assoziation

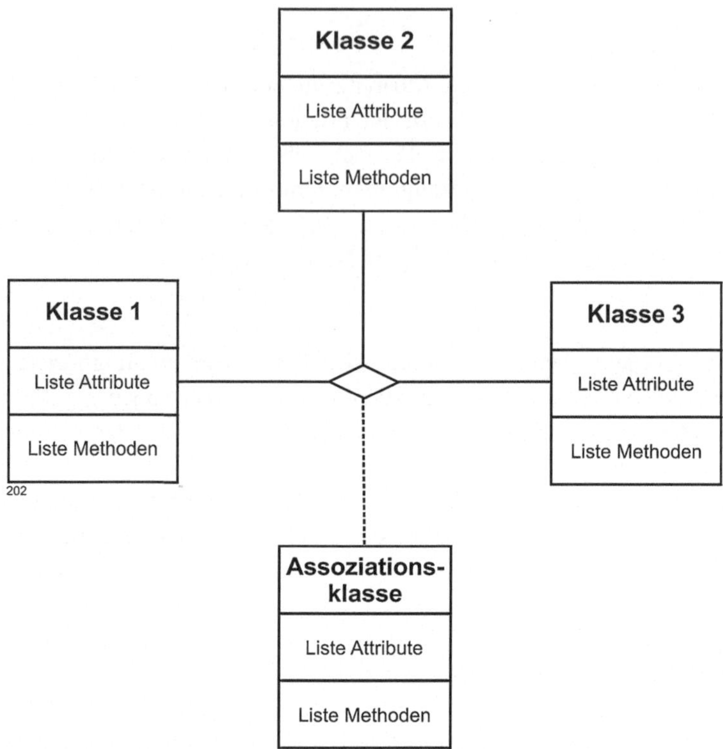

Abb. 4.2 Grafische Darstellung einer Assoziationsklasse an einer dreistelligen Assoziation

4.3 Beispiele

Das obige Beispiel zu Angestellten und ihren PCs wird hier um eine Assoziationsklasse mit Attributen zu folgenden Sachverhalten ergänzt:

- art: Art des „Besitzverhältnisses": als Administrator, als Nutzer, als Gast (mit jeweils spezifischen Rechten)
- beginn, ende: Beginn und Ende der Nutzung

Die Wertigkeiten seien jetzt so, dass einem Angestellten mindestens ein PC zugeordnet ist und einem PC kein oder maximal ein Angestellter. Mit nutzungsId liegt ein Schlüssel für die Assoziation vor.

Methoden in der Assoziationsklasse könnten die notwendigen Einträge in die Datenbank sein, sowie das Erstellen einer Mitteilung bezüglich Eintragung, Austragung oder Änderung an eine zentrale Nutzerverwaltung sein (vgl. Abb. 4.3).

Beispiel Angestellte – PC – Abteilungen
Abb. 4.4 zeigt eine Assoziationsklasse für eine dreistellige Assoziation zwischen **PC, Angestellten** und **Abteilungen**. Grundlage dieser Art der Modellierung ist, dass die Klasse

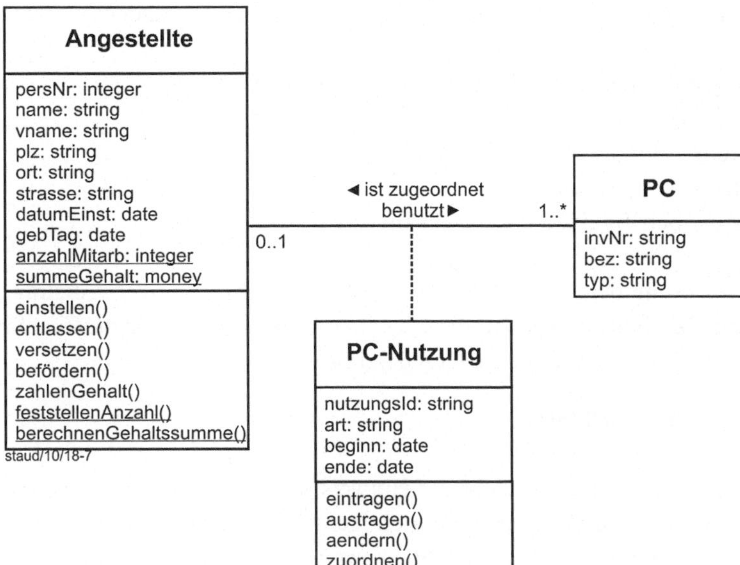

Abb. 4.3 Assoziationsklasse PC-Nutzung auf zweistelliger Assoziation

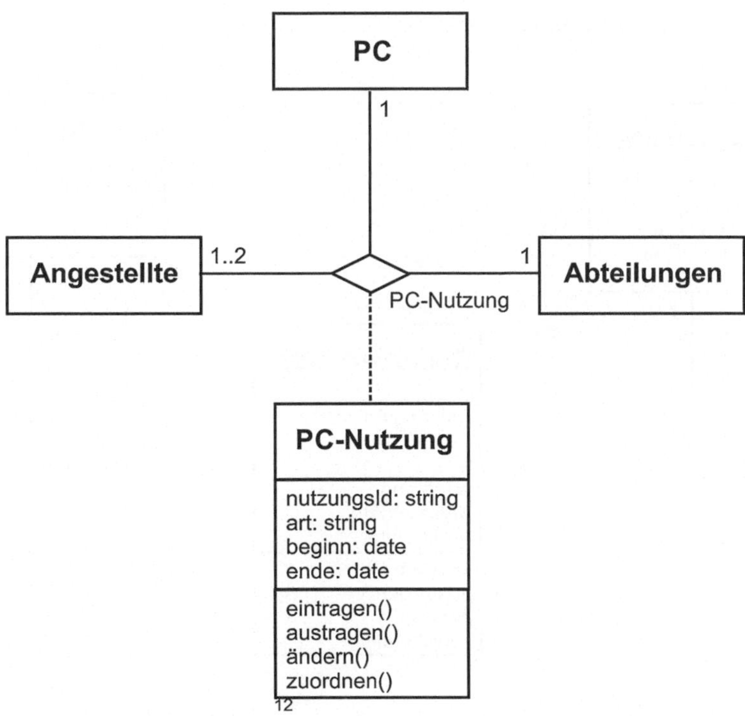

Abb. 4.4 Assoziationsklasse auf dreistelliger Assoziation

Abteilungen eingeführt wurde, weil Abteilungen im Modell zu einer eigenständigen Existenz fanden.

Die Wertigkeiten bedeuten hier bezüglich einer PC-Nutzung:

- Die Nutzung erfolgt in einer Abteilung
- Es geht jeweils um einen PC
- Die Nutzung betrifft einen oder zwei Angestellte

In der Spezifizierung der Assoziation wird zusätzlich zum Eintragen, Austragen und Ändern noch eine Methode eingebaut, die festzuhalten erlaubt, auf welche Kombination von Abteilung und PC sich die konkrete Nutzung bezieht.

Aufgelöste Assoziationsklasse
Feindesign
In der Literatur zur UML fehlt nicht der Hinweis, dass eine solche Beziehungsklasse im Feindesign der Systemanalyse zu einer „richtigen" Klasse wird, wobei dann natürlich die Wertigkeiten der Beziehung entsprechend übernommen werden müssen.

Beispiel Angestellte, PC
Abb. 4.5 zeigt das obige Beispiel einer zweistelligen Assoziation zu Angestellten und PC mit der Assoziationsklasse **PC-Nutzung** entsprechend aufgelöst. Die aufgelöste Assoziationsklasse erhält die Bezeichnung **Besitzverhältnis**. Die Wertigkeiten bestehen jetzt jeweils in Bezug auf das Besitzverhältnis:

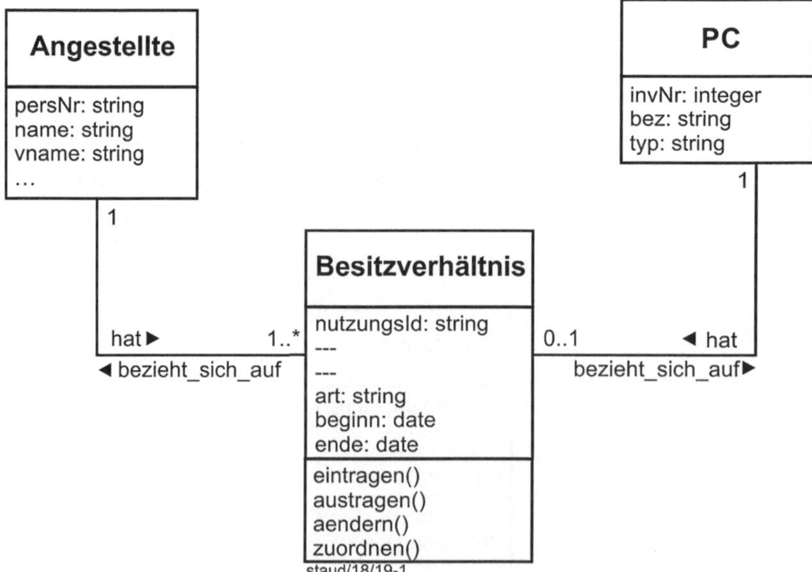

Abb. 4.5 Aufgelöste Assoziationsklasse

Aus *Ein Angestellter nutzt mindestens einen PC* wird

- Ein Angestellter hat mindestens ein Besitzverhältnis und
- Ein Besitzverhältnis bezieht sich auf einen Angestellten

Aus *Ein PC ist keinem oder maximal einem Angestellten zugeordnet* wird

- Ein PC hat kein oder maximal ein Besitzverhältniss und
- Ein Besitzverhältnis bezieht sich auf genau einen PC.

Von einer Instanz der Assoziationsklasse aus ist die Wertigkeit der Assoziationsenden immer 1 (vgl. auch (OMG 2003, S. 119), (OMG 2017, S. 200). [29])

Beispiel Hochschule
Hier nun das im letzten Kapitel vorgestellte Klassendiagramm HOCHSCHULE zum gleichnamigen Anwendungsbereich, jetzt aber mit einer Assoziationsklasse.

Assoziationsklasse StudAkten
Die Assoziationsklasse hat die Bezeichnung **StudAkten** (Studierendenakten). Sie ist notwendig, weil beim Prüfungsbesuch Daten anfallen, die direkt zur Assoziation gehören und nicht bei den beteiligten Klassen untergebracht werden können[1]. Dies sind hier die Prüfungsergebnisse mit den angegebenen Attributen (Abb. 4.6):

- Die Prüfungsnummer (pruefNr) nummeriert einfach alle Prüfungen durch.
- Die Matrikelnummer (matrikelNr) hält den Studierenden fest, der die Prüfung besucht.
- Die Prüfungstypnummer (prTypNr) hält fest, um welchen Prüfungstyp (Klausur usw.) es sich handelt.
- In bezLV ist festgehalten, auf welche Lehrveranstaltung sich die Prüfung bezieht.
- datum hält fest, wann die Prüfung stattfand.
- note hält fest, welche Note erzielt wurde.
- gewichtung hält fest, welche Gewichtung die Note im gesamten Notenspektrum hat.

Mögliche Einträge wären (nach der obigen Attributreihenfolge und mit den Ausprägungen bei pruefNr: 1 = Klausur, 2 = Laborarbeit):

- 007 / 1 / DBS / 15.2.09
- 007 / 2 / DBS / 31.12.08 (Abgabetermin)
- 008 / 1 / DBS / 15.2.07

---

[1] Da sie sich nicht auf die Studierenden, Lehrveranstaltungen bzw. Prüfungstypen als solche beziehen, sondern auf deren Kombination im Prüfungsgeschehen. Dieser Bezug ist unbedingt zu klären und immer umzusetzen.

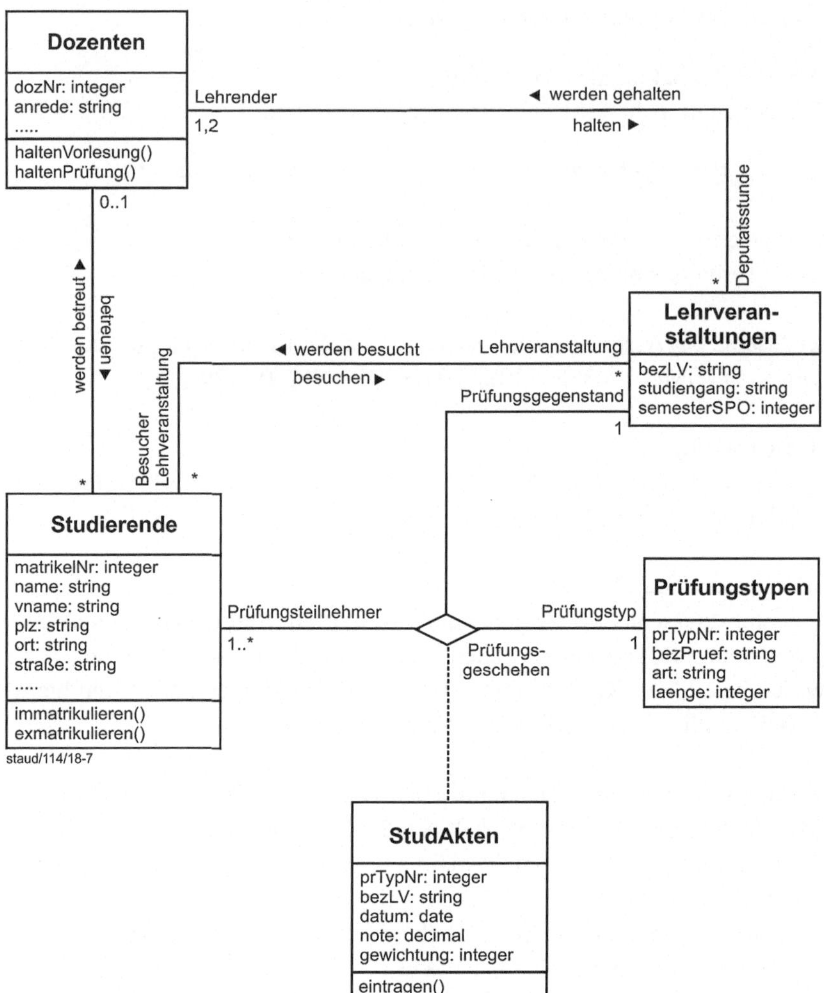

Abb. 4.6   Klassendiagramm Hochschule mit Assoziationsklasse StudAkten

Noten eintragen

Mit der Methode eintragen() werden die Noten jeweils in die Datenbank eingetragen.

Das Klassendiagramm in Abb. 4.6 enthält u. a. folgende Komponenten

- Eine Assoziationsklasse an einer dreistelligen Assoziation
- Eine dreistellige Assoziation
- Mehrere zweistellige Assoziationen
- Objekte mit verschiedenen Rollen

Außerdem zahlreiche beidseitig beschriftete Assoziationen.

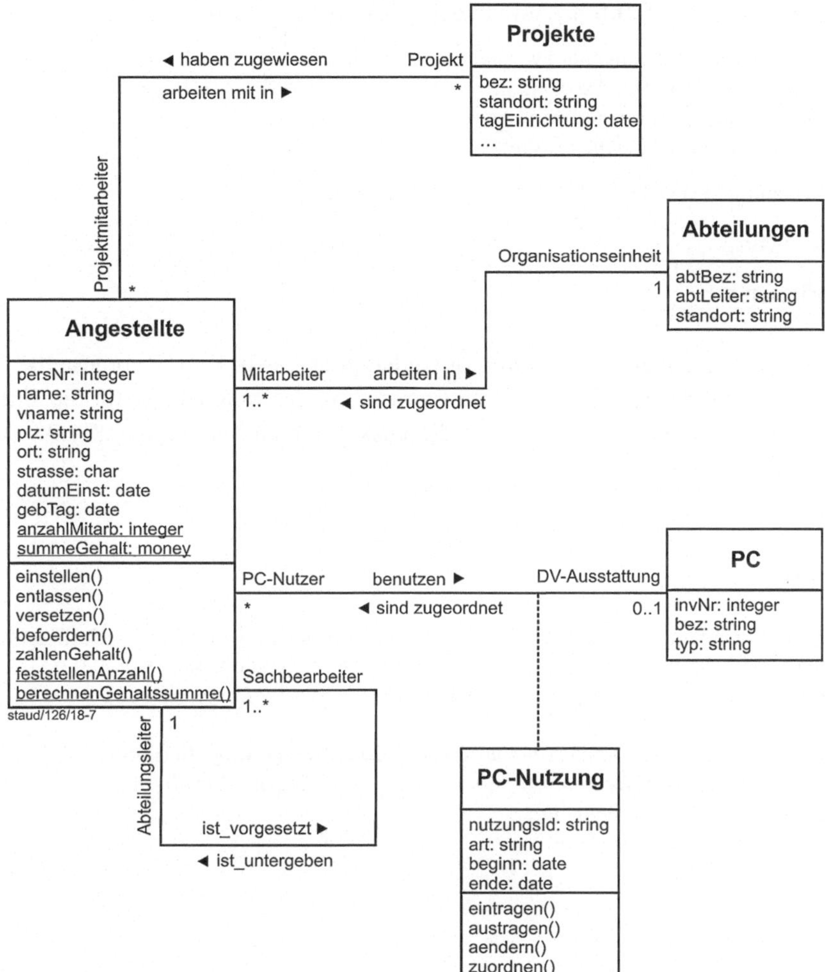

Abb. 4.7 Klassendiagramm ANGESTELLTE mit Assoziationsklasse **PC-Nutzung**

Beispiel Angestellte
Assoziationsklasse PC-Nutzung

Auch das Klassendiagramm ANGESTELLTE wurde um eine (naheliegende) Assoziationsklasse ergänzt, die oben schon eingeführte mit der Bezeichnung **PC-Nutzung** (vgl. Abb. 4.7). Sie beschreibt mit art (Art der Nutzung; Administrator, normaler Nutzer, „Superuser", Gast, …), beginn (Beginn der Nutzung) und ende (Ende der Nutzung) einige zentrale Fakten rund um die PC-Nutzung.

Das Klassendiagramm in Abb. 4.7 enthält u. a. folgende Komponenten

- Eine Assoziationsklasse an einer zweistelligen Assoziation
- Eine einstellige (rekursive) Assoziation
- Mehrere zweistellige Assoziationen
- Objekte mit fünf verschiedenen Rollen

Außerdem zahlreiche beidseitig beschriftete Assoziationen.

Einschätzung

Da dieses Theorieelement *Assoziationsklasse* lediglich das in Kap. 2 vorgestellte Grundinstrumentarium ergänzt, lohnt sich eine Betrachtung der Tauglichkeit für die Unternehmensmodellierung hier nicht. Vgl. dazu die Diskussion zum gesamten „Strukturteil" in Abschn. 7.8.

Literatur

OMG Object Management Group. 2003. *UML 2.0 Superstructure Specification* (Unified Modeling Language: Superstructure, version 2.0, final Adopted Specification, ptc/03-08-02).
OMG Object Management Group. 2017. *OMG Unified Modeling Language (OMG UML)*. Version 2.5.1.
Staud, Josef Ludwig. 2005. *Datenmodellierung und Datenbankentwurf*. Berlin: Springer.
Staud, Josef Ludwig. 2015. *Relationale Datenbanken. Grundlagen, Modellierung, Speicherung, Alternativen*. Vilshofen: Lindemann.

Aggregation und Komposition

> **Hinweis** Am Ende des Kapitels ist eine Liste der verwendeten Fachbegriffe in Deutsch und Englisch angegeben (s. Tab. 5.1).

5.1 Definition

Aggregation – Dinge, die andere Dinge enthalten

Im wirklichen Leben gibt es ein allgegenwärtiges Strukturmerkmal, das so beschrieben werden kann: Es gibt Dinge, die andere Dinge enthalten. Und auch letztere können wieder aus Dingen bestehen. Die einfachsten Beispiele finden sich im technischen Bereich: Ein Airbus besteht aus Grobkomponenten, diese aus feineren Komponenten, diese auch wieder – bis man bei elementaren Teilen angekommen ist.

Ein so wichtiges Strukturmerkmal muss dann natürlich auch bei der Realitätsmodellierung, sei es für Systeme, für Datenbanken oder für Geschäftsprozesse, zur Verfügung stehen.

Das Konzept für die Modellierung dieses Strukturmerkmals wird in der objektorientierten Modellierung *Aggregation* genannt. Es ist eine spezielle Ausprägung einer Assoziation, allerdings können nur zweistellige Assoziationen Aggregationen sein (OMG 2017, S. 38).

Bei der Aggregation geht es somit um Beziehungen zwischen Klassen, die den Tatbestand beschreiben, dass bestimmte Objekte in anderen enthalten sind. Deshalb nennen die UML-Autoren (und ihre Vorgänger) diese Beziehung auch *whole-part relationship*. In der deutschsprachigen Literatur wird diese Beziehung meist *Teil_von-Beziehung* genannt.

Die übergeordnete Klasse soll hier *Aggregationsklasse* und die untergeordneten *Komponentenklassen* genannt werden.

Eine Komponentenklasse kann wiederum für weitere Objekte Aggregationsklasse sein, sodass Hierarchien modelliert werden können.

© Springer-Verlag GmbH Deutschland, ein Teil von Springer Nature 2019
J.L. Staud, *Unternehmensmodellierung*, https://doi.org/10.1007/978-3-662-59376-9_5

Tab. 5.1 Zusätzliche verwendete Fachbegriffe in Kapitel 5

Aggregation	aggregation
Komposition	composite aggregation, whole/part relationship

Links der in diesem Text verwendete Begriff. Rechts der in der objektorientierten Theorie bzw. in der UML verwendete Begriff.

Attributsname und -ausprägung

Bei einigen Autoren wird hiermit auch der Zusammenhang zwischen Attributsnamen und Attributsausprägungen erfasst. Bei dieser Auffassung bedeutet dann der Schritt von der Menge der Ausprägungen zum Attribut (als solchem) eine Aggregation. Auch die Vorgehensweise in der Entity Relationship-Modellierung, mehrere Attribute zu einem *entity type* zusammenzufassen, kann dann als Aggregation interpretiert werden.

Komposition

Kompositionen (composite aggregation) sind ebenfalls Aggregationen, allerdings mit einer zusätzlichen Bedingung: Jedes Objekt einer Komponentenklasse darf zu einem bestimmten Zeitpunkt nur Komponente eines einzigen Objekts der Aggregatklasse sein. Es muss also bei der Aggregationsklasse eine Wertigkeit von nicht größer als eins vorliegen.

Außerdem ist das Aggregatobjekt verantwortlich für die Entstehung und Zerstörung der Komponenten. Wird eine Aggregationsklasse gelöscht, verschwinden auch alle ihre Komponentenklassen (OMG 2017, S. 38). Die Komponenten sind also *existenzabhängig* vom Ganzen.

Eine Komposition wird auf dieselbe Weise dargestellt wie eine zweistellige Assoziation, aber mit einer gefüllten Raute am Assoziationsende.

5.2 Einführende Beispiele mit grafischer Notation

Aggregationen

Ein PC (Personal Computer) besteht typischerweise (u.a.) aus einer Hauptplatine, Festplatten und einem Bildschirm. Auf der Hauptplatine wiederum finden sich (u.a.) Prozessoren, Speicherbausteine und Bussysteme (vgl. das Beispiel unten). Beliebt in der Literatur ist auch das Beispiel moderner Flugzeuge, die – natürlich vielstufig – aus zahlreichen Komponenten bestehen.

In Abb. 5.1 ist das oben erwähnte Beispiel in der UML-Notation angegeben. Jede Verbindungslinie von einer Komponenten- zu einer Aggregationsklasse bedeutet eine Teil_von-Beziehung und wird durch eine Raute wie in der Abbildung gezeigt grafisch ausgedrückt, wobei einige Autoren bei einer baumartigen Anordnung der Aggregationsbeziehungen die Rauten zu jeweils einer zusammenfassen. Die Raute kennzeichnet die Aggregation.

Die einzelnen Beziehungen werden auch als Assoziationen bezeichnet und können auch mit den in Abschn. 3.4 eingeführten Wertigkeiten spezifiziert werden.

Eine textliche Beschreibung der Assoziationen ist in der Abbildung beispielhaft angegeben. Die Wertigkeiten legen die Beziehungen[1] fest:

---

[1] Dem Verfasser ist bewusst, dass hier auch andere Werte möglich sind.

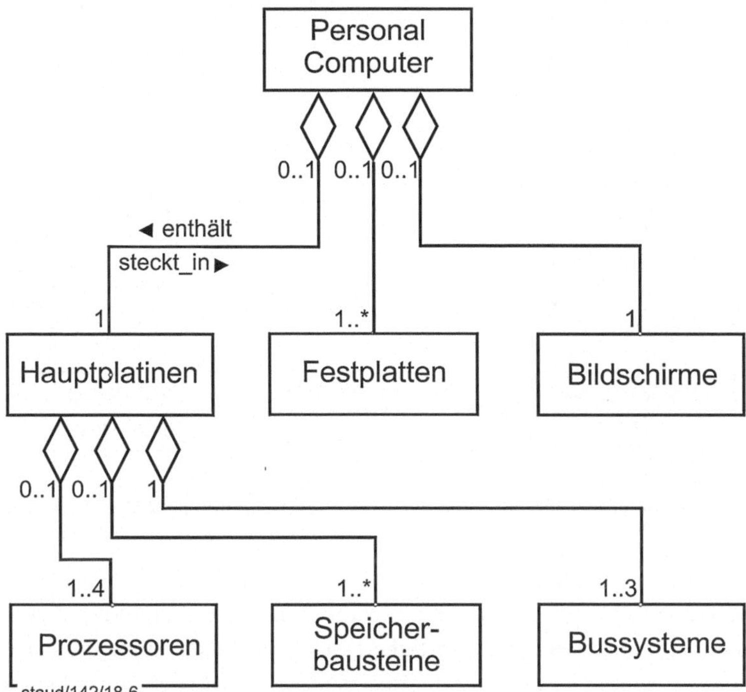

Abb. 5.1   Erfassung einer Komponentenstruktur durch Aggregation

- Ein PC hat genau eine Hauptplatine
- Eine Hauptplatine steckt in maximal einem PC
- Ein PC hat mindestens eine Festplatte
- Jede Festplatte gehört zu maximal einem PC
- Ein PC hat genau einen Bildschirm
- Ein Bildschirm gehört zu maximal einem PC
- Eine Hauptplatine enthält mindestens einen, maximal vier Prozessoren
- Jeder Prozessor gehört zu maximal einer Hauptplatine
- Eine Hauptplatine enthält mindestens einen Speicherbaustein
- Jeder Speicherbaustein gehört zu maximal einer Hauptplatine (es geht also nicht um Typen von Speicherbausteinen, sondern um einzelne Exemplare)
- Eine Hauptplatine enthält mindestens ein, maximal drei Bussysteme
- Jedes Bussystem gehört zu einer Hauptplatine

Stückliste

Die Grenze zwischen „einfachen" Assoziationen und Aggregationen ist fließend. Deshalb kann die oben als einfache Assoziation modellierte Stücklistenbeziehung (vgl. Abb. 3.13) hier in Abb. 5.2 als Aggregation angeführt werden.

Allerdings ist diese Modellierung aussagekräftiger als die oben, da sie zusätzlich zur semantischen Verknüpfung noch das Enthaltensein ausdrückt.

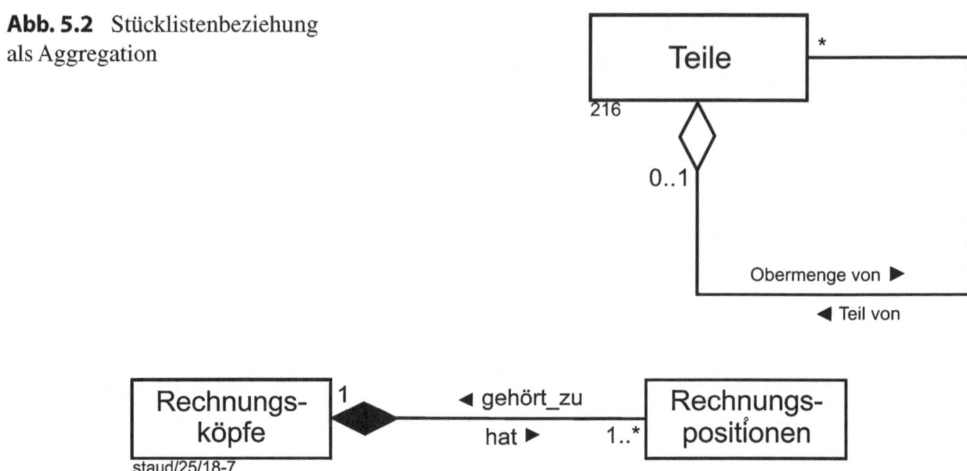

Abb. 5.2 Stücklistenbeziehung als Aggregation

Abb. 5.3 Die Beziehung zwischen Rechnung(skopf) und Rechnungspositionen als Komposition

Kompositionen – Existenzabhängigkeit

Bei Kompositionen wird die Raute eingeschwärzt, ansonsten ist die grafische Notation dieselbe wie für Aggregationen. Die Wertigkeit auf der Seite der Aggregation ist auf Grund der Definition von Kompositionen immer eins, sodass sie oft auch weggelassen wird.

Ein Beispiel für eine Komposition ist die Beziehung zwischen einem Rechnungskopf und den Rechnungspositionen, die in Abb. 5.3 angegeben ist.

Baumstruktur

Ein anderes gern angeführtes Beispiel ist das der Baumstruktur eines Dateien verwaltenden Systems, z.B. des Windows Explorer. Löscht man ein Dateiverzeichnis, werden die enthaltenen Dateien und Verzeichnisse auch gelöscht. Außerdem kann eine konkrete Datei nur in einem Verzeichnis sein.

Einschätzung

Da die Theorieelemente *Aggregation* und *Komposition* lediglich das in Kap. 2 vorgestellte Grundinstrumentarium ergänzen, lohnt sich eine Betrachtung der Tauglichkeit für die Unternehmensmodellierung hier nicht. Vgl. dazu die Diskussion zum gesamten „Strukturteil" in Abschn. 7.8.

Literatur

OMG Object Management Group. 2017. *OMG Unified Modeling Language (OMG UML)*. Version 2.5.1.

Generalisierung/Spezialisierung

6

▶ **Hinweis** Am Ende des Kapitels ist eine Liste der verwendeten Fachbegriffe in Deutsch und Englisch angegeben (s. Tab. 6.1).

6.1 Definition

Ähnlichkeit

Stellen wir uns folgende Situation vor: Im Rahmen einer Anwendungsentwicklung (für die Datenbank, die Systementwicklung,...) müssen alle Personen erfasst werden, die in einer Hochschule tätig sind oder die dort studieren. Beim Sammeln der Attribute und Methoden (falls objektorientiert modelliert wird) wird man schnell merken, dass z.B. alle Beschäftigten viele Attribute und Methoden gemeinsam haben, einige aber auch nicht.

Generalisierung/Spezialisierung

Dies ist eine vor allem aus der semantischen Datenmodellierung (z.B. der ER-Modellierung, vgl. (Staud 2005, Kap. 4)) gut bekannte Struktur, für die man dort schon sehr früh ein Konzept fand, das *Generalisierung/Spezialisierung* genannt wurde.[1] Dabei bildet man einen Entitätstyp mit den Attributen, die allen gemeinsam sind und jeweils einen spezifischen Entitätstyp mit denen, die spezifisch sind.

Bei der Übertragung auf die objektorientierte Modellierung wurde das Konzept um die Methoden erweitert: Gemeinsame Attribute *und Methoden* werden der generalisierten Klasse zugeordnet, die Methoden und Attributen der spezialisierten Klassen kommen in diese.

---

[1] Das Konzept der Generalisierung/Spezialisierung geht auf (Smith und Smith 1977a, b) zurück.

© Springer-Verlag GmbH Deutschland, ein Teil von Springer Nature 2019
J.L. Staud, *Unternehmensmodellierung*, https://doi.org/10.1007/978-3-662-59376-9_6

Tab. 6.1 Zusätzliche verwendete Fachbegriffe in Kapitel 6

Abstrakte Klasse	abstract class
Abstrakte Operation	abstract operation
Generalisierung/Spezialisierung	generalization/specialization
Generalisierungsbeziehung	generalization relationship
Generalisierungsmenge	generalizatiion set
Ist_ein-Beziehung	is a-relationship
konkrete Klasse	concrete class
konkrete Operation	concrete operation
Mehrfachvererbung, mehrfache Vererbung	multiple inheritance
Subklasse	subclass
Superklasse	superclass
Vererbung	inheritance

Links der in diesem Text verwendete Begriff. Rechts der in der objektorientierten Theorie bzw. in der UML verwendete Begriff

Begriffe

Die generalisierte Klasse wird oft auch *Superklasse* genannt, die spezialisierten Klassen *Subklassen*.

Sparsam modellieren

Durch die Gruppierung von Attributen und Methoden erlaubt dieses Konzept eine „sparsame" Modellierung (und später dann Programmierung), denn eine Alternative wäre, die Attribute (und Methoden) der generalisierten Einheit (Klasse, Entitätstyp,...) allen spezialisierten Einheiten zuzuweisen. Dann gäbe es aber in allen spezialisierten Einheiten Attribute, für die es zu den jeweiligen Objekten keine Attributsausprägung gäbe. Dies versucht man in fast jeder attributbasierten Datenverwaltung zu vermeiden (vgl. die Darstellung der grundsätzlichen Problematik in (Staud 2015, S. 167ff), [39]).

Ähnlichkeit

Dieses Konzept drückt *Ähnlichkeit* zwischen den erfassten Informationsträgern aus, hier in der objektorientierten Modellierung also die Ähnlichkeit von Objekten bzw. Objektklassen. Ähnlich sind damit Objekte aus verschiedenen Objektklassen, falls sie Attribute und/oder Methoden gemeinsam haben. Ähnlichkeit bedeutet hier also auch, dass Objekte teilweise ein „gleiches Verhalten" haben, bzw. dass auf sie dieselben Methoden anwendbar sind.

Diskriminatoren

Eine andere Sichtweise betont den Vorgang der Unterscheidung von Objekten, der hier vorliegt. Die Unterscheidung in „über-" und „untergeordnete" Objekte und dann – genauso wichtig – die Unterscheidung der untergeordneten voneinander. Dieses Kriterium, nach dem die Objekte unterschieden und die Objektklassen gebildet wurden, wird auch *Diskriminator*, genannt (vgl. z.B. (Oestereich 1998, S. 261f)).

Dabei kann eine Spezialisierungshierarchie durchaus mehrere Diskriminatoren berücksichtigen und diese können in der grafischen Notation angegeben werden (vgl. unten).

Baumstruktur

Die Generalisierung/Spezialisierung führt zu einer Baumstruktur mit über- und untergeordneten Klassen. Daher kommen die oben schon angeführten Bezeichnungen *Subklasse*
für eine untergeordnete Klasse (eine Spezialisierung) und *Superklasse* für die übergeordnete Klasse (die Generalisierung).

Wurzel

An der Spitze der so entstehenden Baumstruktur ist die Wurzel, sozusagen die allgemeinste Objektklasse des Modells, z.B. „Objekte an sich". Die Wurzel ist Superklasse für
alle anderen, die jeweils unterste Ebene der Objektklassen hat nur die Eigenschaft Subklasse zu sein, alle Objektklassen dazwischen sind gleichzeitig Super- und Subklassen.

In der objektorientierten Modellierung wird solch ein „Baum" als *Klassenhierarchie*
bezeichnet.

Stellen wir uns die Baumstruktur so vor, dass die Wurzel oben angeordnet ist und nach
unten jeweils die Verzweigungen, dann liegen von oben nach unten Spezialisierungen und
von unten nach oben Generalisierungen vor.

Die Beziehungen zwischen den einzelnen Klassen werden, von der Super- zur Subklasse, auch als „Ist_ein-Beziehung" bezeichnet.

UML-Sicht

Für die UML-Autoren geht es beim Thema Generalisierung/Spezialisierung um Beziehungen zwischen beliebigen Classifiern. Neben den Begriffen Generalisierung (generalization) und Spezialisierung (specialization) verwenden sie auch den Begriff „Eltern-
Classifier". Eine Instanz eines Classifiers ist auch eine indirekte Instanz seiner
Generalisierungen. Sie führen hier auch das Konzept der *Vererbung* (allgemein für Classifier und speziell für Klassen) ein, einschließlich der Aufrufbarkeit einer Operation
durch einen „untergeordneten" Classifier (OMG 2017, S. 100).

6.2   Grafische Darstellung

Auch hier orientiert sich die grafische Notation an der UML 2.5. Vgl. Abschn. 9.7.4 von
(OMG 2017). In ihr wird von jeder Subklasse zur Superklasse eine Linie mit einem großen
nicht gefüllten Pfeil geführt. Abb. 6.1 zeigt die Darstellung am Beispiel dreier Subklassen.

Abb. 6.1 Grafische
Darstellung einer
Generalisierung/
Spezialisierung

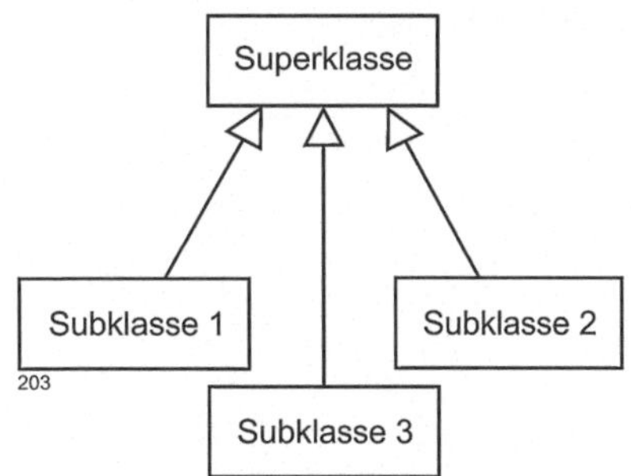

Die möglichen Varianten dieser Darstellungsweise werden im nächsten Abschnitt vorgestellt.

6.3   Beispiel HOCHSCHULE und grafische Varianten

Beschäftigte einer Hochschule
Abb. 6.2 zeigt ein Beispiel. Die Superklasse soll die Personen darstellen, die an einer Hochschule den Lehrbetrieb sichern. Diese kann man sich aufgeteilt denken in Angestellte und Beamte der Hochschule sowie in externe Dozenten (Lehrende, die nicht an der Hochschule angestellt sind).

Nur Klassenbezeichnungen
In diesem Beispiel und in den folgenden werden die Klassen nur mit ihren Bezeichnungen angegeben (ohne Attribute, Methoden usw.), da es hier nur um die Beziehungen zwischen den Klassen geht. Allerdings ist für diese Art der Modellierung unabdingbar, dass es allgemeine Attribute und/oder Methoden für die Generalisierung und jeweils spezielle Attribute und/oder Methoden für die Spezialisierungen gibt.

Betrachten wir obige Generalisierungshierarchie auf Klassenebene. Die Klasse **Personen** enthält dann die Attribute und Methoden, die für alle Objekte Gültigkeit besitzen. Die Klassen **Externe Dozenten**, **Angestellte** und **Beamte** enthalten die Attribute und Methoden, die jeweils nur für die Klasse gelten. Also z.B.

- **Personen** die Attribute beginnTätigkeit, geburtsdatum, name und vorname.
- **Externe Dozenten** die spezifischen Attribute wohnort (mit PLZ), straße, organisation (Arbeitsplatz), tarif (Stundensatz).
- **Angestellte** die spezifischen Attribute tarifgruppe und status,
- **Beamte** die spezifischen Attribute fakultät, fach, amtsbezeichnung, besoldungsstufe.

Zeitlicher Beschäftigungsumfang
Abb. 6.3 zeigt ein weiteres Beispiel. Hier sind die an der Hochschule beschäftigten Personen unterteilt in halbtags und ganztags Beschäftigte. Wieder gilt, dass – natürlich – halb-

Abb. 6.2 Generalisierung/
Spezialisierung – Beschäftigte
einer Hochschule

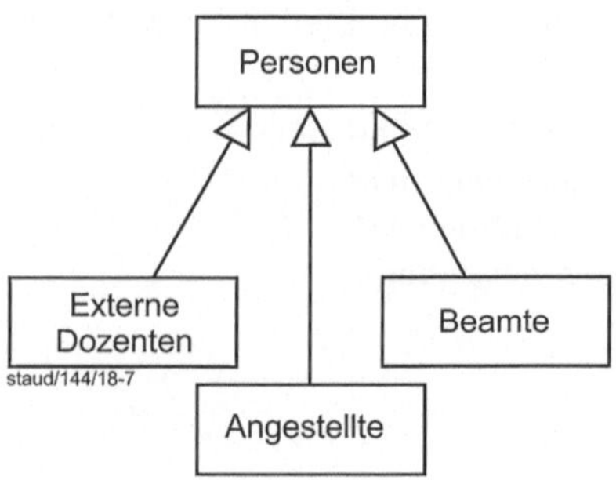

Abb. 6.3 Generalisierung/
Spezialisierung – Zeitlicher
Umfang der Beschäftigung

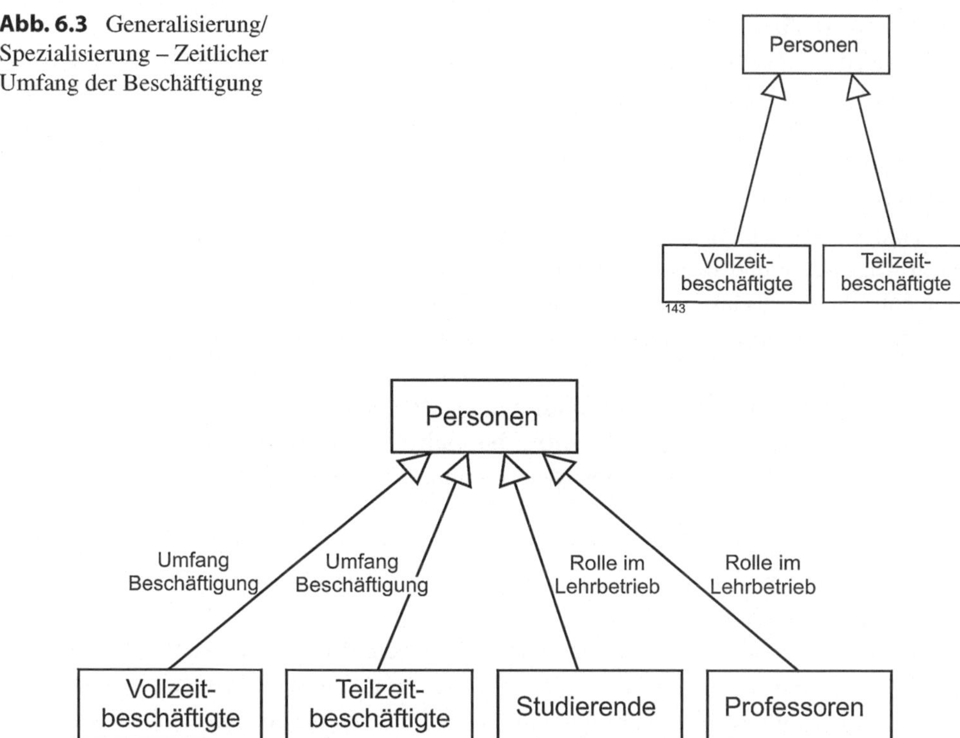

Abb. 6.4 Generalisierung/Spezialisierung – Generalisierungsmengen

tags- und ganztags Beschäftigte gemeinsame Attribute und Methoden haben, aber natürlich auch unterschiedliche.

Bei diesem *Diskriminator*, der *Umfang Beschäftigung* genannt werden kann, umfassen die Subklassen genau die Attribute und Methoden, die sich mit dem Zeitaspekt der Beschäftigung befassen.

Jede einzelne Beziehung zwischen einer spezialisierten und einer generalisierten Klasse wird *Generalisierungsbeziehung* genannt. Die Generalisierungsbeziehungen, die gemeinsam eine Klasse unterteilen, stellen in der Sprache der UML-Autoren eine *Generalisierungsmenge* dar.

Nun gilt, dass sich sehr oft in der konkreten Modellierung mehrere Generalisierungsmengen für eine Superklasse ergeben. Auch dies sollen die folgenden Beispiele zeigen.

Die nächste Generalisierung/Spezialisierung (Abb. 6.4) enthält zum einen die von oben schon bekannte Generalisierungsmenge mit voll- und teilzeit Beschäftigten (*Umfang Beschäftigung*). Außerdem enthält sie eine weitere Generalisierungsmenge mit **Studierende** und **Professoren**, die mit *Rolle im Lehrbetrieb* bezeichnet wird.

Generalisierungsbeziehungen können also benannt werden und alle gleich benannten gehören zur selben Generalisierungsmenge.

Alternative grafische Darstellung

Die Pfeile, die zur selben Generalisierungsmenge gehören, können auch zu einer Pfeillinie zusammengefasst werden, wie es Abb. 6.5 zeigt.

Alternativ können die Generalisierungsmengen auch durch gestrichelte Linien, die die entsprechenden Generalisierungsbeziehungen schneiden, dargestellt werden. Vgl. Abb. 6.6.

Nehmen wir obige zwei Generalisierungsmengen und eine weitere, die die Beschäftigten in Angestellte und Beamte (Generalisierungsmenge *Art Arbeitsverhältnis*) unterteilt, dann entsteht die zusammengefasste Generalisierung/Spezialisierung (Abb. 6.7). Die Objektklasse **Personen** ist dreifach unterteilt (mit drei Generalisierungsmengen):

- Nach *Art Arbeitsverhältnis* in **Angestellte** und **Beamte**.
- Nach *Umfang Beschäftigung* in **Vollzeitbeschäftigte** und **Teilzeitbeschäftigte**.
- Nach *Rolle im Lehrbetrieb* in **Professoren** und **Studierende**.

Es ist also möglich, dieselbe Superklasse mehrfach zu spezialisieren (mehreren Diskriminatoren auszusetzen) und dies in einer einzigen Abbildung (d.h. einem Modellelement) zusammenzufassen.

Zu beachten ist dabei aber, dass im Vergleich zu den Modellelementen, wo jeweils nur eine Generalisierungsmenge vorliegt, hier die Superklasse weniger gemeinsame Attribute und Methoden enthält. Während sie im einfachen Fall z.B. die Attribute enthält, die Vollzeit- und Teilzeitbeschäftigte gemeinsam haben, hat sie hier jetzt nur die, die *alle* spezialisierten Klassen gemeinsam besitzen. Bei der konkreten Umsetzung in eine Datenbank oder in ein Anwendungsprogramm muss dies berücksichtigt werden.

6.4　　Überlappung und Überdeckung

Überlappung

Die Beispiele oben wurden so angelegt, dass die einzelnen Generalisierungsbeziehungen jeweils disjunkte (sich nicht überschneidende) Subklassen bilden. Dies ist oft der Fall, muss aber nicht sein. Nehmen wir eine Superklasse **Datenverwaltende Systeme** mit folgenden Subklassen:

- **Dateisysteme**
- **Relationale Datenbanksysteme**
- **Objektorientierte Datenbanksysteme**
- **NoSQL-Systeme**

Dann werden sich die Subklassen nicht überschneiden. Nehmen wir allerdingnoch die Subklassen

Abb. 6.5 Generalisierung/
Spezialisierung – alternative
grafische Gestaltung

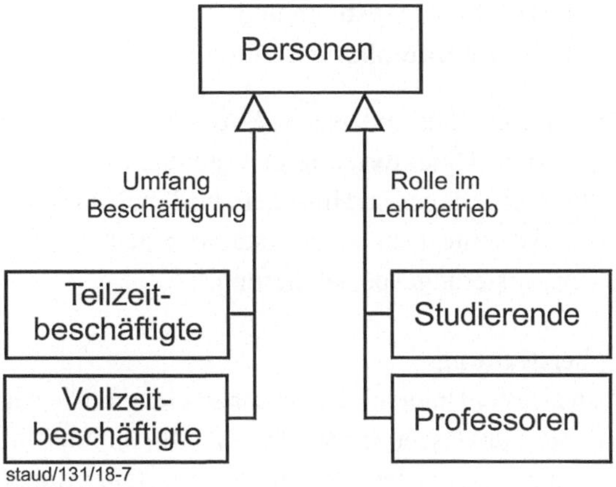

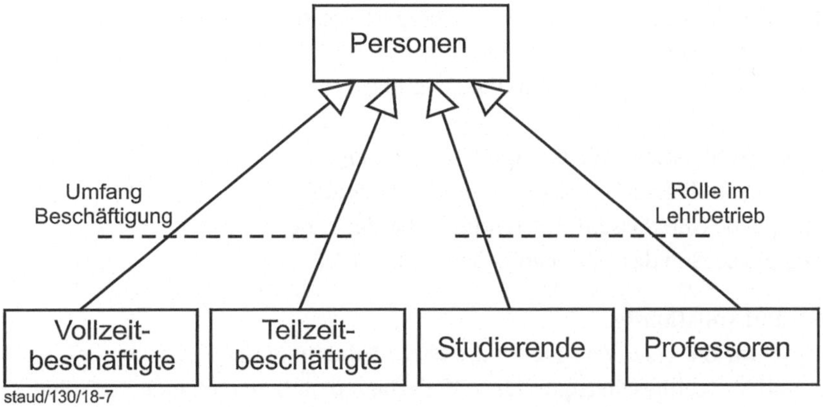

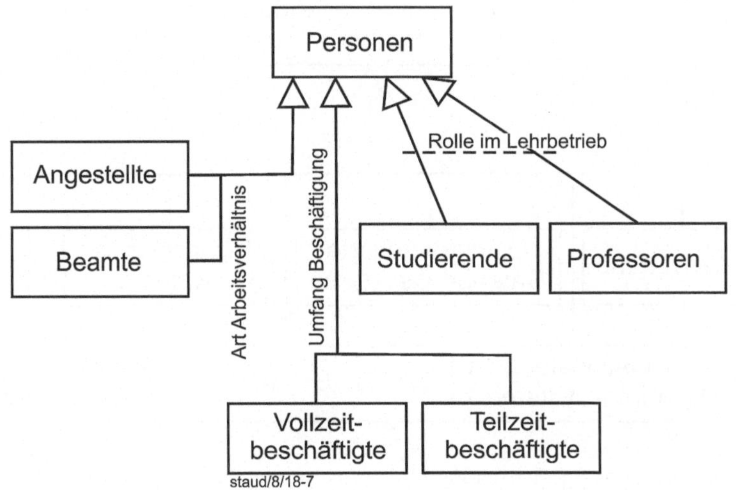

Abb. 6.6 Generalisierung/Spezialisierung – Generalisierungsmengen durch Strichlinie

Abb. 6.7 Generalisierung/Spezialisierung mit mehreren Generalisierungsmengen

- **Entwicklungssysteme** und
- **Verteilte Datenbanksysteme**

hinzu, sieht dies anders aus. Entwicklungssysteme können Relationale Datenbanksysteme oder auch Objektorientierte Datenbanksysteme sein, Verteilte Datenbanksysteme ebenfalls. Bei genauerem Hinsehen wird man außerdem entdecken, dass Entwicklungssysteme auch Verteilte Datenbanksysteme sein können. Abb. 6.8 zeigt die dadurch entstehende Generalisierung/Spezialisierung.

Überdeckung

Ein zweiter Unterschied zwischen Generalisierungen/Spezialisierungen ergibt sich daraus, ob die Subklassen insgesamt alle Objekte der Superklasse abdecken oder nicht. Nehmen wir die im nächsten Abschnitt vorgestellte Superklasse **Fahrzeuge** mit ihren Subklassen **PKW**, **LKW**, **Busse** und **Kettenfahrzeuge**, dann decken die Spezialisierungen nicht alle möglichen Fahrzeuge ab (z.B. fehlen die Bagger), weshalb es sich um eine *unvollständige Überdeckung* handelt.

Insgesamt können folgende Subklassenvarianten unterschieden werden:

- Disjunkte Subklassen/Vollständige Überdeckung
- Disjunkte Subklassen/Unvollständige Überdeckung
- Überlappende Subklassen/Vollständige Überdeckung
- Überlappende Subklassen/Unvollständige Überdeckung

Disjunkt und vollständig

Ein Beispiel für die erste Variante ist die obige Einteilung der Hochschulbeschäftigten in Teilzeit- und Vollzeitbeschäftigte. Diese Subklassen stellen auch eine vollständige Überdeckung dar. Abb. 6.9 drückt dies grafisch aus.

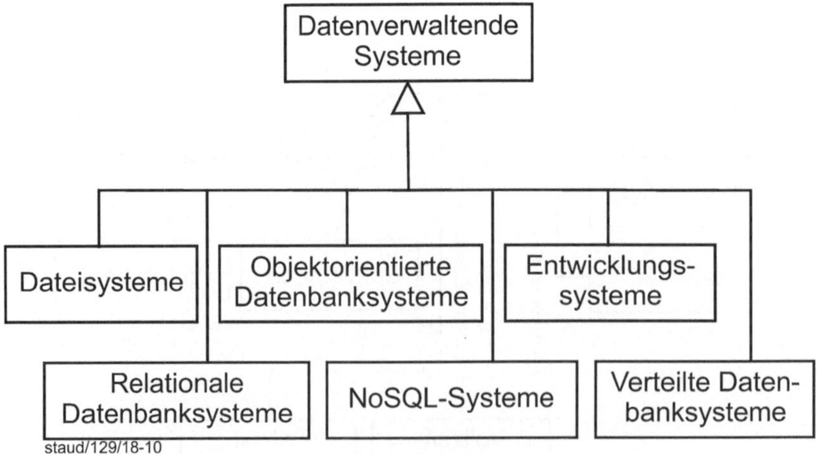

Abb. 6.8 Generalisierung/Spezialisierung für Datenverwaltende Systeme

Disjunkt, nicht vollständig

Sehr oft liegt auch die zweite Variante vor, die in Abb. 6.10 dargestellt ist: die Subklassen sind disjunkt, umfassen aber nicht alle Objekte der Superklasse. Ein Beispiel, wiederum in Bezug auf den Anwendungsbereich **HOCHSCHULE**, ist die Bildung der Klassen **Studierende** und **Dozenten**, wenn die Superklasse alle Personen umfasst, die mit der Hochschule zu tun haben.

Nicht disjunkt, vollständig

Der nächste Fall betrifft die Situation, dass die Überdeckung vollständig ist. In Abb. 6.11 stellen wieder die drei Teilmengen zusammen die Superklasse dar, die einzelnen Subklassen überschneiden sich. Ein Beispiel sind hier die oben angeführten Datenverwaltenden Systeme, wenn man annimmt, dass wirklich alle Arten dieser Systeme erfasst wurden.

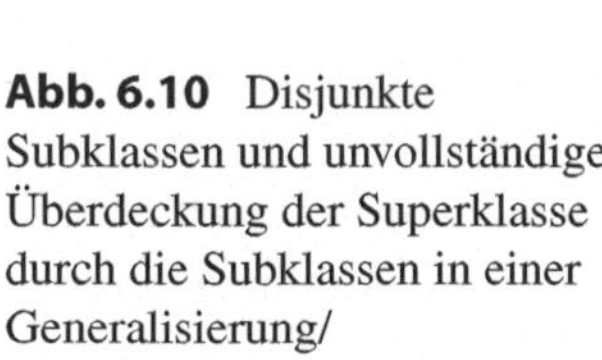

Abb. 6.9 Disjunkte Subklassen und vollständige Überdeckung der Superklasse durch die Subklassen in einer Generalisierung/ Spezialisierung.

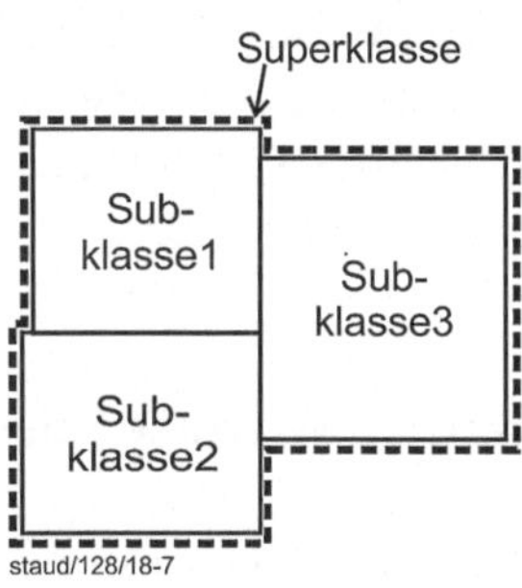

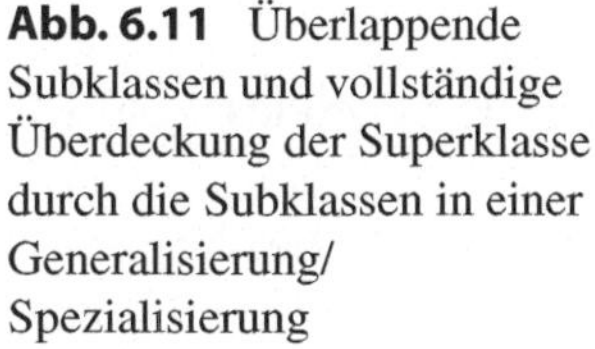

Abb. 6.10 Disjunkte Subklassen und unvollständige Überdeckung der Superklasse durch die Subklassen in einer Generalisierung/ Spezialisierung.

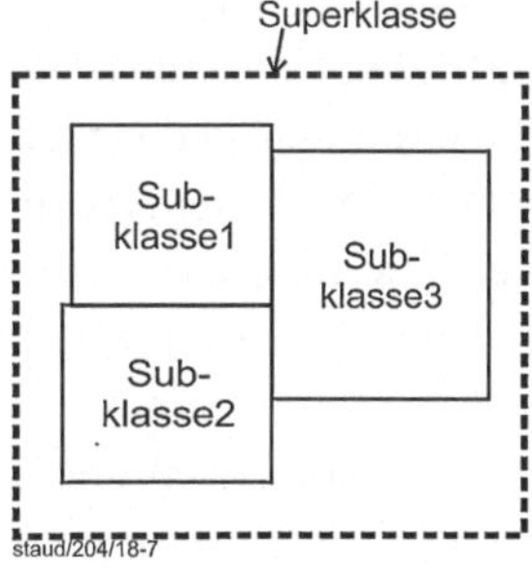

Abb. 6.11 Überlappende Subklassen und vollständige Überdeckung der Superklasse durch die Subklassen in einer Generalisierung/ Spezialisierung

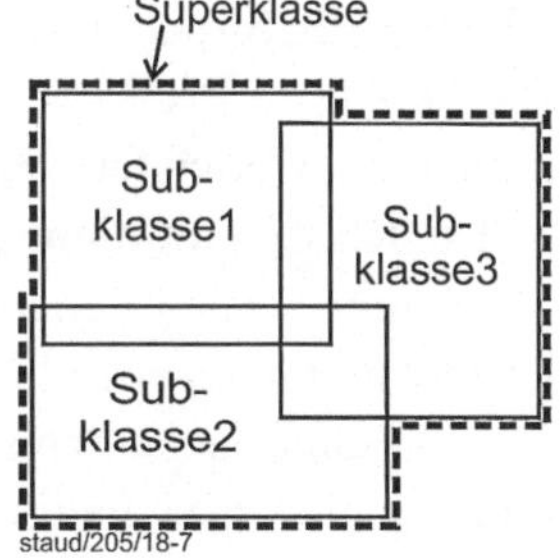

Abb. 6.12 Überlappende Subklassen und unvollständige Überdeckung der Superklasse durch die Subklassen in einer Generalisierung/ Spezialisierung

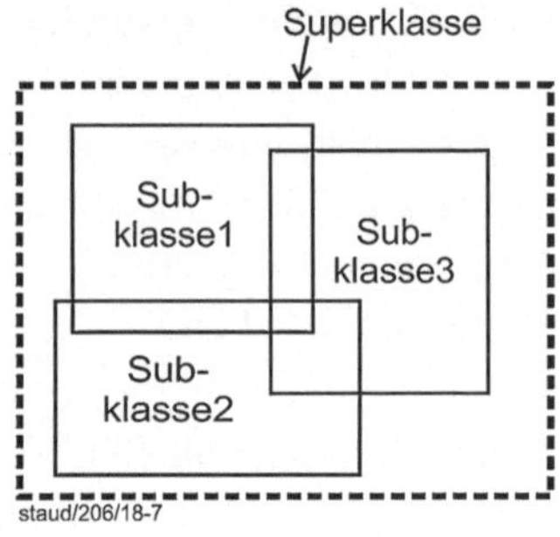

Nicht disjunkt, nicht vollständig

Im letzten Fall liegen wieder überlappende Subklassen vor, allerdings ist die Überdeckung nicht vollständig (Abb. 6.12). Als Beispiel stellen wir uns vor, bei den oben angeführten Datenverwaltenden Systemen würden nur Relationale Datenbanksysteme, Objektorientierte Datenbanksysteme, Entwicklungssysteme und Verteilte Datenbanksysteme betrachtet.

6.5 Mehrere Ebenen

Von einer Baumstruktur zu sprechen hat nur Sinn, wenn es mehrere Ebenen gibt, wenn also Subklassen auch gleichzeitig wieder Superklassen sind.

Betrachten wir zur Veranschaulichung den Anwendungsbereich **FAHRZEUGE** (aller Art). Hier kann man leicht sehr viele Fahrzeugtypen finden, die jeweils teilweise unterschiedliche Attribute und vielleicht auch Methoden haben. Damit werden sie dann in verschiedenen Klassen modelliert. Auf diesen Klassendefinitionen kann eine Generalisierungshierarchie angelegt werden, da sie ja alle auch Attribute und Methoden gemeinsam haben.

An der Spitze dieser Hierarchie soll eine Klasse **Fahrzeuge** (im Sinne von „Fahrzeuge aller Art") stehen mit den Attributen und Methoden, die allen Fahrzeugen gemeinsam sind.

Die Subklassen dieser Klasse sollen hier **PKW**, **LKW**, **Busse** und **Kettenfahrzeuge** sein. Weitere wären natürlich denkbar. Wie oben angeführt, handelt es sich damit um ein Beispiel für eine unvollständige Überdeckung.

Gleichzeitig Super- und Subklasse

Die Subklasse **PKW** weist nun ebenfalls Subklassen auf, für die sie Superklasse ist: **Limousinen, Cabriolets, Sportwagen, Familienautos**.

Die Klasse **Familienautos** ist dann noch weiter unterteilt in **Vans** und **Mini-Vans**.

Ähnlich bei den Kettenfahrzeugen. Diese sind noch unterteilt in zivile und militärische, letztere hier dann noch in **Kampfpanzer** und **Brückenlegepanzer**.

Insgesamt haben dann in diesem Beispiel (Abb. 6.13) folgende Klassen die Doppelfunktion als Super- und Subklassen:

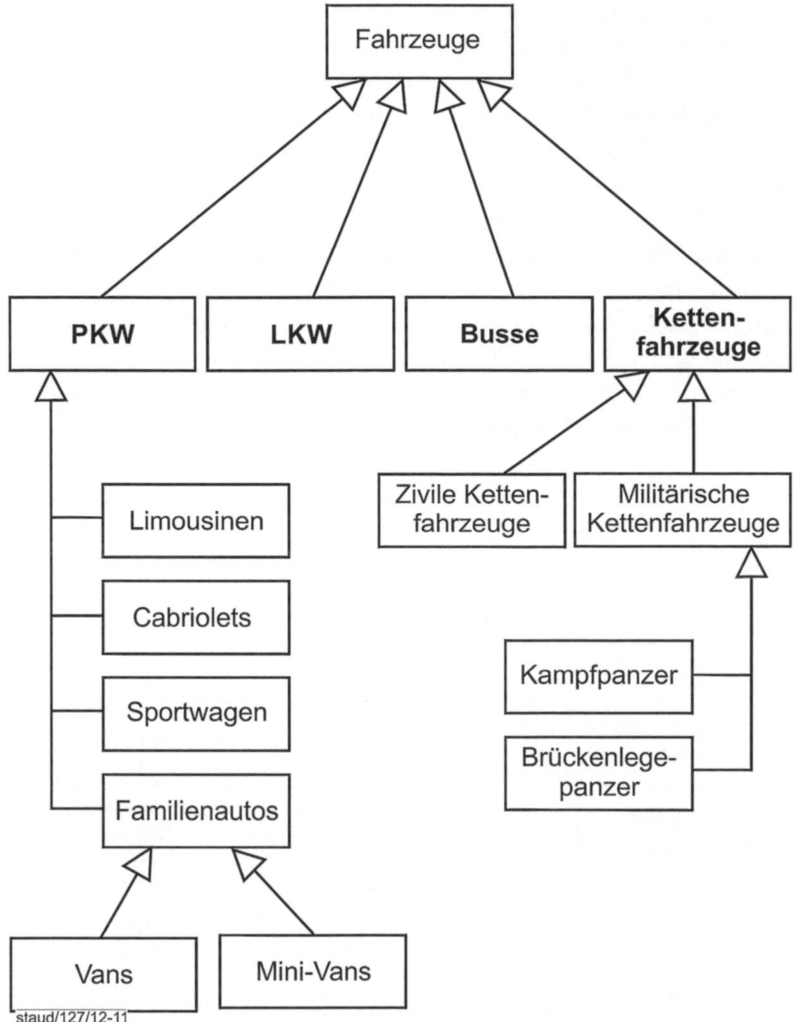

Abb. 6.13 Generalisierung/Spezialisierung mit mehreren Ebenen.

- **PKW**
- **Familienautos**
- **Kettenfahrzeuge**
- **Militärische Kettenfahrzeuge**

Das Beispiel in Abb. 6.13 enthält u.a. folgende Komponenten

- Mehrere Generalisierungen/Spezialisierungen
- Mehrere mehrstufige Generalisierungen/Spezialisierungen

Außerdem vollständige und unvollständige Überdeckungen.

Noch ein Beispiel: Beschäftigte

Abb. 6.14 zeigt ein weiteres Beispiel. Es soll um die Beschäftigten eines Unternehmens gehen. Hier kann man sich ohne Schwierigkeiten eine Einteilung in **Arbeiter**, **Angestellte** und **Auszubildende** vorstellen, die zwar bestimmte Attribute und Methoden gemeinsam haben, andere aber auch gemeinsam. Letztere finden sich dann in der Generalisierung **Beschäftigte**.

Die Arbeiter könnten unterteilt werden in Arbeiter des Unternehmens (**Arbeiter d.U.**) und **Leiharbeiter**, die Angestellten in solche mit und ohne Führungsaufgaben (**Angestellte o.F.**, **Führungspersonal**) und die Auszubildenden in kaufmännische und gewerbliche (**Kaufmännische Auszubildende**, **Gewerbliche Auszubildende**). Damit liegen dann jeweils drei Generalisierungsebenen vor.

Mit der Unterteilung der Angestellten ohne Führungsaufgaben in **Entwickler**, **Programmierer** und **Sonstige Angestellte** liegen bei den Angestellten sogar vier Ebenen vor.

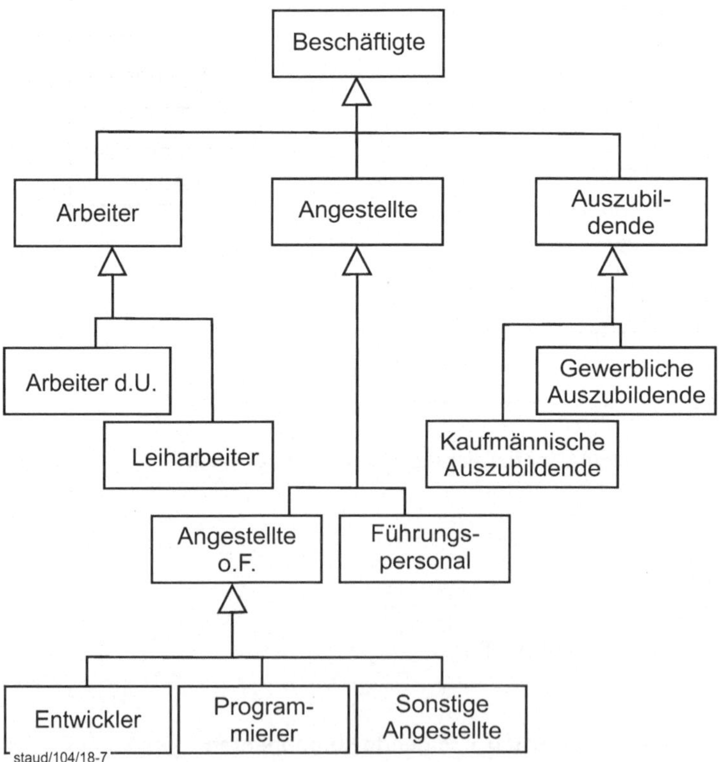

Abb. 6.14 Generalisierung/Spezialisierung mit mehreren Generalisierungsmengen und in mehreren Ebenen

Wie schon ausgeführt, hätte eine solche Unterteilung nur Sinn, wenn in den Spezialisierungen jeweils spezifische Attribute vorlägen: Mehr als in der Generalisierung und teilweise andere als in den anderen Spezialisierungen derselben Ebene.

Das Beispiel in Abb. 6.14 enthält u.a. folgende Komponenten

- Mehrere Generalisierungen/Spezialisierungen
- Mehrere mehrstufige Generalisierungen/Spezialisierungen

Außerdem zahlreiche vollständige Überdeckungen.

6.6   Vererbung

Weitergeben von Attributen und Methoden
Mithilfe der Baumstruktur, die eine Generalisierung/Spezialisierung darstellt, kann nun ein zentrales Element des objektorientierten Ansatzes eingeführt werden, die *Vererbung*. Durch sie enthält jede Superklasse die Attribute und Methoden, die alle ihre Subklassen gemeinsam haben. Jede Subklasse wiederum ergänzt ihre spezifischen Attribute und Methoden um die der Superklasse.

Vererbung meint also den Vorgang, dass die Subklasse die Attribute, Methoden und auch Nachrichten (vgl. Kap. 7) der Superklasse besitzt, sie von ihr sozusagen „weitergereicht bekommt".

Durch die Vererbung wird die Klassenhierarchie und die Ist_ein – Beziehung geklärt. An der Spitze der Hierarchie steht die allgemeinste Klasse, mit Attributen und Methoden, die alle Klassen gemeinsam haben. Die erste Ebene der Subklassen ergänzt diese dann um ihre jeweiligen spezifischen Attribute usw.

Beispiel: Fahrzeuge
Eine mögliche programmtechnische Umsetzung soll das folgende Beispiel andeuten. Es handelt sich um einen Auszug aus obiger Klassenhierarchie zu Fahrzeugen, die beiden Klassen Fahrzeuge und PKW.

In der Klasse **Fahrzeuge** sind die allgemeinsten Attribute und Methoden (in diesem Kontext *operations* genannt) angeführt. Die Klasse **Autos** enthält die spezifischen und auch den Eintrag „INHERIT Fahrzeuge", was bedeuten soll, dass sie von der Klasse **Fahrzeuge** erbt, dass also die Attribute und Methoden der Superklasse ebenfalls zur Verfügung stehen.

Das Beispiel zeigt auch, dass es möglich ist, ein Attribut in einer Subklasse neu zu definieren, wie es hier mit Kraftstofftyp geschehen ist (unter der Annahme, dass **PKW** nur verbleiten oder unverbleiten Kraftstoff tanken).

```
CLASS Fahrzeuge
 PROPERTIES
 Kennzeichen, Fabrikat, Modell: String;
 Farbe: FarbenTyp;
 Kilometerstand: Integer:
 Kraftstofftyp: (verbleit, unverbleit, Diesel);
 Erstzulassung: Integer;
 OPERATIONS
 Neues_Fahrzeug (…)
 Wert (…)
 Fahren (…)
 Verkaufen (…)
END Fahrzeug
CLASS PKW
 INHERIT Fahrzeuge
 PROPERTIES
 Kraftstofftyp: (verbleit, unverbleit); //neu definiert
 //zusätzliche Eigenschaften von Autos:
 Größe. (kompakt, mittel, groß)
 Extras. Menge(OptionsTyp):
END Auto
```

Ausnahmen
Vögel, die nicht fliegen

Natürlich muss hier auch die Situation der „Ausnahmen" berücksichtigt werden, dass – z.B. bezüglich einer Methode – bestimmte Objekte einer Objektklasse eine Methode nicht ohne Modifikation „erben" können. Stellen wir uns dazu eine Objektklasse *Vögel* vor. Deren Instanzen haben sicherlich alle die Eigenschaft „kann fliegen", bis auf einige Ausnahmen. Solche Ausnahmen können erfasst werden, indem für die Ausnahmeobjekte die „geerbten" Methoden und Attribute überschrieben werden können.

Mehrfachvererbung

Die sich oben ergebende Baumstruktur wird durchbrochen, wenn eine Subklasse zwei oder mehr Superklassen hat. Dann liegt eine sog. mehrfache Vererbung (multiple inheritance) vor. In einem solchen Fall erbt eine Subklasse die Methoden und Attribute mehrerer übergeordneter Klassen.

Während die „einfache" Vererbung zwischen einer Superklasse und einer Subklasse bei der Umsetzung in der Programmierung leicht zu lösen ist, bereitet die Mehrfachvererbung größere Probleme. Hier kann es zu kollidierenden Attributen und Methoden kommen, z.B. wenn ein Attribut in zwei übergeordneten Superklassen mit unterschiedlichen Wertebereichen auftritt.

6.7   Abstrakte Klassen

Klassen ohne Instanzen

Abstrakte Klassen mussten oben schon mehrfach angeführt werden, jetzt, mit dem Konzept der Generalisierung/Spezialisierung werden sie vertieft betrachtet.

Wie in Kap. 2 angemerkt, haben abstrakte Klassen keine Instanzen, sie können nicht instanziieren. Sie haben aber von ihnen abgeleitete Klassen, die Instanzen haben. Ja, sie sollten sie sogar haben, nur dann ist ihre Definition sinnvoll (Rumbaugh, Jacobson und Booch 2005, S. 129).

Beispiel

Klasse ohne eigene Objekte

Stellen wir uns im Systemdesign einer Anwendungssoftware die verschiedenen Fenster vor. Dann könnte eine abstrakte Klasse **Window**, die Attribute und Methoden enthalten, die alle Fenster gemeinsam haben, z.B. size, visibility, display(), hide(). Sie hätte aber keine eigenen Objekte (Instanzen). Erst die von ihr abgeleiteten konkreten Fenster hätten welche. Die folgende Abbildung zeigt eine solche Klasse.

Für die Notation im Rahmen der UML gilt, dass die Bezeichnung von abstrakten Klassen kursiv gesetzt wird (vgl. Abb. 6.15).

Klassen, die nicht abstrakt sind, werden *konkrete Klassen* (concrete classes) genannt.

Abstrakte Operationen

Operationen ohne Implementierung

Abstrakte Operationen sind solche, die keine Implementierung (Methode) haben (Rumbaugh, Jacobson und Booch 2005, S. 129). Sie können nur in abstrakten Klassen vorkommen. Sie werden in Superklassen angelegt, um dann in zahlreichen Subklassen verwendet werden zu können. Konkrete Subklassen müssen sogar die abstrakten Operationen einer übergeordneten Superklasse besitzen [ebenda].

Die Bezeichnung einer abstrakten Operation wird kursiv gesetzt. Alternativ kann das Schlüsselwort *abstract* in geschweiften Klammern zur Bezeichnung hinzugetan werden.

Abb. 6.15 Abstrakte Klasse
Window. Quelle: (OMG 2017,
S. 196, Figure 11.16)

Window
+ size: Area = (100, 100) # visibility: Boolean = true + defaultSize: Rectangle - xWin: XWindow
+ display() + hide() - attachX(xWin: XWindow)

136

Eine abstrakte Klasse kann also konkrete und abstrakte Operationen haben, eine konkrete Klasse nur konkrete Operationen.

Einschätzung

Da dieses Theorieelement *Generalisierung/Spezialisierung* lediglich das in Kap. 2 vorgestellte Grundinstrumentarium ergänzt, lohnt sich eine Betrachtung der Tauglichkeit für die Unternehmensmodellierung hier nicht. Vgl. dazu die Diskussion zum gesamten „Strukturteil" in Abschn. 7.8.

Literatur

Oestereich, Bernd. 1998. *Objektorientierte Softwareentwicklung. Analyse und Design mit der Unified Modeling Language*, 4. Aufl. München/Wien. Oldenbourg.

OMG Object Management Group. 2017. *OMG Unified Modeling Language (OMG UML)*. Version 2.5.1.

Rumbaugh, James, Ivar Jacobson, und Grady Booch. 2005. *The unified modeling language reference manual*, 2. Aufl. Boston: Addison-Wesley Professional.

Smith, John Miles, und Diane C. P. Smith. 1977a. Database abstractions: Agregation. *Communications of the ACM* 20(6): 405–413.

Smith, John Miles, und Diane C. P. Smith. 1977b. Database abstractions: Agregation and generalization. *ACM Transactions on Database Systems* 2(2): 105–133.

Staud, Josef Ludwig. 2005. *Datenmodellierung und Datenbankentwurf*. Berlin: Springer.

Staud, Josef Ludwig. 2015. *Relationale Datenbanken. Grundlagen, Modellierung, Speicherung, Alternativen*. Vilshofen: Lindemann.

► **Hinweis** Am Ende des Kapitels ist eine Liste der verwendeten Fachbegriffe in Deutsch und Englisch (nach UML 2.5) angegeben (s. Tab. 7.1).

7.1 Einführung

Objekte kommunizieren
Von Anbeginn an war das Konzept des Nachrichtenaustausches zwischen Objekten Gegenstand der objektorientierten Theorie. *Botschaften*, wie sie auch genannt werden, wiesen auch schon fast alle Vorgänger der UML auf (vgl. (Stein 1994, S. 78)). Sie wurden als Werkzeug zur „Interobjektkommunikation" gesehen (ebenda, S. 179).

Von der Struktur- zur Verhaltensbeschreibung
Mit dem Konzept des Nachrichtenaustausches wird die Ebene der *Struktur*beschreibung (wie in den obigen Kapiteln vorgestellt) verlassen und die der *Verhaltens*beschreibung erreicht, denn Nachrichten sind Ausdruck der „Funktionalität eines objektorientiert entwickelten Systems" und die gesamte Funktionalität beruht auf dem Nachrichtenaustausch (Schader und Rundshagen 1994, S. 16).

Der Übergang zu den „Verhaltensaspekten" führt auch dazu, dass in diesem Kapitel einige neue Grundbegriffe erläutert werden müssen, *Kollaborationen*, *Rollen* und *Lebenslinien*, bevor dann der eigentliche Gegenstand (Nachrichten, Kommunkationsdiagramme) vorgestellt werden kann.

© Springer-Verlag GmbH Deutschland, ein Teil von Springer Nature 2019
J.L. Staud, *Unternehmensmodellierung*, https://doi.org/10.1007/978-3-662-59376-9_7

Tab. 7.1 Verwendete
Fachbegriffe in Kapitel 7

Interaktionsdiagramm	interaction diagram
Kollaboration	collaboration
Komunikationsdiagramm	communication diagram
Lebenslinie	lifeline
Nachricht, Botschaft	message
Nachrichtenaustausch	message passing
Rolle	role
Sequenznummer	sequence number
Signatur	signature

Links der in diesem Text verwendete Begriff. Rechts
der in der objektorientierten Theorie bzw. in der UML
verwendete Begriff.

Hintergrund
Hinterlegte Methoden

Wie oben gezeigt, sind bei den Objektklassen Methoden hinterlegt, mit denen die Objekte
der jeweiligen Klasse bearbeitet werden können. Etwas genauer: Verarbeitet werden die
Ausprägungen der Attribute, durch die die Objekte beschrieben sind, die interne Repräsentation der Objekte.

Methoden im Zusammenspiel

Dabei handelt es sich um Methoden, die zur Erfüllung einer Teilaufgabe in der Gesamt-
anwendung dienen. Für viele Aufgaben ist es aber notwendig, dass die Methoden verschiedener Objektklassen im *korrektem Zusammenspiel* aufgerufen werden. Dies wird so
realisiert, dass Objekte der einen Objektklasse Methoden einer anderen aufrufen können.
Modellierungstechnisch wird dies mit dem Konzept von *Nachrichten*, die zwischen den
Objekten und Objektklassen ausgetauscht werden, realisiert.

Den einfachsten Fall eines solchen Nachrichtenaustausches können wir bereits darstellen: Die Kommunikation zweier Objekte miteinander.

Rechnungskopf braucht Kundendaten

Stellen wir uns vor, bei einer Klasse **Rechnungsköpfe** sei die Methode für das Erstellen
und den Ausdruck von Rechnungen hinterlegt. Dann gibt es eine Stelle in diesem Ablauf,
an dem das jeweilige Objekt (in der folgenden Abbildung als anonymes Objekt dargestellt) von einem Objekt der Klasse **Kunden** die Kundendaten (Name, Adresse usw.) anfordert. Dies kann wie in Abb. 7.1 gezeigt dargestellt werden.

Voraussetzung für das Gelingen ist, dass in der Klasse Kunde eine entsprechende Methode kundendaten() vorhanden ist.

Begriffe
Nachricht oder auch Botschaft

Meist werden in der deutschsprachigen Literatur die Begriffe *Nachricht* und *Nachrichtenaustausch* verwendet. Bei einigen Autoren (so z.B. bei den beiden Balzerts) auch *Botschaft*. Die UML und die übrige englischsprachige Literatur verwenden die Begriffe *message* und *message passing*.

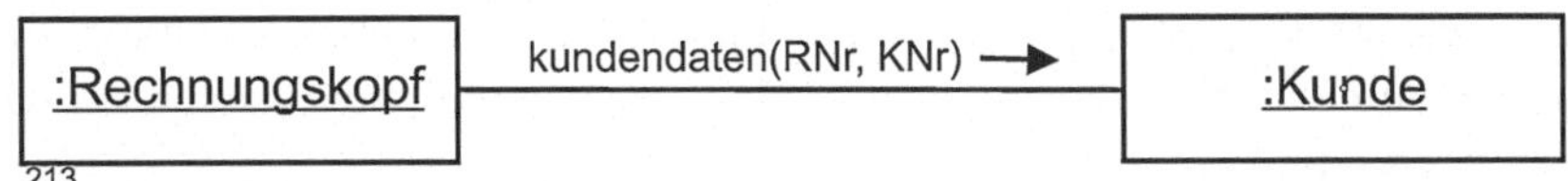

Abb. 7.1 Nachrichtenaustausch zum Zwecke der Kooperation

Nachrichten fordern Operationen an

Hier eine erste Klärung des Nachrichtenbegriffs, mehr dazu in Abschn. 7.5. Nachrichten stehen in einem engen Zusammenhang mit Methoden und Operationen. Definiert man, wie in Kap. 2 geschehen, *Operationen* als Dienste, die von einem Objekt angefordert werden können, und als *Methoden* die Implementierungen der Operationen, dann können Nachrichten so definiert werden:

▶ **Nachricht** Eine Nachricht überbringt einem Objekt die Information darüber, welche Aktivität von ihm erwartet wird, d.h. eine Nachricht fordert ein Objekt zur Ausführung einer Operation auf. (Oestereich 2004, S. 355)

Nur unwesentlich verkürzt bei Meier und Wüst:

▶ **Meldungsverkehr** Unter einer *Nachricht* (engl. message) versteht man die Aufforderung eines Objektes an ein anderes, eine bestimmte Methode auszuführen. (Meier und Wüst 1997, S. 32)

Protokoll

Die Menge der Botschaften, auf die Objekte einer Klasse reagieren können, wird als *Protokoll* (protocol) der Klasse bezeichnet (Balzert 2001, S. 206f).

Instanzmethoden und Klassenmethoden

Unterschieden wird dabei der Aufruf von *Instanzmethoden* und von *Klassenmethoden*. Wie in Kap. 2 gezeigt wurde, sind erstere Methoden, die einzelne Instanzen betreffen, z.B. eine Preisänderung bezüglich einer Instanz einer Objektklasse zu Produkten. Zweitgenannte betreffen Methoden, durch die alle Objekte einer Objektklasse angesprochen sind, z.B. die Feststellung der Gesamtzahl der Angestellten oder der Lohnsumme in einer Klasse zu den Angestellten.

Interaktion

Für die UML-Autoren fällt der Nachrichtenverkehr zwischen Objekten unter den Begriff der *Interaktion*. Für sie basiert eine Interaktion auf einem *strukturierten Classifier* oder auf einer *Kollaboration*. Die Interaktion kann im Rahmen der UML als Sequenz mit Sequenzdiagrammen oder als Kommunikation mit Kommunikationsdiagrammen beschrieben werden, die jeweils unterschiedliche Aspekte der Interaktion betonen (Rumbaugh, Jacobson und Booch 2005, S. 37).

Unter einem strukturierten Classifier kann man sich z.B. ein objektorientiertes Modell mit einem Kommunikationsdiagramm vorstellen, Kollaborationen werden im nächsten Abschnitt vorgestellt.

Rollen gestalten den Nachrichtenverkehr
In den Originalquellen und bei den meisten sonstigen Autoren wird auch betont, dass als Versender wie auch als Empfänger von Nachrichten *Rollen* (vgl. unten) betrachtet werden und nicht die Klassen als solche (vgl. z.B. (Rumbaugh, Jacobson und Booch 2005, S. 39)). Deshalb erfolgt in Abschn. 7.3 auch eine vertiefte Klärung des Rollenbegriffs.

7.2   Kollaborationen

7.2.1   Definition

Oben wurde es angeführt: Neben den strukturierten Classifiern (i.d.R. objektorientierte Modelle die sich als Klassendiagramme grafisch artikulieren) sind *Kollaborationen* die Basis für die Betrachtung des Nachrichtenverkehrs.

Verhalten „im Kleinen"
Dieses Theorieelement ist eigentlich nicht notwendig, da „Zusammenarbeit" in vielen anderen Theorieelementen der UML modelliert wird. In Booch et al wird aber dann doch die Motivation deutlich, die hinter diesem Konstrukt steht. Es soll „Verhalten im Kleinen" modellieren. Der Schlüssel(neben)satz für dieses Verständnis ist der folgende:

> Eine Kollaboration benennt eine Gemeinschaft von Klassen, Interfaces und anderen Elementen, die zusammenarbeiten, um ein kooperatives Verhalten hervorzurufen, *das mehr ist als die Summe seiner Teile.* (Booch, Rumbaugh und Jacobson 2006, S. 425), Hervorhebung durch den Verfasser.

Also sinnvoll abgegrenzte Systemkomponenten (die Autoren denken nur an Systeme, das macht die Wortwahl deutlich), bei denen alles Übrige, was nicht mit dem ausgewählten Verhalten zu tun hat, weggelassen wird.

Dies sind dann so etwas wie elementare Systembestandteile, die nicht nur jeweils einzeln mehr sind als die Summe ihrer Teile, sondern die auch jeweils einen wichtigen Beitrag zum Gesamtsystem leisten:

> Das Herz der Architektur eines Systems schlägt in seinen Kooperationen... alle gut strukturierten objektorientierten Systeme sind aus einer regulären Menge mittlerer Größe solcher Kollaborationen aufgebaut, ... (Booch, Rumbaugh und Jacobson 2006, S. 431)

Damit wird deutlich, dass es wesentlich um Systemdesign geht. Hier ist tatsächlich das Finden der elementaren Verhaltenseinheiten von entscheidender Bedeutung für die Qualität der dann entstehenden Software.

Rollen

Die Beschreibung dieses eng umgrenzten Verhaltens soll dann auch die *Rollen* angeben, die die Partizipanten dabei einnehmen. Dies ist den UML-Autoren sehr wichtig. Die Betonung der Rollen geht so weit, dass die UML-Autoren hier die „collaborating elements" und die Rollen gleichsetzen [ebenda].

Eine Kollaboration kann damit z.B. eine Operation beschreiben oder aber einen Anwendungsfall (vgl. Kap. 12), in dem die Classifier und Assoziationen angegeben werden, die für seine Leistung notwendig sind (OMG 2003, S. 157).

Auch dies gibt Hinweise auf die Motivation für dieses doch etwas überraschende Theorieelement. Es geht wohl auch um den Wunsch, einzelne Anwendungsfälle näher zu beschreiben.

Auf jeden Fall aber sind die Grundlage von Kollaborationen Teile, die zusammenarbeiten (in UML-Sprache: Teile eines Classifier) und andere Elemente, die diese verknüpfen. Im Standardfall also Klassen und Assoziationen.

Systeme

Auch bei diesem Konzept denken die UML-Autoren in erster Linie an Systeme: „Its primary purpose is to explain how a system works ..." (OMG 2003, S. 164). Aber dies ist ja nicht überraschend, sondern im größten Teil der UML-Texte so.

Begrenzte Aussagekraft

Kollaborationen haben nur eine eingeschränkte Aussagekraft. Will man genauer wissen, wie das Zusammenspiel und der dafür notwendige Nachrichtenverkehr erfolgt, dann sind Kommunikations- oder Sequenzdiagramme besser geeignet.

Booch et al. weisen noch darauf hin, dass es auch eine Beziehung zwischen Kollaborationen gibt, *Verfeinern* (Booch, Rumbaugh und Jacobson 2006, S. 431f). Dabei wird in der „verfeinerten" Kollaboration ein Teil des Verhaltens der anderen erfasst.

7.2.2 Grafische Darstellung

Eine Kollaboration wird, wie in Abb. 7.2 gezeigt, als Ellipse mit gestrichelter Linie dargestellt. In der Ellipse wird die Bezeichnung der Kollaboration vermerkt.

Die interne Struktur der Kollaboration (Rollen und Konnektoren) kann ebenfalls in der Ellipse angegeben werden, getrennt von der Bezeichnung durch eine gestrichelte Linie. Vgl. dazu die Beispiele.

Abb. 7.2 Grafische Darstellung einer Kollaboration

7.2.3 Beispiele

Beispiel Rechnungen

Im ersten Beispiel in Abb. 7.3 ist angedeutet, dass die Kollaboration *Rechnung schreiben* von den beiden Komponenten *Rechnungskopf* und *Rechnungspositionen* realisiert wird.

Alternativ kann ein Komponentendiagramm genutzt werden. In diesem Fall werden die beteiligten Classifier mit dem Symbol für die Kollaboration verbunden.

7.3 Rollen

Der Begriff *Rolle* wurde oben in dem Kapitel zu Assoziationen schon angesprochen. Dort wurden z.B. die Angestellten in ihrer Rolle als *PC-Nutzer* oder in ihrer Rolle als *Gehaltsempfänger* modelliert. Benötigt wird der Begriff in der UML für Kollaborationen, für den Begriff „Part" und für Assoziationen.

Die UML-Autoren definieren eine Rolle als eine Menge von Merkmalen, die benannt sind und die sich auf eine Sammlung von Entitäten beziehen, die in einem bestimmten Zusammenhang stehen (OMG 2003, S. 14). Bei der Fortsetzung der Definition unterscheiden sie zwischen Kollaborationen, „Parts" und Assoziationen:

- Bei Kollaborationen sprechen sie von einer benannten Verhaltensmenge einer Klasse oder eines „Part", die in einem bestimmten Zusammenhang stehen.
- Bei „Part" von einer Teilmenge einer bestimmten Klasse, die einen Teil der Merkmale der Klasse besitzt.
- Bei Assoziationen stellt eine Rolle ein Synonym für ein Assoziationsende dar, das sich auf eine Teilmenge der Classifier-Instanzen bezieht, die an der Assoziation teilhaben.

Für eine vertiefte Darstellung vgl. (Booch, Rumbaugh und Jacobson 2006, S. 432ff).

7.4 Lebenslinien

Versender der Nachrichten

Während in populären Darstellungen (vgl. zum Beispiel (Balzert 2000, Abschn. 4.4)) gleich von *Objekten* die Rede ist, die Nachrichten (bei den beiden Balzerts: *Botschaften*)

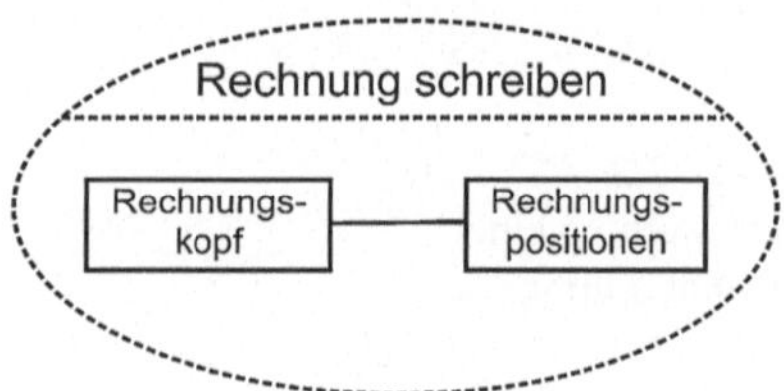

Abb. 7.3 Kollaboration *Rechnungserstellung*

Abb. 7.4 Grafische Darstellung einer Lebenslinie

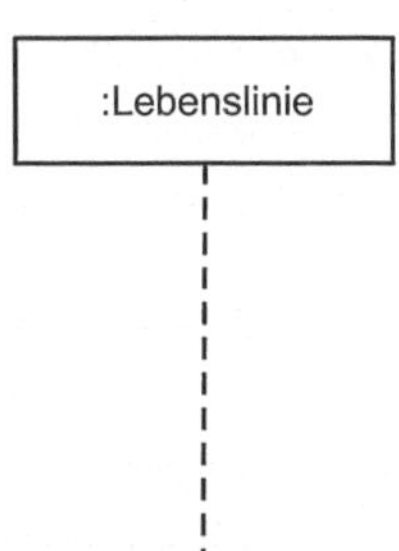

versenden oder empfangen, ist in den UML-Texten von *lifelines* als Trägern des Nachrichtenverkehrs die Rede.[1]

Eine *Lebenslinie* repräsentiert einen einzelnen Teilnehmer an der Interaktion. Dies kann ein beliebiger Classifier sein, also z.B. auch eine Instanz (ein Objekt) einer Klasse.

Grafische Darstellung

Eine Lebenslinie wird durch ein Rechteck und eine senkrechte gestrichelte Linie dargestellt Das Rechteck bildet sozusagen den Kopf, darunter folgt die Linie (vgl. Abb. 7.4). Die Linie repräsentiert – bei einer entsprechenden Darstellungstechnik (vgl. Sequenzdiagramme in Kap. 11) – die Dauer der Existenz des Kommunikationsteilnehmers (also z.B. der Instanz einer Klasse).

Diese Darstellung wird in Sequenzdiagrammen (vgl. Kap. 11) benutzt. In den in diesem Kapitel betrachteten Kommunikationsdiagrammen wird die gestrichelte Linie nicht benötigt.

Im Rechteck wird also die Bezeichnung der Lebenslinie festgehalten. Diese besteht aus einer Zeichenfolge, die nacheinander folgende Elemente enthält:

- Bezeichnung des verknüpfbaren Elements (so die Bezeichnung aller verknüpfbaren Elemente in der UML, zu der auch die Lebenslinien gehören).
- Eine Auswahl (selector), falls nötig (vgl. unten).
- Einen Doppelpunkt
- Die Bezeichnung des Classifiers, meist also die Bezeichnung der Klasse.

Instanzen als Lebenslinien

Handelt es sich bei den Lebenslinien um Instanzen (Objekte) einer Klasse, wird die Bezeichnung unterstrichen, wie es für Instanzen üblich ist (vgl. Abschn. 3.11).

Beispiele:

- wire:Wire, left:Bead, right:Bead aus (Rumbaugh, Jacobson und Booch 2005, S. 243, Figure 14-64)
- c:Controller, :Cache aus (Booch, Rumbaugh und Jacobson 2006, S. 259, Abb. 16.4)
- <u>c:Kunde</u>, <u>p:ODBCProxy</u> (ebenda)

---

[1] Lifeline. Wörtlich: Rettungsleine, fig. Lebensader im Sinne von Versorgungsweg, was hier wohl am besten passt. In diesem Buch wird die in (Booch et al. 2006) [43] vorgeschlagene Übersetzung *Lebenslinie* benutzt.

Anonyme Lebenslinien

Lässt man die Bezeichnung des verknüpfbaren Elements weg, entstehen, in Anlehnung an den Begriff der *anonymen Objekte*, sog. *anonyme Lebenslinien*. Beispiele dafür:

- :Controller, :Window, :Line aus (Rumbaugh, Jacobson und Booch 2005, S. 243, Figure 14-64)
- :OrderTaker, :TicketDB, :CreditBureau, aus (Rumbaugh, Jacobson und Booch 2005, S. 107, Figure 9-4)
- c:View, aus (Booch, Rumbaugh und Jacobson 2006, S. 259, Abb. 16.4)
- :Transaktion aus (Booch, Rumbaugh und Jacobson 2006, S. 295, Abb. 19.1)

Auswahl

Falls das zu verknüpfende Element mehrwertig ist (Wertigkeit größer 1), dann kann die Lebenslinie einen Ausdruck (den „selector") haben, der festlegt, welcher Teil durch die Lebenslinie repräsentiert wird. Liegt bei einer Wertigkeit größer als eins keine Auswahl vor, bedeutet das, dass ein beliebiger Repräsentant genommen wird.

Schlüsselwort self

Ist die Bezeichnung der Lebenslinie das Schlüsselwort *self*, dann repräsentiert die Lebenslinie das Objekt des Classifiers, das die Interaktion umfasst, zu der die Lebenslinie gehört (OMG 2017, S. 573).

7.5   Nachrichten

7.5.1   Definition

Im ersten Abschnitt dieses Kapitels wurden Nachrichten bereits vorgestellt. Zu ergänzen ist noch, dass Nachrichten eine Bezeichnung und Parameter haben. Die Bezeichnungen der Nachricht und der Methode zusammen mit den Ein- und Ausgabeparametern werden als *Signatur* bezeichnet.

Da es wie oben ausgeführt tatsächlich so ist, dass meist Objekte von Klassen Nachrichten aussenden und empfangen, reduzieren viele Autoren den Nachrichtenbegriff auch darauf.

UML-Sichtweise

In der UML wurde dieses Konzept übernommen, präzisiert und ergänzt. Hier ist eine Nachricht eine Kommunikation zwischen den Lebenslinien einer Interaktion. Dies kann sein:

- Senden und Empfangen eines Signals
- Aufruf einer Operation
- Erzeugung oder Zerstörung einer Instanz

Die Nachricht legt nicht nur die Art der Kommunikation fest, sondern auch den Sender und den Empfänger.

Ereigniskonzept

Ergänzend wird in der UML ein Ereigniskonzept hinzugefügt. Ereignisse lösen einerseits die Nachrichten aus (beim Sender) und entstehen andererseits durch das Eintreffen der Nachricht beim Empfänger. Eine für Ablaufbeschreibungen naheliegende Ergänzung.

Die Bezeichnung der Nachricht spezifiziert das Ereignis (Grässle, Baumann und Baumann 2000, S. 211), die Argumente enthalten die Informationen, die der Nachricht mitgegeben werden, damit der Empfänger die geforderten Aktivitäten ausführen kann. Zu diesen Informationen gehören auch Kontroll- und Steuerungsinformationen.

In der UML kann eine Nachricht ein *Signal* oder der *Aufruf einer Operation* sein. Ein Signal kann als Empfänger auch mehrere Objekte haben, ein Operationsaufruf bezieht sich immer auf nur ein Objekt.

Unterschieden werden die Nachrichtentypen Call, Return, Send, Create und Destroy.

Rückgabewerte

Die übersandten Nachrichten lösen typischerweise Aktivitäten aus und führen evtl. auch zur Übermittlung von Ergebnissen in der Antwort. So kann z.B. die Nachricht bestimmePosSu() (bestimme die Summe der Rechnungspositionen) an eine Klasse **Rechnungspositionen** zum Aufruf der entsprechenden Methode und zur Antwort mit dem berechneten Wert führen.

Nachricht erzeugt Nachricht

Erhält ein Objekt einer Klasse eine Nachricht, führt es eine Operation aus. Im Rahmen der Ausführung dieser Operation ist es möglich, dass weitere Nachrichten erzeugt und versandt werden. Ein einfaches Beispiel zum Druck einer Rechnung ist unten angegeben. Wenn ein Objekt der Klasse **Rechnungspositionen** (bzw. **RechPos**) die Aufgabe erhält, die Rechnungspositionen zusammenzustellen, ruft es selbst eine Methode von **Artikel** auf.

7.5.2 Synchron und Asynchron

Synchroner Nachrichtenaustausch

Nachrichten können synchron oder asynchron ausgetauscht werden. Dabei bedeutet ein *synchroner Nachrichtenaustausch*, dass der Sender wartet, bis der Empfänger den betreffenden Methodenaufruf beendet hat und erst dann wieder aktiv wird. In vollem Umfang, was eigene Verarbeitungsschritte und was weitere auszusendende Nachrichten angeht.

Eine Operation, die durch eine synchrone Nachricht ausgelöst wurde, kann im Rahmen der Antwort Werte zurückgeben. Bei der Rückgabe erhält der Sender dann auch die Kontrolle (über den Kontrollfluss) zurück.

Asynchroner Nachrichtenaustausch

Asynchron dagegen bedeutet, dass das Senderobjekt mit seinem weiteren Tun nicht wartet, bis die aufgerufene Aktion durchgeführt ist, sondern gleich wieder irgendwelche Verarbeitungsschritte durchführen kann.

Gängige objektorientierte Programmiersprachen wie Java und C++ haben z.B. synchrone Operationsaufrufe. D.h., es existiert nur ein einziger Kontrollfluss, zu einem bestimmten Zeitpunkt wird immer nur eine einzige Anweisung ausgeführt.

Balzert führt aus, dass in Komponentenmodellen (wozu objektorientierte Modelle gehören) der synchrone Nachrichtenaustausch Standard ist, dass aber der asynchrone Austausch insbesondere in Verbindung mit Ereignissen sinnvoll ist, z.B. wenn die durch das Ereignis angesprochenen Empfänger nur informiert werden sollen (Balzert 2001, S. 913).

Nebenläufigkeit

Im Falle eines asynchronen Nachrichtenaustausches wird *Nebenläufigkeit* ermöglicht. Dies ist, so (Booch, Rumbaugh und Jacobson 2006, S. 259) von großer Bedeutung „für die heutige Welt von nebenläufiger Verarbeitung".

Beispiel: Datenübertagung und Netze

In der Datenübertragung: Erfolgt diese synchron, bleiben zeitliche Beziehungen zwischen den Daten bei der Übertragung erhalten. Dies ist z.B. notwendig bei der Übertragung von Filmen, weil da der zeitliche Abstand zwischen aufeinanderfolgenden Bildern wichtig ist. Bei einer asynchronen Datenübertragung müssen solche zeitlichen Bedingungen nicht streng eingehalten werden. Zum Beispiel bei einem File-Transfer.

Netze: Ein Beispiel für ein synchrones Netz war das klassische Fernsprechnetz und das daraus abgeleitete ISDN-Netz. Ein Beispiel für ein asynchrones Netz ist das Internet.

7.5.3 Sequenznummern

Keine zeitliche Dimension

Rumbaugh et al. weisen auf einen Schwachpunkt von Diagrammen hin, in denen einfach nur die auszuführenden Nachrichten vermerkt sind. Z.B. also bei einem Klassendiagramm, in dem die Nachrichten ergänzt wurden (vgl. Abb. 7.8). In einem solchen Fall ist die Abfolge der Nachrichten (genauer: der Kontrollfluss) nur bei genauem Studium des Diagramms erkennbar, falls überhaupt. Das macht die Diagramme schwer lesbar. Deshalb geben sie die Abfolge der Nachrichten durch *Sequenznummern* (sequence numbers) an (Rumbaugh, Jacobson und Booch 2005, S. 241).

Reihenfolge mit Hilfe der Dezimalklassifikation

Die Sequenznummern entsprechen einer Dezimalklassifikation, wie sie in Büchern oft verwendet wird (und auch in diesem Text). Die erste zu erfassende Nachricht erhält die Nummer 1, die zweite die Nummer 2 usw. Wird innerhalb der Abarbeitung von Nachricht 2 eine weitere aufgerufen, erhält diese die Nummer 2.1, eine weitere die Nummer 2.2 usw. Wird innerhalb der Ausführung der Operation von Nachricht 3 eine weitere Nachricht aktiviert

(3.1) und sendet dieses im Rahmen ihrer Abarbeitung zwei Nachrichten aus, erhalten diese, gemäß ihrer Rangfolge, die Nummerierung 3.1.1 und 3.1.2.

Die Sequenznummern werden zusammen mit einem Doppelpunkt vor die Nachricht gesetzt. Z.B. also:

1: anfrageLagerbestand(anzahl)
1.1: abzählenWarengruppe()
2: berechnenGesamtsumme()
2.1: berechnenPositionssumme(anzahl, einzelpreis)

Dieses Konzept erlaubt also die Erfassung von Verschachtelungen, ein insgesamt doch sehr dürftiges Kontrollflusskonzept, das aber durch die zwei nachfolgenden Elemente (Wiederholung, Parallelität) etwas erweitert wird. Für die Vorbereitung der Programmierung gibt es aber zumindest Hinweise.

Syntax der Nachrichtenbezeichnung
Insgesamt ergibt sich dann folgender Aufbau für die Nachrichtenbezeichnung:
Sequenznummer attribut=Nachrichtenbezeichnung(Liste Parameter):Rückgabewert

Schleife
Soll eine Nachricht wiederholt werden, kann dies in der Nachrichtenbezeichnung ausgedrückt werden. Dazu wird ein Stern (*) nach der Sequenznummer und vor der Nachrichtenbezeichnung eingetragen. Ein Beispiel ist die Nachricht *bestimmtePos()* an eine Klasse **Rechnungspositionen**, die so oft gesandt wird, bis alle Positionen abgearbeitet sind. Die wiederholte Ausführung kann auch genauer beschrieben werden, indem in eckigen Klammern eine Präzisierung erfolgt, z.B.

*[i == 1..n]

Parallelität
Auch eine parallele Ausführung kann angefordert werden. Dazu werden nach dem Stern zwei senkrechte Striche eingefügt:

*||
Vgl. (OMG 2017, S. 600–601).

7.5.4 Grafische Darstellung

In der grafischen Darstellung objektorientierter Datenmodelle werden Nachrichten durch Pfeilsymbole zwischen den Sendern und Empfängern kenntlich gemacht. Die Richtung der Nachricht zeigt von der sendenden zur empfangenden Lebenslinie. Falls

Abb. 7.5 Grafische Darstellung von Nachrichten

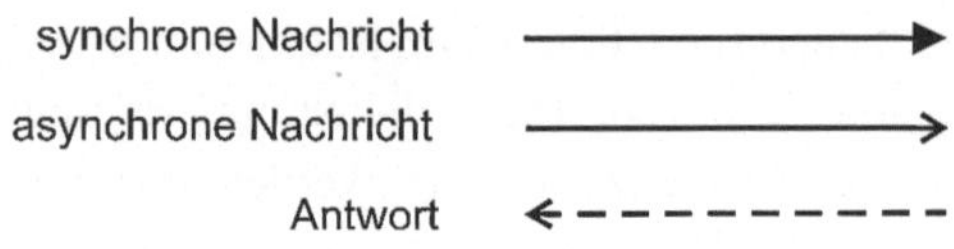

eine Rückantwort (vgl. unten) erfolgen soll, wird eine entsprechende Antwortnachricht modelliert.

Die konkrete Gestaltung des Pfeils variiert (vgl. Abb. 7.5):

- Synchrone Nachrichten werden durch eine durchgezogene Pfeillinie und eine gefüllte Pfeilspitze gekennzeichnet.
- Asynchrone Nachrichten erhalten ebenfalls eine durchgezogene Pfeillinie sowie eine Pfeilspitze ohne Füllung (nur mit Strichen).
- Eine Antwort auf eine synchrone Nachricht wird durch eine gestrichelte Pfeillinie und eine Pfeilspitze ohne Füllung gekennzeichnet.

7.6 Kommunikationsdiagramme

7.6.1 Definition

Aufgabenerfüllung durch Nachrichtenaustausch

Jetzt kann endlich das neue Theorieelement vorgestellt werden. Ein *Kommunikationsdiagramm* erfasst den für eine Aufgabenerfüllung notwendigen Nachrichtenaustausch zwischen Lebenslinien (im einfachsten Fall: zwischen Objekten). Die Abfolge der Nachrichten wird durch Sequenznummern erfasst.

Sequenzen und *Sequenzdiagramme* (vgl. Kap. 11) erfassen bzw. beschreiben dieselbe Information, stellen sie nur unterschiedlich dar. Booch et al. weisen auf die Motive für die beiden Visualisierungen hin. Sequenzdiagramme betonen die zeitliche Reihenfolge der Nachrichten, während Kommunikationsdiagramme die strukturelle Organisation der Nachrichten sendenden Objekte in den Vordergrund stellen (Booch, Rumbaugh und Jacobson 1999, S. 243). Ansonsten betonen sie aber die semantische Gleichwertigkeit der beiden Konzepte.

▶ **Hinweis** *Kommunikationsdiagramme* wurden in früheren UML-Versionen *Kollaborationsdiagramme* genannt.

Interaktionsdiagramme

Sequenz- und Kommunkationsdiagramme werden auch unter dem Begriff *Interaktionsdiagramm* zusammengefasst.

Innere Struktur

Die innere Struktur wird dargestellt, indem die Komponenten (z.B. die Objekte), ihre semantischen Verknüpfungen (z.B. die Assoziationen) und dann eben der für die jeweilige Aufgabe notwendige Nachrichtenaustausch angegeben wird. Da im Rahmen einer Aufgabenerfüllung die Komponenten (z.B. Objekte) meist spezifische Rollen einnehmen, wird hier das oben eingeführte Rollenkonzept verwendet.

Im Falle von Objekten entsteht also ein Kommunikationsdiagramm aus einem Klassendiagramm, in dem die Nachrichten mit Hilfe der oben eingeführten Pfeile vermerkt sind.

Standardmäßig nicht in Klassendiagrammen

Fowler weist darauf hin, dass standardmäßig in der UML in Klassendiagrammen keine Nachrichten angezeigt werden (Fowler 2004, S. 107), dass dies aber möglich ist. Geschieht es, werden an den Seiten von Assoziationen Pfeile hinzugefügt, die mit dem Namen der Nachrichten beschriftet sind (wie oben gezeigt). Er weist außerdem darauf hin, dass für einen Nachrichtenverkehr nicht unbedingt eine Assoziation vorliegen muss (ebenda).

7.6.2   Grafische Darstellung

Abb. 7.6 zeigt die grafische Darstellung von Kommunikationsdiagrammen. Sie kann nicht so allgemeingültig sein wie sonst, da es für die unterschiedliche Anzahl von Komponenten und für die unterschiedliche innere Struktur keine Abstraktionsmöglichkeit gibt.

Hier das Beispiel dreier Objekte, die zusammenwirken. Objekt 1 sendet zwei Nachrichten, die Reihenfolge ist durch die Sequenznummern angegeben. Die zweite Nachricht wird wiederholt versendet. Beide Nachrichten haben Parameter und damit Argumente.

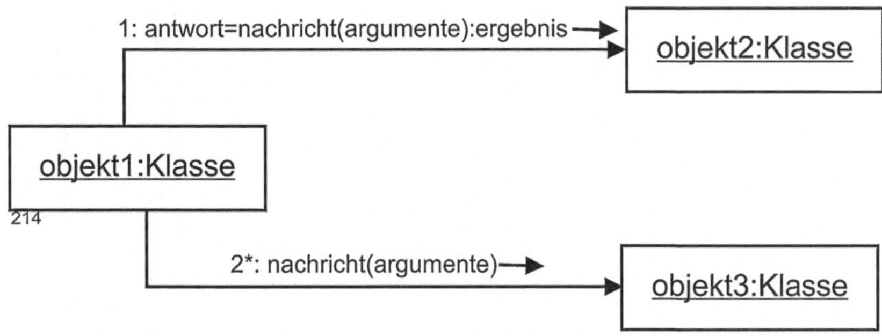

Abb. 7.6 Darstellung von Kommunikationsdiagrammen (beispielhaft)

7.7 Beispiel Rechnungsdruck

Schritt um Schritt zur Rechnung

Das Kommunikationsdiagramm in Abb. 7.7 zeigt den (vereinfachten) Nachrichtenaustausch rund um den Druck einer Rechnung (vgl. auch das nachfolgende Klassendiagramm mit diesem Nachrichtenverkehr):

- Sequenznummer 1: Nach Eingehen der Aufforderung, die Rechnung zu drucken, fordert die Lebenslinie *RechnKöpfe* (Rechnungsköpfe) von der Lebenslinie *Kunden* die Kundendaten an.
- Sequenznummer 2: *RechnKöpfe* hat eine Methode zur Erstellung der Rechnung. Diese fordert von *RechnPos* (Rechnungspositionen) solange die Positionsdaten (Positionsnummer, Artikelbeschreibung, Anzahl, Positionssumme) an, bis alle Positionen abgearbeitet sind.

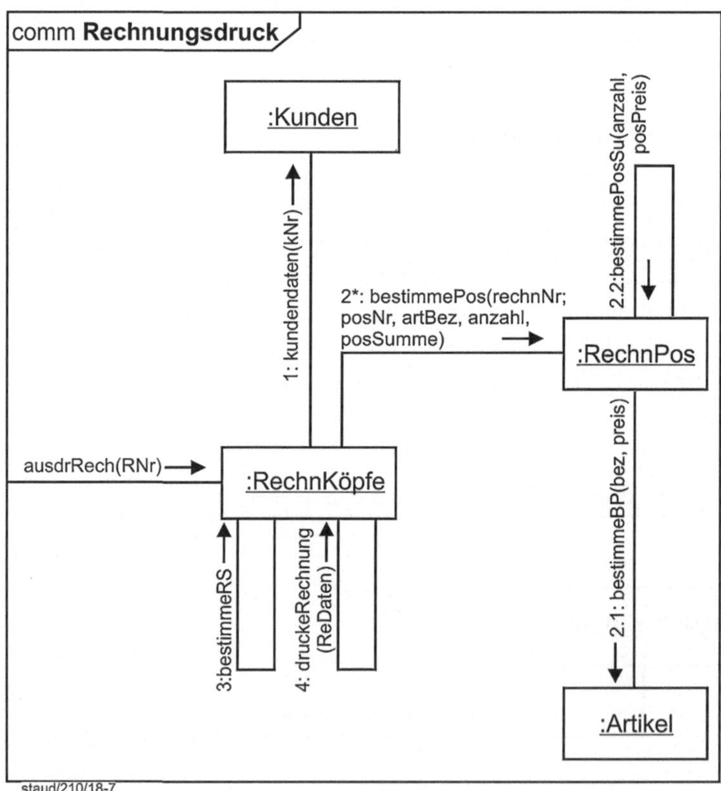

Abb. 7.7 Kommunikationsdiagramm *Rechnungsdruck*

- Sequenznummer 2.1: Lebenslinie *RechnPos* schickt jedesmal eine Nachricht zu *Artikel* mit der Aufforderung, die Artikelbezeichnung und den Einzelpreis des durch die Artikelnummer (artNr) identifizierten Artikels zu liefern.
- Sequenznummer 2.2: Anschließend berechnet *RechnPos* durch Aufruf einer seiner Methoden die gewünschten Angaben und liefert sie an *RechnKöpfe* zurück.
- Sequenznummer 3: *RechnKöpfe* bestimmt dann durch Aufruf einer seiner Methoden die Rechnungssumme, MWSt und eventuelle weitere auf die Gesamtrechnung bezogene Daten.
- Sequenznummer 4: Nach Einholen aller notwendigen Informationen und Beendigung aller Berechnungen erstellt *RechnKöpfe* mit Hilfe seiner Methode druckeRechnung() die Rechnung.

Aufgabenerledigung im Kleinen

Auch wenn dieses Beispiel den Vorgang nur andeuten kann, sollte es doch das diesem Theorieelement zugedachte Modulierungsziel verdeutlichen: Aufgabenerledigung im Kleinen (dazu unten mehr).

Nachrichtenverkehr im Klassendiagramm

Abb. 7.8 zeigt nun diesen Nachrichtenverkehr in einem Klassendiagramm. Die Elemente sind hier die ganz normalen Klassen des objektorientierten Modells, deren Bezeichnungen aus Gründen der Anschaulichkeit länger gewählt wurden. Zusätzlich zu den Nachrichten sind hier noch die Antworten angegeben.

Auch hier ist natürlich der Kontrollfluss auf das verschachtelte Aussenden der Nachrichten mit Wiederholung und Parallelität beschränkt und insofern von eingeschränkter Aussagekraft.

Die grafische Darstellung zeigt außerdem, dass auch diese Darstellung des kooperativen Miteinanders nur bei kleinen Modellen interpretierbar ist.

7.8　Bedeutung für die Unternehmensmodellierung

Statische und dynamische Aspekte – Struktur und Verhalten

Wie im Vorwort bereits dargestellt, zerfällt die objektorientierte Theorie in zwei große Komplexe: der eine beschreibt die Gestaltung der Informationsstrukuren („Strukturen": Statische Aspekte des Anwendungsbereichs), der andere erlaubt, die Vorgänge, Abläufe, Tätigkeitsfolgen und evtl. sogar Geschäftsprozesse zu modellieren („Verhalten": Dynamische Aspekte des Anwendungsbereichs).

Mit diesem Kapitel ist nun die Beschreibung der objektorientierten Modellierung von Informationsstrukturen einschließlich des Nachrichtenverkehrs abgeschlossen. Deshalb wird hier, neben einer Betrachtung der grundsätzlichen Eignung des Nachrichtenverkehrs auch die Eignung des gesamten Strukturteils für die Unternehmensmodellierung betrachtet.

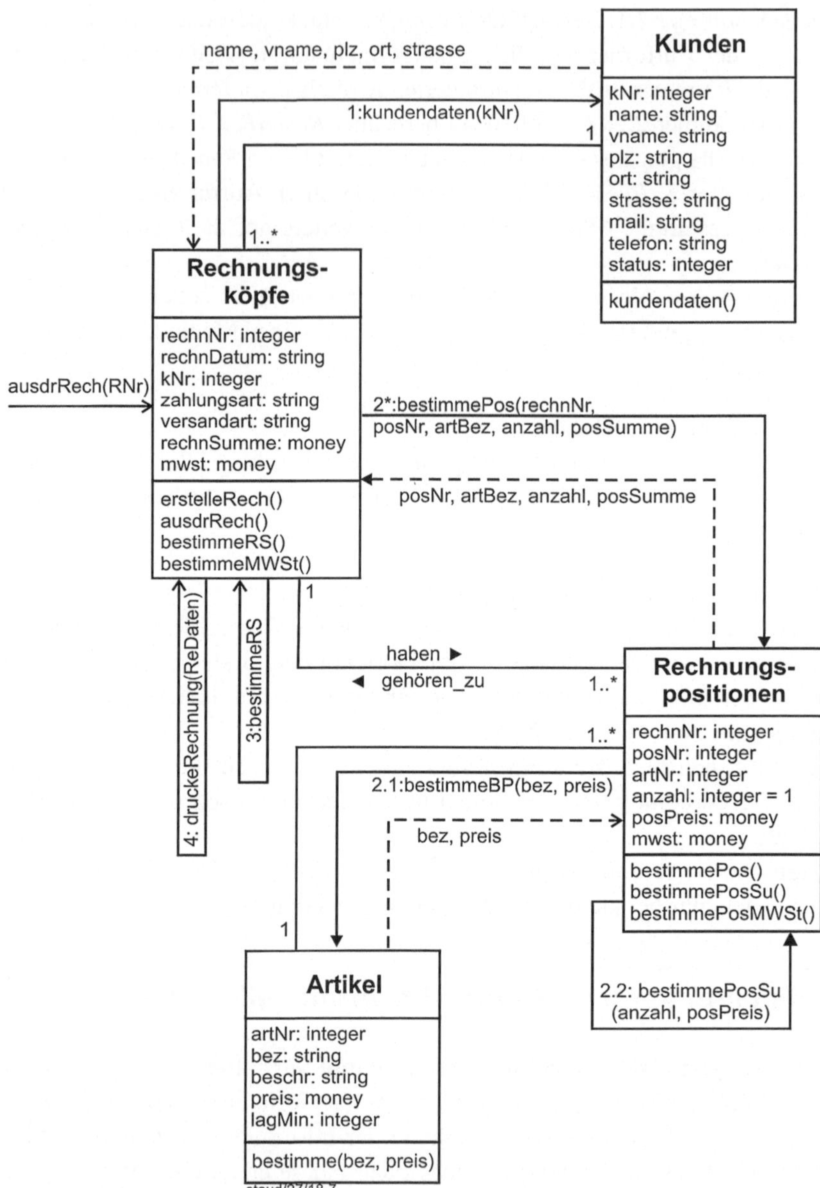

Abb. 7.8 Nachrichtenverkehr im Klassendiagramm – am Beispiel Rechnungsdruck

Nachrichten und Kommunikationsdiagramme – Eignung für die Unternehmensmodellierung

Grundsätzlich könnte schon der Eindruck entstehen, dass mit diesem Theorieelement Abläufe, evtl. sogar Prozesse modelliert werden können. Denn es ist eigentlich vieles da, was dafür benötigt wird: Beschreibung der Handelnden (Klassen, bzw. Objekte), verwaltete

Informationen, Kooperation zwecks gemeinsamer Aufgabenerledigung und ein wenn auch bescheidenes Kontrollflusskonzept.

OOGPROZ mit Hilfe des Nachrichtenkonzepts?
In (Grässle et al. 2000) wird die Bedeutung des Nachrichtenkonzeptes für die objektorientierte Geschäftsprozessmodellierung betrachtet. Grässle et al. bejahen diese und weisen darauf hin, dass aus der Sicht der Prozessmodellierung die Parameter des Methodenaufrufs zu Geschäftsobjekten (S. 85) werden. Dann kann man sagen, dass das Geschäftsobjekt „zusammen mit der Nachricht übermittelt wird".

Aussagekräftig im Kleinen
Dies ist aber höchstens für sehr einfache und systemnah modellierte Geschäftsprozesse denkbar. Also zum Beispiel für Prozesse, die für die Automatisierung vorgesehen sind. Für „wirkliche" Geschäftsprozesse taugt diese Methode nicht. Denn Kommunikationsdiagramme sind zwar sehr aussagekräftig, aber nur im Kleinen und nur, falls auf eine detaillierte Darstellung des Kontrollflusses verzichtet werden kann. Z.B. auf Oder-Verzweigungen, denn diese sind nicht darstellbar. Sie könnten nur erfasst werden, wenn jeweils eigene Abbildungen erstellt würden. Es empfiehlt sich, bei Bedarf an „kleinräumigen Betrachtungen" auf Sequenzen (vgl. Kap. 11) zurückzugreifen.

Ähnlich sieht es (Oestereich 2004, S. 180)), der von der mit diesen Diagrammen nicht beherrschbaren kombinatorischen Explosion der Ablaufvarianten spricht.

Kontrollflussdefizit
Hier zeigt sich zum ersten Mal sehr deutlich das *Kontrollflussdefizit* der objektorientierten Theorie. Es ist mit dem oben beschriebenen Instrumentarium nicht möglich, einen Kontrollfluss, wie wir ihn für Abläufe, Geschäftsprozesse usw. benötigen, zu modellieren. Das ist ja auch der Grund, weshalb die UML-Autoren die Ergänzungen schufen, die in den nächsten Kapiteln beschrieben werden.

Kontrollfluss im Programm
Trotzdem sind grundsätzlich Klassendiagramme – mit oder ohne angegebene Nachrichten – Grundlage des Kontrollflusses der zu programmierenden Anwendung. Allerdings steckt der Kontrollfluss da dann in der Ablauflogik des Programms.

Funktionsmodellierung vs. Prozessmodellierung
Berücksichtigt man die Unterscheidung von *Funktionsmodellierung* (Modellierung einzelner abgegrenzter Funktionen; vgl. Abschn. 15.2) und *Prozessmodellierung*, dann ist diese Technik eindeutig in der Funktionsmodellierung angesiedelt.

Heute?
Obige Abschnitte stellen die Antwort dar, die man vor einigen Jahren noch ohne Zögern gegeben hätte. Die Distanz zwischen Systemanalyse und Prozessmodellierung war da noch so groß, dass alles andere den meisten Prozessmodellierern absurd vorgekommen wäre.

Trend zur Automatisierung

Doch hat sich inzwischen durch das Voranschreiten von Theorie und Praxis (bei der Gestaltung von Informationssystemen) die Lage deutlich verändert. Heute ist der Trend überdeutlich: Immer mehr Geschäftsprozesse werden vollständig automatisiert erledigt, Menschen kommen – zum Beispiel – nur noch als Kunden vor. Nutzer und Beschleuniger dieses Trends sind die Internetunternehmen, deren Geschäftsmodell auf dem automatisierten Umgang mit Tausenden oder Millionen Kunden aufbaut.

Werden also Geschäftsprozesse durch Programme abgewickelt, können zwar Kommunikationsdiagramme das Problem der fehlenden „steuernden Hand" (Kontrollfluss) nicht lösen, aber die *Programme* lösen es.

Vgl. zu dieser Frage die entsprechenden zusammenfassenden Abschnitte[2] in den nächsten Kapiteln und die Gesamteinschätzung in Kap. 14.

Ebenen der Prozessmodellierung

In der Vergangenheit war – um es einfach auszudrücken – ein Klassendiagramm ein zu sehr ins Detail gehendes Instrument für die Unternehmensmodellierung. Unternehmensmodellierung wurde nicht auf der Ebene von Attributen und Methoden (die „Attribute" verarbeiteten) durchgeführt, sondern auf der von *Geschäftsobjekten* und ihren Methoden.

Trend zur Automatisierung

Dies änderte sich durch den oben angesprochen Trend zur Automatisierung. Er erzwingt eine *systemnahe Prozessmodellierung* (vgl. Anmerkung unten) zur Vorbereitung der Systemanalyse und des Software Engineering.

Die bisherige Unternehmensmodellierung wird dann – z.B., aber nicht nur im Teilbereich der Prozessmodellierung – zu einer übergeordneten Modellierung. Im Bereich der Prozessmodellierung soll diese *Standardprozessmodellierung* genannt werden (vgl. Anmerkung unten).

Geschäftsobjekte als solche

Im Bereich der Informationsstrukturen (der Datenbanken) bedeutet dies eine übergeordnete Notation, bei der ein Geschäftsobjekt *Rechnung* als solches im Modell vorkommt und nicht nur seine Attribute, Methoden und sonstigen datenbanktechnischen Komponenten.

Vgl. bezüglich beider Bereiche die inzwischen zwar historische, aber trotzdem aussagekräftige aus der Praxis kommende Lösung der SAP, kurz beschrieben in (Staud 2006, Kap. 8).

---

[2] Die mit der Frage, wie sich das jeweilige Theorielement für die Unternehmensmodellierung eignet: Abschn. 9.4, 10.11, 11.5, 12.6, und 13.6.

Anmerkung

Für den Teilbereich *Prozessmodellierung* der Unternehmensmodellierung wird in Abschn. 15.1 folgende Unterscheidung vorgestellt:

- (software-)systemnahe Prozessmodellierung (sysPM), z.B für automatisierte Geschäftsprozesse.
- Standardprozessmodellierung (SPM), typischerweise für Istanalysen.
- Grobmodellierung von Geschäftsprozessen (GPM), für Übersichtsnotationen.

Letztere ist ein erstes Beispiel einer Überblicksnotation.

ooERP?

Modellierung von Informationsstrukturen

Wie bereits in Abschn. 2.9 ausgeführt, ist die Eignung des Strukturteils der objektorientierten Theorie für die Modellierung von Informationsstrukturen unstrittig (auf einer systemnahen Ebene). Klassendiagramme können ein umfassendes Modell der benötigten Datenbanken liefern, wie sie für die Realisierung der Geschäftsprozesse benötigt werden.

Zusätzliche Verhaltensmodellierung?

Bleibt noch die Frage nach der Eignung für die integrierte Unternehmensmodellierung („Struktur + Verhalten"). Zusammen mit der Erfassung des elementaren Verhaltens in den Methoden/Operationen und mit der kooperativen Bearbeitung von Aufgaben im Kleinen durch den Nachrichtenverkehr und dann letztendlich der Hinterlegung des eigentlichen Kontrollflusses in den Programmen, wäre schon eine Lösung denkbar.

Wo ist das umfassende objektorientierte Unternehmensmodell?

Sie wurde aber, im Großen und außerhalb von Laborsystemen, bisher nicht gewählt. Eine objektorientierte ERP-Software (ooERP), basierend auf einer umfassenden objektorientierten Unternehmensmodellierung ist schlicht nicht vorhanden. Vielleicht fehlt sie bei den großen Anbietern einfach deshalb, weil ein solches Projekt, ...

- welches das gesamte Unternehmen abbildet,
- welches die Vorgänge und Abläufe zwischen den Methoden der Klassen und den sonstigen Programmen aufteilt und
- welches – bedingt durch die Möglichkeiten der objektorientierten Theorie – Informationsstrukturen und Abläufe auf Klassenebene teilweise integriert ...

sehr umfangreich und ein Erfolg eines solchen Projekts keineswegs gesichert wäre (Tab. 7.1).

Literatur

Balzert, Heide. 2000. *Objektorientierung in 7 Tagen. Vom UML-Modell zur fertigen Web-Anwendung.* Heidelberg/Berlin: Spektrum Akademischer Verlag.

Balzert, Helmut. 2001. *Lehrbuch der Software-Technik. Software-Entwicklung*, 2. Aufl. Heidelberg/Berlin: Spektrum Akademischer Verlag.

Booch, Grady, James Rumbaugh, und Ivar Jacobson. 1999. *Das UML-Benutzerhandbuch.* Bonn: Addison-Wesley.

Booch, Grady, James Rumbaugh, und Ivar Jacobson. 2006. *Das UML-Benutzerhandbuch. Aktuell zur Version 2.0.* München: Addison-Wesley.

Fowler, Martin. 2004. *UML – konzentriert. Eine kompakte Einführung in die Standard-Objektmodellierungssprache.* München: Addison-Wesley.

Grässle, Patrick, Henriette Baumann, und Phillipe Baumann. 2000. *UML projektorientiert. Geschäftsprozessmodellierung, IT-System-Spezifikation und Systemintegration mit der UML.* Bonn: Galileo Press

Meier, Andreas, und Thomas Wüst. 1997. *Objektorientierte Datenbanken. Ein Kompaß für die Praxis.* Heidelberg: Dpunkt.

Oestereich, Bernd. 2004. *Objektorientierte Softwareentwicklung. Analyse und Design mit der UML 2.0,* 6. Aufl. München/Wien: Oldenbourg.

OMG Object Management Group. 2003. *Unified Modeling Language: Superstructure.* Version 2.0, formal/05-07-04.

OMG Object Management Group. 2017. *OMG Unified Modeling Language (OMG UML).* Version 2.5.1.

Rumbaugh, James, Ivar Jacobson, und Grady Booch. 2005. *The unified modeling language reference manual,* 2. Aufl. Boston: Addison-Wesley Professional.

Schader, Martin, und Michael Rundshagen. 1994. *Objektorientierte Systemanalyse. Eine Einführung.* Berlin: Springer.

Staud, Josef Ludwig. 2006. *Geschäftsprozessanalyse. Ereignisgesteuerte Prozessketten und objektorientierte Geschäftsprozessmodellierung für Betriebswirtschaftliche Standardsoftware,* 3. Aufl. Berlin: Springer.

Stein, Wolfgang. 1994. *Objektorientierte Analysemethoden. Vergleich, Bewertung, Auswahl.* Mannheim: Spektrum Akademischer Verlag

Modellierung von Verhalten und Abläufen 8

8.1 Einführung

In diesem Kapitel wird überblicksartig beschrieben, welche Werkzeuge die objektorientierte Theorie für die Modellierung von Vorgängen, Tätigkeiten, Tätigkeitsfolgen, kurz: für die dynamischen Aspekte der Anwendung oder des Anwendungsbereichs anbietet.

Verhalten – behavior

In der objektorientierten Terminologie wird dabei von der *Modellierung von Verhalten* (behavior) gesprochen. Dies gilt auch für die UML-Autoren, die konsequent den Begriff *behavior* verwenden, wenn es um diese dynamischen Aspekte geht. Dies tun sie auch in Situationen, wo im deutschen Sprachgebrauch die Übersetzung *Verhalten* nicht passend erscheint, weil das modellierte System nicht handelt, sondern nur reagiert (dann aber natürlich handelt). Nehmen wir das hier im Folgenden öfters angeführte Beispiel eines Geldautomaten. Er „handelt" zwar („Geldausgabe"), er wartet aber auch oft auf Eingaben („Warten auf EC-Karte", „Warten auf Geheimzahl" usw.) und stellt da höchstens Verhalten zur Verfügung.

Noch größer ist die begriffliche Unstimmigkeit bei Geschäftsprozessen. Geschäftsprozesse („Angebotserstellung", „Personaleinstellung") haben kein „Verhalten", sondern sie beschreiben Tätigkeiten, die – von Mensch oder Maschine/Programm – erledigt werden. Auch einzelne Funktionen von Geschäftsprozessen („Kalkulation durchführen", „Personalbogen ausfüllen") haben kein Verhalten, sondern beschreiben kleinere, eng zusammmhängende Tätigkeiten.

© Springer-Verlag GmbH Deutschland, ein Teil von Springer Nature 2019 121
J.L. Staud, *Unternehmensmodellierung*, https://doi.org/10.1007/978-3-662-59376-9_8

Tab. 8.1 Verwendete Fachbegriffe in Kapitel 8

	behavioral modeling
	emergent behavior
	executing behavior
	execution
	structural modeling
Ereignis	event
Host-Objekt	host object
Kontrolltoken	control token
Nachbedingung	postcondition
Nulltoken	null token
Objekttoken	object token
Token	token
Trigger	trigger
Verhalten	behavior
Vorbedingung	precondition

Links der in diesem Text verwendete Begriff. Rechts der in der objektorientierten Theorie bzw. in der UML verwendete Begriff. Begriffe ohne Übersetzung wurden auch im Text in englischer Sprache verwendet.

Der Begriff *Verhalten* wird daher in den folgenden Abschnitten zwar benutzt, aber nicht in der Ausschließlichkeit, wie es die UML-Autoren tun. Hier wird öfters auch von Tätigkeiten, Tätigkeitsfolgen, Abläufen oder eben auch Geschäftsprozessen die Rede sein, die vom jeweiligen Modell erfasst werden.

Exkurs: Systemdenken

Wie kommen die UML-Autoren dazu, die dynamischen Aspekte eines Anwendungsbereichs ganz unter den Begriff „Verhalten" zu packen?

Die Antwort findet man, wie so oft bei der UML, wenn man sich in die Situation eines Softwareentwicklers versetzt. Bei dessen Arbeit sind die dynamischen Aspekte (Angestellte können eingestellt, entlassen, befördert und mit Gehältern versehen werden) zu Methoden von Klassen geworden, die von der Klasse zur Verfügung gestellt werden. Dann ist auch „Einstellen" eine solche Methode, genauso wie „Kündigen" (durch den Angestellten), obwohl aus der Geschäftsprozessperspektive ersteres mit dem Angestellten geschieht und nur zweiteres eine aktive Handlung eines „Objekts" darstellt.

Zur Verfügung gestellte Methoden können aber, egal welchen Hintergrund sie haben, durchweg als das Verhalten der Klasse (bzw. ihrer Objekte) aufgefasst werden. Insgesamt machen sie das „Gesamtverhalten", die einzelnen Methoden die Verhaltensaspekte aus.

Die Antwort auf die zu Beginn dieser Anmerkung gestellte Frage ist daher, dass die UML-Autoren die Perspektive von Softwareentwicklern einnehmen und mit dieser ihr Theoriegebäude erstellen.

Inhalt der folgenden Kapitel

In den folgenden Kapiteln werden nun alle Konstrukte vorgestellt, die die objektorientierte Theorie für die Modellierung von Verhalten/Tätigkeitsfolgen anbietet. Und dies in einer solchen Tiefe, dass sie erstens verstanden und zweitens auf ihre Tauglichkeit für die

Modellierung von Geschäftsprozessen geprüft werden können. Damit wird dann auch geklärt, ob sie für eine *integrierte Unternehmensmodellierung* taugen.

Betrachtet wird der objektorientierte Ansatz in seiner Ausprägung in der Unified Modeling Language (UML). Auch hier bei der Verhaltensmodellierung haben die UML-Autoren einen hohen Anspruch, wie die gegenüber früheren Versionen wesentlich ausführlichere und konsequentere Behandlung der Verhaltensmodellierung in den Versionen 2.0 und 2.5 zeigt. Dabei liegt aber natürlich der Schwerpunkt in der UML weiterhin auf der Systemanalyse, wie der Sprachgebrauch (sehr oft ist bei der Vorstellung der einzelnen Konstrukte direkt von Systemen die Rede) deutlich macht.

UML 1.5 von 1997

In der Version 1.5 von 1997 war der übergeordnete Anspruch, auch für die Unternehmensmodellierung tauglich zu sein, noch sehr deutlich:

> Note that UML can be used to model different kind of systems: software systems, hardware systems, and real world organizations. Business modeling models real-world organizations. (Rational Software 1997, S. 1)

UML 2.0 von 2003

Allerdings wird auch in der Version 2.0 dieser Anspruch wieder formuliert, im Sprachgebrauch,[1] in den Beispielen und auch direkt, wie das folgende Zitat aus dem Kapitel zu den Aktivitäten zeigt:

> Activities may describe procedural computation. In this context, they are the methods corresponding to operations on classes.
>
> Activities may be applied *to organizational modeling for business process engineering and workflow*. In this context, events often originate from inside the system, such as the finishing of a task, but also from outside the system, such as a customer call. (OMG 2003, S. 284), Hervorhebung durch den Verfasser.

Das Zitat zeigt auch wiederum sehr deutlich den „Spagat" auf, den die UML-Autoren leisten wollen. Zum einen soll die klassische Aufgabe bezüglich Systemanalyse und Systemdesign erfüllt werden, zum anderen die rund um Geschäftsprozesse.

UML 2.5 von 2017

Auch in der einschlägigen Definition der Version 2.5 findet sich der Anspruch, mit der UML „business and similar processes" zu modellieren.

> The objective of UML is to provide System architects, Software engineers, and Software developers with tools for analysis, design, aiid implementation of software-based Systems as well as for modeling business and similar processes. (OMG 2017, S. 1)

Die genannten Zielgruppen zeigen allerdings eine Distanz zu denjenigen, die sich primär mit Geschäftsprozessen und deren Modellierung befassen.

---

[1] In vielen Erläuterungen der Originalquelle werden Beispiele aus dem Bereich der Geschäftsprozesse gewählt wie *Auftrag eingegangen*, *Auftragsversand*, *Personaleinstellung*, usw.

8.2   Verhalten

Struktur vs. Verhalten

Im Gegensatz zu den vorigen Kapiteln geht es hier also nicht um Informations*strukturen*, nicht um statische Aspekte eines Systems (oder auch eines Geschäftsprozesses), sondern um die dynamischen Aspekte, das System*verhalten* bzw. die *Tätigkeitsfolgen* in Geschäftsprozessen. Die UML-Autoren schreiben in diesem Zusammenhang auch konsequent von *Verhaltensmodellierung* (behavioral modeling).

Im Rahmen der einschlägigen Ausführungen (OMG 2017, S. 285) unterscheiden die UML-Autoren *structural modeling* und *behavioral modeling* und definieren folgerichtig, dass die *structural models* (der Classifier, diese sind wie immer der Ausgangspunkt) zu jedem Zeitpunkt die möglichen zulässigen Instanzen und ihre Beziehungen definieren und die *behavioral models*, wie sich die Instanzen im Zeitverlauf ändern. Dafür enthält die UML die Konstrukte *Verhalten, Ereignisse* und *Trigger*.

Definition Verhalten

In UML 2.5 beschreiben die UML-Autoren Verhalten als eine Menge möglicher „executions“. Dies sind ausgeführte Aktionen, die zum Auftreten und zur Beantwortung von Ereignissen dienen, auch bezüglich der Änderungen des Zustands der Objekte. (OMG 2017, S. 12)

Dies ist nur wenig verändert gegenüber der früheren Definition, wo Verhalten als die *beobachtbaren Wirkungen eines Vorgangs* (operation) *oder Ereignisses*, einschließlich seiner Ergebnisse definiert wurde (OMG 2003, S. 5).

- Ein Beispiel für einen Vorgang bei einem Geldautomaten ist: *Kunde schiebt EC-Karte rein.*

Sie präzisieren dann dahingehend, dass Verhalten in diesem Sinne die Programmschritte (computation) festlegt, die die Effekte des Verhaltens (der Verhaltenseigenschaft/behavioral feature) erzeugen.

- Beispiel für Verhalten + Effekte desselben bei einem Geldautomaten: Karte wird geprüft. Falls gültig, wird die Auszahlung angestoßen, falls ungültig, wird die Karte einbehalten, das Personal informiert und dem Kunden eine Nachricht angezeigt.

Im dritten Teil dieser Definition (OMG 2003, S. 5) geben sie auch gleich an, welche Formen das Beschreiben eines Verhaltens annehmen kann: „interaction, statemachine, activity, or procedure (a set of actions)“. Diese Begriffe werden unten erläutert.

Synchron, asynchron

Der Aufruf eines Verhaltens kann synchron oder asynchron erfolgen. Hier bedeutet „synchron“, dass das aufrufende Verhalten eine Referenz zur Ausführung des aufgerufenen Verhaltens festhält und bis zur vollständigen Ausführung wartet. „Asynchron“ bedeutet hier, dass das aufgerufene Verhalten gleichzeitg mit dem aufrufenden weiter macht (OMG 2017, S. 287).

Vorbedingungen, Nachbedingungen

Die Vorbedingungen eines Verhaltens sind diejenigen, die erfüllt sein müssen, wenn das Verhalten aufgerufen wird. Die Nachbedingungen definieren Bedingungen, die erfüllt sind, wenn das Verhalten vollständig realisiert wurde (OMG 2017, S. 287).

Verhalten bedeutet hier also in erster Linie *Systemverhalten*. Und zwar auf Anforderungen von außerhalb des Systems (Kunde schiebt EC-Karte in den Geldautomaten) oder von innerhalb (digitale Auszahlkomponente startet mechanische Auszahleinrichtung).

Es ist also der „gute, alte" Systembegriff, der hier wieder zugrundeliegt. Etwas anderes wäre auch nicht möglich, wenn man den Hauptzweck der UML sieht, die Systemanalyse und die Unterstützung der Softwareentwicklung.

Mit dabei: die Anwender

Bei jeder Verhaltensmodellierung werden automatisch auch die Anwender mit betrachtet, da ein Teil der „Dynamik" von ihnen kommt: Unter Umständen starten sie den zum Verhalten gehörenden Vorgang, oftmals nutzen sie das entstehende System.

Dieses Einbinden der Anwender geschieht stärker bei der Geschäftsprozessmodellierung, etwas weniger bei der Systemanalyse, wo ein Teil „der Dynamik" auch vollautomatisch zwischen den Systemkomponenten abläuft.

8.3   Starke Verknüpfung von Objekten und Verhalten

In der objektorientierten Theorie sind Objekte und Verhalten untrennbar miteinander verknüpft:

Verhalten = Aktion von Objekten.

Jedes Verhalten ist das direkte Ergebnis der Aktion mindestens eines Objekts (OMG 2003, S. 369). Beispiele dafür bei einem Geldautomaten sind „Einzug EC-Karte um sie zu lesen", „Ausgabe Geldscheine nach erfolgter Prüfung". Das Wort „mindestens" deutet aber schon an, dass die UML-Autoren auch das Zusammenwirken mehrerer Objekte (bzw. des Verhaltens mehrerer) als Grundlage eines modellierten Verhaltens sehen.

Host-Objekt

Die UML-Autoren prägen für das Objekt, von dem das Verhalten stammt, den Begriff *Host-Objekt* (host object).

Der Zusammenhang zwischen Objektstruktur und Verhalten wird so gesehen, dass das Verhalten Objektzustände verändert:

Verhalten = Änderung von Objektzuständen.

Objekte haben Zustände, die durch Struktureigenschaften fixiert sind. Diese Zustände können sich im Zeitablauf ändern. Genau diese „Zustandsveränderungen" stellen Verhalten dar.

Nehmen wir als Beispiel das Karteneinzugsgerät bei einem Geldautomaten. Zustand 1 könnte sein: *Bereit Karte anzunehmen.* Zustand 2: *Gesperrt.* Usw.

Fast schon philosophisch werden die UML-Autoren, wenn sie darauf hinweisen, dass Verhalten in diesem Sinn somit nicht für sich alleine existiert und nicht kommuniziert (OMG 2003, S. 369). Verhalten ist untrennbar mit seinem Träger, dem Objekt (oder den Objekten), verbunden.

Daten vom Host-Objekt

Diese enge Verknüpfung bleibt natürlich auch bestehen, wenn es um die Verarbeitung von Daten geht: Hat Verhalten mit Daten zu tun, dann kommen die Daten vom „Host-Objekt". Damit ergibt sich eine sehr enge Definition von Verhalten, deren Eignung für die Geschäftsprozessmodellierung in Kap. 9 diskutiert wird.

Eine Ausnahme gibt es von dieser stringenten Definition. Das sog. *executing behavior*, das gleich hier unten eingeführt wird. Dieses kann auch selbst ein Objekt sein (OMG 2003, S. 369).

8.4   Executing und Emergent Behavior

Die UML-Autoren unterscheiden zwei Arten von Verhalten: *executing behavior* und *emergent behavior* (OMG 2017, S. 285).

Executing Behavior

Executing behavior wird durch ein Objekt ausgeführt, seinen Host. Es stellt die Beschreibung des Verhaltens dieses Objektes dar und wird direkt verursacht durch den Aufruf einer Verhaltenseigenschaft dieses Objekts oder durch dessen Erzeugung. In beiden Fällen ist es die Konsequenz der Ausführung einer Aktion durch ein Objekt. Ein Verhalten hat Zugriff auf die Strukturmerkmale seines Host-Objekts.

Emergent Behavior

Emergent behavior entsteht aus dem Zusammenwirken von Objekten. Es stellt also das Verhalten einer Gruppe von Objekten, die Summe ihrer *executing behaviors* dar. Beispiele für ein *emergent behavior* ist die Ausführung eines Anwendungsfalles oder einer Interaktion (vgl. unten).

8.5   Konstrukte für die Verhaltensmodellierung

Die Version 2.5 und ihre unmittelbaren Vorgänger, enthalten verbesserte Konzepte für die Modellierung der dynamischen Aspekte eines Systems (oder eines Geschäftsprozesses). Folgende Grundkonzepte bieten die UML-Autoren nun an:

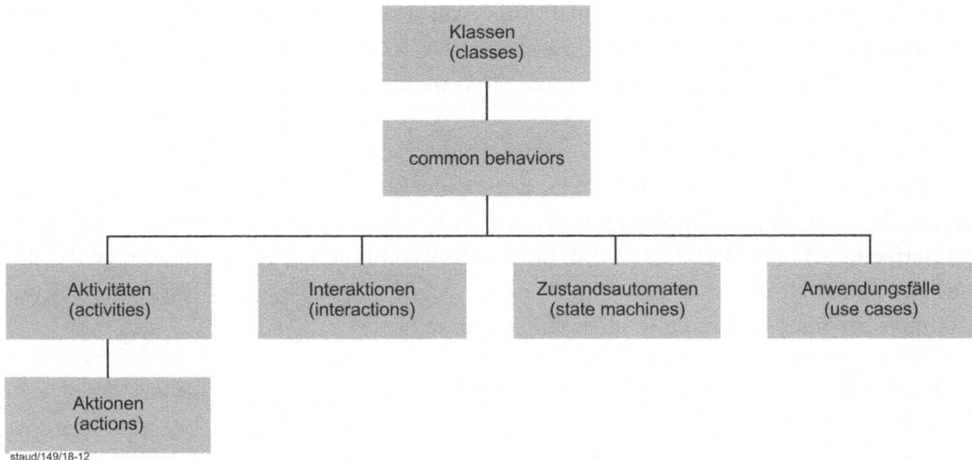

Abb. 8.1 Die Konstrukte der UML für die Modellierung von Verhalten und ihr Zusammenhang. (Quelle: (OMG 2003, S. 201), grafisch verändert, Übersetzung durch den Verfasser)

- Aktionen (actions)
- Aktivitäten (activities)
- Interaktionen (Interactions)
- Zustandsautomaten (state machines)
- Anwendungsfälle (use cases)

Den Zusammenhang zwischen diesen Konstrukten, die im Rahmen der Metamodellierung der UML als Klassen modelliert sind, deutet Abb. 8.1. Dabei dient *common behaviors* (Klasse: CommonBehaviors) als Generalisierung der Klassen mit den eigentlichen Konstrukten. Diese werden in den folgenden Kapiteln erläutert.

8.6 Token – eine erste Annäherung

In Zusammenhang mit der Verhaltensmodellierung spielt bei den UML-Autoren der Begriff des *Token* eine sehr große Rolle. Bei der Ausarbeitung des Kontrollflusskonzepts (vgl. unten) dient er sogar der methodischen Fundierung. Da er auch schon sehr früh bei den folgenden Ausführungen vorkommt, wird er hier erläutert.

Die UML-Autoren erläutern bei der Beschreibung der Semantik von Aktivitäten, was sie unter einem Token verstehen: „Die Wirkung eines Aktivitätknotens auf einen anderen wird durch den Tokenfluss spezifiert" (OMG 2017, S. 374), Übersetzung durch den Verfasser. Dafür enthält ein Token ein Objekt, einzelne Daten oder Kontrollinformation. Entsprechend ist die Wortwahl: *Objekttoken* (object token) und *Kontrolltoken* (control token).

Ein *Objekttoken* ist ein Container für einen Wert („a value"), der über Objektflusskanten (und nur diese) fließt. Ein Objekttoken ohne Wert wird *Nulltoken* (null token) genannt.

Ein Kontrolltoken hat mit der Ausführung von Aktivitätskanten zu tun. Er trägt keine Daten und fließt nur über Kontrollflusskanten. Da Aktivitätskanten gerichtet sind, kann man sagen, dass die Token von dem Quell-Aktivitätsknoten zum Ziel-Aktiviätsknoten fließen.

Dabei geht es um Objekte von Objektklassen aus dem objektorientierten Modell, das den dynamischen Bereich umgibt, oder um etwas virtuelles, was direkt aus der Modellbildung kommt, um die Information, wo der Kontrollfluss gerade steht. Die UML kennt mittlerweile, wie unten erläutert wird, ein Kontrollflusskonzept und zu diesem gehört natürlich dann auch die Information, an welcher Stelle (typischerweise Knoten) der Kontrollfluss bei einer konkreten Realisierung wann steht.

> Ein Token ist im Aktivitätsdiagramm (das eine Tätigkeitsfolge beschreibt) einem bestimmten
> Knoten zugeordnet.

Das ergänzt obiges. Die Token wandern entlang der verschiedenen Kontrollflusszweige durch „die Aktivität" bzw. durch das Aktivitätsdiagramm.

> Token haben Ausprägungen.

So hat z.B. ein Objekt der Objektklasse *Angestellte* bestimmte Ausprägungen, genauso eine Ausprägung des Attributs *Gehalt* und auch der Token, der die Kontrollinformation enthält, ist immer an einer bestimmten Position und hat damit eine Ausprägung.

> Alle Token sind verschieden, auch wenn sie dieselbe Ausprägung haben.

Dies korrespondiert mit der Tatsache, dass im objektorientierten Ansatz Objekte einer Objektklasse auch dann verschieden sind, wenn sie dieselben Attributsausprägungen haben.

Elementare Informationseinheiten und Steuerinformation

Soweit eine erste Annäherung an den Token-Begriff der UML-Autoren. Wie man sehen kann, geht es auch hier – wie in der allgemeinen Definition – um elementare Informationseinheiten, wenngleich auch in sehr verschiedenen Varianten. Objekttoken haben eine durchaus praktische Bedeutung im Kontrollfluss. Etwas abgehobener ist das Konzept der Kontrolltoken. Es kann allerdings, wenn man Kontrollflüsse modelliert, durchaus von Wert sein, ein Mittel zu haben, den konkreten Kontrollfluss zu beschreiben. V.a. wenn, wie hier, neben dem Kontrollfluss auch Objekte fließen. Dazu unten mehr.

In den folgenden Abschnitten wird dieser Token-Begriff immer wieder thematisiert, da er eine der Grundlagen des Kontrollflusskonzeptes ist.

Token in der (deutschsprachigen) Informatik

Obige Beschreibung hat nur wenig mit dem Tokenbegriff der Informatik gemein. Hier taucht dieser Begriff im Zusammenhang mit formalen Sprachen auf, im engeren Bereich der Compiler bzw. Parser:

Die erste von einem Compiler zu lösende Aufgabe besteht darin, das Programm in Token zu zerlegen; Token sind Teilstrings, die logisch zusammenpassen. Beispiele sind Bezeichner, Konstanten, Schlüsselwörter wie then und Operatoren wie + oder <=. Jedes Token kann als regulärer Ausdruck spezifiziert werden. (Aho und Ullmann 1996, S. 751)

Etwas detaillierter bei (Horn, Kerner und Forbrig 2001, S. 409) in Bezug auf das Beispiel C++:

Der Eingabestrom wird... in Abschnitte (Lexeme) zerlegt. Dabei gibt es Lexeme, die herausgefiltert werden, weil sie syntaktisch keine Bedeutung haben, wie z.B. Kommentare, und solche, die zusammen mit einigen Zusatzinformationen... an die syntaktische Analyse weitergegeben werden. Diese werden auch *Token* genannt.

Die syntaktische Analyse erzeugt

... einen Tokenstrom, der... dem Parser übergeben wird, der die eigentliche syntaktische Analyse vornimmt. In der Sprechweise der formalen Sprachen sind die Token (in der Literatur auch Morpheme genannt) die Terminalsymbole für den Parser. Typische Token sind Wortsymbole (Schlüsselwörter, reservierte Wörter), Klammern, Operatoren, Literale (Zahlwörter, Zeichenketten) und Bezeichner (Namen für Konstanten, Variablen und Funktionen).

Dasselbe meinen (Gumm und Sommer 2011, S. 542), wenn sie Token als elementare Bestandteile eines Programmes definieren (Tab. 8.1).

Zusammengefasst kann damit festgehalten werden, dass in der Informatik *Token* kleinste interpretierbare Einheiten einer formalen Sprache sind.

Literatur

Aho, Alfred V., und Jeffrey D. Ullman. 1996. *Informatik. Datenstrukturen und Konzepte der Abstraktion*. Bonn: Addison Wesley.

Gumm, Heinz-Peter, und Manfred Sommer. 2011. *Einführung in die Informatik*. München: de Gruyter/Oldenbourg.

Horn, Christian, Immo O. Kerner, und Peter Forbrig. 2001. *Lehr- und Übungsbuch Informatik. Band 1: Grundlagen und Überblick*, 2. Aufl. München/Wien: Carl Hanser.

OMG Object Management Group. 2003. *UML 2.0 Superstructure Specification* (Unified Modeling Language: Superstructure, version 2.0, final Adopted Specification, ptc/03-08-02).

OMG Object Management Group. 2017. *OMG Unified Modeling Language (OMG UML)*. Version 2.5.1.

Rational Software u.a. 1997. *UML Extension for Business Modeling*. Version 1.1. 1 September 1997 (www.rational.com/uml runtergeladen am 9. Juli 2000).

Aktionen 9

9.1 Einführung

Neu seit UML 2.0: Aktionen und Aktivitäten
Die wichtigsten neuen Konzepte in der UML 2.0 zur Modellierung von Verhalten waren *Aktionen* und *Aktivitäten*. Aktionen sind sozusagen die elementaren Einheiten, die im jeweiligen System am niedrigsten aggregierten Tätigkeitsfolgen (Verhaltensabläufe). Aktivitäten dagegen *enthalten* Aktionen und stellen damit umfassendere Folgen von Tätigkeiten bzw. Verhaltensabläufen dar. In der Version UML 2.5 hat sich daran nichts geändert.

Tätigkeiten vs. Verhalten
In der Prozessanalyse sind die dynamischen Aspekte des Anwendungsbereichs mit den Begriffen *Tätigkeit*, *Tätigkeitsfolge* und *Geschäftsprozess* verknüpft. Die objektorientierte Wahrnehmung dieser Dynamik ist eine andere. Hier steht der Begriff *Verhalten* (behavior) im Vordergrund. Verhalten braucht einen Träger. Dieser ist in der objektorientierten Theorie das Objekt bzw. die Objektklasse.

Es war gut, dass diese beiden Theorieelemente *Aktionen* und *Aktivitäten* ab der Version 2.0 aufgenommen wurden, fehlten doch der UML bis dahin fundierte Instrumente zur Verhaltensmodellierung.

© Springer-Verlag GmbH Deutschland, ein Teil von Springer Nature 2019 131
J.L. Staud, *Unternehmensmodellierung*, https://doi.org/10.1007/978-3-662-59376-9_9

Tab. 9.1 Verwendete
Fachbegriffe in Kap. 9

	subordinate behavior
	subordinate units
Aktion	action
Aktionsausführung	action execution
Aktivität	activity
Aktivitätsausführung	activity execution
Aktivitätskante	activity edge
Aufrufaktionen	invocation actions
Elementaraktion	primitive action
Input-Pin	input pin
Kontrollkante	control edge
Leseaktionen	read actions
Objektaktionen	object actions
Objekttoken	object token
Output-Pin	output pin
Pin	pin
Rechenaktionen	computation actions
Schreibaktionen	write actions
Strukturaktionen	structural feature actions
Variablenaktionen	variable actions

Links der in diesem Text verwendete Begriff. Rechts der in der objektorientierten Theorie bzw. in der UML verwendete Begriff. Begriffe ohne Übersetzung wurden auch im Text in englischer Sprache verwendet.

9.2 Grundlagen

9.2.1 Definition

Elementare Verhaltenseinheit
Die UML-Autoren definieren eine *Aktion* als eine elementare Verhaltenseinheit („the fundamental unit of behavior specification") und fahren fort:

> An Action may take a set of inputs and produce a set of Outputs, though either or both of these sets may be empty. Some Actions may modify the State of the System in which the Action executes. (OMG 2017, S. 441)

Dies klingt sehr datentechnisch, ja fast nach Programmmodulen, kann aber mit ein wenig Abstraktion auch auf Handeln/Tätigkeiten in Geschäftsprozessen übertragen werden.

Die Beschreibung als „fundamental unit" macht auch deutlich, dass die UML-Autoren Aktionen als Elementareinheiten sehen, wobei dies bei Programmmodulen leicht (z.B. als der Programmcode der kleinsten Module), ansonsten aber nur schwer absolut definiert werden kann.

Bezogen auf die Aktivitäten (activities), in denen die Aktionen ja eingebettet sind, definieren die UML-Autoren eine Aktion als etwas, das *ausführbar* ist (es wird angestoßen) und das ein einzelnes Element der ausführbaren Gesamtfunktionalität einer Aktivität darstellt:

> An Action is a fundamental unit of executable functionality contained, directly or indirectly, within a Behavior. (OMG 2017, S. 443)

In der Definition von Version 2.0 wird stärker der Charakter als Knoten (in Aktivitäten, vgl. Kap. 10) und die Abgrenzung zu Kontroll- und Datenflüssen betont:

> An action is an *executable activity node* that is the fundamental unit of executable functionality in an activity, as opposed to control and data flow among actions. (OMG 2003, S. 280)

Der zweite Teil des Zitats deutet schon an, dass die Aktionen auch in einen Kontroll- und Datenfluss eingebettet sind. Dazu unten mehr.

Aktionen als ausführbare Knoten

Aktionen stellen also im Rahmen der Aktivitäten (vgl. Kap. 10) „ausführbare" Knoten dar, die mit einem Kontroll- und Datenfluss zwischen den Aktionen zusammenwirken. Ergänzend fahren die UML-Autoren dann fort, dass die Ausführung einer Aktion Veränderungen im modellierten System bewirkt:

> The execution of an Action represents some transformation or processing in the modeled System, be it a Computer System or otherwise. (OMG 2017, S. 443)

Damit sind die wichtigsten Merkmale von elementaren Verhaltens- oder Handlungseinheiten zusammengestellt.

Bezug zu Geschäftsprozessen

Die Formulierungen der UML-Autoren sind sehr von der Sichtweise der objektorientierten Systemanalyse geprägt, können aber auch auf Anwendungsbereiche außerhalb der engeren Systemanalyse angewendet werden. So hat z.B. eine *Kalkulation* (als Tätigkeit in einem Geschäftsprozess) einen Input und einen Output, könnte als ausführbares Element des Geschäftsprozesses aufgefasst werden und ist eingebettet in einen Kontroll- und Datenfluss in einem größeren Ganzen, dem Geschäftsprozess. Außerdem stellt sie, das wollen wir nicht vergessen (oben bei den Zitaten der UML-Autoren ist es unausgesprochen dabei) auch „Verarbeitung" dar. Schließlich muss der Input auf kompetente Weise zu einem Output (z.B. dem Preis für ein neues Produkt) finden.

Beispiele für Aktionen finden sich in großer Zahl in den Aktivitäten von Kap. 10.

9.2.2 Grafische Darstellung

Aktionen werden als Rechtecke mit abgerundeten Ecken dargestellt. Der Name der Aktion wird in das Rechteck eingefügt (Abb. 9.1).

Abb. 9.1 Grafische
Darstellung von Aktionen

Abb. 9.2 Grafische
Darstellung von Aktionen mit
einer Beschreibung in einer
formalen Sprache. Quelle:
(OMG 2017, S. 447)

Abb. 9.3 Eine Aktion mit
lokalen Vor- und
Nachbedingungen. Quelle:
(OMG 2017, S. 448).
Übersetzung durch den
Verfasser

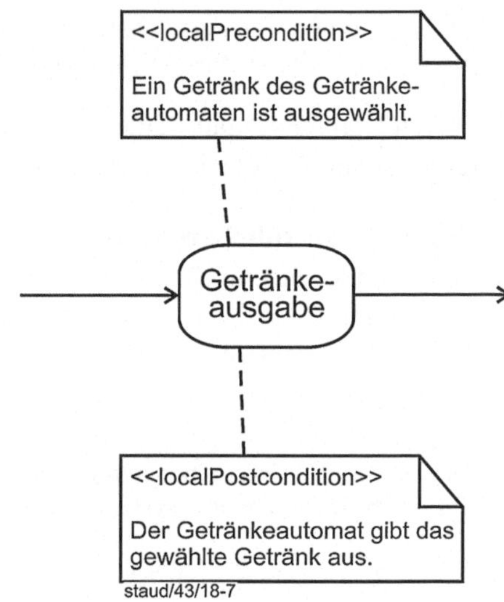

Festlegung durch eine formale Sprache

Die UML-Autoren sehen vor, dass eine Aktion auch in einer formalen Sprache, z.B. einer
Programmiersprache, ausgedrückt werden kann. Abb. 9.2 zeigt ein Beispiel.

Ebenfalls ist es möglich, bei Aktionen Vor- und Nachbedingungen für deren Ausführung zu hinterlegen. Diese *lokalen Vor- und Nachbedingungen* können als Anmerkungen
an das grafische Symbol angehängt werden, so wie es Abb. 9.3 zeigt.

Die in der Abbildung ebenfalls angegebenen Pfeillinien an der Aktion verweisen schon auf
die Einbettung jeder Aktion in den übergeordneten Kontrollfluss ihrer Aktivität (vgl. Kap. 10).

9.2.3   Aktionen im Kontrollfluss

Sequentielle Anordnung von Aktionen

Aktionen sind in Aktivitäten (vgl. Kap. 10) enthalten. In diesen stehen sie im Zusammenhang, werden z.B. in eine Reihenfolge gebracht. Dass hinter diesem „sequencing of actions", wie die UML-Autoren schreiben, (natürlich) mehr als nur eine Anordnung in li-
neare Abfolgen steht, wird deutlich, wenn sie von Aktionen als Knoten und von „control
edges" und „object flow edges" sprechen, also von Kanten, die den Kontrollfluss und den
Fluss von Objekten modellieren.

Dahinter steckt ein umfassendes Kontrollflusskonzept, das im nächsten Abschnitt vertieft vorgestellt wird. Hier wird dies nur kurz betrachtet, um Eigenschaften von Aktionen ableiten zu können.

Kanten hin, Kanten weg
Auf welche Art sind also Aktionen in Aktivitäten eingebettet? Am wichtigsten sind hierbei die *Aktivitätskanten* (activity edges). Eine Aktion wird durch eine solche zu ihr führende Kante aktiviert. Sie startet dann, wenn u.a. alle ankommenden Kanten mit Kontrollinformationen, die *Kontrollkanten* (control edges), aktiv wurden. Und sie hat von ihr wegführende Kanten, die z.B. andere Aktionen anstoßen. Dazwischen leistet die Aktion ihren eigenen Beitrag zur Leistungserbringung, indem sie, wie oben ausgeführt, „transforming or processing" vornehmen.

In diesem Kontrollflusskonzept sind Aktionen also aktive Elemente, die angestoßen werden, etwas „tun" und etwas weitergeben.

Ausführen von Aktionen und Aktivitäten.
Die *Aktionsausführung* steht in einem engen Zusammenhang mit der Ausführung der gesamten Aktivität, der *Aktivitätsausführung* (activity execution). Diese besteht darin, einzelne Aktionen auszuführen. Jede Aktion kann bei einer bestimmten Aktivitätsausführung mehrfach, einmal oder auch nicht aktiviert werden.

Laufzeitverhalten
Mit der Wortwahl *run-time behavior* sind die UML-Autoren thematisch bei der Softwareentwicklung und bei der Systemanalyse. Dies ist bei vielen Textstellen so, der Anspruch auf die anderen Bereiche (siehe oben) wird zwar erhoben, im Text aber nicht immer bedacht.

9.3   Vertiefung

9.3.1   Pins an Aktionen

Um den Input und den Output für Aktionen zu modellieren, wird in der UML das Konzept der *Pins* verwendet. Es handelt sich um so etwas wie Schaltstellen für die Aufnahme oder die Abgabe von Werten. Ein Pin repräsentiert jeweils entweder einen Input für eine Aktion (*Input-Pin*) oder einen Output (*Output-Pin*). Durch einen Pin fließen Objekte oder Daten.

Grafische Darstellung
Die Pins werden in der grafischen Darstellung als kleine Rechtecke dargestellt, die mit den Rechtecken der Aktion verbunden sind, wie es Abb. 9.4 zeigt. Die Bezeichnung des Pin wird neben das Rechteck gesetzt.

Zumindest in der Praxis der grafischen Darstellung legen die UML-Autoren den Kontrollfluss meist von links nach rechts. Deshalb ist das Pinsymbol für den Input auf der linken Seite der Aktion angebracht.

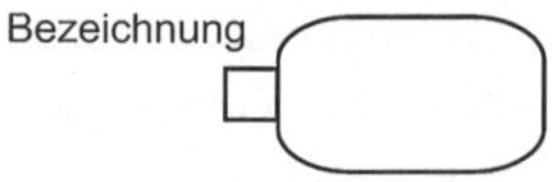

Abb. 9.4 Grafische
Darstellung eines Input-Pin

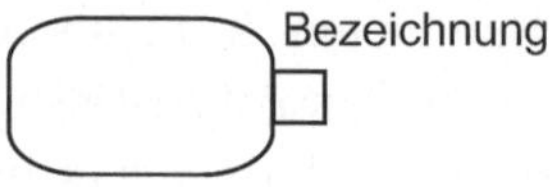

Abb. 9.5 Grafische
Darstellung eines Output-Pin

Entsprechend ist das Pinsymbol für den Output, wie in Abb. 9.5 gezeigt, auf der rechten Seite angefügt.

Soweit ein erstes Kennenlernen der Pins. Eine vertiefte Darstellung folgt im folgenden Kapitel, wenn die weiteren dafür notwendigen Voraussetzungen vorgestellt sind.

9.3.2 Start einer Aktion

Wann kann eine Aktion starten? Eine Bedingung für den Start einer Aktion ist, dass alle Input-Pins Objekttoken haben. Die Aktion startet dann, indem sie Token von den zuführenden Kontrollkanten und den Input-Pins nimmt. Wenn die Durchführung beendet ist, bietet die Aktion den wegführenden Kontrollkanten und Output-Pins Token an, wo sie für andere Aktionen verfügbar sind bzw. andere Aktionen anstoßen (OMG 2017, S. 441).

9.3.3 Elementaraktion, Untertypen von Aktionen

Die Aktionen werden auf vielfältige Weise unterschieden. In (OMG 2003, S. 204f) werden folgende Untertypen aufgeführt:

- *Aufrufaktionen* (invocation actions), die Operationen aufrufen und Signale senden.
- *Leseaktionen* (read actions), die Ausprägungen (values) erhalten und die in der Lage sind, diese zu erkennen.
- *Schreibaktionen* (write actions), die Ausprägungen (values) verändern und Objekte erzeugen und zerstören können.
- *Objektaktionen* (object actions), die Objekte erzeugen und zerstören.
- *Strukturaktionen* (structural feature actions), die das Lesen und Schreiben von Strukturmerkmalen von Objekten unterstützen.
- *Assoziationsaktionen (association actions)*, die auf Assoziationen und Verknüpfungen (links) agieren.
- *Variablenaktionen* (variable actions), die das Lesen und Schreiben von Variablen unterstützen.
- *Rechenaktionen* (computation actions), die durch Aufruf einer Funktion eine Menge von Eingabewerten in eine Menge von Ausgabewerten tranformieren.

Einige davon sind sog. *Elementaraktionen* (primitive actions) . Damit bezeichnen die UML-Autoren die kleinsten Einheiten der Verhaltensmodellierung. Sie werden so elementar gefasst, dass sie entweder eine Berechnung oder einen Speicherzugriff beschreiben, niemals beides auf einmal (OMG 2017, S. 441) Damit ist eine eindeutige Abbildung auf eine programmmäßige Implementierung möglich.

9.3.4   Aktionen und Variable

Indirekte Weitergabe von Daten
Variablen sind uns ja bekannt aus der Mathematik und der Programmierung. Hier im Zusammenhang mit Aktionen sind sie Elemente, um Daten zwischen Aktionen „indirekt" weiterzugeben.

Eine lokale Variable speichert Werte, die von mehreren Aktionen einer zusammenwirkenden Gruppe benötigt werden. Nach außen stehen sie nicht zur Verfügung. Die Ausgabe einer Aktion kann in eine Variable geschrieben werden und als Eingabe einer nachfolgenden Aktion dienen. Dies meinen die UML-Autoren, wenn sie von einem *indirekten Datenfluss* sprechen (vgl. (OMG 2017, S. 377)).

9.3.5   Untereinheiten

Aktionen sind die Grundelemente von Aktivitäten. Neben diesen definieren die UML-Autoren noch zusätzliche Untereinheiten, die *subordinate units*.

Untereinheiten
Dies sind Gruppen zusammengefasster Aktionen, die ebenfalls Elemente einer Aktivität sein können. Jede dieser *subordinate units* besteht wiederum aus einzelnen Aktionen, den *Elementaraktionen* (primitive actions).

Anmerkung
Die Darstellung ist hierzu nicht einheitlich. An vielen Stellen wird diese mittlere Ebene der subordinate units nicht genannt, sondern die Aktivitäten einfach als aus Aktionen bestehend definiert. An vielen anderen wird aber diese mittlere Ebene bewusst erwähnt, z.B. bei einer Kurzdefinition von activity: „An Activity is a Behavior specified as sequencing of *subordinate units*, using a control and data flow model." (OMG 2017, S. 373). Hervorhebung durch den Verfasser.

Aggregationsniveaus
Mit diesem Konzept ist es möglich, wie in allen Ansätzen der Unternehmensmodellierung, die Modellbildung auf verschiedenen Aggregationsniveaus vorzunehmen. Insgesamt liegen damit in der UML bezüglich der Abläufe folgende Aggregationsniveaus vor:

- Aktionen
- Subordinate Units
- Aktivitäten (vgl. Kap. 10)

subordinate behavior

Das durch die *subordinate unit* abgedeckte Verhalten nennen die UML-Autoren dann *subordinate behavior*. Diese einzelnen Verhaltenskomponenten können gleich wie Aktionen in das Geschehen eingebunden werden. Gestartet werden sie z.B. dadurch, dass...

- andere Verhaltenskomponenten ihre Tätigkeit beenden.
- Objekte und/oder Daten verfügbar werden.
- externe Ereignisse eintreten.

(OMG 2017, S. 373)

9.4   Aktionen und Unternehmensmodellierung

Mit dem Konstrukt der Aktionen liegt ein geeignetes Instrument für die Beschreibung der Tätigkeiten vor, die in der jeweiligen Modellierung nicht weiter zerlegt werden sollen. Es entspricht in etwa dem der *Funktionen* in Ereignisgesteuerten Prozessketten (EPKs) (vgl. (Staud 2014, Kap. 3)) und der *Aufgaben* in der Business Process Model and Notation (BPMN) (vgl. (Staud 2017, Kap. 6)). Wobei die von den UML-Autoren angeführten Elementaraktionen stark in Richtung Systemanalyse deuten und deren Systemorientierung deutlich machen. Grundsätzlich sind mit diesem Konstrukt aber Tätigkeiten/Abläufe aller Art modellierbar.

Ebene?

Damit liegt auch ein Problem vor, das ein solches Theorieelement immer mit sich bringt, die Schwierigkeit der Festlegung der Ebene, auf der die jeweiligen Tätigkeiten/Abläufe betrachtet werden sollen. Dies ist nicht objektiv feststellbar, sondern muss subjektiv festgelegt werden.

Diese Eigenschaft hat aber auch einen wichtigen Vorteil. Sie erlaubt es, in der Unternehmensmodellierung (Teilbereich Prozessmodellierung) aggregierte Modelle zu erstellen, was nicht nur gewünscht, sondern auch notwendig ist, vor allem um Überblicksdarstellungen realisieren zu können.

Passen Aktionen in die objektorientierte Theorie?
Keine Verknüpfung mit Statikteil

Auffallend ist, dass dieses Theorieelement direkt nur mit den Aktivitäten (vgl. das nächste Kapitel) verknüpft ist, nicht aber mit dem übrigen objektorientierten Instrumentarium, auch und gerade aus dem Strukturteil. Dabei ist diese Verknüpfung natürlich in der Realität da und gerade für die Unternehmensmodellierung von großer Bedeutung: Geschäftsprozesse greifen auf vielfältige Weise auf die Datenbanken zu.

Ein klein wenig wird die Verknüpfung bei der Betrachtung der Aktivitäten thematisiert. Dort wird betrachtet, wie die Aktionen um Informationen zu Objekten (die meist durch Informationen repräsentiert sind) und Organisationsstrukturen erweitert werden (Tab. 9.1).

Literatur

OMG Object Management Group. 2003. *UML 2.0 Superstructure Specification* (Unified Modeling Language: Superstructure, version 2.0, final Adopted Specification, ptc/03-08-02).
OMG Object Management Group. 2017. *OMG Unified Modeling Language (OMG UML)*. Version 2.5.1.
Staud, Josef Ludwig. 2014. *Ereignisgesteuerte Prozessketten. Das Werkzeug für die Modellierung von Geschäftsprozessen*. Vilshofen: Lindemann
Staud, Josef Ludwig. 2017. *Geschäftsprozesse und ihre Modellierung mit der Methode Business Process Model and Notation (BPMN 2.0)*. Hamburg: tredition.

Aktivitäten

10

> **Hinweis** Am Ende des Kapitels ist eine Liste der verwendeten Fachbegriffe in Deutsch und Englisch (nach UML 2.5) angegeben (s. Tab. 10.1).

In diesem Kapitel wird die Kurzbezeichnung *Methode AD* für alle Theorieelemente zur Erfassung und Darstellung von Aktivitäten eingeführt. Entsprechend *Methode EPK* und *Methode BPMN* für alle Theorieelemente zur Erfassung und Darstellung von Ereignisgesteuerten Prozessketten und Business Process Diagrams (der BPMN).

10.1 Einführung

Graphen

Für die UML-Autoren sind die in diesem Abschnitt vorgestellten *Aktivitäten* auf Petrinetzen aufbauende Graphen (OMG 2017, S. 285). Entsprechend definieren sie Aktivitäten als Verhalten („a kind of behavior"), das durch einen Graph definiert ist, der aus Knoten und verbindenden Kanten besteht. Sie präzisieren, dass eine Teilmenge der Knoten ausführbare Knoten sind, dass es Objektknoten für die Daten gibt, die Input und Output von ausführbaren Knoten darstellen und die sich entlang der Objektflusskanten bewegen. Kontrollknoten legen die Abfolge der ausführbaren Knoten fest. Sie betonen außerdem, dass Aktivitäten gleichermaßen Kontrollflussmodelle und Datenflussmodelle darstellen (OMG 2017, S. 373).

Zusammenhängende Tätigkeitsfolgen

Eine etwas weniger technische Sicht nimmt Bezug auf die Aktionen. Bei diesen war von einem größeren Zusammenhang die Rede, in den sie eingebettet sind. Diesen stellen die *Aktivitäten* (activities) dar. Sie beschreiben zusammenhängende Tätigkeitsfolgen und stellen somit *Folgen von Aktionen* dar:

© Springer-Verlag GmbH Deutschland, ein Teil von Springer Nature 2019
J.L. Staud, *Unternehmensmodellierung*, https://doi.org/10.1007/978-3-662-59376-9_10

Tab. 10.1 Verwendete Fachbegriffe in Kapitel 10

	accept event action
	accept signal action
	activity group
	activity partition
	call behavior event
	call event
	call invocation event
	change event
	decision input
	decision input behavior
	flow relationships
	invocation event
	non-reentrant
	owning object
	receiving event
	reentrant
	self object
	send invocation event
	send signal action
	signal event
	signal instance
	signal object
	standalone pin
	start event
	streaming
	termination event
	time event
	trigger event
	wait time action
Aktion	action
Aktionsausführung	action execution
Aktionsknoten	action node
Aktivität	activity
Aktivitätsende	activity final
Aktivitätskante	activity edge
Aktivitätsknoten	activity node
Aktivitätsknoten strukturierter Aktivitätsknoten	structured activity node
aufrufende Aktion	invocation action
Ausnahmeanmerkung	exception notation
Ausnahmen	exception
Auswahlverhalten, Auswahl	selection behavior
Datenspeicher	DataStore
Ereignis	event

(Fortsetzung)

Tab. 10.1 (Fortsetzung)

Ereignisauftreten	event occurrence
Ereignisraum	event pool
Fluss, Kontrollfluss	flow
Flussende	flow final
fortgesetztes Verhalten	continuous behaviour
Gabelung (nach (Booch, Rumbaugh und Jacobson 2006))	fork node
Gewichtung	weight attribute
Input-Pin	input pin
Inputtoken	input token
Join-Spezifikation	join specification
Kante	edge
Kanten • Kontrollflusskanten • Objektflusskanten	edges • control flow edges • object flow edges
Knoten • Aktionsknoten • Objektknoten • Parameterkknoten • Kontrollknoten	nodes • action node • object node • activity parameter node • control node
Konnektor	connector
Kontrollfluss	control flow
Kontrollflusskante	control flow edge
Kontrollkante	control edges
Kontrollknoten	control node
Kontrolltoken	control token
Objektfluss	Flow of objects
Objektflusskante	object flow bzw. object flow edge
Objektknoten	object node
Objektknoten-Pin	object node pin
Objektknoten-Pins	object node pins
Objekttoken	object token
Operatoren • Gabelung (UND weg) • Vereinigung (UND hin) • Verzweigung (XODER weg) • Zusammenführung (XODER hin)	connectors • fork node • join node • decision node • merge node
Output-Pin	output pin
Outputtoken	output token
Parameterknoten	activity parameter node
Pin	Pin
Pin Input-Pin	input pin
Pin Objektknoten-Pin	object node pin
Pin Output-Pin	output pin

(Fortsetzung)

Tab. 10.1 (Fortsetzung)

Schwimmbahn	swim lane
Signaltoken	signal token
Startknoten	initial node
Strukturierter Aktivitätsknoten	structured activity node
Token	token
Tokenfluss	token flow
Vereinigung (nach (Booch, Rumbaugh und Jacobson 2006))	JoinNode
Verhaltenseigenschaft	behavioral feature
Verknüpfer	connector
Verzweigung (nach (Booch, Rumbaugh und Jacobson 2006))	decision node
Wächter	guard, guard condition
wiederholtes Zeitereignis	repetitive time event
Zusammenführung (nach (Booch, Rumbaugh und Jacobson 2006))	merge node

Links der in diesem Text verwendete Begriff. Rechts der in der objektorientierten Theorie bzw. in der UML verwendete Begriff. Begriffe ohne Übersetzung wurden auch im Text in englischer Sprache verwendet.

> Actions are contained in activities, *which provide their context* (OMG 2003, S. 203). Hervorhebung durch den Verfasser.

Wesentlich für das Konzept der Aktivitäten sind wiederum die *Token*, die durch die Aktivität fließen und den sog. *Tokenfluss* ausmachen:

> The semantics of activities is based on token flow. (OMG 2003, S. 286)

Das ist der Grund, weshalb in diesem Abschnitt oft von Token und Tokenfluss die Rede sein wird. Vgl. die grundsätzlichen Anmerkungen zum Token-Konzept in Abschn. 8.6.

Mit *Aktivitäten* ist es möglich, Folgen von Tätigkeiten zu modellieren, seien es nun Tätigkeiten im Sinne von Geschäftsprozessen („Auftragsabwicklung") oder im Sinne von Systemverhalten („Karte einziehen, Karte prüfen usw."). Die UML-Autoren geben im Text und in den Beispielen zahlreiche Hinweise darauf, an welche Arten von Tätigkeitsfolgen sie denken (OMG 2017, S. 373):

- Aktivitäten können prozedurale Programmstrukturen beschreiben. Dann sind sie Methoden, die zu bestimmten Operationen von Klassen gehören.
- Aktivitäten können Geschäftsprozesse beschreiben, im Rahmen der Geschäftsprozessanalyse und im Rahmen der Vorgangsbearbeitung (workflow). Dass die UML-Autoren hier tatsächlich an Geschäftsprozesse denken, wird deutlich, wenn sie darauf hinweisen, dass Ereignisse hier oft interne sein können, z.B. die Beendigung einer Aufgabe, aber auch externe, z.B. der Anruf eines Kunden.
- Aktivitäten können auch bei der Modellierung von Informationssystemen benutzt werden, um unterschiedliche „system level processes" festzulegen.

Aktivitäten vs. Aktionen

Der Zusammenhang zwischen Aktionen und Aktivitäten sollte oben klar geworden sein. Die UML-Autoren fassen ihn wie folgt zusammen ((OMG 2003, S. 283), (OMG2017, S. 373)):

- Der einzige Typ ausführbarer Knoten in der UML sind Aktionen.
- Eine Aktion stellt einen einzelnen Schritt in einer Aktivität dar, der in dieser Aktivität nicht stärker unterteilt wird.
- Eine Aktivität repräsentiert Verhalten, das aus einzelnen Elementen besteht, die Aktionen sind.
- Eine Aktion ist *einfach* aus der Sicht der Aktivität, in der sie enthalten ist. Sie kann aber komplex in ihren Auswirkungen sein.
- Eine Aktivität modelliert Verhalten, das an vielen Stellen wiederverwendet werden kann.

Der Kontrollfluss

Die Elemente einer Aktivität, die Aktionen darstellen, werden Aktivitätsknoten genannt. Eine Aktivität besteht dann aus *Aktivitätsknoten* (activity nodes) und *Aktivitätskanten* (activity edges). Die Aktivitätskanten sind gerichtet und verbinden die Knoten.[1] Mit diesen Knoten und Kanten werden die verschiedenen Flussmodelle dargestellt.

Mit dem Begriff *Fluss* ist im Zusammenhang mit Aktivitäten gemeint, dass die Ausführung eines Knotens zur Ausführung anderer Knoten führt. Dies ist das, was gängigerweise mit *Kontrollfluss* bezeichnet wird. Wie üblich, ist auch hier die Vorstellung die, dass die Kontrolle entlang der Knoten weitergegeben wird: Wenn eine Aktion fertig ist, geht die Kontrolle an die nächste weiter, und so fort.

Aktivitätsknoten etwas genauer

Die Aktivitätsknoten enthalten „Verhalten“ (behavior) unterschiedlichster Art, z.B. eine Berechnung, den Aufruf einer Operation oder die Bearbeitung von Objektinhalten. Sie können auch Kontrollflusselemente enthalten für die Verzweigung bzw. das Zusammenführen von Kontrollflusszweigen. Diese können durch eine Gleichzeitigkeit von Aktionen, durch Entscheidungen oder durch Parallelverarbeitung verursacht sein.

10.2   Einführendes Beispiel

Zu Beginn ein einführendes und (hoffentlich) motivierendes Beispiel, das fast alle Elemente von Aktivitäten enthält. Es soll nur einen ersten Eindruck von Aktivitäten als Konstrukt der UML geben. Elemente und Syntax werden danach ausführlich erläutert.

---

[1] Die UML-Autoren sprechen an dieser Stelle von *flow of execution*.

▶ **Anmerkung** In der folgenden Abbildung sind einigen Elementen Kreise mit Nummern zugeordnet. Diese gehören nicht zur UML, sondern dienen der Verbindung von erläuterndem Text und Abbildung.

Betrachten wir Abb. 10.1. Wie zu erwarten war, besteht eine Aktivität aus einer Menge von Aktionen. Eine ist mit (3) markiert. Wie im vorigen Abschnitt schon ausgeführt, stehen die Aktionen in einem Zusammenhang, dargestellt durch die *Aktivitätskanten* (gerichtete Pfeile). Der einfachste solche Zusammenhang ist das „Aufeinanderfolgen", dann führt eine Kante einfach von der einen Aktion zur nächsten.

Informationen im Fluss

Dieses „Aufeinanderfolgen" kann, so deutet es die Stelle (9) an, auch durch Informationen „begleitet" sein: Beim Voranschreiten der Tätigkeitsfolge von *Rechnung senden* zu *Zahlung durchführen* spielt die *Rechnung* eine Rolle.

Die Aktivität insgesamt ist zusammenhängend und nach „außen" abgrenzbar. Dies wird in der Abbildung durch die Grenzlinie ausgedrückt, hier markiert durch (11).

Wie es sich für die Modellierung von Tätigkeitsfolgen gehört, gibt es einen Startpunkt (1), manchmal auch mehrere, und einen Schlusspunkt (2), oder auch mehrere. Diese Aktivität kann aber auch durch einen von außen kommenden Auftrag (15) initiiert werden (*Parameterknoten*, vgl. unten).

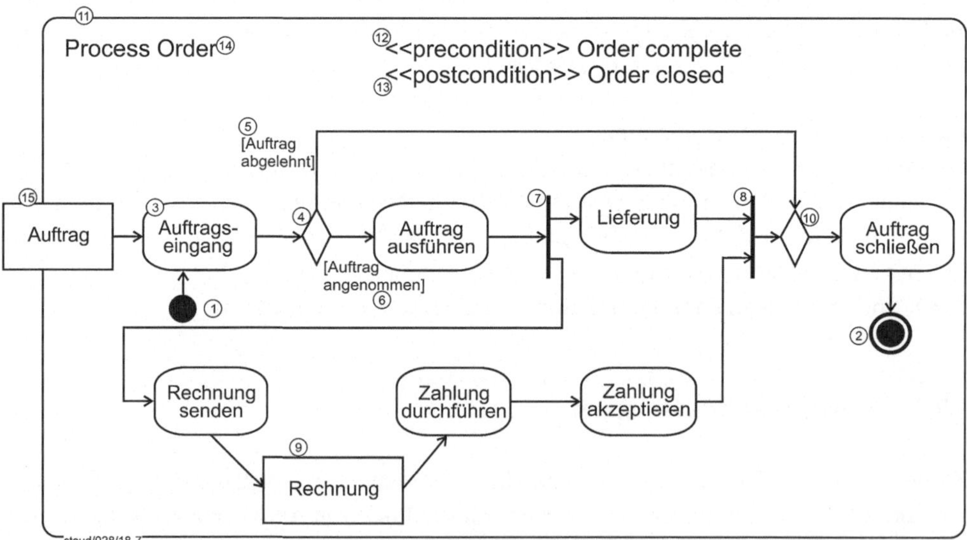

Abb. 10.1 Aktivität Auftragsbearbeitung – einführendes Beispiel. Quelle: (OMG 2017, S. 385, Figure 15.22). Übersetzung durch den Verfasser

Verzweigung

Die Strukturierung kennt, so deutet es das Beispiel an, Entscheidungsvorgänge, z.B. an Position (4). Diese werden später *Verzweigung* (decision node) genannt. Hier geht es darum, ob der Auftrag angenommen oder abgelehnt wird. Diese beiden Alternativen sind an den Kontrollflusskanten textlich vermerkt (vgl. die Positionen (5) und (6)).

Zusammenführung

Es gibt auch „Verschmelzpunkte", wo unterschiedliche „Zweige" zusammengeführt werden (vgl. (10)). Diese werden später *Zusammenführung* (merge node) genannt.

Gabelung

Auch das von anderen Methoden bekannte gleichzeitige Anstoßen mehrerer Aktionen ist im Beispiel erkennbar, vgl. Position (7). Nach der Ausführung des Auftrags erfolgt zum einen die Lieferung, zum anderen wird die Rechnung versandt. Ein solches Element wird später *Gabelung* (fork node) genannt.

Vereinigung

Sozusagen die Umkehrung zeigt das grafische Element (8). Nur wenn die Lieferung erfolgte *und* wenn die Zahlung akzeptiert ist, geht es weiter in Richtung *Auftrag schließen*. Dies führt zu einem Element, das wir später *Vereinigung* (join node) nennen werden.

Abb. 10.1 zeigt auch, dass für eine Aktivität Vor- und Nachbedingungen gestellt werden können. Vgl. (12) und (13).

In der oberen linken Ecke ist noch der Name der Aktivität angegeben (14).

Die obige Aktivität *Auftragsbearbeitung* enthält folgende Komponenten:

- Eine Verzweigung
- Eine Vereinigung
- Eine Gabelung
- Eine Zusammenführung
- Einen Startknoten
- Einen Schlussknoten *Aktivitätsende*

Außerdem einen Objektknoten (vgl. unten), der als Input für die Aktivität fungiert.

Soweit das einführende Beispiel. Es wird in diesem Kapitel noch öfters angesprochen und vertieft erläutert.

Insgesamt zeigt es – auch bei oberflächlicher Betrachtung – durchaus einen Aufbau, der für die Modellierung von Tätigkeitsfolgen sinnvoll erscheint.

10.3   Aktivitätsknoten

Es gibt vier Arten von Knoten in Aktivitätsdiagrammen:

- Aktionsknoten (Knoten, die Aktionen repräsentieren oder sog. subordinate units, Gruppen von Aktionen)
- Objektknoten (Knoten, die Objekte repräsentieren), auch mit Knoten zur Datenspeicherung)
- Parameterknoten (Knoten, die gleichzeitig Objektknoten und Parameter sind)
- Kontrollknoten (Knoten zur Steuerung des Kontrollflusses).

Die Kontrollknoten sind noch unterteilt in:

- Knoten für Alternativen: *Verzweigung* und *Zusammenführung*
- Knoten für „Gleichzeitigkeit": *Gabelung* und *Vereinigung*
- Knoten für den Abschluss: *Aktivitätsende* und *Flussende*
- Knoten für den Start: *Startknoten*

10.3.1   Aktionsknoten

Aktionen in Knoten

Die Knoten in einer Aktivität, die Aktionen repräsentieren, werden *Aktionsknoten* genannt. Sie repräsentieren Aktionen, wie sie im vorigen Kapitel eingeführt wurden. Im obigen einführenden Beispiel sind also *Auftragseingang, Auftrag ausführen, Lieferung, Auftrag schließen, Rechnung senden, Zahlung durchführen* und *Zahlung akzeptieren* Aktionsknoten.

Für die Aktivitäten stellen die Aktionen die kleinsten Einheiten für das Systemverhalten dar. Auch wenn die Definition kleinster Einheiten schwierig ist, ist doch eines klar: Das gesamte Verhalten (im Sinne von Systemen) bzw. die gesamte Tätigkeitsfolge (im Sinne von Geschäftsprozessen) von Aktivitäten wird zerlegt in sinnvolle Untereinheiten, die Aktionen – so wie dies bei jeder Modellierung von Abläufen der Fall ist.

Damit stellen Aktivitäten eine Sammlung von sinnvoll in einen Kontrollfluss gepackten Aktionen dar.

10.3.2   Objektknoten

Objekte in Knoten

Objektknoten repräsentieren Objekte im Sinne des objektorientierten Ansatzes. Mit ihrer Hilfe werden die in einer Aktivität vorkommenden Objekte erfasst. Die Aufgabe der Objektknoten ist es, den *Objektfluss* (flow of objects) in einer Aktivität zu modellieren.

Ein Objektknoten hat einen Typ und kann damit Ausprägungen annehmen. Allerdings nur solche, die dem Typ des Objektknotens entsprechen. Folgende Typen werden unterschieden:

- Objektknoten für Mengen
- Objektknoten vom Typ Signal
- Objektknoten für Objekte in spezifischen Zuständen
- Objektknoten mit einer oberen Grenze
- Objektknoten mit einer von FIFO abweichenden Sortierung

Grafische Darstellung von Objektknoten

Abb. 10.2 zeigt die grafische Darstellung von Objektknoten: als Rechteck bzw. Sechseck mit einer Bezeichnung, die auch den Typ des Objektknotens angibt. Die mit der Nummer (1) versehene Grafik gibt die Grundform an.

Die Bezeichnung kann auch durch die Angabe des Objektzustandes genauer gefasst werden. Diese Zustände werden in eckigen Klammern unter die Bezeichnung geschrieben (vgl. das Stichwortverzeichnis für Hinweise auf Beispiele). Obergrenzen (upper bounds) und eine von FIFO (Voreinstellung) abweichende Sortierung werden in geschweiften Klammern unter dem Objektknoten angegeben.

Die Zuordnung der Objekttypen zu den Grafiken gibt der Anmerkungsteil nach Abb. 10.2 an.

Abb. 10.2 zeigt die grafische Darstellung folgender Objektknoten:

- Die Grundform (1)
- Objektknoten für Mengen (2)
- Objektknoten mit Signalcharakter (3)
- Objektknoten für Knoten mit Zuständen (4)
- Objektknoten mit einer oberen Grenze (5)
- Objektknoten mit einer spezifischen Sortierung (6)

Beispiele finden sich unten.

Auswahlverhalten

Es ist möglich, bei Objektknoten eine Auswahl festzulegen. Dies wird *Auswahlverhalten* (selection behavior) genannt. Es wird in einer Notiz (note symbol) angegeben, angeführt vom Schlüsselwort <<*selection*>> und an den Objektknoten angefügt, wie es Abb. 10.3 zeigt.

Datenspeicher

Ein Objektknoten zur Verwaltung von Informationen ist der sog. Datenspeicher (data store). Wie es der Begriff schon nahelegt, ist es seine Aufgabe, eine Art Pufferknoten für nicht-flüchtige Informationen zu sein („central buffer node") (OMG 2003, S. 318).

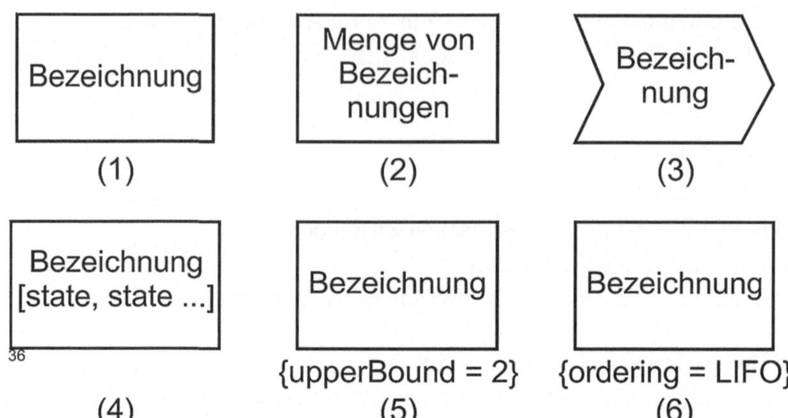

Abb. 10.2   Darstellung von Objektknoten. Quelle: (OMG 2017, S. 399). Übersetzung durch den Verfasser

Abb. 10.3   Angabe einer Auswahl auf einem Objektknoten. Quelle: (OMG (2017, S. 400). Übersetzung durch den Verfasser

Datenspeicher wurden eingeführt, um ältere Formen des Datenflusses zu modellieren. Unter „älteren Formen" verstehen die UML-Autoren, dass Daten persistent sind und bei Bedarf genutzt werden. Unter «neueren Formen», dass die Daten flüchtig (transient) sind und genutzt werden, wenn sie verfügbar sind (OMG 2003, S. 319).

Der Tokenfluss

Die Rolle der Datenspeicher wird klar, wenn der Tokenfluss betrachtet wird. Ein Datenspeicher behält alle Token, die zu ihm kommen und kopiert sie, wenn sie weiter im Kontrollfluss gehen müssen. Kommt ein Token an, der ein Objekt enthält und gibt es im Datenspeicher bereits einen Token mit diesem Objekt, dann ersetzt der neue Token den alten.

Token, für die es also im Fluss weitergeht, werden kopiert, sodass es so aussieht, als ob die Token niemals den Datenspeicher verlassen.

Grafische Darstellung

Die Darstellung ist wie bei Objektknoten, enthält aber die zusätzliche Beschriftung „datastore", wie in Abb. 10.4 gezeigt.

Abb. 10.4 Objektknoten
Datenspeicher – Grafische
Darstellung. Quelle: (OMG
2017, S. 401)

<<datastore>>
Bezeichnung
[state]

10.3.3 Parameterknoten

Input und Output von Aktivitäten

Parameterknoten sind Objektknoten zur Modellierung von Input und Output von Aktivitäten. Da sie im Theoriegebäude der UML gleichzeitig Knoten und Parameter sind, erhielten sie die Bezeichnung „activity parameter node", hier mit *Parameterknoten* übersetzt.

Parameterknoten haben entweder ankommende oder wegführende Kanten, nicht beides: wenn sie am Anfang der Aktivität stehen, keine ankommenden, wenn sie am Ende stehen, keine weggehenden.

Beispiel – Herstellung von Platinen

Hier liegen (vgl. Abb. 10.5) folgende Parameterknoten vor:

- Für den Output *Defekte Computer* und *Fehlerfreie Computer.*
- Für den Input *Material für Produktion.*

Der „Fluss" beschreibt auf einfache und sehr abstrahierte Weise die Herstellung von Computern. Es werden Platinen hergestellt, die Computer zusammengebaut und dann getestet. Am Schluss der Aktivität sind die Computer qualitätsgeprüft mit positivem oder negativem Ausgang.

Die Verzweigung am Schluss entspricht einem exklusiven Oder, das hier ohne Operator realisiert ist.

Abb. 10.5 enthält folgende Knoten:

- Einen Parameterknoten für den Input
- Zwei Parameterknoten für den Output

Außerdem mehrere Objektknoten, die physische Objekte repräsentieren.

Streaming und Ausnahmen

Parameterknoten erlauben auch die Spezifizierung durch *streaming* (vgl. Abschn. 10.4.4) und durch *Ausnahmen* (vgl. Abschn. 10.4.5). Vgl. Abb. 10.29 für das obige Beispiel, ergänzt um die beiden Konzepte.

Anmerkung zur Gliederung: Bevor die Betrachtung der Knoten mit den strukturierten Aktivitätsknoten und den Kontrollknoten fortgesetzt werden kann, müssen nun erst die Kanten eingeführt werden.

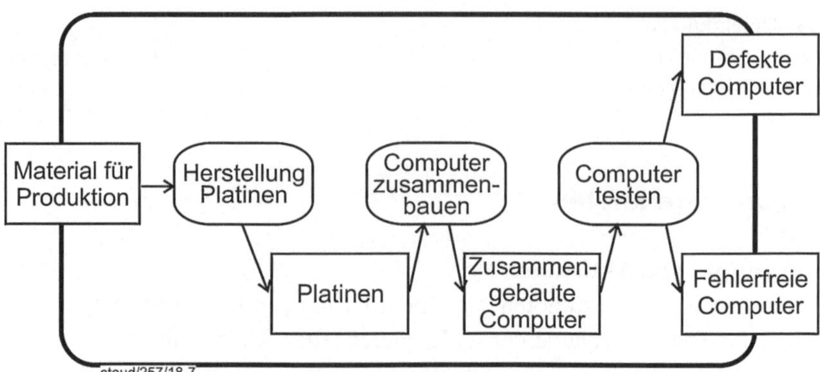

Abb. 10.5 Parameterknoten im Einsatz. Quelle: Leicht verändert nach (OMG 2017, S. 401). Übersetzung durch den Verfasser

10.4 Aktivitätskanten

Es gibt zwei Arten von Kanten in Aktivitätsdiagrammen (Aktivitätskanten):

- Kontrollflusskanten (control flow edges)
- Objektflusskanten (object flow edges)

10.4.1 Kanten für den Kontrollfluss

Die Kanten und ihre Darstellung

Wie oben ausgeführt und im einführenden Beispiel gezeigt, wird der Kontrollfluss durch Kanten (edges) zwischen den Aktivitätsknoten ausgedrückt. Eine solche *Aktivitätskante* wird durch eine Pfeillinie zwischen je zwei Aktivitätsknoten dargestellt. Hat die Kante eine Gewichtung, wird diese in geschweiften Klammern angegeben. Hat sie eine Beschriftung, wird diese ebenfalls bei der Kante vermerkt. Vergleiche die folgende Abbildung für eine einfache Kante, eine mit Gewichtung und eine mit Beschriftung (Abb. 10.6).

Gewichtung

Über eine Aktivitätskante kann zu einem Zeitpunkt eine beliebige Anzahl von Token passieren. Die *Gewichtung* schreibt die Mindestanzahl von Tokens vor, die zur selben Zeit über die Kante gehen *müssen*. Das ist eine Festlegung, die jedesmal überprüft bzw. berechnet wird, wenn ein neuer Token für die Quelle zur Verfügung steht.

Das Ergebnis der Prüfung muss eine positive ganze Zahl oder Null sein. Wenn die Mindestzahl von Token vorhanden ist, werden alle Token der Quelle dem Ziel auf einmal angeboten.

Abb. 10.6 Aktivitätskanten –
einfach, mit Gewichtung, mit
Beschriftung

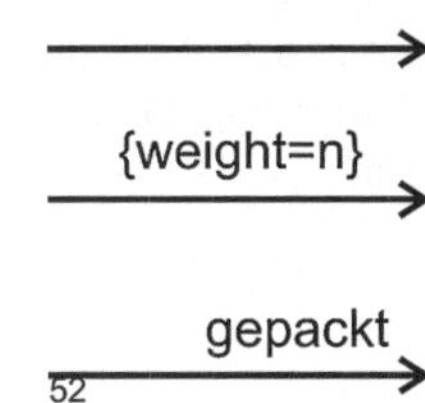

Wächter

Ein eventueller *Wächter* (Guard, vgl. Exkurs unten) muss für alle Token den Wert *wahr* ergeben. Klappt dies nicht und fällt dadurch die Zahl der dem Ziel angebotenen Token unter die Gewichtung, werden gar keine Token angeboten.

Eine Gewichtung von Null (null weight) bedeutet, dass alle Token der Quelle dem Ziel angeboten werden.

Beispiele

Das Beispiel in Abb. 10.7 spiegelt den Sachverhalt wider, dass beim Zusammenstellen einer Fußballmannschaft insgesamt 11 Spieler zu finden sind.

Das zweite Beispiel in Abb. 10.8 enthält eine Gewichtung, die durch ein Attribut angegeben wird. Damit wird der Sachverhalt erfasst, dass erst alle Teilaufgaben erledigt sein müssen, bevor die Rechnung dafür versandt wird.

Exkurs: Wächter (guards)

Hier und im weiteren wird ein Konzept benötigt, das die UML-Autoren *guard* bzw. *guard condition* nennen und das hier mit *Wächter* übersetzt wird. Dabei handelt es sich um Bedingungen, die geprüft werden, bevor ein bestimmter Schritt gegangen wird.

Bei Entscheidungsknoten (vgl. unten) haben z.B. die wegführenden Kanten Wächter, die festlegen, mit welcher Kante die Token „weiterziehen". Bei Transitionen (vgl. Kap. 13) wird durch Wächter bestimmt, ob sie „feuern" dürfen usw.

Es handelt sich dabei i.d.R. um einfache mathematische oder andere logische Ausdrücke wie z.B. „x<10".

Beschriftung von Aktivitätskanten

Wie oben bereits gezeigt, können Aktivitätskanten auch beschriftet werden. Eine solche Bezeichnung beschreibt *das Ergebnis der vorangehenden Aktion*. Die UML-Autoren betonen, dass diese Bezeichnung innerhalb der Aktivität nicht eindeutig sein muss.

Beispiel

Zwei Aktionen, *Paket packen* und *Paket versenden*, sind durch eine beschriftete Kante verbunden (vgl. Abb. 10.9). Die Bedeutung ist wie folgt: Wenn die Aktion *Paket packen* erledigt ist, wird die Aktion *Paket versenden* angestoßen und ausgeführt. Die Kantenbeschriftung drückt dann das Ergebnis der vorangegangenen Aktion aus.

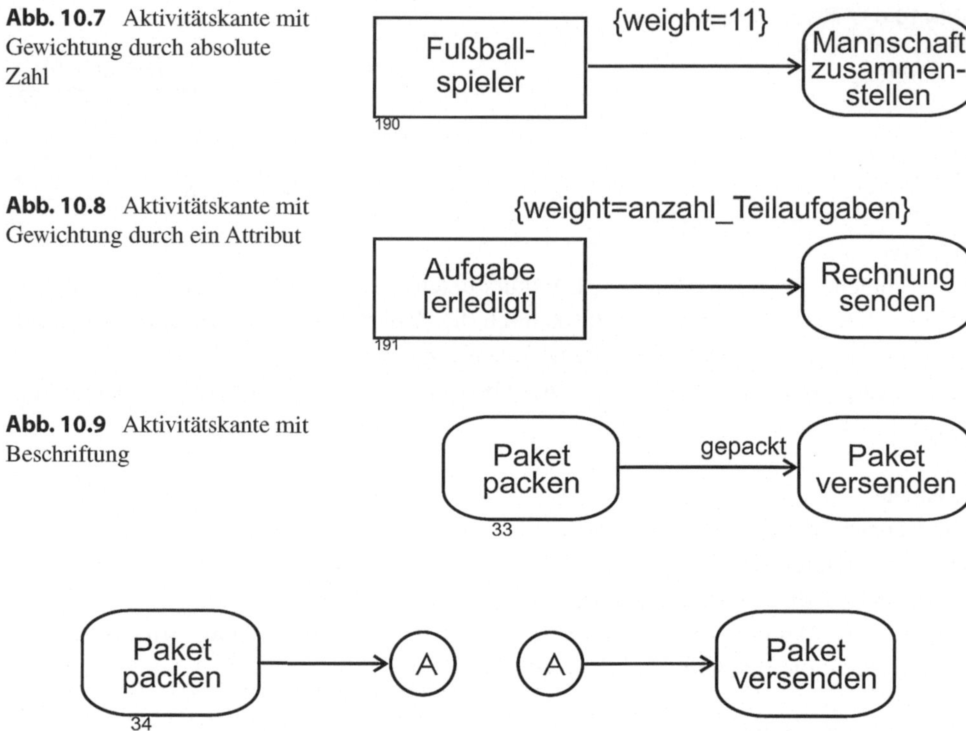

Abb. 10.10 Verknüpfer im Kontrollfluss. Quelle: Angelehnt an (OMG 2003, S. 296)

Verknüpfer

Bei der Darstellung eines Kontrollflusszweiges ist es auch möglich, *Verknüpfer* (Konnektoren /connectors) einzufügen (vgl. Abb. 10.10). Dies geschieht durch einen Kreis, der eindeutig bezeichnet ist (im Rahmen des jeweiligen Modells) und der die Rolle der Zielaktion auf der einen Seite und die der Ausgangsaktion auf der anderen Seite übernimmt.

Dieses Element erlaubt z.B. die grafische Aufteilung großer Aktivitäten, ähnlich wie mit Prozesswegweisern bei Ereignisgesteuerten Prozessketten (vgl. (Staud 2014, Abschn. 4.7)) oder den Verknüpfern (link) in der BPMN (vgl. (Staud 2017, Abschn. 9.2.10)) in der BPMN.

Der Tokenfluss

Nur Kontrolltoken

Die in den obigen Beispielen vorhandenen Kontrollkanten bilden nur den Kontrollfluss ab, nichts anderes. Über sie können nur Kontrolltoken passieren. Sollen Objekte oder Daten transportiert werden, bedarf es der Objektflusskanten, die im nächsten Abschnitt vorgestellt werden.

10.4.2   Kanten für den Objektfluss – Objektflusskanten

Objektflusskanten (object flows bzw. object flow edges) sind ebenfalls Aktivitätskanten, aber solche, über die Objekte oder Daten passieren können. Sie modellieren also den Fluss von Daten und von Objekten in einer Aktivität.

Zwei „Flüsse" auf denselben Aktionen
Es gibt somit in Aktivitäten zwei verschiedene „Flüsse": die Kontrollflüsse und die Objektflüsse. Diese Trennung ist unabdingbar, die beiden Flüsse stellen unterschiedliche, wenn auch zusammenhängende, Aspekte dar. Der Zusammenhang ergibt sich daraus, dass beide Flüsse auf denselben in der Aktivität erfassten Aktionen ablaufen.

Die Trennung zwischen Kontroll- und Datenflüssen ist strikt: Alle Kanten, die zu Objektknoten führen oder weggehen, müssen Objektflusskanten sein.

Notation 1
Es gibt unterschiedliche grafische Darstellungsformen für Objektflüsse und Objektflusskanten. Hier die erste. Bei dieser werden die Kanten nicht direkt zwischen den beiden Aktionen (oder subordinate behaviors) angeordnet, sondern über einen Objektknoten geführt, der das zu transportierende Objekt repräsentiert. Die erste Kante führt von der ersten Aktion zum Objekt, die zweite vom Objekt zur zweiten Aktion.

Beispiel
Das Beispiel in Abb. 10.11 zeigt einen Objektknoten *Auftrag* im Objektfluss, der Objekte der Klasse *Aufträge* enthält. Die Aktion *Auftrag ausführen* erzeugt ausgeführte Aufträge, *Auftrag versenden* „verbraucht" diese. Der Aufruf von *Auftrag ausführen* muss beendet sein, dann kann *Auftrag versenden* beginnen.

Weiter unten wird gezeigt, wie diese Situation mit Pins und ihren Symbolen dargestellt wird.

Das Modellfragment in Abb. 10.12 (aus dem einführenden Beispiel) zeigt deutlich die Absichten der UML-Autoren mit diesem Konzept. Die Aktion *Rechnung senden* bewirkt einen Transportvorgang des Objekts *Rechnung* (vom Unternehmen zum Kunden!), der die Aktion *Zahlung durchführen* anstößt.

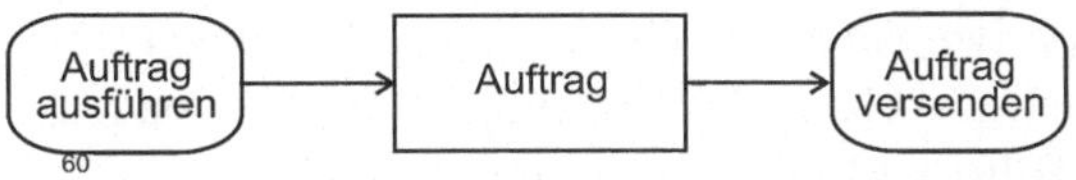

Abb. 10.11 Objektflusskanten. Quelle: (OMG 2017, S. 382). Übersetzung durch den Verfasser)

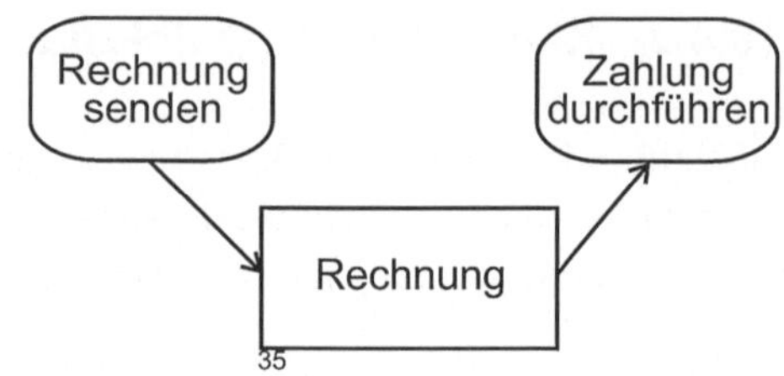

Abb. 10.12 Objektfluss mit Rechnung. Quelle: Ausschnitt aus (OMG 2017, S. 385). Übersetzung durch den Verfasser

10.4.3 Objektflüsse und Pins

In Abschn. 9.3 wurde schon das Konzept der *Pins* eingeführt. Jetzt kann es vertieft werden.

Ein Pin repräsentiert einen *Objektknoten*, der den Input und den Output von Aktionen modelliert. Er hält also fest „was" in die Aktion hineinfließt und „was" aus ihr herauskommt (für dieses „was" haben die UML-Autoren das Konzept der Token).

Ist die Aktion ein Aufruf, die UML-Autoren sprechen dann von einer *aufrufenden Aktion* (invocation action) (vgl. oben), dann müssen die Anzahl von Pins und deren Typen gleich sein wie die Anzahl Parameter und die Typen des aufgerufenen Verhaltens oder der Verhaltenseigenschaft (behavioral feature). Die Pins werden nach ihrer Reihenfolge auf die Parameter abgebildet.

Beispiele

Das folgende Beispiel (Abb. 10.13) zeigt denselben Vorgang wie oben, jetzt aber mit ausdrücklich ausgewiesenen *Objektknoten-Pins* (object node pins) und ihren Symbolen. Die Pinsymbole repräsentieren beim linken Knoten das zur Verfügung gestellte und abgehende Objekt, auf derrechten Seite das geforderte und empfangene Objekt.

Die Pins werden grafisch durch Rechtecke angedeutet und mit dem Namen des Objekts beschriftet.

Noch ein Transportvorgang

Abb. 10.14 zeigt, wie mehrere Objektflüsse zwischen zwei Aktionen bei dieser Notation dargestellt werden. Im Beispiel geht es um einen Auftrag bzgl. einer Maschine. Zuerst werden die Teile beschafft, dann wird die Maschine zusammengebaut. Der Objektfluss besteht zum einen in der Weitergabe des Auftrags, zum anderen in der Weitergabe der Teile.

Auch dieses Beispiel macht deutlich, dass die UML-Autoren mit diesem Konzept tatsächlich reale Transportvorgänge von physischen und digitalen Objekten meinen.

Das dritte Beispiel in Abb. 10.15 verdeutlicht die Verwendung von mehreren Pins. Folgendes wird mit Hilfe der Pins „transportiert":

- Aufträge
- Teile
- PC Designs

Abb. 10.13 Objektknoten mit Pinsymbolen. Quelle: (OMG 2017, S. 383). Übersetzung durch den Verfasser

Abb. 10.14 Objektflusskante mit zwei Objekten. Quelle: (OMG (2017, S. 383). Übersetzung durch den Verfasser)

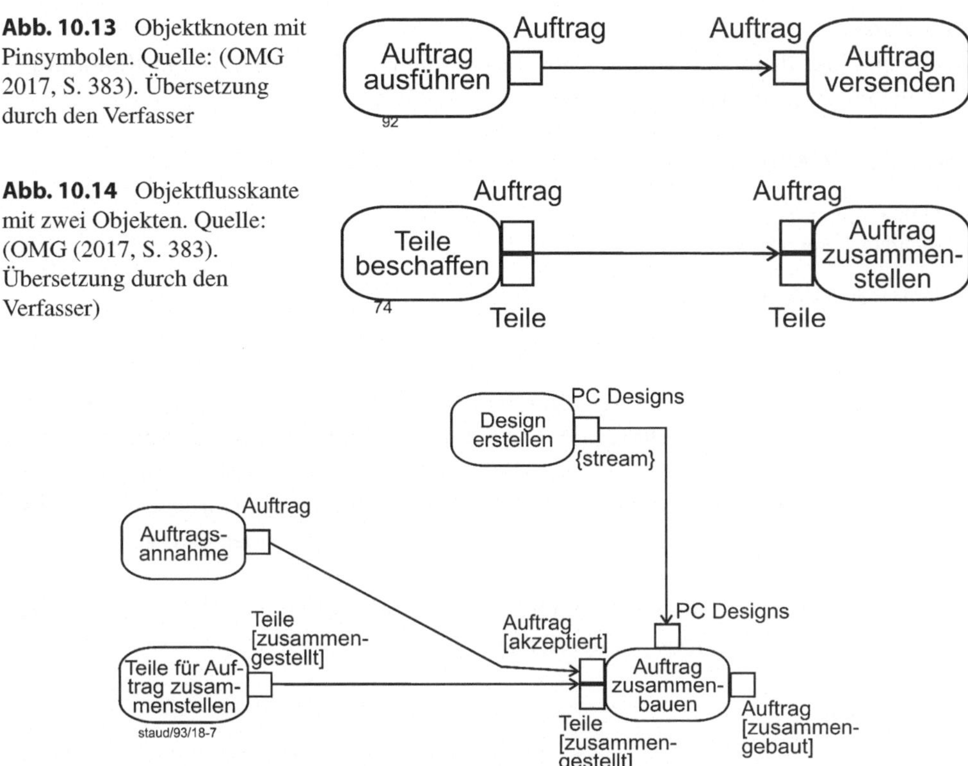

Abb. 10.15 Objektknoten mit Pinsymbolen. Quelle: (OMG 2017, S. 448)

Zustand (state) von Objekten

Die Abbildung zeigt auch anschauliche Beispiele für den Zustand (state) von Objekten und deren Änderung. Das Objekt *Auftrag* ändert ihn vom Anfangszustand (beim Eingang des Auftrags) in *Auftrag [akzeptiert]* und am Schluss in *Auftrag [zusammengebaut]*. Die Zustandsänderung wird also in eckigen Klammern dargestellt.

▶ **Tipp** Zustände und ihre Änderungen sind wesentliche Aspekte von Zustandautomaten, die in Kap. 13 besprochen werden.

Bleibt noch der Zusatz {stream} bei dem Pin/Objektknoten *PC-Designs*. Dieses streaming-Konzept wird in Abschn. 10.4.4 erläutert.

Der Ablauf

Das kleine Fragment aus einem größeren Geschäftsprozess zeigt, dass die Aktion *Auftrag zusammenbauen* insgesamt drei Objekte über ihre drei Input-Pins erhält: *Auftrag*, *Teile*, *PC-Design*. In der Aktion wird dann der Zusammenbau vorgenommen und der Output-Pin trägt das Objekt *Auftrag [zusammengebaut]*.

Tokenfluss

Token sind hier dann zum einen Kontrolltoken, die das „Weitergehen" im Kontrollfluss modellieren, zum anderen die angeführten Objekttoken.

Abb. 10.15 enthält u.a. folgende Komponenten bzw. Besonderheiten:

- Mehrere Input-Pins
- Mehrere Output-Pins

Außerdem eine streaming-Festlegung.

Kurznotation

Neben obiger grafischer Darstellung führen die UML-Autoren auch eine optionale Kurznotation ein (Abb. 10.16). Diese greift, wenn der Output-Pin einer Aktion mit einem *gleichnamigen* Input-Pin einer anderen Aktion verbunden ist. Dann kann dies unter Verwendung nur eines Symbols wie in der folgenden Abbildung ausgedrückt werden. Der „standalone pin", so wird er genannt, steht dann gleichzeitig für einen Output-Pin und ein Input-Pin.

Auch die Darstellung mit nur einem Rechteck als Symbol für das Objekt wird von den UML-Autoren als *standalone pin* bezeichnet.

Ohne Kanten

Stehen inhaltlich und damit auch für die grafische Darstellung keine Kanten zur Verfügung, ist die in Abb. 10.17 gezeigte Ersatzdarstellung möglich. Dabei werden Pfeile in das Rechteck des Pin gezeichnet. Weist der Pfeil zu der Aktion, handelt es sich um einen Input-Pin, weist der Pfeil weg von der Aktion um einen Output-Pin.

Mit Klassendiagramm

In Abb. 10.18 wird der Objektknoten *Auftrag* durch einen Ausschnitt aus einem Klassendiagramm näher erläutert. Das Klassendiagramm zeigt, dass zu einer Auftragsausführung in Wirklichkeit drei Dinge gehören:

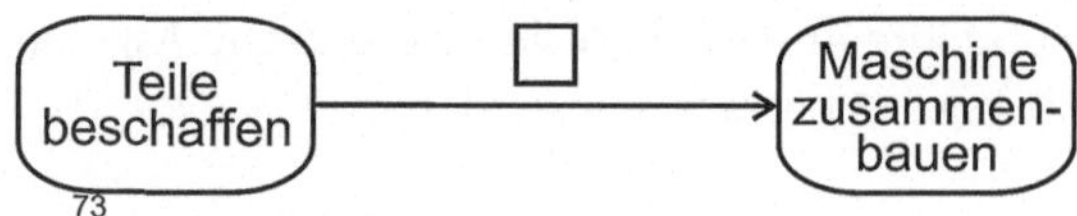

Abb. 10.16 Objektflusskante ohne genaue Ausweisung des Objektflusses. Quelle: (OMG (2017, S. 447). Übersetzung durch den Verfasser

Abb. 10.17 Pins ohne Kanten – Input-Pin und Output-Pin. Quelle: (OMG 2017, S. 446)

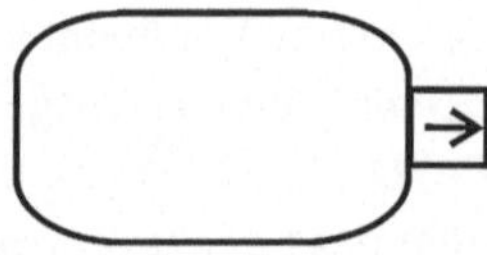

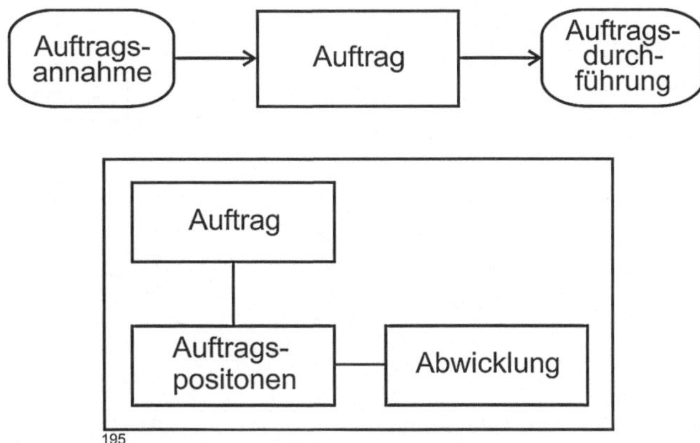

Abb. 10.18 Verknüpfung eines Klassendiagramms mit einem Objektknoten. Quelle: (OMG 2017, S. 384, Figure 15.17). Übersetzung durch den Verfasser

- ein Auftrag
- Auftragspositionen und
- die Anforderungen des Kunden an den Versand, hier kurz *Abwicklung* genannt.

Mit Auswahl (Auswahlverhalten)
Eine Auswahl mittels *Auswahlverhalten* kann nicht nur auf die Kanten gelegt werden, sondern auch auf die Pins. Dies geschieht wiederum mit dem Schlüsselwort „selection" in einem Anmerkungssymbol und durch Anbindung mittels einer gestrichelten Linie. Abb. 10.19 zeigt ein Beispiel.

Beispiele
Abb. 10.20 und 10.21 zeigen eine Auswahl, die bei den Objektknoten vermerkt ist. Es sind zwei Darstellungen einer Situation, in der verlangt ist, dass die Aufträge nach ihrer Priorität ausgeführt und bei gleicher Priorität nach dem FIFO-Prinzip (first in/first out) behandelt werden.

Die Beispiele in Abb. 10.22 und Abb. 10.23 zeigen die Festlegung der Auswahl über den Objektfluss. Das erste stimmt inhaltlich mit den obigen überein.

Im folgenden Beispiel erfasst die linke Aktion das Beendigen der Arbeit an einem Auftrag. Daraus entstehen Objekte des Typs *abgeschlossener Auftrag*. Durch die Notwendigkeit, dem Kunden eine Notiz zu senden (ausgedrückt durch die entsprechende Aktion), wird ein Objekt *Kunde* benötigt. Die <<transformation>> legt nun fest, dass eine Abfrage mit Hilfe des jeweiligen Auftrags das Kundenobjekt bestimmt.

Abb. 10.23 enthält u.a. …

- ein Objekt mit Zustand,
- zwei Pins und
- einen Hinweis auf die Verarbeitung der Daten (transformation).

Das dritte Beispiel in Abb. 10.24 zeigt eine Spezifizierung von Objekten. Es wird ausgedrückt, dass die Aktion *Auftrag erteilen* Objekte des Typs Auftrag erzeugt und dass die Aktion *Auftrag ausführen* diese liest und dann ausführt.

Abb. 10.19 Objektfluss mit
Auswahl (selection behavior).
Quelle: (OMG 2017, S. 381,
Figure 15.10). Übersetzung
durch den Verfasser

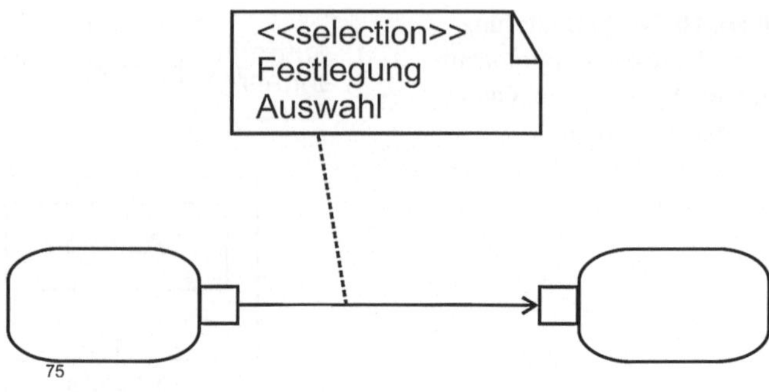

Abb. 10.20 Objektfluss mit
Auswahl – Darstellung 1.
Quelle: (OMG 2017, S. 449).
Übersetzung durch den
Verfasser

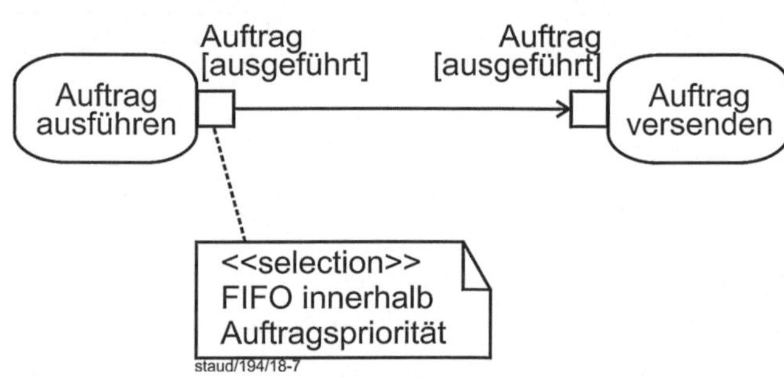

Abb. 10.21 Objektfluss mit
Auswahl – Darstellung 2.
Quelle: (OMG 2017, S. 449).
Übersetzung durch den
Verfasser

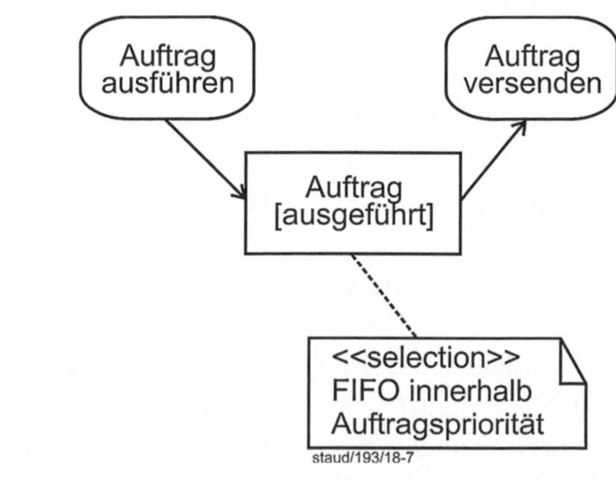

Abb. 10.22 Objektfluss mit
Auswahl an Kante. Quelle:
(OMG 2017, S. 383).
Übersetzung durch den
Verfasser

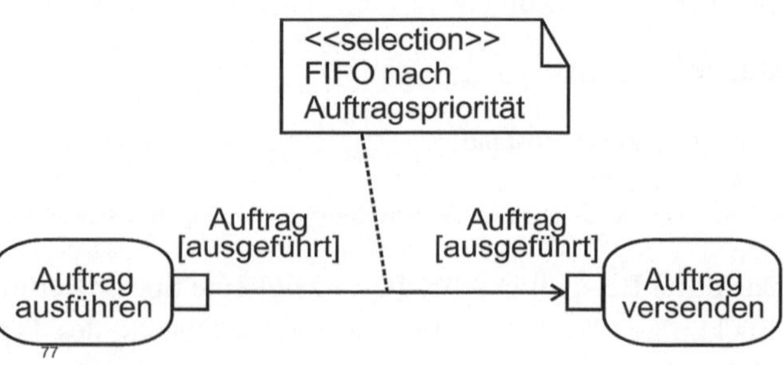

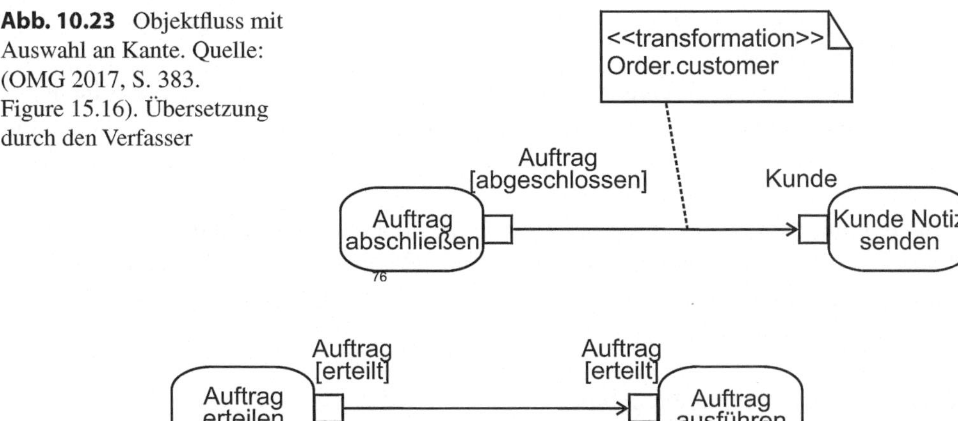

Abb. 10.23 Objektfluss mit Auswahl an Kante. Quelle: (OMG 2017, S. 383. Figure 15.16). Übersetzung durch den Verfasser

Abb. 10.24 Objektfluss mit Spezifizierung von Objekten. Quelle: (OMG 2017, S. 457). Übersetzung durch den Verfasser

Abb. 10.24 enthält u.a. folgende Komponenten bzw. Besonderheiten:

- Zwei Objekte mit Zuständen.
- Mehrere Pins

Außerdem zwei Spezifizierungen von Objekten.

10.4.4   Ständiger Fluss mit „streaming"

Bindet man eine Aktion in den Kontrollfluss bzw. einen Objekt- oder Parameterknoten in den Objektfluss ein, dann modelliert man konkret folgendes:

- Eine Aktion wird einmal aktiv, dann geht es weiter zum nächsten Element (Kontrollknoten, Aktion, Parameterknoten).
- Ein Objekt dient bei Parameterknoten entweder genau einmal als Input oder genau einmal als Output.
- Ein Objekt dient als Objektknoten im Objektfluss genau einmal.

Aktiv bleiben

Mit dem Konzept des *streaming* bietet die UML nun die Möglichkeit, einen ununterbrochenen regelmäßig ablaufenden Fluss von Aktionen, Objektknoten und Parameterknoten zu modellieren.

Bei Aktionen
Innere Schleife

Die Vorstellung ist hier, dass die betreffende Aktion nicht nur einmal Input annimmt, ihre Aufgabe ausführt und Output abgibt, sondern dass es regelmäßig weitergeht. Eine Aktion bleibt also ständig weiter aktiv. Die UML-Autoren nennen dies *fortgesetztes Verhalten* (continuous behavior).

Streaming erlaubt somit einer Aktion (im Rahmen ihrer Aktionsausführung) Input annehmen und Output abzugeben während sie bereits aktiv ist. Somit kann die Aktion während einer Ausführung mehrere Token annehmen und abgeben, an einem Pin oder auch an mehreren.

In der grafischen Notation wird dies durch die textliche Anmerkung {stream} bei der Aktion, dem Parameterknoten oder dem Objektkknoten ausgedrückt. Falls die PIN-Notation gewählt wurde, kommt die Anmerkung in die Nähe des Pin-Symbols. Die Voreinstellung ist in allen Fällen „nonstream".

Bei Objekten in Parameterknoten

Bei Objekten in Parameterknoten ist die Bedeutung wie folgt:

- Bei Input: Das Objekt kommt ständig an, wird ständig in den Fluss „reingereicht". Vgl. Abb. 10.29 für ein Beispiel.
- Bei Output: Das Objekt wird ständig erzeugt und nach „außen" weitergereicht.

Beispiele

Oben im Beispiel der Abb. 10.15 war eine Aktion mit dem Zusatz {stream} enthalten. Die Aktion *Design erstellen* erstellt nicht nur ein einzelnes Objekt *PC Design*, sondern ständig neue und bietet sie auf seinem Outputtoken an. Die Aktion *Auftrag zusammenbauen* nimmt sich dann die Objekte *PC Designs* wie sie sie benötigt.

Im Beispiel Abb. 10.25 ist *Auftrag ausführen* ein ständiger Vorgang, der in regelmäßigen Abständen Objekte des Typs *Auftrag [ausgeführt]* erzeugt. Der Auftragsversand ist ebenfalls ein ständiger Vorgang, der regelmäßig die ausgeführten Aufträge erhält und dann den Auftragsversand realisiert.

Abb. 10.25 enthält …

- zwei Beispiele für streaming und
- ein Objekt mit Zustandsfestlegung

Die entsprechende Darstellung mit den Pinsymbolen zeigt Abb. 10.26.

Es gibt auch die Möglichkeit, *streaming* mit der Kante grafisch auszudrücken. Dabei wird dann entweder die Pfeilspitze der Kanten schwarz eingefärbt oder die Rechtecke der Pins (vgl. OMG 2017, S. 456).

Abb. 10.25 Objektfluss durch Streaming. Quelle: (OMG 2017, S. 457). Übersetzung durch den Verfasser

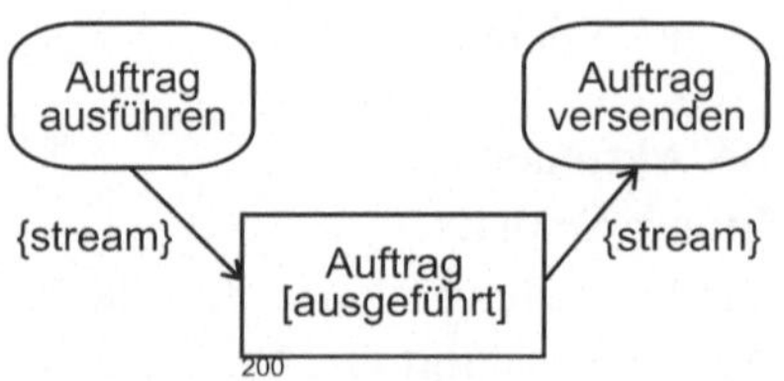

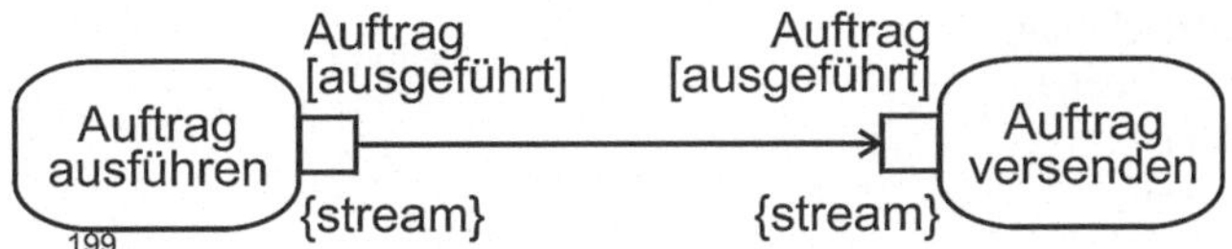

Abb. 10.26 Objektfluss durch Streaming mit Pins. Quelle: (OMG 2017, S. 457). Übersetzung durch den Verfasser

10.4.5   Ausnahmen modellieren

Nur das positive Ergebnis

Es stört doch sehr, dass bei den Aktionen im Regelfall nur das positive Ergebnis einer Aktion modelliert wird. Das haben wohl auch die Autoren der UML gemerkt und deshalb zumindest für „Ausnahmen" eine Modellierungsmöglichkeit geschaffen, die *Ausnahmeanmerkung* (exception notation). Sie bedeutet, dass eine zusätzliche wegführene Kante angelegt wird (ohne Operator!), die eine Ausnahme erfassen soll. In der grafischen Darstellung wird dies beim jeweiligen Pin durch ein Dreieck vermerkt.

Die zwei folgenden Abbildungen zeigen ein Beispiel in zwei verschiedenen Notationen. Die Aktion *Zahlungsannahme* hat die zwei Pins *akzeptierte Zahlung* und *zurückgewiesene Zahlung*. *Zahlungsannahme* führt normalerweise zu einer Zahlung, die akzeptiert wird und dem Konto gut geschrieben wird (Abb. 10.27). In Ausnahmefällen ist es jedoch möglich, dass die Zahlung zurückgewiesen wird, z.B. weil sie nicht korrekt ist. Dies wird dann durch das Dreieck an der jeweiligen Kante beim Pin vermerkt.

Die Darstellung in Abb. 10.28 ist diejenige, die die Objektknoten im Objektfluss angibt. Auch hier wird die „Ausnahmekante" durch ein Dreieck markiert.

Abb. 10.27 und 10.28 enthalten u.a. folgende Komponenten:

- Zahlreiche Pins
- Eine Ausnahmeanmerkung
- Objektknoten im Objektfluss

Außerdem Verzweigungen mit exklusivem Oder ohne Operatorsymbol.

Exlusives Oder

Die zweite Kante führt – bezogen auf die Aktion – zu einer impliziten nicht grafisch ausgedrückten Verknüpfung mit einem exklusiven Oder. Zusätzlich wird die Information weitergegeben, dass der eine Fall nur in Ausnahmefällen eintritt.

Beispiel – Streaming und Ausnahme

Das Beispiel in Abb. 10.29 nimmt das aus Abb. 10.5 wieder auf und ergänzt es um die beiden Konzepte *streaming* und *Ausnahme*.

Der Zusatz {stream} bei dem Parameterknoten *Material für Produktion* bedeutet, dass es einen ständigen Fluss von Produktionsmaterial gibt, wodurch die ständig weitergehende Herstellung von Platinen gespeist wird.

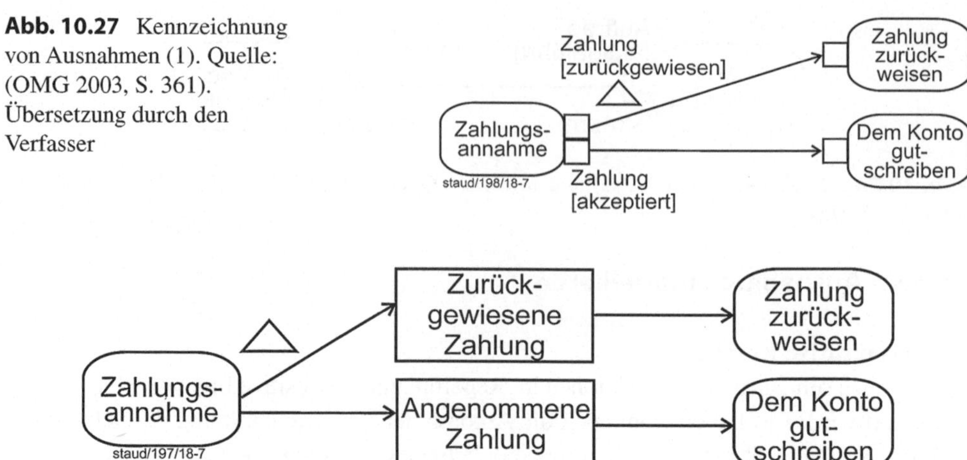

Abb. 10.27 Kennzeichnung von Ausnahmen (1). Quelle: (OMG 2003, S. 361). Übersetzung durch den Verfasser

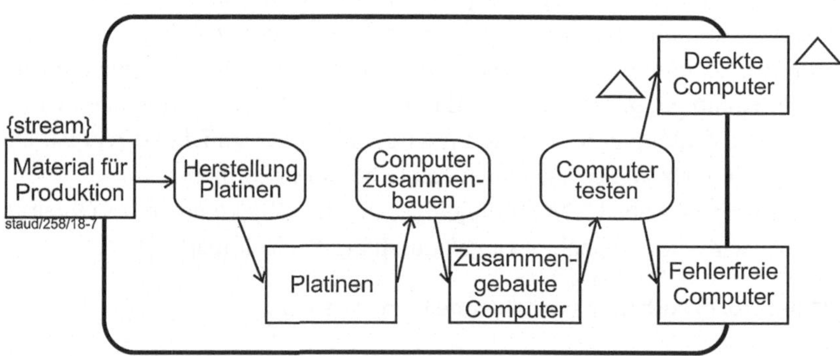

Abb. 10.28 Kennzeichnung von Ausnahmen (2). Quelle: (OMG 2003, S. 361). Übersetzung durch den Verfasser

Abb. 10.29 Aktivität Computerbau – Parameterknoten mit streaming und Ausnahmen. Quelle: Leicht verändert nach (OMG 2017, S. 402, Figure 15.57). Übersetzung durch den Verfasser

Die Festlegung einer Ausnahme verlangt ja mindestens zwei Kanten, wovon dann eine die Kennzeichnung als Ausnahme erhält. Im folgenden Beispiel beschreibt die eine Kante das Standardergebnis, das zu Computern ohne Fehler führt. Der andere Parameterknoten repräsentiert das Ausnahmeergebnis, dass ein Computer fehlerhaft ist. Dies wird durch ein Dreieck festgehalten. Auch der entsprechende Output-Parameterknoten wird so markiert.

Abb. 10.29 enthält ein Aktivitätsdiagramm mit folgenden Komponenten:

- Einen Parameterknoten mit streaming
- Eine Ausnahmeanmerkung
- Mehrere Objektknoten im Objektfluss

Außerdem eine Verzweigung mit exklusivem Oder ohne Operatorsymbol.

10.4.6 Abgrenzung zwischen den Kantenarten

Am Anfang war der Objektfluss
Die UML-Autoren betonen die Abgrenzung von Kontroll- und Objektfluss sehr stark, ja sie haben sogar den Objektfluss als Ausgangspunkt, wenn sie ausführen, dass das Konzept des Kontrollflusses eingeführt wurde, um die Abfolge von Verhalten in den Fällen modellieren zu können, wo keine Objekte fließen (OMG 2003, S. 316).

Zusammengefasst gilt, dass Objekte und Daten nicht über eine Kontrollflusskante gelangen können (ebenda, S. 315), d.h., Kontrollflüsse dürfen keinen Objektknoten an einem ihrer Enden haben. Dies greift auch bzgl. der im nächsten Abschnitt vorgestellten Kontrollknoten (Operatoren). Die Kanten, die zu einem Kontrollknoten hin- oder wegführen, sind entweder alle *Objektflüsse* oder alle *Kontrollflüsse*. Eine Vermischung ist nicht zulässig.

Obiges gibt einen guten Einblick in die Philosophie der UML-Autoren. Hier war – entsprechend der Kernaufgabe *Systemanalyse* und *Systemdesign* – und entsprechend der dafür notwendigen elementaren Beschreibungsebene tatsächlich der Objektfluss „zuerst da" und sozusagen im Zentrum der Betrachtung. Der Kontrollfluss kam dann später dazu.

10.5 Strukturierte Aktivitätsknoten

Knoten mit Inhalt
Sie tragen zwar die Bezeichnung *Knoten*, sind aber tatsächlich auch Aktivitäten, allerdings solche, die in anderen, größeren enthalten sind und dort ähnlich wie ein Knoten wahrgenommen werden.

Diese sog. *strukturierten Aktivitätsknoten* stellen eine Gruppierung von zusammengehörigen und zusammenwirkenden Aktionen dar. Es sind, aus der Sicht „ihrer" Aktivität, ausführbare Knoten, die in sich untergeordnete Knoten als *activity group* enthalten.

Es kann Kontrollkanten und Pins geben, die mit einem strukturierten Aktivitätsknoten verbunden sind. Die Ausführung jeder in ihn eingebetteten Aktion kann erst beginnen, wenn der strukturierte Aktivitätsknoten seine Objekt- und Kontrolltoken erhalten hat. Die Outputtoken des strukturierten Aktivitätsknotens stehen erst zur Verfügung, wenn alle eingebetteten Aktionen fertig sind.

Wofür wird ein solches Konzept benötigt? Für ein allgemeines grundsätzliches Problem jeder Modellierung von Tätigkeitsfolgen, der Bewältigung unterschiedlicher Detaillierungsgrade. Durch die strukturierten Aktivitätsknoten kann, rekursiv auch in mehreren Ebenen, in einem Aktivitätsknoten eine kleinere Aktivität definiert werden, in einem Knoten dieser wieder eine usw. Somit können verschachtelte Strukturen entstehen.

Dies kann z.B. dazu benutzt werden, auf der obersten Ebene eher globale Knoten anzulegen, die dann in einem oder in mehreren Schritten verfeinert werden.

Bewältigung Parallelverarbeitung

Eine weitere eher auf die technische Realisierung von Software zielende Begründung führen die UML-Autoren an. Dabei geht es um Probleme mit der Parallelverarbeitung.

Bei der Ausführung von Aktionen in Aktivitäten und darüber hinaus können sich Fragen bzgl. der Parallelverarbeitung stellen. Z.B. kann es schwierig sein, Zugriff und Änderung des Objektspeichers fehlerfrei zu gestalten.

Um dies zu realisieren, kann es sinnvoll sein, die Effekte einer Gruppe von Aktionen von den Effekten anderer Aktionen zu isolieren. Dies wird ermöglicht durch die Gruppierungsmöglichkeit als strukturierter Aktivitätsknoten und dadurch, dass ein Attribut desselbigen, *mustIsolate*, auf *wahr* gesetzt wird.

Ist ein strukturierter Aktivitätsknoten auf diese Weise isoliert, dann kann auf kein Objekt, das bei einer Aktion in diesem Knoten benutzt wird, von einer Aktion von außerhalb zugegriffen werden, bis der strukturierte Aktivitätsknoten als Ganzes fertig ist.

Irgendwelche parallelen Aktionen, die zu Zugriffen auf solche Objekte führen könnten, müssen ihre Ausführung verschieben, bis der Knoten fertig ist.

Wie wird eine solche Isolation erreicht und wie werden damit Probleme mit der Paralellverarbeitung vermieden? Z.B. durch Sperrmechanismen oder durch Sequentialisierung (in eine Reihenfolge bringen) der Ausführung.

Regeln

Ein solches Element verlangt nach der Einhaltung bestimmter Regeln. Hier die wichtigsten:

- Strukturierte Aktivitätsknoten dürfen sich nicht überlappen, die Knoten des einen dürfen nicht zu einem anderen gehören.
- Sie dürfen verschachtelt sein.
- Die Kanten eines strukturierten Aktivitätsknotens müssen ihre Quell- und Zielknoten innerhalb des strukturierten Aktivitätsknotens haben.
- Kein Unterknoten des strukturierten Knotens darf mit der Ausführung beginnen, bevor der Knoten selbst einen Kontrolltoken verbraucht hat.
- Ein Kontrollfluss von einem strukturierten Aktivitätsknoten weg bedeutet: Ein Token wird nur dann produziert, wenn keine Token in dem Knoten oder in denen, die er rekursiv enthält, mehr übrig sind.

Zugriff

Außerdem gilt, dass auf einen Objektknoten, der in einem strukturierten Aktivitätsknoten enthalten ist, nur innerhalb des Knotens zugegriffen werden kann. Es gelten dieselben Regeln wie für Kontrollflüsse. Ein Input-Pin auf einem strukturierten Aktivitätsknoten bedeutet, dass im Knoten keine Aktion mit der Ausführung beginnen darf, bis alle Input-Pins Token erhalten haben. Ein Output-Pin auf einem strukturierten Aktivitätsknoten macht erst dann Token nach außen verfügbar, wenn keine Token in ihm und in den Knoten, die er rekursiv enthält, zurückbleiben.

Verschachtelung – Ebenen

Insgesamt entstehen so z.B. drei Ebenen bei der Beschreibung von Abläufen: Aktionen, strukturierte Aktivitätsknoten und Aktivitäten. Aktionen sind die Elementarbestandteile, strukturierte Aktivitätsknoten die erste Gruppierung von sinnvoll miteinander agierenden Aktionen (die erste Aggregation), Aktivitäten dann die Gesamtheit (die zweite Aggregation). Die UML-Autoren sprechen hier auch von verschachtelten Knoten.

Grafische Darstellung

Ein strukturierter Aktivitätsknoten wird durch ein Rechteck rund um seine Knoten und Kanten dargestellt. Das Rechteck hat eine gestrichelte Linie und runde Ecken. Am oberen Rand wird das Schlüsselwort <<structured>> angefügt.

10.6 Kontrollknoten

Hinführende und wegführende Kanten

Die Kontrollknoten dienen der Strukturierung des Kontrollflusses innerhalb der Aktivität. Sie haben somit immer mit Aktivitätskanten zu tun, die zu ihnen hin- oder von ihnen wegführen und die sie der Logik eines Verknüpfungsoperators unterwerfen.

Exklusives Oder

Auch wenn die Begrifflichkeit der UML-Autoren eine andere ist, so definieren sie doch ein exklusives ODER. Ist es verzweigend, kommt also eine Kante an und und gehen mehrere weg, wird es *Verzweigung* genannt. Ist es verknüpfend, kommen also mehrere Kanten und geht nur eine weg, wird es *Zusammenführung* genannt.

UND

Ebenso liegt ein logisches UND vor. Ist es verzweigend, wird es *Gabelung* genannt, ist es verknüpfend *Vereinigung*.

Weiter gibt es Knoten, die das Ende von Aktivitäten signalisieren. Für die gesamte Aktivität *Aktivitätsende* (activity final), für einzelne Kontrollflüsse *Flussende* (flow final). Ein letzter Knoten, der *Startknoten* (initial node), gibt einen Startpunkt der Aktivität an.

Abb. 10.30 gibt eine Gesamtübersicht und zeigt die grafische Darstellung:

- Die Raute für *Verzweigung* und *Zusammenführung*.
- Der Balken für *Gabelung* und *Vereinigung*.
- Der gefüllte Punkt für den *Startknoten*.
- Der Kreis mit innerem Punkt für den Knoten *Aktivitätsende*.
- Der Kreis mit einem Kreuz im Inneren für den Knoten *Flussende*.

Abb. 10.30 Kontrollknoten
und ihre grafische Darstellung

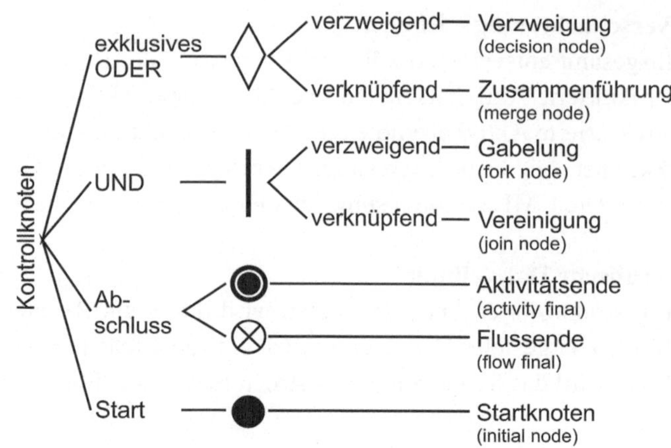

10.6.1 Verzweigung

Eine Verzweigung (decision node) repräsentiert eine exklusiv-ODER-Verknüpfung in den wegführenden Kanten, d.h., die wegführenden Kanten sind alternativ. Semantisch bedeutet dies, dass die Kanten alternative Aktionen ansteuern.

Grafische Darstellung
Die grafische Darstellung (Abb. 10.31) geht von einer Raute aus. Eine Kante führt hin, mehrere führen weg.

Beispiel
Im Beispiel von Abb. 10.32 kommt nach der Aktion *Auftragseingang* die Prüfung, ob der Auftrag angenommen oder abgelehnt wird, modelliert durch die Verzweigung. Die alternativen Ergebnisse der Prüfung werden an die weiterführenden Kanten geschrieben. Diese stoßen dann jeweils eine entsprechende Aktion an: *Auftrag ablehnen* bzw. *Auftrag annehmen*.

Variante
Es kann auch eine Bedingung für den Entscheidungsprozess definiert werden. Diese wird *decision input behavior* genannt, in einer Notiz angegeben und durch das Schlüsselwort <<decisionInput>> gekennzeichnet. Vgl. die Darstellung in Abb. 10.33.

Ein *decision input behavior* hat einen Inputparameter und einen Outputparameter. Der Inputparameter muss zu dem Objekttoken (object token) passen, der über die hinführende Kante ankommt. Dass heißt, er muss vom selben Typ sein. Das *decision input behavior* darf keine Seiteneffekte haben.

In Abb. 10.61 findet sich ein Beispiel. Dort ist die Bedingung für den Entscheidungsknoten, dass der Lagerbestand kleiner ist als die Nachbestellmarke.

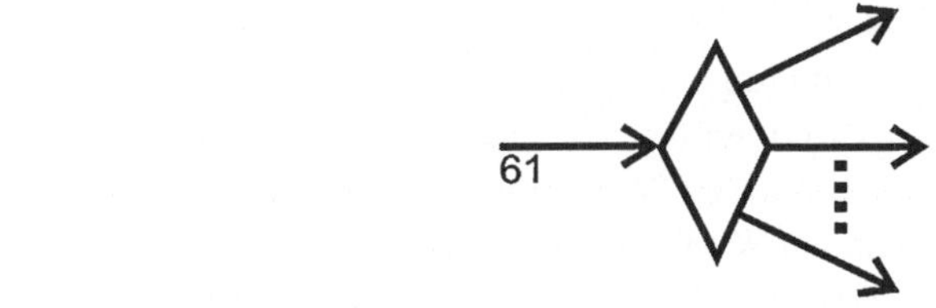

Abb. 10.31 Verzweigung mit Aktivitätskanten

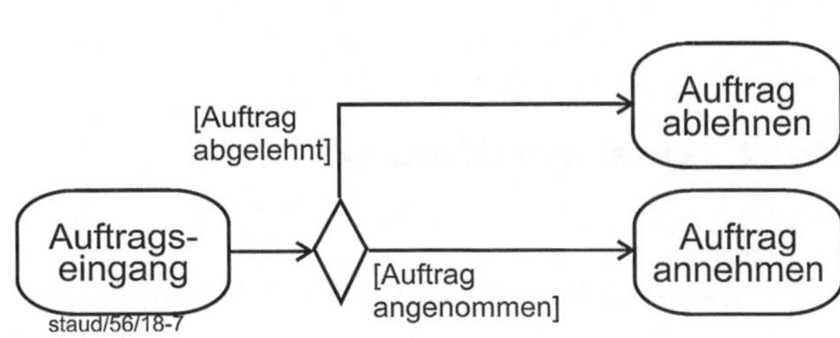

Abb. 10.32 Beispiel für den Einsatz einer Verzweigung

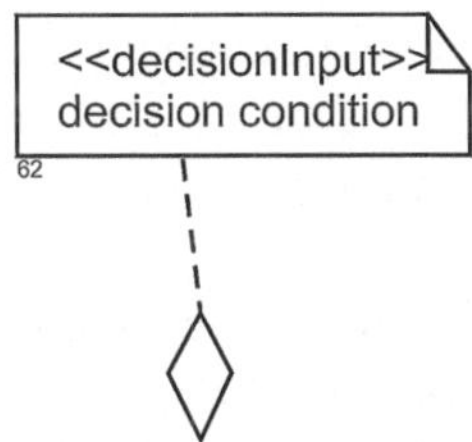

Abb. 10.33 Entscheidungsknoten mit decision input. Quelle: (OMG 2017, S. 392)

Tokenfluss nur zu einer Kante

Jeder Token, der bei einem Entscheidungsknoten ankommt, kann nur zu einer der wegführenden Kanten gelangen (dies entspricht dem exklusiven Oder). In der Sprache der UML-Autoren: Die Token werden nicht vervielfältigt.

Die hinführenden Kanten bieten den wegführenden Kanten die Token an. In der Regel bestimmen die Wächter der wegführenden Kanten, mit welcher von ihnen es weiter geht. Die Reihenfolge, in der die Wächter ausgewertet werden, ist nicht definiert. Der Modellierer sollte es so einrichten, dass jedes Token nur für eine einzige wegführende Kante gewählt werden kann, um eine „Wettlaufsituation" (vgl. Abschn. 10.10.6 und dort Abb. 10.66) zwischen den wegführenden Kanten zu vermeiden (OMG 2003, S. 320).

Restkategorie – Else

Für den Fall, dass keine der wegführenden Kanten einen Token akzeptiert, sollte ein „Else-Wächter" definiert werden (für höchstens eine Kante). Dieser kommt also dann zu Wirkung, falls der Token von allen anderen wegführenden Kanten nicht akzeptiert werden kann. Das entspricht der üblichen Restkategorie, die bei solchen Verzweigungen immer berücksichtigt werden muss, bzw. dem Else-Zweig in der Programmierung von Verzweigungen.

Tokenfluss bei decision input behavior

Falls Bedingungen für den Entscheidungsknoten durch ein *decision input behavior* definiert sind, wird jeder Token zuerst bezüglich dieser Bedingungen geprüft, bevor der Abgleich mit den Wächtern der wegführenden Kanten erfolgt. Das Ergebnis dieser Prüfung steht den Wächtern zur Verfügung.

Decision input behaviors wurden eingeführt, um redundante Neuberechnungen in Wächtern zu vermeiden.

10.6.2　Zusammenführung

Verschmelzer

Eine *Zusammenführung* (merge node) repräsentiert eine exklusive Oder-Verknüpfung in den hinführenden Kanten, d.h., die hinführenden Kanten sind alternativ. Es handelt sich somit um einen Kontrollknoten, zu dem mehrere Aktivitätskanten hinführen und von dem genau eine wegführt. Seine Aufgabe ist es, Kontrollflusszweige, die zuvor z.B. im Rahmen einer Verzweigung aufgeteilt wurden, wieder zusammenzuführen.

Grafische Darstellung

Abb. 10.34 zeigt die grafische Darstellung. Sie geht wiederum, wie bei einer Verzweigung, von einer Raute aus. Hier kommen nun aber zuführende Aktivitätskanten und genau eine wegführende dazu.

Beispiel

Im Beispiel in Abb. 10.35) erfolgt der Versand einer Paketsendung entweder mit DHL, mit DPS oder mit UPS. Anschließend wird die Rechnungsstellung angestoßen.

Der Tokenfluss

Alle Token der ankommenden Kanten werden den wegführenden angeboten. Da immer nur eine hinführende Kante aktiv wird, wird genau ein Token weitergereicht.

Abb. 10.34 Zusammenführung
mit Aktivitätskanten. Quelle:
(OMG 2017, S. 392)

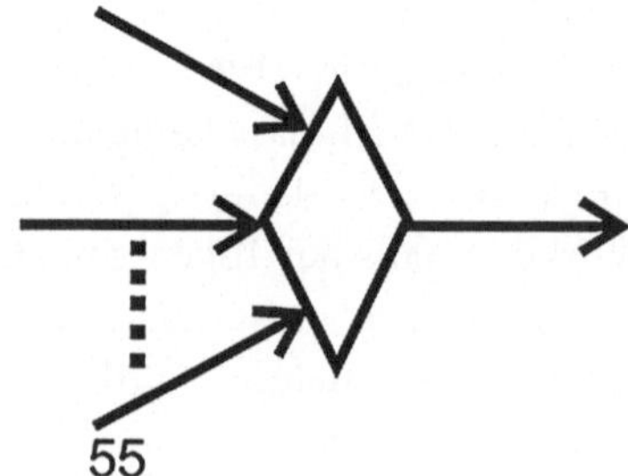

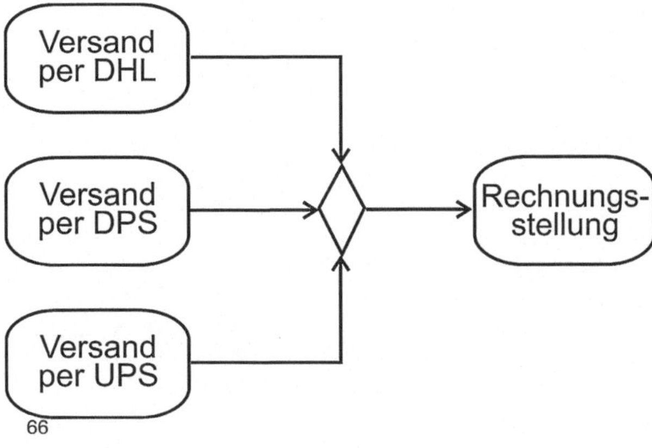

Abb. 10.35 Beispiel für den Einsatz einer Zusammenführung

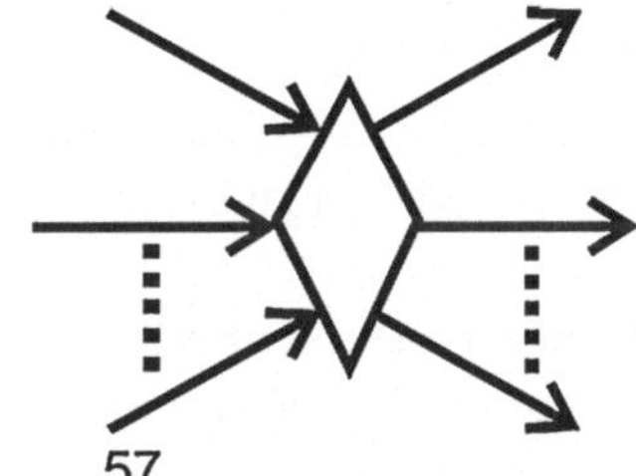

Abb. 10.36 Zusammenführung und Verzweigung zusammen. Quelle: (OMG 2017, S. 392)

Zusammenführung + Verzweigung

Es kommt vor, dass eine Zusammenführung und eine Verzweigung unmittelbar hintereinander folgen. Dann können die beiden Knoten grafisch zusammengefasst werden, wie es Abb. 10.36 zeigt.

In Bezug auf die Semantik bedeutet dies, dass in einer konkreten Situation genau eine der ankommenden Kanten aktiv wird und dass der Kontrollfluss zu genau einer der wegführenden Kanten führt.

Beispiel

Die Situation im folgenden Fragment in Abb. 10.37 kann man sich wie folgt vorstellen: Ein Handelshaus hat einen Teil der Kunden schon auf Rechnungen umgestellt, die per E-Mail verschickt werden. Die meisten erhalten aber die Rechnung noch per Brief. Wenn dann eine Paketsendung fertig und verschickt ist, muss entschieden werden, auf welche Weise anschließend die Rechnung verschickt wird.

10.6.3 Gabelung

Ein Gabelung (fork node) repräsentiert eine Und-Verknüpfung in den wegführenden Kanten, d. h., alle wegführenden Kanten werden aktiviert, wenn der Kontrollfluss beim Knoten ankommt. Nur eine Kante darf ankommen. Ist diese ein Objektfluss, sollen alle

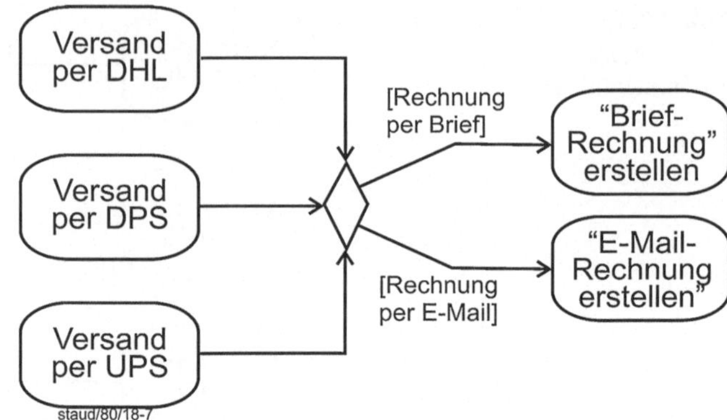

Abb. 10.37 Zusammenführung und Verzweigung zusammen

abgehenden auch Objektflusskanten sein. Genauso für Kontrollflusskanten (OMG 2017, S. 388).

Gabelungen wurden eingeführt, um Parallelität von Kontrollflusszweigen in Aktivitäten modellieren zu können.

Grafische Darstellung

Die grafische Darstellung (vgl. Abb. 10.38) geht von einem Balken aus. Dazu kommen eine zuführende und mehrere wegführende Aktivitätskanten.

Beispiel

Im Beispiel von Abb. 10.39 wird zuerst die Aktion *Auftrag ausführen* ausgelöst. Diese startet dann zwei Aktionen: *Auftrag versenden* und *Rechnung senden*.

Der Tokenfluss

Die Token kommen über die hinführende Kante bei dem Knoten an. Sie werden dann allen wegführenden Kanten angeboten. Wenn das Token von allen diesen akzeptiert wurde, werden sie vervielfältigt und jeweils eine Kopie geht weiter zu einer Kante (OMG 2017, S. 388).

Wächter

Auch bei diesem Knoten sind auf den wegführenden Kanten *Wächter* möglich. Falls dies so ist, muss der Modellierer sicherstellen, dass keine Vereinigungen weiter vorne im Fluss (downstream joins) von den Token abhängen, die durch die kontrollierte Kante kommen. Falls dies nicht vermieden werden kann, sollte ein Entscheidungsknoten eingeführt werden, der für den Fall, dass der Wächter den einzigen Kantenfluss zum Vereinigungs-Knoten blockiert, den Token flussabwärts führt. Abb. 10.60 (Fehlerbehandlung) zeigt ein Beispiel. Vgl. auch die Ausführungen dort.

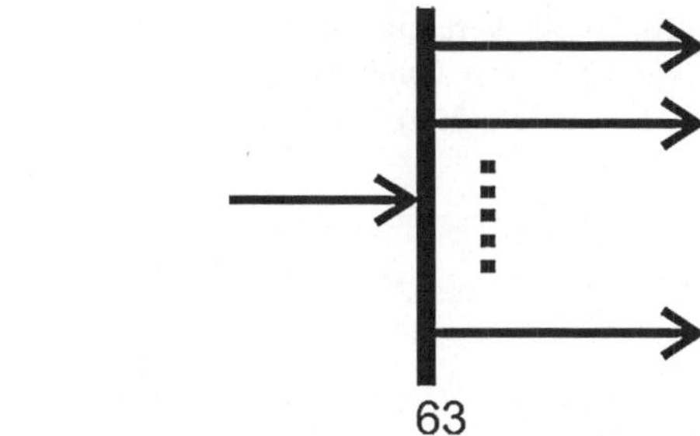

Abb. 10.38 Gabelung mit Aktivitätskanten. Quelle: (OMG 2017, S. 393)

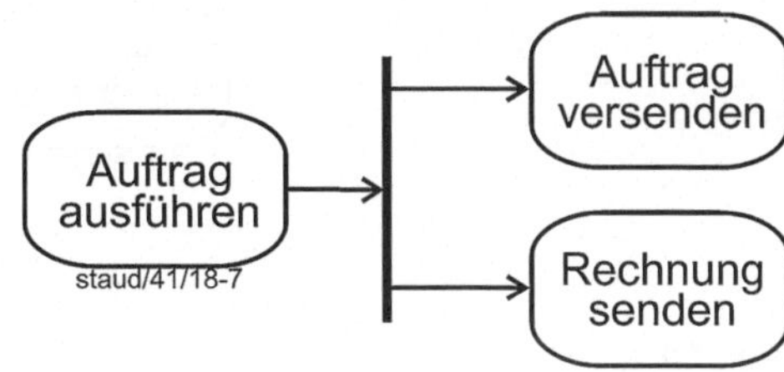

Abb. 10.39 Beispiel für den Einsatz einer Gabelung

10.6.4 Vereinigung

Eine Vereinigung (join node) repräsentiert eine UND-Verknüpfung bzgl. der hinführenden Kanten, d.h., alle hinführenden Kanten müssen aktiv werden, nur dann geht es über den Knoten weiter. Er ist somit ein Kontrollknoten, zu dem mehrere Aktivitätskanten hinführen und von dem genau eine wegführt.

Grafische Darstellung
Die grafische Darstellung (Abb. 10.40) geht wiederum, wie bei einer Gabelung, von einem Balken aus. Hier kommen nun aber zuführende Aktivitätskanten und genau eine wegführende dazu.

Beispiele
Im Beispiel von Abb. 10.41 werden zuerst Rohstoffe bereitgestellt, Fremdteile beschafft und Kapazitäten eingeplant. Erst wenn all dies geschehen ist, kann die Produktion geplant werden.

Das nächste Beispiel in Abb. 10.42 zeigt die Vereinigung in Zusammenhang mit einem Objektknoten vom Typ Signal (vgl. Abschn. 10.3.2), der Signaltoken abgibt, und mit einer Kantengewichtung, die hier einfach aussagt, dass alle Angebotsvorschläge in Betracht gezogen werden.

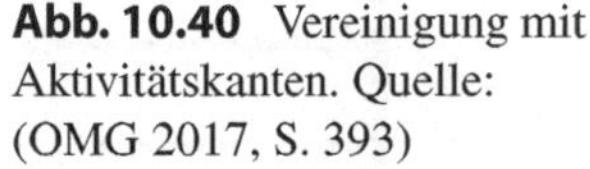

Abb. 10.40 Vereinigung mit
Aktivitätskanten. Quelle:
(OMG 2017, S. 393)

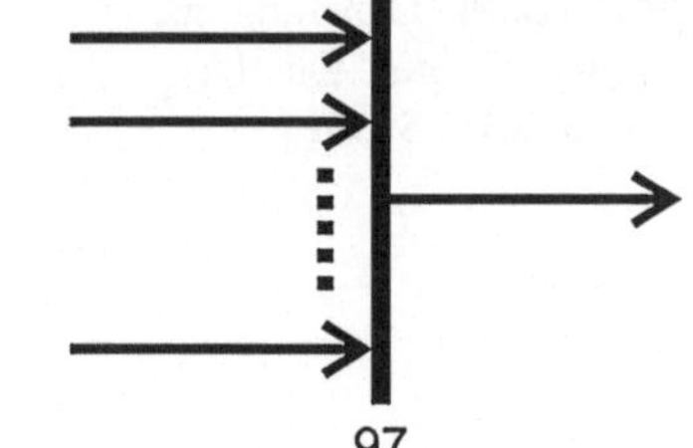

Abb. 10.41 Beispiel für den
Einsatz einer Vereinigung

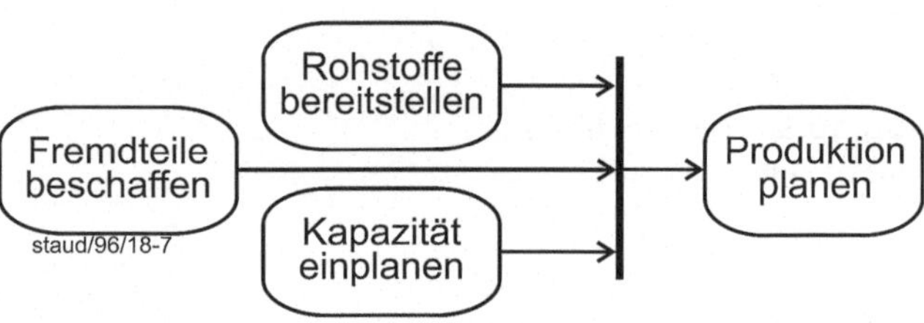

Abb. 10.42 Vereinigung mit
Signaltoken und
Kantengewichtung. In
Anlehnung an (OMG 2017,
S. 385).

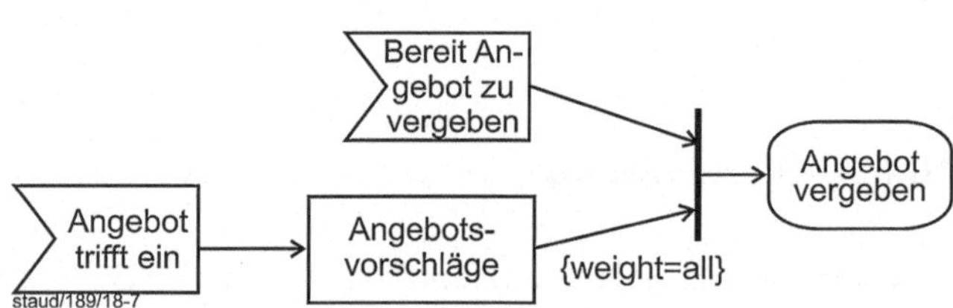

Abb. 10.42 enthält u.a. folgende Komponenten:

• Eine Gewichtung an einer Aktivitätskante
• Eine Vereinigung
• Einen einfachen Objektknoten
• Zwei Objektknoten vom Typ Signal

Außerdem die Einbindung eines Objekts in den Kontrollfluss.

Hintergrund
Kontrollflüsse synchronisieren

Die UML-Autoren führen aus, dass die Vereinigung eingeführt wurde, um Parallelität in
Aktivitäten zu unterstützen. Mit Parallelität kann dann nur gemeint sein, dass der Kontroll-
fluss über die Vereinigung erst dann weitergeht, wenn alle Aktionen *vor* den hinführenden
Kanten ausgeführt wurden. Insofern ist auch verständlich, wenn sie ausführen, dass eine
Vereinigung mehrere Kontrollflüsse synchronisiert (OMG 2017, S. 389).

Der Tokenfluss

Wenn auf allen ankommenden Kanten ein Token angeboten wird, werden der wegführenden Kante Token gemäß den folgenden Regeln angeboten (OMG 2017, S. 389) :

- Falls alle angebotenen Token Kontrolltoken sind, dann wird der wegführenden Kante ein Kontrolltoken angeboten.
- Falls einige der angebotenen Token Kontrolltoken sind und andere Datentoken, dann werden nur die Datentoken der wegführenden Kante angeboten.

Voreinstellung: AND

Die Funktionalität eines UND-Operators erläutern die UML-Autoren mit Hilfe der Token wie folgt: Das reservierte Wort „and" als Join-Spezifikation bedeutet, dass von jeder ankommenden Kante mindestens ein Token verlangt wird.

Wie sehr die Überlegungen der UML-Autoren ins Detail gehen zeigt die folgende Festlegung des Tokenflusses: Falls der wegführenden Kante Token angeboten werden, muss die Weitergabe (traversal) akzeptiert oder abgelehnt werden, bevor weitere Token der wegführenden Kante angeboten werden. Falls Token zurückgewiesen werden, werden sie der wegführenden Kante nicht länger angeboten (OMG 2017, S. 389).

Join-Spezifikation

Falls zusätzlich eine Join-Spezifikation angegeben wird, wird sie wie in Abb. 10.43 angegeben, zur Grafik hinzugefügt.

Beispiel

Das Beispiel in Abb. 10.44 enthält eine solche Festlegung des Joins. Die Festlegung besagt: Erst wenn beide Aktionen abgeschlossen sind und wenn zusätzlich die eingeworfenen Münzen den Getränkepreis abdecken, dann wird das Getränk ausgegeben.

Vereinigung und Gabelung zusammen

Ähnlich wie oben für die Zusammenführung und die Verzweigung gezeigt, können auch Vereinigung und Gabelung direkt hintereinander fallen und grafisch zu einem Element verschmelzen. Abb. 10.45 zeigt ein Beispiel.

Hier liegt zuerst eine Vereinigung vor, deren einzige wegführende Kante nicht angezeigt wird. Unmittelbar danach folgt die Gabelung, deren einzige hinführende Kante ebenfalls nicht angezeigt wird. Solche Strukturen sind bei Operatoren durchaus üblich, bei Ereignis-

Abb. 10.43 Vereinigung mit Join-Spezifikation. Quelle: (OMG 2017, S. 391)

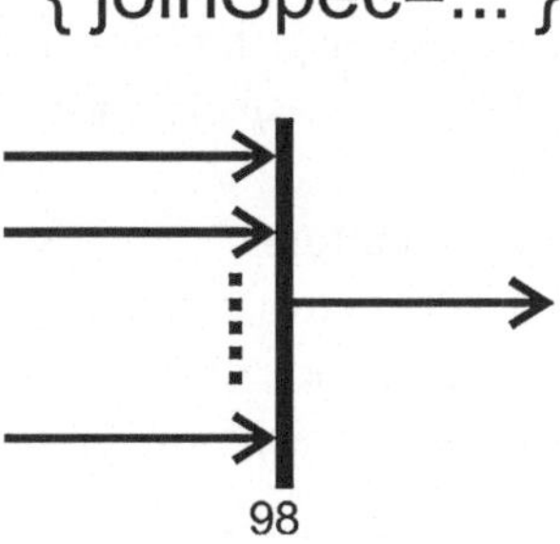

Abb. 10.44 Fragment
Getränkeautomat –
Vereinigung mit Join-
Spezifikation

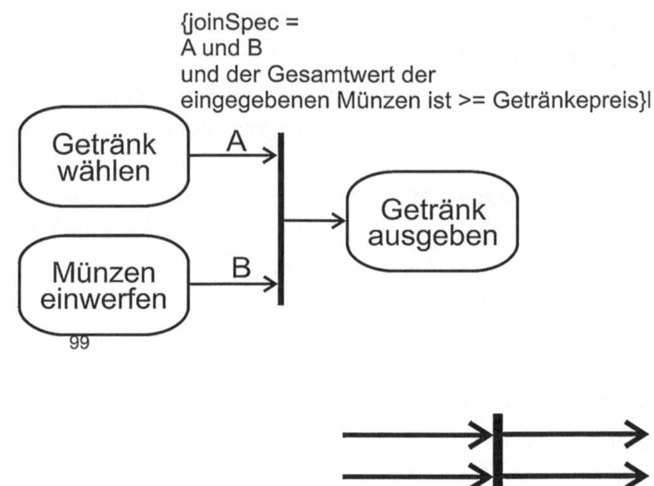

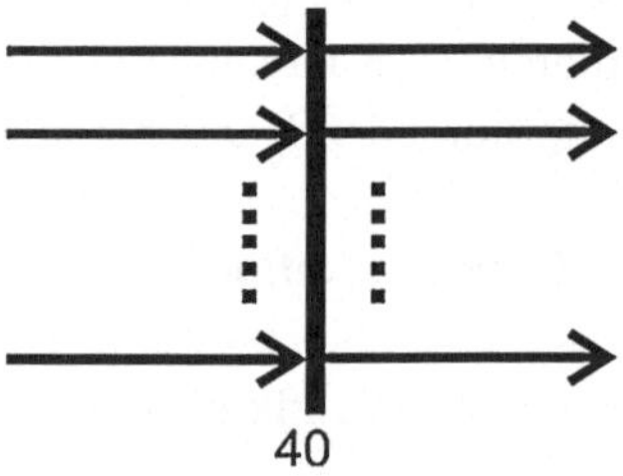

Abb. 10.45 Vereinigung +
Gabelung. Quelle: (OMG
2017, S. 391)

gesteuerten Prozessketten entsprechen dem Beispiel hier zwei unmittelbar aufeinanderfolgende UND-Operatoren in einem Operatorkreis.

10.6.5   Startknoten

Ein *Startknoten* (initial node) markiert den Start der Aktivität. Er gibt an, welcher Fluss startet, wenn die Aktivität aufgerufen wird. Eine Aktivität kann mehr als einen Startknoten haben. Wird dann die Aktivität gestartet, starten mehrere Kontrollflüsse, einer bei jedem Startknoten. Ein Startknoten hat keine ankommenden Kanten und genau eine wegführende (OMG 2017, S. 387).

Graphische Darstellung
Startknoten werden durch einen eingefärbten schwarzen Kreis dargestellt. Abb. 10.46 zeigt ein Beispiel, gleich mit einer nachfolgenden Aktion.
   Weitere Beispiele finden sich in den folgenden Aktivitäten.

Der Tokenfluss
Wenn die Aktivität startet, wird ein Kontrolltoken auf dem Startknoten platziert. Die Token in einem Startknoten werden allen wegführenden Kanten angeboten. Hat eine Aktivität mehr als einen Startknoten, wird entsprechend zu obigem auf jedem Starknoten der Token platziert.

Abb. 10.46 Startknoten –
Darstellung und Beispiel

Keine Speicherung in Kontrollknoten

Der Einfachheit halber sind Startknoten eine Ausnahme von der Regel, dass Kontrollknoten keine Token halten können, wenn diese daran gehindert werden, im Kontrollfluss voranzuschreiten. Dies ist gleichbedeutend damit, einen Pufferknoten zwischen
dem Startknoten und seinen wegführenden Kanten zwischenzuschalten (OMG 2017,
S. 388).

Außerdem weisen die UML-Autoren darauf hin, dass Kontrollflüsse auch von anderen
Knoten starten können, sodass nicht unbedingt Startknoten da sein müssen, um eine Aktivität zu starten (ebenda).

10.6.6 Schlussknoten

Es gibt zwei Aktivitätsknoten, die eine Beendigung von Kontrollflüssen modellieren: *Aktivitätsende* (activity final) modelliert die Beendigung der gesamten Aktivität, *Flussende*
(flow final) die Beendigung eines einzelnen Kontrollflusses (OMG 2017, S. 388).

Aktivitätsende

Ein Aktivitätsende stoppt, sobald es erreicht wird, alle Kontrollflüsse in einer Aktivität.
Eine Aktivität kann mehr als ein Aktivitätsende haben. Ist dies so, beendet das erste, das
erreicht wird, die Aktivität, einschließlich der Flüsse, die zu anderen Schlussknoten führen.

Grafische Darstellung

Ein Knoten *Aktivitätsende* wird, wie in Abb. 10.47 gezeigt, grafisch dargestellt.

Der Tokenfluss

Ein Aktivitätsende akzeptiert alle Token von ankommenden Kanten. Erreicht dann ein
Token einen solchen Knoten, wird die Aktivität beendet und der Token wird zerstört. Irgendwelche Objektknoten, die als Output deklariert sind, werden aus der Aktivität raus-
gegeben.

Beispiel

Im folgenden Beispielsfragment (Abb. 10.47) soll nach der Aktion *Ware versenden* die
gesamte Aktivität beendet werden.

Während obiger Knoten *Aktivitätsende* dem Üblichen entspricht, das man von Methoden der Ablaufbeschreibung kennt, zeigt der nachfolgende Knoten *Flussende* Modellie-
rungsmöglichkeiten auf, die zumindest in der Prozessmodellierung so nicht betrachtet
werden.

Abb. 10.47 Aktivitätsende –
Beispiel und grafische
Darstellung

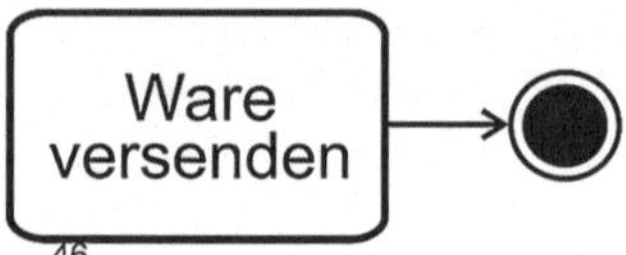

Flussende – Ein Zweig endet, alle anderen machen weiter

Ein *Flussende* ist ein Schlussknoten, der nur den Kontrollfluss beendet, mit dem er verknüpft ist, alle übrigen aber bestehen lässt. Dem liegt die Überlegung zugrunde, dass es
sinnvoll ist, wenn nur einzelne Kontrollflusszweige beendet (abgeschaltet) werden können.

Die Vorstellung der UML-Autoren ist hier also, dass eine gesamte Aktivität auch aus
voneinander unabhängigen Kontrollflusszweigen bestehen kann, die getrennt abgeschaltet
werden können. Mehr dazu unten.

Grafische Darstellung

Knoten des Typs *Flussende* werden wie in Abb. 10.48 gezeigt grafisch dargestellt.

Der Tokenfluss

Ein Flussende zerstört alle Token, die bei ihm ankommen, aber nur diese. Es hat, im Gegensatz zum Aktivitätsende, keine Wirkung auf die Token in anderen Kontrollflüssen.

Beispiel – Komponenten installieren und zusammenbauen

Im folgenden Aktivitätsfragment von Abb. 10.49 sei die Situation wie folgt: Zahlreiche
Komponenten werden gebaut und installiert. Die Aktion *Stelle Komponente her* ist in einer
Schleife. Nach jeder Komponentenherstellung wird zum einen die Aktion *Baue Komponente ein* aktiviert, zum anderen kommt es aber auch zu einem Entscheidungsvorgang, der
in der Grafik durch die Verzweigung angegeben ist. Da wird geprüft, ob weitere Komponenten herzustellen sind oder nicht. Die beiden möglichen Ergebnisse sind [weitere Komponenten zu bauen] bzw. [keine weiteren Komponenten zu bauen]. Dieser Entscheidungsvorgang wird jedesmal, nach der Herstellung jeder Komponente, durchgeführt.

Irgendwann kommt es hier zu der Entscheidung, dass keine weiteren Komponenten zu
bauen sind. Dann wird dieser Kontrollfluss (diese Wiederholschleife rund um die Herstellung) durch den Knoten *Flussende* abgebrochen.

Zweiter Teil

Betrachten wir den zweiten Teil, ab der Aktion *Baue Komponente ein*. Nach dieser Aktion
(bzw. in ihr) kommt es zur Entscheidung, ob weitere Komponenten zu installieren sind
oder nicht. Falls weitere zu installieren sind, wird ein Flussende erreicht, das diesen Kontrollflusszweig beendet. Falls keine weiteren Komponenten zu liefern sind, startet die Aktion *Anlage liefern*, nach dieser beendet ein Aktivitätsende die gesamte Aktivität.

Da die Aktion *Baue Komponente ein* direkt von *Stelle Komponente her* angestoßen
wird, gibt es keinen Anstoß mehr, wenn diese endet. Dann sollten auch tatsächlich keine
weiteren Komponenten zu installieren sein, sodass das Aktivitätsende erreicht wird.

Abb. 10.48 Flussende –
grafische Darstellung

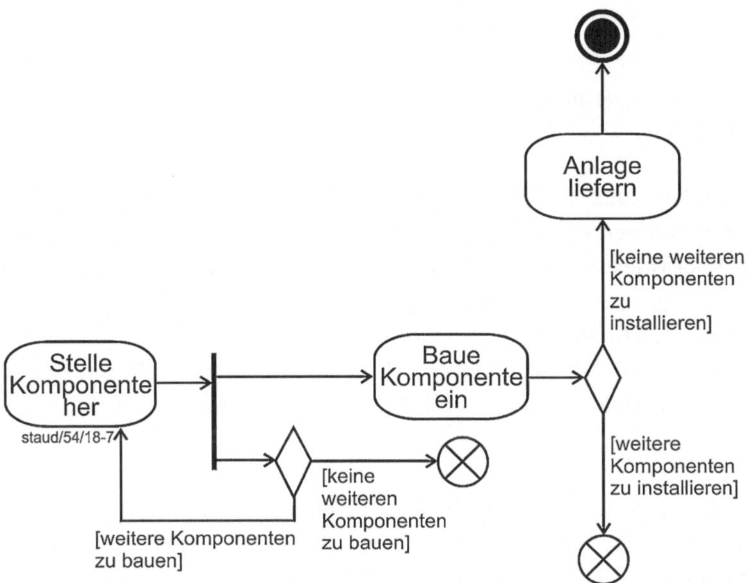

Abb. 10.49 Komponentenverarbeitung – Aktivitätsende und Flussende im Einsatz. Quelle: (OMG 2017, S. 395). Übersetzung durch den Verfasser

Weiter ohne Anstoß

Die Beschreibung in (OMG 2017, S. 395) zeigt aber, dass die UML-Autoren sich vorstellen, eine Aktion könne auch ohne unmittelbaren Anstoß durch den Kontrollfluss weiterarbeiten:

> When the last component is built, the end of the building iteration is indicated with a FlowFinalNode. However, even though all component building has come to an end, other nodes are still executing (such as Install Component).
> …, when the last component has been installed, the application is delivered. When Deliver Application has completed, control is passed to an ActivityFinalNode – indicating that all processing in the Activity is terminated. (OMG 2017, S. 395)

Hier würde also die Aktion *Baue Komponente ein* solange weitermachen, bis auch die zuletzt gelieferte Komponente eingebaut ist. Voraussetzung ist natürlich, dass alle benötigten Komponenten vorher auch hergestellt wurden.

Aktivitätsende

Danach wird dann die gesamte Aktivität beendet. In Abb. 10.49 ist dies durch den Knoten *Aktivitätsende* festgehalten.

Abb. 10.49 enthält u.a. folgende Komponenten:

- Zwei Flussenden
- Zwei Verzweigungen
- Eine Schleife (Rückschleife)
- Ein Aktivitätsende
- Eine Gabelung
- Außerdem ein Beispiel für ein unmittelbares Hintereinanderfolgen einer Gabelung und einer Verzweigung.

▶   **Vergleich EPK – AD** In Abschn. 10.11.8 wird – im Rahmen eines Vergleichs der beiden Methoden *EPK* und *AD* – zu diesem Aktivitätsdiagramm eine äquivalente Ereignisgesteuerte Prozesskette vorgestellt.

Aktivitätsende vs. Flussende

Nach der Motivation für den Knoten *Aktivitätsende* muss man nicht fragen. Jeder Modellierungsansatz, der Abläufe modelliert, hat ein solches Element.

Weitere Motive

Was aber ist die Motivation für den Knoten *Flussende* neben der oben schon angeführten, die sich aus den Anforderungen der Systemanalyse ergibt? Die UML-Autoren nennen zwei Situationen für seinen Einsatz (OMG 2017, S. 388):

Die erste Situation

Eine Aktivität beschreibt ja eine bestimmte abgegrenzte Folge von Tätigkeiten. Falls für alle Aufrufe einer solchen Tätigkeitsfolge dieselbe Aktivität benutzt wird, fließen unterschiedliche Tokenströme durch dieselbe Aktivität. In so einem Fall ist es u.U. nicht gewünscht, alle Token zu vernichten, wenn eines einen Schlussknoten erreicht. Benutzt man nun an einer solchen Stelle ein Flussende, dann werden nur die Token zerstört, die diesen erreichen, die anderen bleiben bestehen.

Das korrespondiert mit dem oben angeführten Verweis auf den Systemgedanken. Man stelle sich eine Systemkoponente vor, die von mehreren Aktivitäten benutzt wird, z.B. in einem Geldautomaten eines Parkhauses die Komponente, die Geldscheine erfasst und ihren Wert festhält. Benötigt wird Sie bei der Eingabe von Geld in den Automaten durch die Mitarbeiter, bei der Ausgabe von Geld an abhebende Kunden, evtl. bei der Rückgabe von Restgeld usw. Dann ist durchaus vorstellbar, dass eine solche Komponente „isoliert" abgeschaltet werden soll.

Die zweite Situation

Für unterschiedliche Aufrufe einer Aktivität sollen Varianten derselben benutzt werden. Dann kann durch ein Flussende erreicht werden, dass Token unterschiedlicher Aufrufe sich nicht gegenseitig beeinträchtigen.

Hintergrund

Bei der Modellierung von Abläufen hat man oft das Problem, dass man dieselbe Ablauffolge in leichter Variation benötigt. Die einfache Lösung ist, die Ablauffolge mehrfach – dupliziert – einzusetzen. Dies führt aber zu einer Vermehrung von Modelelementen, weshalb man u.U. die Variation innerhalb eines Modellelements abfängt.

Anstatt nun also eine Aktivität zu duplizieren und jeweils eine bestimmte Variante in einer Aktivität zu modellieren, fängt man die Varianten innerhalb der Aktivität ab. Dann kann es sinnvoll sein, bestimmte Kontrollflüsse bei einem Durchgang abzuschalten, die anderen aber nicht.

Tieferliegender Grund – Gesamtsicht

Obiges, zusammen mit dem Theorieelement selbst, gibt einen Hinweis auf einen tiefer liegenden Grund: Auf eine andere Sichtweise, die hier von den UML-Autoren eingenommen wird. Eine, die die Gesamtheit aller Geschäftsprozesse ins Visier nimmt und sie in einem systemähnlichen Zusammenspiel sieht. Vgl. hierzu Abschn. 10.11 und Kap. 14.

10.7 Aufruf von Aktivitäten

Aufruf aus dem Ereignisraum

Wie können Aktivitäten aufgerufen werden? Die erste Variante ist der (nicht dokumentierte) Aufruf durch externe Ereignisse. Z.B. wenn ein Kundenauftrag eintrifft, ein Angebot erstellt werden muss oder sich ein Kunde dem Geldautomaten nähert und diesen aktiviert. In Anlehnung an die Ausführungen bei den Ereignisgesteuerten Prozessketten (vgl. (Staud 2014, S. 33)) kann da vom *Ereignisraum* (des Unternehmens, der Anwendung) gesprochen werden, der sich durch das Ereignis artikuliert (vgl. unten).

Einbindung in objektorientierte Modelle

Die Ereignisse dieses Ereignisraumes werden deutlicher, wenn das objektorientierte Modell insgesamt vorliegt. Da werden (auf Systemebene) Aktivitäten üblicherweise indirekt aufgerufen, als Methoden, die an Operationen gebunden sind.

Aufruf durch eine andere Aktivität

Die zweite Variante ist, dass eine Aktivität A eine Aktivität B aufruft. Dann enthält Aktivität A eine Aktion, die diesen Aufruf signalisiert. Die folgende Abb. 10.50 zeigt ein Beispiel. In Aktivität A gibt es das Aktionssymbol *Angebotserstellung* mit dem angeführten Symbol, das eine gleichnamige Aktivität aufruft und dort den Startknoten aktiviert.

Diese aufrufende Aktion ist genauso in den Kontrollfluss eingebettet wie eine normale Aktion. D.h., sie hat neben einer hinführenden auch eine wegführende Aktivitätskante. Vgl. hierzu das Beispiel in den Abb. 10.63 und Abb. 10.64.

Abb. 10.50 Aufruf einer
Aktivität durch eine Aktion
einer anderen Aktivität. Quelle:
(OMG 2017, S. 456).
Übersetzung durch den
Verfasser

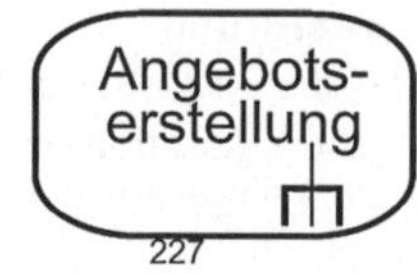

10.8   Aktivitäten aufteilen – Träger zuordnen

Ähnlichkeit zwischen Aktionen

Das Problem, den Aktionen einer Aktivität die Träger (z.B. die Organisationseinheiten) zuzuordnen, lösen die UML-Autoren wie folgt: Sie führen ein allgemeines Konzept ein, Ähnlichkeit zwischen Aktionen erfassen zu können und nennen dies *activity partition*. Im Falle
der Träger von Aktionen besteht dann die Ähnlichkeit darin, denselben Träger zu haben.

Grafisch wird dies auf unterschiedliche Weise realisiert. Zum Beispiel über sog.
Schwimmbahnen, wie es Abb. 10.51 zeigt.

Das Beispiel von Abb. 10.51 ist vom einleitenden Teil (Abb. 10.1) bekannt, die Aktivität *Auftragsbearbeitung*.

Die Aktivität *Auftragsbearbeitung* in Abb. 10.51 enthält folgende Komponenten:

- Eine Zuweisung von Organisationseinheiten durch Schwimmbahnen
- Eine Verzweigung
- Eine Vereinigung
- Eine Gabelung
- Eine Zusammenführung
- Einen Startknoten
- Einen Schlussknoten *Aktivitätsende*

Außerdem ein Objekt im Kontrollfluss.

Träger in Bahnen

Dabei wird die gesamte Aktivität in Bahnen aufgeteilt, in denen sich jeweils die Aktionen
eines Trägers befinden. Im obigen Beispiel ist die oberste Bahn der Abteilung *Auftragsbearbeitung* zugeordnet. Entsprechend sind in ihr die Aktionen *Auftragseingang*, *Auftrag
ausführen*, *Lieferung* und *Auftrag schließen* angesiedelt.

Die zweite Bahn enthält die Aktionen, die durch das *Finanzwesen* realisiert werden, die
dritte die vom *Kunden* realisierte Aktion. Das ist hier – natürlich – der Zahlvorgang. Der
Objektknoten, der ja jetzt nicht nur eine Wanderung von einer Aktion zur nächsten signalisiert, sondern auch den Wechsel der Bahn, wird auf die Grenzlinie gesetzt.

Die Lösung mit Schwimmbahnen nutzen viele Ansätze zur Modellierung von Abläufen, z.B. auch die BPMN (vgl. Staud 2017). Sie ist geeignet, falls es sich um eine über-
schaubare Anzahl von Organisationseinheiten handelt.

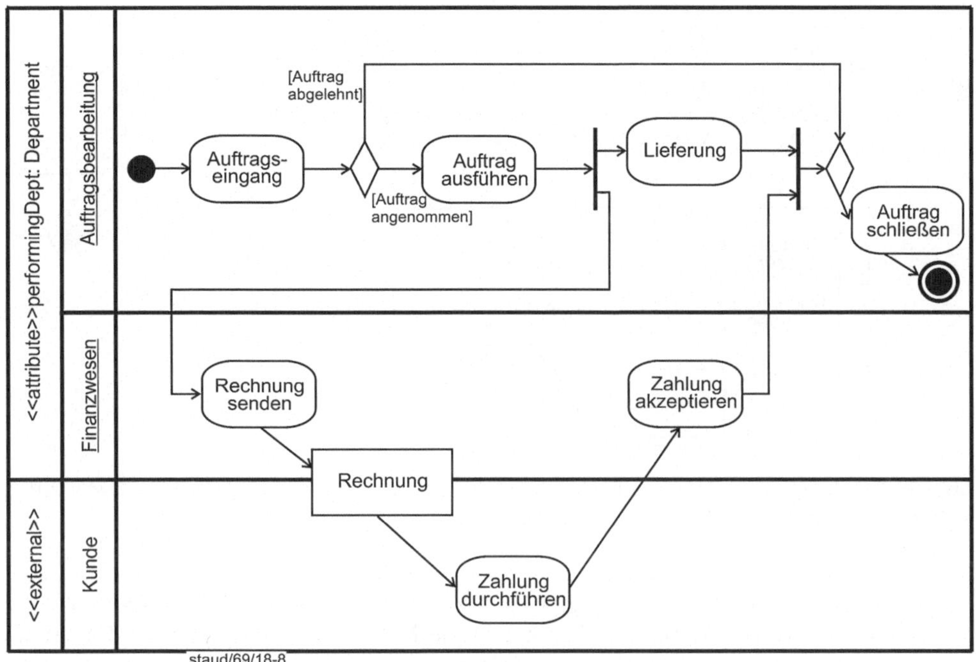

Abb. 10.51   Aktivität Auftragsbearbeitung – mit Schwimmbahnen. Quelle: (OMG 2017, S. 410) – leicht verändert. Übersetzung durch den Verfasser

Mehrdimensionale Schwimmbahnen

Die Lösung mit Schwimmbahnen gibt es auch mehrdimensional. Vgl. (OMG 2017, S. 410f) und insbesondere Figure 15.72, wo in der einen Dimension die Abteilungen und in der anderen die geografischen Standorte angesiedelt sind. Eine solche Lösung ist jedoch nur möglich, falls nicht mehr als zwei Dimensionen vorliegen und diese nur wenig Ausprägungen haben.

Träger zu den Aktionen

Eine weitere von den UML-Autoren vorgeschlagene Lösung besteht darin, im Symbol für die Aktionen die Träger zu vermerken, so wie es die folgende Abb. 10.52 zeigt.

Im Anschluss an die Ausführungen oben kann diese Variante für die Einbindung von Organisationseinheiten nur sehr begrüßt werden. Sie erlaubt auch die Modellierung größerer Modelle mit zugeordneten (zahlreichen) Trägern von Aktionen.

Es bleibt allerdings die Frage, was getan werden muss, wenn z.B. mehrere Organisationseinheiten Träger einer Aktion sind, was in Geschäftsprozessen oft vorkommt. Dies würde sehr unübersichtlich. Auch diese Lösung erscheint daher stark vom Umfeld *System* her geprägt, wo die Zahl der Akteure sich bei einem Modellelement doch arg in Grenzen hält – im Gegensatz zu Geschäftsprozessen. Hier schlägt also die Orientierung an Systemen sogar bis in die konkrete Gestaltung der Grafik durch.

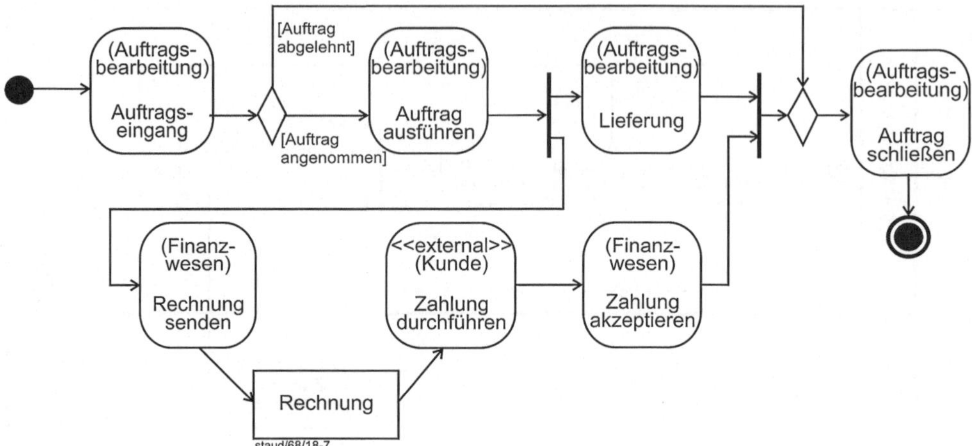

Abb. 10.52 Aktivität Auftragsbearbeitung – mit Trägern bei den Aktionen. Quelle: (OMG 2017, S. 410), leicht verändert. Übersetzung durch den Verfasser

Offen bleibt auch, wie Beziehungen zwischen den Organisationseinheiten einer Aktion modelliert werden könnten („Das macht die Materialwirtschaft mit der Lagerhaltung *oder* mit der Produktionsplanung"). Eine solche Struktur liegt in der Praxis tatsächlich oft vor.

10.9 Die zeitliche Dimension und die Ereignisse

10.9.1 Ereignisse im Zeitablauf

Alle theoretischen Ansätze, die Abläufe bzw. Tätigkeitsfolgen modellieren, müssen die zeitliche Dimension mitberücksichtigen. In der Version 2.5 der UML geschieht dies auch, wobei die Konzepte zur Einbeziehung von Zeitaspekten sehr eng mit dem Ereigniskonzept zusammenhängen, weshalb hier beide gemeinsam betrachtet werden.

Keine explizite Berücksichtigung der Zeit
Ähnlich wie bei Ereignisgesteuerten Prozessketten und Business Process Diagrams (der BPMN) ist bei Aktivitäten keine explizite Berücksichtigung der Zeitachse vorgesehen. Nur in der Erfassung des Hintereinanderfolgens der einzelnen Aktionen wird zumindest die relative zeitliche Position der Aktionen erfasst. Mit den Aktivitätskanten und den verschiedenen Knoten ist dies umfassend modelliert und im Kontrollfluss festgehalten. Ähnlich sehen es auch die UML-Autoren:

> The UML does not provide for the specification of a time metric, but only describes sequences of executions. (OMG 2003, S. 265)

Ereignisse

Ganz anders mit Ereignissen. Diese müssen als Konzept bei der Modellierung von Abläufen vorhanden sein und sie sind es auch hier in vielfältiger Form. Booch et al. definieren wie folgt:

> Ein Ereignis ist die Spezifikation eines signifikanten Vorkommens, das sich zeitlich und räumlich zuordnen lässt. (Booch, Rumbaugh und Jacobson 2006, S. 336)

Grundsätzlich gilt hier wie bei Ereignisgesteuerten Prozessketten, dass Ereignisse entweder von außen kommen oder intern entstehen. Wobei *intern* hier bedeutet, dass das Ereignis innerhalb einer Aktivität auftritt.

Ereignisse lösen Verhalten aus

In der UML werden Ereignisse in enger Verbindung mit Verhalten gesehen: Ereignisse lösen Verhalten aus (OMG 2017, S. 472). Den umgekehrten Tatbestand, dass Verhalten auch zu bestimmten Ereignissen führt, sehen/benötigen die UML-Autoren nicht, bzw. modellieren ihn auf andere Weise, durch Festlegung der jeweils folgenden Aktionen.

Folgende unterschiedlichen Ereignisse werden hier u.a. unterschieden:

- call behavior event
- call event
- call invocation event
- change event
- invocation event
- receiving event
- send invocation event
- signal event
- start event
- termination event
- time event
- trigger event

Die meisten stellen nur Bezeichnungen für bestimmte Ereignisarten dar ohne tiefere theoretische Bedeutung, einige der v.a. durch den Tokenfluss inhaltlich begründeten werden im Folgenden erläutert.

Ereignisauftreten

Um ihr Theoriegebäude lückenlos zu halten, benötigen die UML-Autoren auch ein Theorieelement für den Zeitpunkt, in dem ein Ereignis eintritt. Dies ist das *Ereignisauftreten (event occurrence)*. Mit diesem Konzept wird auch die Beziehung zwischen Ereignissen und Aktionen hergestellt, indem die UML-Autoren definieren, dass das *Auftreten von Ereignissen* Zeitpunkte darstellt, denen Aktionen zugeordnet sind (OMG 2017, S. 472).

10.9.2 Verbindung von Ereignissen und Aktionen

Den UML-Autoren genügt es nicht, dass ein Ereignis eintritt und eine Aktion anstößt, hier ist dieser Vorgang detaillierter konzeptionell vorgedacht und modelliert.

Eine wichtige Rolle spielt dabei die *accept event action*. Sie ist definiert als eine Aktion, die auf das Eintreten eines Ereignisses wartet, das bestimmten Bedingungen genügt (OMG 2017, S. 472). Die „Philosophie" der UML-Autoren an dieser Stelle kann wie folgt beschrieben werden:

- Ereignisse werden durch die Objekte unabhängig von Aktionen entdeckt.
- Die Ereignisse werden durch das Objekt gespeichert. D.h., sie äußern sich durch Daten in irgendeiner Form.

Damit kann dann formuliert werden: *accept event actions* gehen mit Ereignissen um, die von dem betroffenen Objekt entdeckt werden.

Es versteht sich, dass nur Kontrollkanten zu einer *accept event action* führen dürfen. Es wäre nicht sinnvoll, Objekttoken mit ihr zu konfrontieren.

signal und signal event
Wie werden Ereignisse dann bemerkt? Z.B. als Signal und damit als *signal event*. Ist das Ereignis ein solches, dann enthält der Ergebnistoken ein *signal object*, dessen Entgegennahme durch das *owning object* das Ereignis auslöst.

Für eine solche Aktion, die auf einem *signal event* beruht, nutzen die UML-Autoren auch die Bezeichnung *accept signal action*.

time event
Ist das Ereignis ein *time event*, dann enthält der sich ergebende Token den Zeitpunkt, zu dem das Ergebnis eintrat. Für die Aktion, die darauf beruht, nutzen die UML-Autoren auch die Bezeichnung *wait time action*.

change event oder call event
Liegt ein *call event* oder ein *change event* vor, ist das Ergebnis ein Kontrolltoken.

Start einer accept event action
Falls eine *accept event action* keine ankommenden Kanten hat, startet die Aktion, wenn ihre Aktivität oder ihr strukturierter Aktivitätsknoten es tun. Außerdem gilt, dass eine solche Aktion immer in der Lage ist, Ereignisse zu akzeptieren, egal wie viele. Sie hört auch nicht auf, wenn sie ein Ereignis akzeptiert hat, sondern steht weiterhin in Warteposition, ist also weiterhin aktiv. Dies weicht ab von der ansonsten üblichen Festlegung in der UML.

Graphische Darstellung
Eine *accept event action* wird durch ein Fünfeck mit Einbuchtung dargestellt, eine *accept time event action* durch ein Stundenglas. Vgl. Abb. 10.53.

Beispiele
Das erste Beispiel in Abb. 10.54 zeigt ein „Signal", das die Stornierung eines Auftrags verlangt. Die Akzeptanz des Signals stößt dann die Aktion *Auftrag stornieren* an.

Abb. 10.54 enthält folgende Merkmale bzw. Komponenten:

- Die Modellierung eines Zeitpunkts
- Eine accept event action

Außerdem ein Signal, das eine Aktion auslöst.

Vor dem nächsten Beispiel wird noch ein weiteres Element (eine weitere Aktion) benötigt, das die Aussendung eines „Signals" modelliert.

send signal action
Send signal action ist diese Aktion, die mit ihrem Input ein einzelnes Signal (signal instance) erzeugt und zum Zielobjekt überträgt. Dort kann diese das „Feuern" einer Transition in einem Zustandsautomaten (vgl. Kap. 13) oder die Ausführung einer Aktivität veranlassen. Eventuelle Argumentwerte werden übergeben und das angesprochene „Verhalten" beginnt sofort mit der Ausführung.

Grafische Darstellung
Die grafische Darstellung erfolgt durch ein Fünfeck mit Spitze, wie es die Abb. 10.55 zeigt.

Abb. 10.53 Modellierung von Zeitpunkten – *Accept event action* und *accept time event action*. Quelle: (OMG 2017, S. 474)

Abb. 10.54 Accept event action im Einsatz

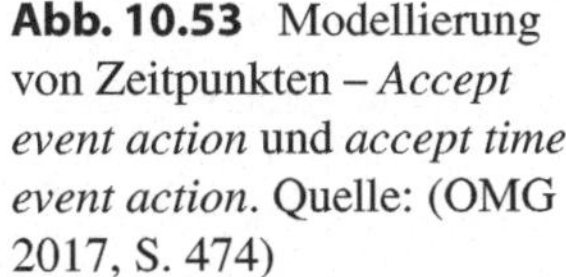

Abb. 10.55 SendSignalAction. Quelle: (OMG 2017, S. 455)

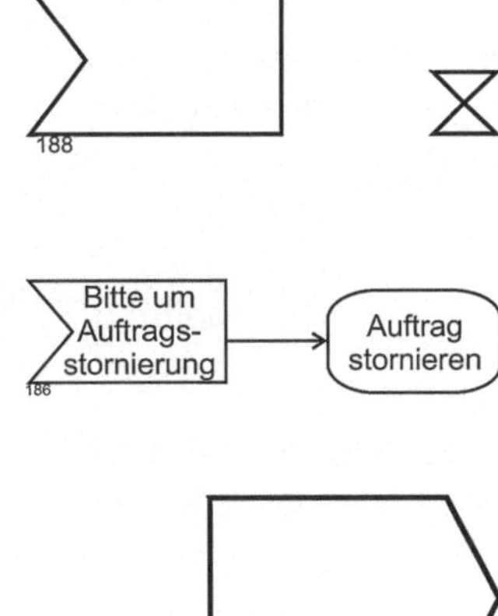

Beispiele

Auftragsverarbeitung mit Signalen

Das erste Beispiel in Abb. 10.56 ist Teil einer Auftragsverarbeitung, in der zwei Signale gesendet werden. Ein Auftrag wird auf der Basis einer Kundenbestellung bearbeitet. Das Lager wird aufgefordert, das gewünschte zusammenzustellen und zu versenden (erstes Signal). Dort wird der Auftrag ausgeführt und verschickt. Dann wird eine Rechnung erzeugt unddem Kunden zugeschickt (zweites Signal).

Zahlungsaufforderung als Signal

Im nächsten Beispiel von Abb. 10.57 wird folgender Ablauf modelliert: Wenn die Auftragsbearbeitung fertig ist, wird mit Hilfe einer *send signal action* ein „Signal" zur Zahlungsaufforderung rausgeschickt. Danach wartet die Aktivität, bis der Zahlungseingang bestätigt wird (durch das *accept event action*). Das Zahlungseingangssignal wird nur angenommen, wenn das Signal zur Zahlungsaufforderung vorher gesandt wurde. Wenn dann der Zahlungseingang bestätigt ist, wird der Auftrag verschickt.

Auf diese Weise kann das Aussenden der Rechnung und das Warten auf den Zahlungseingang auch modelliert werden. Dies ist allerdings nur für eine Grobmodellierung geeignet, da sie keine Präzisierung erlaubt.

An jedem Monatsende

Das nächste Beispiel (Abb. 10.58) zeigt die *wait time action* im Einsatz. Hier ist modelliert, dass an jedem Monatsende das Ereignis eintritt. Da diese Aktion keine hinführenden Kanten hat, ist sie so lange aktiv, wie ihre Aktivität oder ihr strukturierter Knoten.

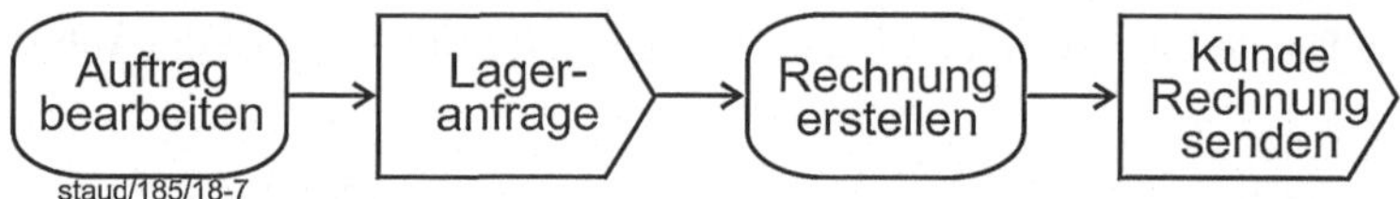

Abb. 10.56 *Send signal action* im Einsatz. Quelle: (OMG 2017, S. 457), leicht verändert. Übersetzung durch den Verfasser

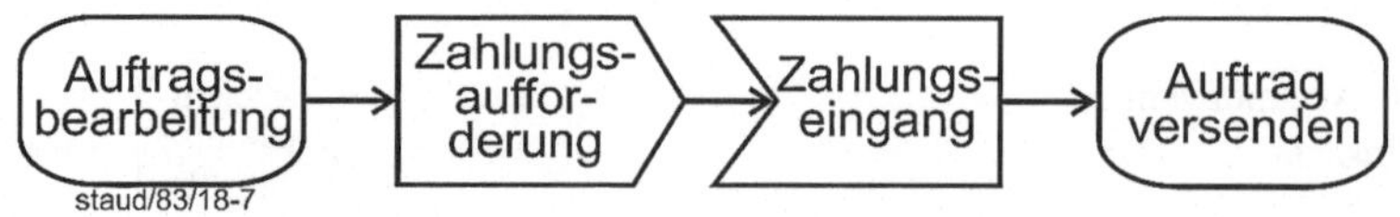

Abb. 10.57 Send signal action und accept event action im Einsatz. Quelle: (OMG 2017, S. 475). Übersetzung durch den Verfasser

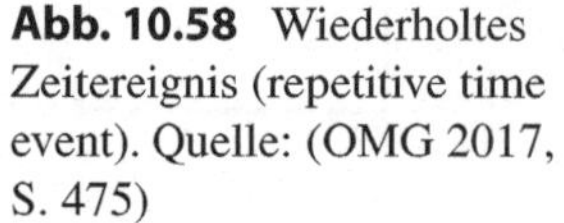

Abb. 10.58 Wiederholtes Zeitereignis (repetitive time event). Quelle: (OMG 2017, S. 475)

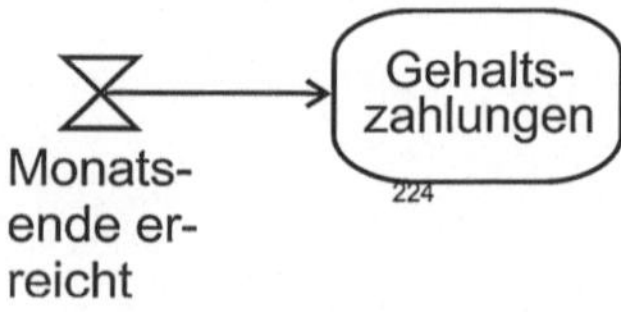

Sie erzeugt am Ende eines jeden Monats einen Output. Damit können dann monatliche Gehaltszahlungen wie in der folgenden Abbildung modelliert werden.

Abb. 10.59 zeigt dieses Element in Kombination mit einer Vereinigung. Einmal jährlich werden aus einer Personaldatenbank Daten über die Angestellten abgerufen. Danach wird die Beurteilung der Angestellten durchgeführt.

Abb. 10.59 enthält u.a. folgende Komponenten:

- Das Element *wait time action*
- Eine Vereinigung
- Einen Objektknoten des Typs Datenspeicher

Außerdem eine Aktivitätskante mit Gewichtung.

10.9.3 Verhalten von Aktionen

Aktionsausführung
Was geschieht nun genau, wenn eine Aktion aktiviert wird? Hier haben die UML-Autoren eine sehr detaillierte Vorstellung, die auf dem Konzept der *Aktionsausführung* beruht, das in Abschn. 9.2.3 schon kurz vorgestellt wurde.

Die UML-Autoren definieren eine *Aktionsausführung* als das Laufzeitverhalten einer zur Ausführung gebrachten Aktion.

Kommt es zur Ausführung einer Aktion, wird zuerst eine solche Aktionsausführung erzeugt. Damit dies geschieht, müssen alle Voraussetzungen für die Objekt- und Kontroll-flüsse erfüllt sein, d.h. allen Input-Pins müssen Token angeboten worden sein und diese müssen sie angenommen haben.

Der Start
Die *Aktionsausführung* verbraucht die Kontroll- und Objekttoken des Input und entfernt sie von den Quellen der Kontrollknoten und von den Input-Pins. Sie ist dann in Stand ge-setzt und kann mit der Ausführung beginnen (OMG 2003, S. 281).

Abb. 10.59 Wait time action im Einsatz – repetitive time event. Auszug aus Abb. 10.62

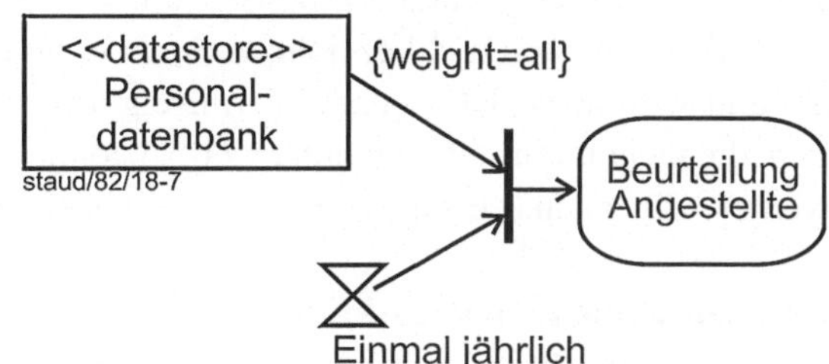

Die eigentliche Arbeit

Eine Aktion macht so lange weiter bis sie fertig ist. Die meisten Aktionen verarbeiten nur ihren Input. Einige gehen darüber hinaus und arbeiten mit Variablen aus ihrem *strukturierten Aktivitätsknoten* oder dem *self object*. Das ist das Objekt, zu dem die Aktivität gehört, in der die Aktionsausführung stattfindet.

Das Ende

Wenn sie fertig ist, bietet eine Aktionsausführung allen ihren Output-Pins Objekttoken an. Allen ihren wegführenden Kontrollkanten werden Kontrolltoken angeboten. Danach endet sie. Die Outputtoken stehen nun zur Verfügung, um die Anforderungen anderer Aktionsausführungen bzgl. der Kontroll- oder Objektflüsse zu erfüllen.

Wie lange sind Aktionen aktiv?

Grundsätzlich gilt, dass jede Aktion in einer Aktivität entweder einmal, mehrmals oder auch nicht ausgeführt werden kann (OMG 2003, S. 265). Aktionen sind, darauf weisen die UML-Autoren an dieser Stelle ebenfalls hin, eine Angelegenheit, die Zeit verbraucht, die also eine bestimmte Zeitspanne für ihre Realisierung benötigt.

Der einfache Fall, dass eine Aktion in der Abarbeitung des Kontrollflusses einmal aufgerufen und ausgeführt wird und dies in einer Wiederholschleife vielleicht auch mehrfach, ist zwar meistens gegeben, aber bei weitem nicht immer, wie die folgenden Ausführungen zeigen.

Ausnahme accept event action

Immer aktiv

Eine erste Ausnahme findet sich im Umfeld der *accept event action*. Hier wird ausgeführt, dass eine solche Aktion, wenn sie keine hinführenden Kanten hat, zusammen mit ihrer Aktivität (oder ihrem strukturierten Aktivitätsknoten) startet. Sie ist dann aber immer in der Lage, Ereignisse zu akzeptieren, egal wie viele und hört auch nicht auf, wenn sie ein Ereignis akzeptiert hat, sondern steht weiterhin in Warteposition, ist also weiterhin aktiv. Die UML-Autoren betonen aber ausdrücklich den Ausnahmecharakter dieses Verhaltens (OMG 2003, S. 217f).

Ereignisraum – Ereignisse speichern im event pool

Was der Verfasser in seinen Veröffentlichungen als *Ereignisraum* bezeichnet, die Gesamtheit aller möglichen Ereignisse um einen Geschäftsprozess herum, kennen die UML-Autoren auch und bezeichnen es als *event pool*. Dieser ist einem Objekt zugeordnet und wird auch dafür verwendet, Ereignisse zu speichern (ihr Erscheinen festzuhalten), die nicht unmittelbar genutzt werden können. Später können sie dann berücksichtigt werden. Ein solcher Ereignisspeicher wird auch *input event pool* des Objektes genannt.

Implizite Schleife in der Aktion?

Eine Aktion macht so lange weiter, bis sie „abgearbeitet" ist (OMG 2017, S. 443). Auch in den Abschnitten zu den Schlussknoten (Flussende und Aktivitätsende) und in den Beispielen gewinnt man den Eindruck, dass sich die UML-Autoren vorstellen, dass eine Aktion längere Zeit „weitermacht", also ihre Leistung (z.B. Komponenteneinbau) nicht nur einmal erbringt, sondern mehrfach. Z.B. über eine implizite Schleife.

Vgl. dazu die Abb. 10.49. Sie entspricht (OMG 2017, S. 395). Bei diesem Beispiel führen die UML-Autoren aus, dass nach dem Bau der letzten Komponente der Knoten *Flussende* greift und die Herstellung der Komponenten endet, dass anderes Verhalten aber weiterhin aktiv ist, hier die Aktion *Baue Komponente ein*.

Wenn es nicht so wäre, wäre auch das Beispiel sinnlos. Der Komponenteneinbau geht also so lange weiter, bis alle Komponenten verbaut sind.

Das Streaming-Konzept

Das oben besprochene streaming-Konzept durchbricht ebenfalls das einfache Schema „Aktion wird gestartet – läuft ab – ist beendet". Der Zusatz {stream} an einem Pin erlaubt einer Aktion, Token anzunehmen, *während die Aktion bereits ausgeführt wird*. M.a.W.: Damit können dann z.B. Objekte jederzeit während der Ausführung einer Aktion ankommen, nicht nur am Anfang.

Dies gilt immer, wenn ein Verhalten mit streaming-Parameter aufgerufen wird.

Obige Regeln gelten somit für Input, der ankommt, nachdem ein Verhalten gestartet wurde und für Output, der verschickt wird, bevor das Verhalten endet (Stream-Inputs und Stream-Outputs).

Mehrfach aktiv?

Normalerweise kann ein Verhalten, das bereits aktiv ist, nicht nochmals gestartet werden. Dies geht erst wieder, wenn der Aufruf abgearbeitet ist. Manchmal ist aber auch der andere Fall wünschenwert bzw. nötig. Die UML-Autoren definieren wie folgt:

- Kann ein Verhalten zu ein und demselben Zeitpunkt mehrfach aktiv sein, dann wird es *reentrant* genannt.
- Kann ein Verhalten zu einem Zeitpunkt nur einmal ausgeführt werden, dann wird es *non-reentrant* genannt.

(OMG 2017, S. 287)

Präzisierung durch Token

Ein Aufruf eines Verhaltens vom Typ *non-reentrant* führt somit nicht zum Start des Verhaltens, wenn das Verhalten bereits ausgeführt wird. In diesem Fall versammeln sich die Tokens an den Input-Pins der aufrufenden Aktion (invocation action), falls ihre obere Grenze[2] größer als eins ist, oder woanders stromaufwärts (weiter vorn im Fluss).

Der Aufruf eines Verhaltens vom Typ *reentrant*, das bereits aktiv ist, startet eine neue Ausführung mit neu angekommenen Token, auch wenn das Verhalten bereits mit Token des früheren Aufrufs ausgeführt wird.

---

[2]Die maximale Anzahl von Token, die in einem Knoten erlaubt sind. Objekte können nur dann in einen Knoten fließen, wenn die obere Grenze noch nicht erreicht ist.

reentrant und streaming

Ein Verhalten vom Typ *reentrant* kann keine streaming-Parameter haben, da dabei grundsätzlich mehrere Ausführungen des Verhaltens zur selben Zeit stattfinden und es schwer zu klären wäre, welche Ausführung die streaming-Token erhalten sollte (OMG 2017, S. 287) (OMG 2003, S. 353).

10.9.4 Token

In Abschn. 8.6 wurde das Token-Konzept grundsätzlich eingeführt, danach wurde es öfters bei anderen Theorieelementen thematisiert, jetzt kann es ergänzend beschrieben werden.

Inputtoken

Ein Knoten (node) in einem Aktivitätsdiagramm ist immer etwas Dynamisches, da er ja aus einer „subordinate unit" oder gleich aus Aktivitäten besteht. Ihn zu aktivieren heißt Aktionen auszulösen. Er beginnt mit der Ausführung, wenn bestimmte Bedingungen auf seinen *Inputtoken* erfüllt sind. Die möglichen Arten von Bedingungen hängen von der Art des Knotens ab. Wenn der Knoten mit der Ausführung beginnt, werden Token von seinen Inputkanten (von einigen oder auch allen) akzeptiert und der Token ist dem Knoten zugeordnet.

Outputtoken

Wenn dann ein Knoten die Ausführung beendet, wird ein Token von dem Knoten entfernt und einigen oder allen seinen Outputkanten werden Token angeboten.

Kontrolltoken

In Zusammenhang mit der Semantik des Operators *Vereinigung* findet sich folgende Beschreibung, die den Umgang mit *Kontrolltoken* klärt:

> If all the tokens offered on the incoming edges are control tokens, then one control token is offered on the outgoing edge. (OMG 2003, S. 339)

So kann man die „Semantik" dieses Operators treffend beschreiben.

Kontrolltoken und Startknoten

In Bezug auf die Startknoten gilt: Wenn die Aktivität gestartet wird, wird dem Startknoten ein Kontrolltoken zugeordnet. Dieser wird dann allen abgehenden Kanten angeboten (OMG 2003, S. 335). Hat eine Aktivität mehr als einen Startknoten, dann werden beim Start der Aktivität mehrere Flüsse gestartet, für jeden Startknoten einer, mit je einem Kontrolltoken (ebenda).

Token und Schlussknoten

Ein Schlussknoten akzeptiert alle Token der ankommenden Kanten. Kommt ein Token bei einem Aktivitätsende an, werden alle Kontrollflüsse in der zugehörigen Aktivität abgebrochen. Dass heißt, die Aktivität ist beendet, der Token und alle übrigen noch irgendwo aktiven werden zerstört.

Token und Kontrollknoten

Token können bei Kontrollknoten nicht verweilen, um auf das Weitergehen im Kontrollfluss zu warten. Kontrollknoten dienen nur als Steuerelemente. Sie verwalten Token auf ihrem Weg zwischen Objektknoten und Aktionen. Dort, in Objektknoten und Aktionen, können die Token für eine bestimmte Zeit verweilen. Eine Ausnahme von dieser Regel sind die Startknoten.

Tokenflussregeln

Knoten und Kanten haben Tokenflussregeln. Knoten kontrollieren, wenn Token reinkommen oder rausgehen. Kanten haben Regeln dafür, wann ein Token vom Quellknoten genommen und zum Zielknoten transportiert werden darf.

Durchqueren einer Kante

Ein Token „durchquert" eine Kante, wenn er die Regeln für Zielknoten, Kante und Quellknoten erfüllt. Das bedeutet, dass ein Quellknoten den weggehenden Kanten nur Token *anbieten* kann, er kann sie nicht der Kante aufzwingen, weil die Token von der Kante oder dem Zielknoten abgewiesen werden können.

Abschließend noch einige weitere Aspekte, die das Token-Konzept der UML-Autoren verdeutlichen:

- Es gibt Interaktionen zwischen ihnen.
- Token können Engpässe erreichen, auf andere Token warten, die vor ihnen sind und die weiter flussabwärts gehen sollen.
- Token können sich gegenseitig vernichten mit den Knoten Aktivitäts- und Flussende.
- Token werden den Input-Pins von Aktionen angeboten.
- Token können von Aktionen verbraucht werden.
- Es gibt auf einem Knoten *Inputtoken* und *Outputtoken*.

Wandernde Token

Zusammengefasst kann festgehalten werden, dass mit dem Element der *Token* die vielen Flüsse in Systemen, Abläufen und Geschäftsprozessen veranschaulicht werden. Die UML-Autoren stellen sich den Kontrollfluss, bzw. die Flüsse von Kontrollinformationen, Objekten und Daten als „wandernde Token" vor.

10.10 Beispiele

Hier nun – zur Verdeutlichung und Vertiefung – einige einfache Beispiele zu den oben eingeführten Strukturen und Elementen.

10.10.1 Fehlerbehandlung

Stellen wir uns einen Hersteller von mechanischen Geräten vor, dem Geräte zur Reparatur eingeschickt werden und der diese bearbeitet (Abb. 10.60). Die erste Aktion (ganz links) beschreibt den Vorgang, dass der Fehler dokumentiert wird. Danach wird mit Hilfe einer Gabelung zum einen die Reparatur veranlasst, zum anderen zu einer Entscheidung weitergeleitet, die klärt, ob es sich um einen Fall der Priorität 1 handelt oder nicht. Die Entscheidung wird mit einer Verzweigung modelliert.

Wächter
Die Bedingung für die Alternative ([priority=1]) wird als Wächter (guard) bezeichnet. Ist also die Priorität so hoch, wird die Bedeutung des Fehlers eingeschätzt (für Wartung, Produktion usw.) und die Produktionsplanung (PP) überarbeitet.

Im anderen Kontrollflusszweig wird das Gerät repariert und dann getestet. Auf der rechten Seite kommt zuerst eine Zusammenführung, die die beiden alternativen Zweige von [priority=1] und [else] zusammenführt. Dann eine Vereinigung für die beiden durch die Gabelung entstandenen Zweige. Erst wenn diese realisiert ist, geht es zur Freigabe des Geräts weiter.

Hier kann man nun erkennen, was die UML-Autoren mit ihrem öfters thematisierten *stromabwärts wartenden Join* meinen. Stellen wir uns vor, bei der Verzweigung gäbe es den „Else-Zweig" nicht. Dann würde, läge keine Priorität 1 vor, der obere Zweig niemals bei der Vereinigung ankommen und würde niemals überwunden. Deshalb empfehlen sie in einer solchen Konstellation die Einführung eines Else-Zweiges (OMG 2003, S. 296f).

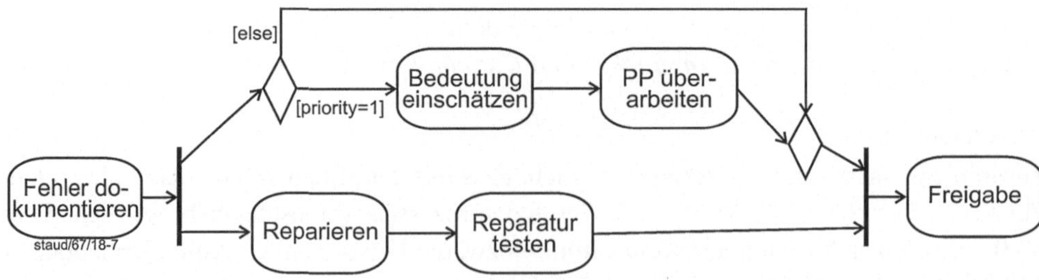

Abb. 10.60 Aktivität *Fehlerbehandlung*. Quelle: In Anlehnung an (OMG 2017, S. 384). Übersetzung durch den Verfasser

Abb. 10.60 enthält u.a. folgende Komponenten:

- Eine Verzweigung
- Eine Vereinigung
- Eine Gabelung
- Eine Zusammenführung
- Einen „Else-Ausgang"
- Einen Wächter

Außerdem wird hier ein Problem von oben geklärt, der „flussabwärts wartende Join" (vgl. Abschn. 10.6.3).

10.10.2   Lagerentnahme

Die erste Aktion (Abb. 10.61) links modelliert eine Lagerentnahme bzgl. einer Auftragsposition des zu bearbeitenden Auftrags. Die nachfolgende Gabelung stößt zum einen die Aktion *Vorbereitung Lieferung*, zum anderen eine Prüfung an, ob der Lagerbestand noch ausreichend ist (vgl. den *decision input)*.

decision input

Die Prüfung wird durch eine Verzweigung modelliert und durch Angabe des *decision input* präzisiert. Es wird geprüft, ob nach der Lagerentnahme der Lagerbestand unter die Nachbestellmarke gefallen ist. Falls dies so ist, erfolgt eine Nachbestellung, falls nicht, endet dieser Zweig.

Das Flussende bedeutet, dass dieser eine Kontrollflusszweig, die Aktivitätskante mit dem Ergebnis *[falsch]* aus der Prüfung, ob der Lagerbestand unter die Nachbestellmarke gefallen ist, beendet wird. Der andere Kontrollflusszweig ist weiter aktiv.

Abb. 10.61 enthält u.a. folgende Komponenten:

- Eine Verzweigung
- Eine Gabelung
- Ein Flussende

Außerdem einen „decision input

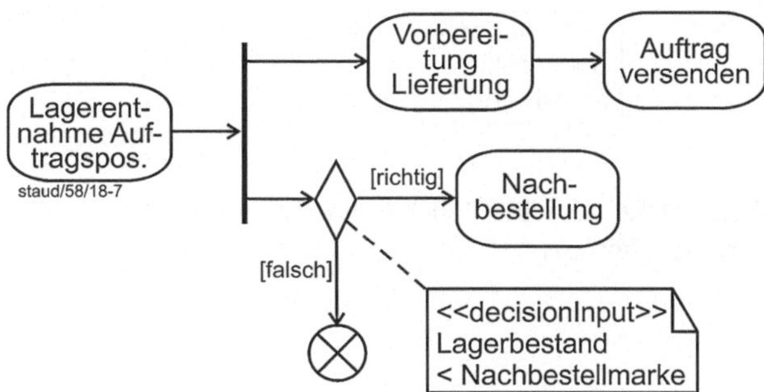

Abb. 10.61 Aktivitätsfragment Lagerentnahme. Quelle: (OMG 2017, S. 394, Figure 15.41). Übersetzung durch den Verfasser

10.10.3 Aspekte des Personalwesens

Die Aktion *Einstellung Angestellte* in Abb. 10.62 führt zu einem neuen Objekt in der Personaldatenbank. Die Aktion *Zuweisung Arbeitsgebiet* wird nur – dank des *Auswahlverhaltens* – für die Angestellten aktiviert, denen kein Arbeitsgebiet zugeordnet ist.

Einmal jährlich wird das wiederholte Zeitereignis aktiv. Mit ihm zusammen kann dann die Aktivitätskante von der Personaldatenbank die Aktion *Beurteilung Angestellte* anstoßen.

Die Gewichtung der Kontrollkante mit „weight=all" bedeutet, dass die Beurteilung für alle Angestellten vorgenommen wird.

Die beiden Vorgänge, *Einstellung Angestellte* und *Beurteilung Angestellte* hängen inhaltlich nicht zusammen. Sie sind hier wohl nur zusammengebracht worden, um den Einsatz der entsprechenden Theorieelemente aufzeigen zu können.

Abb. 10.62 enthält u.a. folgende Komponenten:

* Eine Vereinigung
* Einen Datenspeicher
* Ein wiederholtes Zeitereignis

Außerdem ein Auswahlverhalten (selection) auf einer Aktivitätskante.

10.10.4 Teiledesign und Teilebeschaffung

Dieses Beispiel umfasst zwei Aktivitäten (Abb. 10.63, Abb. 10.64), bei denen es darum geht, Standardteile bzw. -komponenten für den Bau des Flugzeuginneren zusammenzustellen. Dabei sind zwei Gruppen von Ingenieuren tätig. Diejenigen, die für das Design verantwortlich sind, die Designingenieure (design engineer), und diejenigen, die die Teile- bzw. Komponentenbeschaffung realisieren, Beschaffungsingenieure (standards engineer).

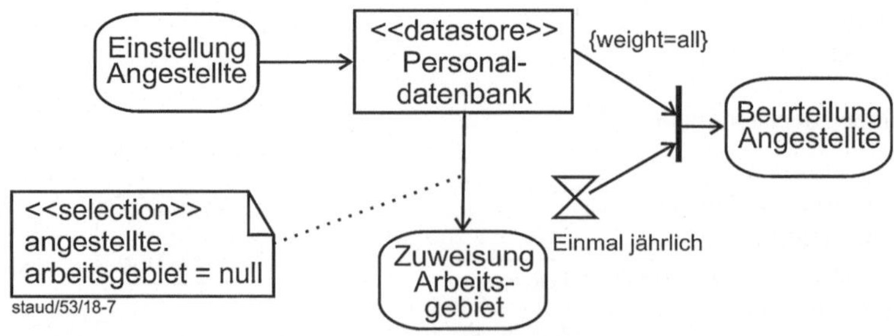

Abb. 10.62 Aktivität Aspekte des Personalwesens. Quelle: (OMG (2017, S. 402). Übersetzung durch den Verfasser

Teiledesign

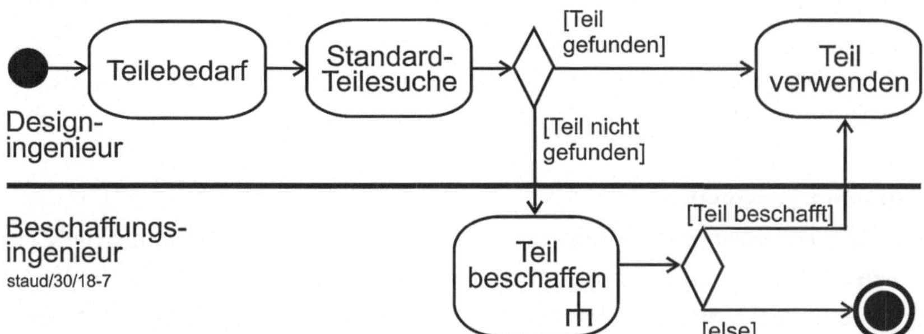

Abb. 10.63 Aktivität Teiledesign. Quelle: Leicht verändert nach (OMG 2017, S. 386, Figure 15.23). Übersetzung durch den Verfasser

Teilebeschaffung

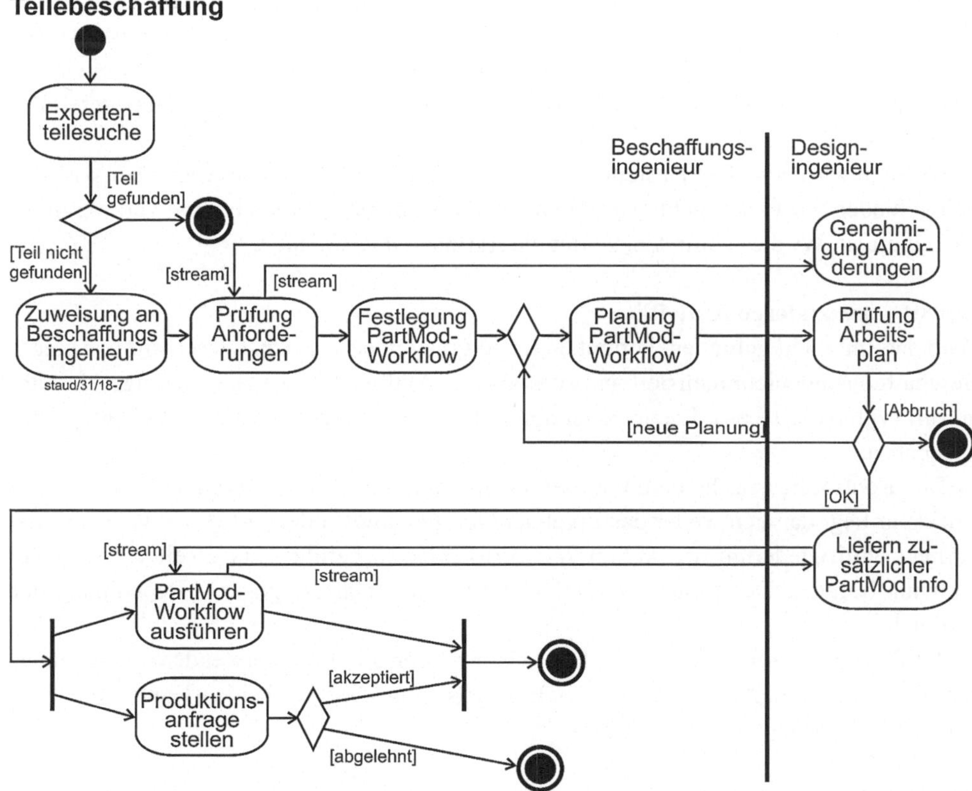

Abb. 10.64 Aktivität Teilebeschaffung. Quelle: Leicht verändert nach (OMG 2017, S. 386, Figure 15.23). Übersetzung durch den Verfasser

Die Aktivität *Teiledesign* beschreibt einige Arbeitsschritte beim Design von Teilen. Von dieser Aktivität wird die andere aufgerufen. Hier liegt also das erste Beispiel für einen Aktivitätsaufruf durch eine Aktivität vor.

Die Aktivität *Teilebeschaffung* beschreibt einige Aspekte des Suchvorgangs, wenn bestimmte Teile angefordert werden und gesucht werden müssen.

Zuordnung von Personen

In der Aktivität *Teiledesign* ist durch eine Linie in der Mitte der Abbildung die Zuordnung der Personen zu den Aktivitäten angegeben. Die Aktivitäten der oberen Hälfte werden vom Designingenieur realisiert, die der unteren Hälfte vom Beschaffungsingenieur. Diese Darstellung wählten die UML-Autoren wohl in Anlehnung an die Schwimmbahnenkonstruktion.

Aktivität Teiledesign

Der Prozess (vgl. Abb. 10.63) beginnt damit, dass der Designingenieur bei seiner Arbeit den Bedarf für ein Standardteil feststellt (Teilebedarf). Dies wurde hier von den UML-Autoren als Aktion modelliert, was etwas irritierend ist, da es sich eigentlich um ein Ergebnis handelt. Gemeint ist aber wohl einfach die Tätigkeit, die zur Erkenntnis des Teilebedarfs führt.

Dadurch wird eine Standardteilesuche angestoßen. Diese führt entweder dazu, dass das Teil gefunden wird oder nicht, was durch einen Entscheidungsknoten (eine Verzweigung) modelliert ist. Wird es gefunden, startet die Aktion *Teil verwenden*.

Aufruf einer anderen Aktivität

Wird das Teil nicht gefunden, kommt es zur Aktion *Teil beschaffen*. Diese wird von einem Beschaffungsingenieur realisiert und zwar als eine Aktion, die eine gleichnamige Aktivität aufruft (vgl. Abb. 10.64). Letzteres ist durch das Symbol rechts unten im Aktionssymbol angegeben.

Der Kontrollfluss geht damit weiter in die Aktivität *Teilebeschaffung*. Nach seiner Rückkehr liegt dann entweder das Ergebnis *[Teil beschafft]* oder *[else]* vor. Falls ersteres vorliegt wird wiederum die Aktion *Teil verwenden* ausgeführt. Für zweiteres wird die Aktivität beendet. Der weitere Verlauf bleibt unklar, auch die positive Beendigung der Aktivität.

Auffällig an diesem Beispiel ist, dass es eine Aktion gibt (Teil verwenden), zu der mehrere Kanten führen. Aus der Logik des Beispiels folgt, dass die beiden Kanten in einem exklusiven ODER – Verhältnis stehen.

Aktivität Teilebeschaffung (Abb. 10.64)

Auch in der Aktivität *Teilebeschaffung* werden den Aktionen wiederum die zwei Personengruppen *Designingenieur* und *Beschaffungsingenieur* zugeordnet. Diesmal durch eine senkrechte Linie und durch Beschriftung der jeweiligen Bereiche.

Expertenteilesuche
Die Aktivität startet mit der *Expertenteilesuche*. Diese führt zu einem gefundenen Teil
oder nicht, was durch eine *Verzweigung* (exklusives Oder) mit entsprechenden Kantenbeschriftungen modelliert wird. Ist die Suche erfolgreich, wird die Aktivität gleich wieder
beendet, modelliert durch den Knoten *Aktivitätsende*. In der übergeordneten Aktivität bedeutet dies, dass die Aktion *Teil beschaffen* abgeschlossen ist und dort die Aktivität wie
oben beschrieben zu Ende geht.

Zuweisung an Beschaffungsingenieur
War die Suche nicht erfolgreich, führt dies dazu, dass ein Standardteil verändert werden
muss. Teil dieses Prozesses ist es, die Suchbedingungen zu prüfen. Es kann sein, dass der
Flugzeugdesigner die Suche wegen der großen Anzahl von Teilen und Teilegruppen nicht
korrekt formuliert hat. Falls, mit der überprüften Suchanfrage, kein Teil gefunden wird,
führt dies zu einer Reihe von Alternativen: entweder zur Veränderung eines vorhandenen
Teils oder zur Erzeugung eines neuen Standardteils. Die Bewältigung dieser Problematik
leistet ein Beschaffungsingenieur und zwar einer, der sich im jeweiligen Bereich auskennt.
Dem wird diese Aufgabenstellung deshalb zugewiesen.

Prüfung Anforderungen
Als erstes prüft er die Anforderungen an das Teil. Dies geschieht in einem ständigen Austausch mit dem Designingenieur, im Modell ersichtlich durch den Zusatz „stream" an den
beiden Kanten, mit denen die Aktionen *Prüfung Anforderungen* und *Genehmigung Anforderungen* verbunden sind.

Genehmigung Anforderungen
Der Designingenieur muss sozusagen die Festlegungen des Beschaffungsingenieurs „ab-
segnen". Methodisch interessant sind die beiden Kanten mit dem Zusatz [stream]. Wie
oben (Abschn. 10.4.4) ausgeführt wurde bedeutet dies, dass die Aktionen aktiv bleiben,
auch wenn sie schon gestartet wurden. Hier stellen sich die UML-Autoren also ein ständi-
ges Hin und Her von Prüfung und letztendlicher Absegnung der Anforderungen vor.

Zuerst „stream"!
Modelltechnisch liegt hier eine Unschärfe in der Modellierung, bzw. Klärungsbedarf vor.
Bevor es von *Prüfung Anforderungen* weiter geht zur konkreten Klärung des weiteren Vor-
gehens (hier *Festlegung PartModWorkflow* genannt), muss die mit [stream] festgelegte
kooperative Klärung bis zur Genehmigung der Anforderungen vollständig abgeschlossen
sein. Es liegt also eigentlich eine Reihenfolge bei den Kanten vor, die von *Prüfung Anforderungen* wegführen: Zuerst die „Stream-Kanten" – Hin und Zurück – dann der weitere
Fortgang. Dies ist im Modell nicht ersichtlich.

Das „fortgesetzte Verhalten" der Aktion muss ja spätestens dann sein Ende finden,
wenn es zur nächsten Aktion weitergeht.

Festlegung PartModWorkflow

Letztendlich wird dann die Aktion *Festlegung PartModWorkflow* angestoßen und durchgeführt, wobei – wie oben ausgeführt – aus inhaltlichen Gründen die Erledigung des „Stream-Vorgangs" vorher erfolgen muss.

Anschließend wird, weiterhin vom Beschaffungsingenieur, der PartModWorkflow geplant. Der dabei entstehende Arbeitsplan wird dem Flugzeugdesigner zur Genehmigung zurückgegeben.

Dieser prüft mit drei möglichen Ergebnissen:

- Er gibt ihn zurück zur nochmaligen Planung ([neue Planung]) durch den Beschaffungsingenieur.
- Er bricht die Aktivität ab.
- Er ist zufrieden mit der Planung. Dann werden vom Beschaffungsingenieur die zwei Aktionen *PartModWorkflow ausführen* und *Produktionsanfrage stellen* angestoßen.

PartModWorkflow ausführen

Der PartModWorkflow wird durchgeführt und zwar in ständiger Abstimmung mit dem Designingenieur, der gegebenenfalls zusätzliche Informationen liefert. Dies ist durch den Zusatz [stream] an den zwei Kanten modelliert.

Auch hier liegt wieder die oben schon angemerkte Unschärfe in der Modellierung mit dem stream-Zusatz vor. Inhaltlich macht der weitere Fortgang zur Gabelung nur Sinn, wenn die Aktion *PartModWorkflow ausführen* vorher voll durchgeführt ist.

Man muss wohl grundsätzlich annehmen, dass die UML-Autoren sich vorstellen, dass bei Vorliegen einer Verknüpfung mit stream und einer weiteren Kante, zuerst die mit stream abgearbeitet wird.

Schluss der Aktivität

Das Szenario am Ende dieser Aktivität ist wiederum methodisch interessant: Die Aktivität kommt zu einem Ende, wenn entweder der PartModWorkflow ausgeführt **und** die Produktionsanfrage akzeptiert wurde, oder wenn die Produktionsanfrage abgelehnt wurde. Dies wird mit Hilfe einer Verzweigung und einer Gabelung modelliert.

Das eine ist der positive, das andere der negative Schluss der Aktivität. Wie oben schon ausgeführt, sind die möglichen Beendigungen dieser Aktivität in der übergeordneten Aktivität zu den zwei Ergebnissen „Teil beschafft" und „else" zusammengefasst.

Abb. 10.63 enthält u.a. folgende Komponenten bzw. Besonderheiten:

- Ein Aktivitätsende
- Einen Startknoten
- Aufruf einer Aktivität
- Zwei Verzweigungen

Außerdem eine Zuordnung von Personen

Abb. 10.64 enthält u.a. folgende Komponenten bzw. Besonderheiten:

- Mehrere Aktivitätsenden
- Einen Startknoten
- Eine Gabelung
- Eine Vereinigung
- Eine Schleife (Rücksprung)
- Mehrere Verzweigungen
- Einen Startknoten
- Eine Zuordnung von Personen
- Eine Zusammenführung

Außerdem zweifaches fortgesetztes Verhalten mit dem Zusatz [stream].

10.10.5   Problembehandlung

Das nächste Beispiel in Abb. 10.65 thematisiert den Umgang mit auftretenden Problemen, z.B. in einem Produktionsprozess. Ein Problem taucht auf (z.B. mit einem technischen Gerät), es muss festgehalten werden (*Problem aufzeichnen*). Wird es aufgezeichnet, geht es in der Aktivität weiter, falls nicht (Gründe dafür sind im Beispiel nicht angegeben), endet die Aktivität.

Im weitergehenden Kontrollfluss kommt nun gleich eine weitere Entscheidung, modelliert durch eine Verzweigung. Aus den Kantenbeschriftungen ist erkennbar, dass es darum geht, ob die Problemdarstellung richtig gestellt ist oder nicht.

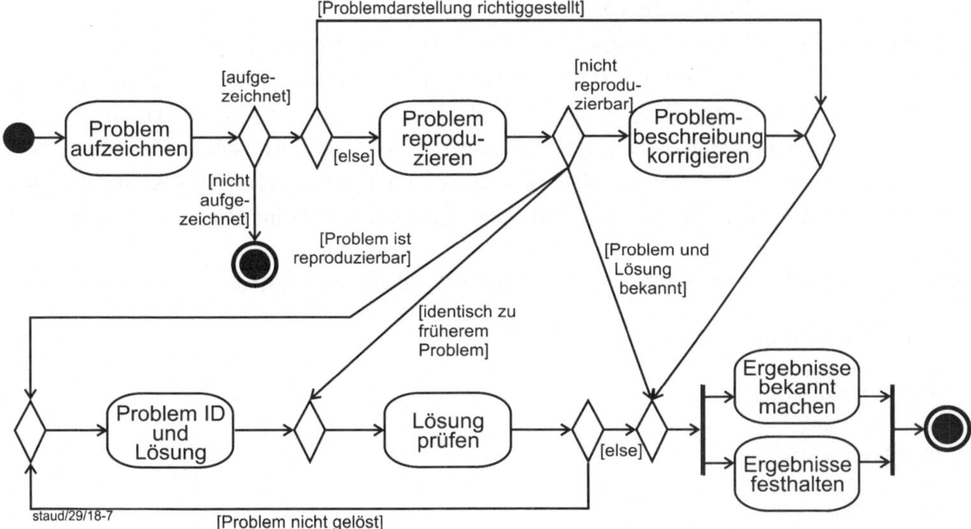

Abb. 10.65 Aktivität Problembehandlung. Quelle: (OMG 2017, S. 386, Figure 15.24). Übersetzung durch den Verfasser

Auch dieses in der Prozessmodellierung benötigte Strukturmerkmal, zwei direkt aufeinanderfolgende Entscheidungsschritte (konkret: zwei direkt aufeinander folgende Verzweigungen), ist hier also möglich.

Was die eigentlichen Entscheidungsvorgänge angeht, muss hier wohl angenommen werden, dass beide in der Aktion *Problem aufzeichnen* stattfinden.

Falls die Problemdarstellung richtiggestellt ist, erfolgt gleich ein Sprung ans Ende der Aktivität zu den zwei gleichzeitig angestoßenen Aktionen *Ergebnisse bekannt machen* und *Ergebnisse festhalten*.

Falls nicht ([else]) wird das Problem reproduziert (Aktion *Problem reproduzieren*). Danach steht wieder eine Entscheidung mit folgenden Alternativen an:

- [nicht reproduzierbar]. In diesem Fall wird die Problembeschreibung korrigiert (wie auch immer) und es erfolgt ein Sprung zum abschließenden Teil.
- [Problem und Lösung bekannt]. Auch danach geht's ab zum abschließenden Teil.
- [identisch zu früheren Problemen]. In diesem Fall erfolgt ein Sprung direkt vor die Aktion *Lösung prüfen*. Dazu unten mehr.
- [Problem ist reduzierbar]. In diesem Fall erfolgt ein Sprung vor die Aktion *Problem ID und Lösung*. Hier gilt das Problem als identifiziert und die Lösung als gefunden. Danach geht es weiter zu *Lösung prüfen*.

Aktion Lösung prüfen

Die Aktion *Lösung prüfen* wird entweder gestartet, wenn das Problem identisch ist zu früheren oder wenn die Lösung gefunden wurde. Sie bedeutet wohl „nochmaliges Nachdenken über das Ganze", denn aus ihr heraus kommt es entweder zur Erkenntnis „Problem nicht gelöst" oder „else" („alles ok").

Falls hier die Erkenntnis gewonnen wurde, dass das Problem nicht gelöst ist, wird nochmals in der Aktion *Problem ID und Lösung* nach einem korrekten Ergebnis gesucht („Zurück zur nochmaligen Bearbeitung"). Damit liegt hier also eine Rückschleife vor.

Die Schlusssequenz zeigt das aus der Modellierung von Abläufen bekannte Phänomen, dass zwei Aktionen angestoßen werden und dass es erst dann weitergeht (zum Aktivitätsende), wenn beide erledigt sind. Modelliert wird dies hier durch eine Gabelung und eine Vereinigung.

Abb. 10.65 enthält u.a. folgende Komponenten bzw. Strukturmerkmale:

- Zwei Aktivitätsenden
- Einen Startknoten
- Eine Schleife (Rücksprung)
- Eine Gabelung
- Eine Vereinigung
- Mehrere Verzweigungen
- Mehrere Zusammenführungen

Außerdem mehrere unmittelbar aufeinander folgende Verzweigungen (Entscheidungen) und eine Rückschleife.

▶ **Vergleich EPK – AD** In Abschn. 10.11.8 wird – im Rahmen eines Vergleichs der beiden Methoden *EPK* und *AD* – zu diesem Aktivitätsdiagramm eine äquivalente Ereignisgesteuerte Prozesskette vorgestellt.

10.10.6 Auslagenerstattung

Hier geht es um die Erstattung von Auslagen, die Beschäftigte eines Unternehmens für das Unternehmen getätigt haben (Abb. 10.66). Z.B. Kauf eines Fachbuches, von Büromaterial oder von Software. So etwas fällt in größeren Unternehmen täglich mehrere Hundert Mal an. D.h. täglich werden mehrere Hundert Instanzen dieses Prozesses erzeugt. Folgende Regeln gelten für den Prozess:

- Beträge unter 200 Euro werden automatisch genehmigt.
- Beträge gleich oder höher 200 Euro benötigen die Genehmigung des Vorgesetzten.
- Im Falle einer Ablehnung erhält der Angestellte eine Begründung per E-Mail.
- Falls innerhalb von 7 Tagen nichts passiert, dann muss der Angestellte eine E-Mail zum Stand des Verfahrens erhalten.
- Falls die Anfrage nicht innerhalb von 38 Tagen erledigt ist, wird sie ungültig. Der Angestellte erhält eine entsprechende Nachricht und muss das Ganze nochmals vorlegen.

Wettlaufsituation

Das Beispiel zeigt zwei Flüsse, die „um die Wette" fließen, eine Struktur vor der die UML-Autoren immer wieder warnen. Der erste, der das Aktivitätsende erreicht, bricht die ganze Aktivität und damit den anderen Fluss ab. Die beiden Flüsse sind in derselben

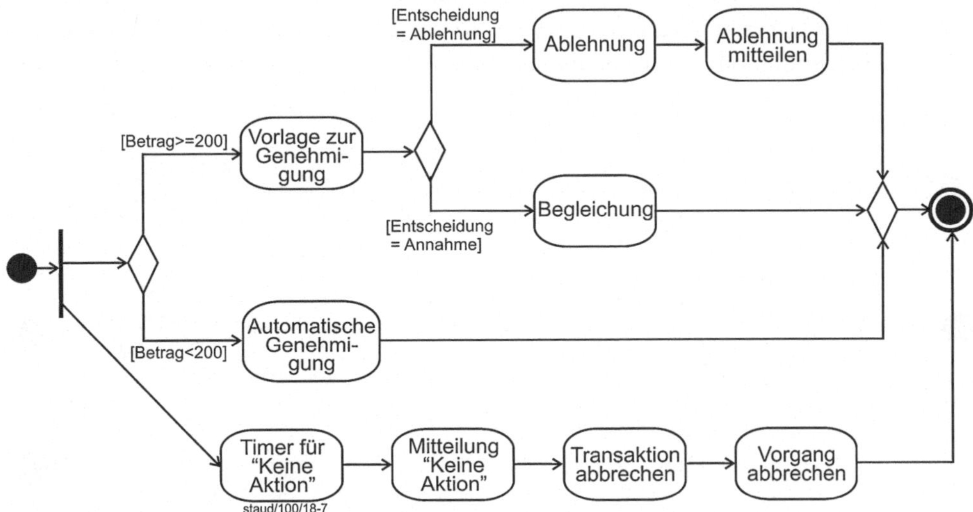

Abb. 10.66 Aktivität Auslagenerstattung. Quelle: Leicht verändert nach (OMG 2017, S. 394, Figure 15.34)

Aktivität, sodass sie Daten gemeinsam nutzen können, z.B. zur Klärung der Frage, wer im Falle der Zurückweisung informiert werden muss.

Abb. 10.66 enthält u.a. folgende Komponenten bzw. Strukturmerkmale:

- Ein Aktivitätsende
- Einen Startknoten
- Eine Gabelung
- Mehrere Verzweigungen
- Mehrere Zusammenführungen

Außerdem eine „Wettlaufsituation" und einen Timer.

Zeitablaufkontrolle

Was meinen die UML-Autoren, wenn sie hier von einer Wettlaufsituation sprechen? Nun, im oberen Teil läuft ganz normal der Genehmigungsprozess ab, in zwei alternativen Flüssen. Der untere Fluss stellt aber eine Art *Zeitablaufkontrolle* (time check path) dar. Das Verhältnis zwischen diesem und den beiden obigen veranschaulichen die UML-Autoren mit der Klausursituation. Entweder der Studierende wird vor Ablauf der Zeit fertig oder es läuft zuerst die Zeit ab. Beides beendet den Prozess der Klausurerstellung.

Das Beispiel entstammt Workflow-Modellen, daher auch dieser Timer. In der klassischen Prozessmodellierung würde man eine andere Lösung finden.

10.10.7   Vorschlagswesen

Im Beispiel in Abb. 10.67 geht es um Abläufe rund um ein Vorschlagswesen. Die Abläufe sind wie folgt: Die erste Aktion *Vorschlag verändern* wird entweder durch den Start der Aktivität aufgerufen oder aber durch eine Schleife. Dazu gleich mehr. Danach wird die

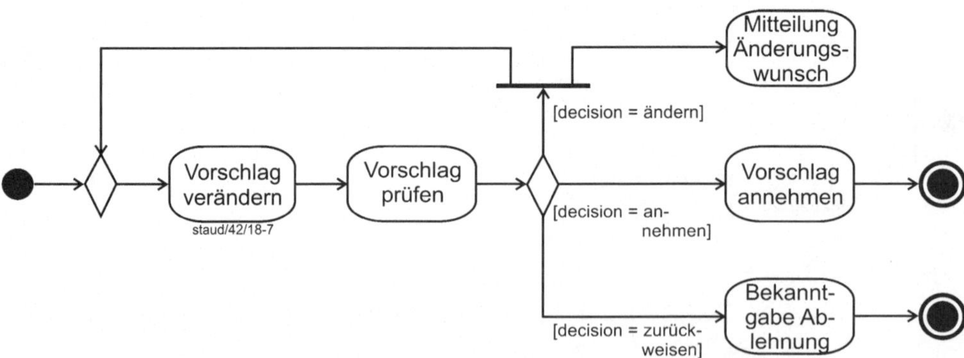

Abb. 10.67 Aktivität Vorschlagswesen. Quelle: In Anlehnung an (OMG 2017, S. 395, Figure 15.44). Übersetzung durch den Verfasser

Aktion *Vorschlag prüfen* ausgeführt. Mit dieser kommt es zu einem Entscheidungsvorgang, einer Verzweigung. Der Vorschlag wird entweder zurückgewiesen, geändert oder angenommen.

- Im Falle der Annahme wird die Aktivität *Vorschlag annehmen* ausgeführt. Danach endet die Aktivität, modelliert durch einen Knoten *Aktivitätsende*.
- Im Falle der Ablehnung wird diese bekanntgegeben. Auch hier endet dann die Aktivität, wiederum modelliert durch einen Knoten *Aktivitätsende*.
- Wird beschlossen, den Vorschlag zu ändern, werden mit Hilfe einer Gabelung zwei Aktionen angestoßen. Zum einen die Benachrichtigung bzgl. des Änderungswunsches, zum anderen die Aktion *Vorschlag verändern* am Anfang der Aktion. Es kommt also zu einem Rücksprung. Dieser benötigt vor der ersten Aktion eine Zusammenführung.

Man vermisst in diesem Beispiel schon sehr schmerzhaft die Angabe der Träger der Aktionen. Dies würde die Aussagekraft sehr erhöhen.

Abb. 10.67 enthält u.a. folgende Komponenten bzw. Strukturmerkmale:

- Zwei Aktivitätsenden
- Einen Startknoten
- Eine Gabelung
- Eine Verzweigung
- Eine Zusammenführung

Außerdem eine Rückschleife.

Die beiden Knoten *Aktivitätsende* hätten auch zusammengefasst werden können.

10.11 Aktivitäten und Unternehmensmodellierung

10.11.1 Grundsätzliche Eignung

Nur für Tätigkeitsfolgen
Welchen Beitrag können Aktivitäten zu einer Unternehmensmodellierung grundsätzlich leisten? Die Antwort fällt leicht: Nur einen für die Modellierung von Tätigkeitsfolgen, für die Ablauf- bzw. Prozessmodellierung. Da aber sehr umfassendd.

Dies führt automatisch zu einem Vergleich der *Methode AD* mit der *Methode EPK*, als der klassischen Methode der Geschäftsprozessmodellierung. Durch folgende Fragen und Betrachtungen soll deshalb hier die Eignung von Aktivitäten für die Prozessmodellierung ausgeleuchtet werden:

- Welche Theorieelemente sind für die Prozessmodellierung geeignet?
- Welche weiteren Theorieelemente enthalten Potential für eine Fortschreibung der Prozessmodellierung?

- Welche Defizite liegen bezüglich der Prozessmodellierung vor?
- Wie steht es um die Qualität der grafischen Gestaltung?
- Wie steht es um die Verknüpfung mit der übrigen objektorientierten Theorie?
- Vergleich einiger Strukturmerkmale von Aktivitätsdiagrammen und Ereignisgesteuerten Prozessketten
- Direkte Gegenüberstellung von Aktivitätsdiagrammen und Ereignisgesteuerten Prozessketten

10.11.2 Theorieelemente für die Prozessmodellierung

Dieser Abgleich soll in Anlehnung an die in Abschn. 15.3 vorgestellten Basiskomponenten einer Methode zur Prozessmodellierung durchgeführt werden. Sie enthalten die für eine Modellierung von Tätigkeitsfolgen im einfachsten Fall notwendigen Theorieelemente. Die Nummerierung ist die von Abschn. 15.3.

(1) Elementare Tätigkeiten

Diese sind in Aktivitätsdiagrammen durch die Aktionen gegeben und zwar in vollem Umfang. Auch in der Hinsicht, dass hier auf verschiedenen Niveaus zusammengefasst werden kann, was – wegen der Übersichtsgewinnung – für eine Unternehmensmodellierung unabdingbar ist.

(2) Träger der Tätigkeiten

Auch diese sind vorgesehen. Entweder durch die Schwimmbahnen oder durch Eintrag innerhalb des Aktionssysmbols. Die Ausarbeitung geht hier allerdings nicht sehr weit. Was ist, wenn (auf dem jeweiligen Aggregationsniveau) mehrere Träger eine Tätigkeit realisieren? Was ist, wenn es Beziehungen zwischen den Trägern gibt?

(3) Informationen, auf Trägern aller Art

Ihre Erfassung ist direkt nicht vorgesehen. Es ist also nicht möglich zu erfassen, dass die eine Information benötigt wird, die andere entsteht und die nächste verarbeitet wird. Und dies – natürlich – für Informationsträger aller Art. Vgl. die Ausführungen hierzu in Abschn. 10.11.4 (Defizite).

(4) Informationsverarbeitung

… während der Realisierung der elementaren Tätigkeiten

Die Modellierung dieser Vorgänge ist direkt und aussagekräftig nicht vorgesehen. Vgl. die Ausführungen hierzu in Abschn. 10.11.4.

(5) Ereignisse

Grundsätzlich liegt ein Ereigniskonzept vor, vgl. Abschn. 10.9. Ereignisse werden auch stark ausdifferenziert, sowohl inhaltlich wie methodisch. Auch ein Äquivalent zum Ereignisraum, *event pool* genannt, liegt vor.

Ereignisse werden aber in den grafischen Darstellungen nicht ausdrücklich ausgewiesen. Dies kann man machen, es dient aber nicht der Übersichtlichkeit und es birgt Gefahren, z.B. die im folgenden Absatz geschilderte.

Zumindest in den Beispielen entsteht der Eindruck, dass in den Aktivitätsdiagrammen sehr oft Aktion gleich „Funktion + positivem (Ergebnis-) Ereignis" gesetzt wird. Es wird also vom positiven Ergebnis ausgegangen und nur dieses modelliert. Die Ausführungen zur Theorie geben hier direkt keine Antwort. Ist es Absicht oder Ausdruck einer von Systemen geprägten Modellierung?

Für eine Prozessmodellierung ist dies aber keineswegs tauglich. Hier müssen oft verschiedene mögliche Ergebnisse einer Tätigkeit bedacht werden. Vgl. zu den möglichen Folgerungen hieraus Abschn. 10.11.9 und die Gesamteinschätzung in Kap. 14.

(6) Kontrollfluss

XODER und UND

Ein Kontrollflusskonzept liegt vor, als Abfolge der Aktionen. Auch die zwei Verzweigungsmöglichkeiten einer jeden Basismodellierung, das exklusive ODER (XODER) und das UND liegen vor. Für ersteres als *Verzweigung* und *Zusammenführung*, für zweiteres als *Gabelung* und Vereinigung.

Etwas unscharf ist in den Abbildungen die Erfassung des Entscheidungsvorgangs beim exklusiven Oder. Zumindest in vielen Beispielen kann der Eindruck entstehen, dass der Entscheidungsvorgang im Symbol für die Verzweigung (also außerhalb der davor angesiedelten Aktion) "angesiedelt ist".

Zusammenführung von Kontrollflüssen ohne Operator

Die UML-Autoren scheinen die Zusammenführung von Kontrollflüssen auch ohne Operator zu akzeptieren. So deuten es zumindest einige Beispiele an. Z.B. in Abb. 10.63. Hier kommen zu einer Aktivität zwei Kontrollflüsse – ohne Operator. Ähnlich in Abb. 10.64 in Verbindung mit dem streaming-Konzept.

Start

Ein Element, das den Start der Tätigkeitsfolge angibt, ist vorhanden: der Startknoten. Auch die oft vorkommende Ralweltsituation mehrerer alternativer Startpunkte ist damit problemlos modellierbar.

Gesamtende

Ein Element, das die Beendigung der Tätigkeitsfolge angibt, ist ebenfalls vorhanden, das *Aktivitätsende*. Auch hier gilt, dass die üblichen Situationen (alternative Abschlüsse, Beendigung nach Teilaufgaben) damit ohne Schwierigkeit modelliert werden können.

(7) Ebenen – Kapselung

Kapselung in dem Sinne, dass Tätigkeiten zusammengefasst und dann als neues Element in die sequentielle Abfolge gebracht werden, muss in einer Methode zur Prozessmodellierung vorhanden sein. In Aktivitätsdiagrammen ist dies auch der Fall (vgl. oben). In einer einzelnen Aktion können durchaus mehrere Tätigkeiten zusammengefasst sein.

Auch die Bildung von Ebenen unterschiedlicher Detaillierung für Übersichtsnotationen in der Unternehmensmodellierung ist damit möglich. Sogar mit exakten Verweisen zwischen den Ebenen, durch die sog. *Strukturierten Aktivitätsknoten.* Allzuviel ist das aber nicht.

Vgl. zu den damit entstehenden Möglichkeiten in der Unternehmensmodellierung Abschn. 10.5.

(8) Verweise, Verknüpfungen

Verweise von einer Aktivität zu einer anderen liegen in einfacher Form vor (vgl. Abschn. 10.7 und das Beispiel *Teiledesign und Teilebeschaffung* in Abschn. 10.10.4). Durch ein grafisches Symbol in einer Aktion wird dabei der Verweis deutlich gemacht. Die Bezeichnung der Aktion ist auch die Bezeichnung der eingebetteten Aktivität.

(9) Berücksichtigung der zeitlichen Dimension

Sie ist – zumindest in der einfachsten Form – vorhanden, entsprechend dem Grundgedanken, dass Aktionen durch Ereignisse ausgelöst werden und dass ihre Beendigung ebenfalls durch ein Ereignis markiert werden kann. Wie die UML-Autoren dies in ihr Theoriegebäude umsetzen ist in Abschn. 10.9 kurz beschrieben.

(10) Träger

Ein solches Konzept liegt nicht vor, zumindest nicht deutlich aufbereitet. In die Richtung deutet der Begriff „subject" (vgl. den Exkurs dazu in Abschn. 12.1). Auch wenn dieses dann als das „system under consideration" (OMG 2017, S. 639) definiert wird. Letzteres spiegelt auch die Unschärfe in der Abgrenzung zwischen Systemen und Geschäftsprozess wider.

10.11.3   Weitere Theorieelemente

Der obige Abschnitt fragte ab, ob die grundsätzlichen Elemente für eine Methode zur Prozessmodellierung bei Aktivitätsdiagrammen vorhanden sind. Hier werden nun weitere Elemente der Methode AD vorgestellt, die einen Hinweis auf die Denkweise der UML-Autoren geben und die vielleicht für eine Weiterentwicklung der Prozessmodellierung genutzt werden können.

Gesamtsicht – Eine neue Sichtweise
Der Hinweis zielt insgesamt auf eine stärker integrierte Sichtweise des Prozessgeschehens, auf eine Gesamtsicht aller Prozesse eines Unternehmens.

Einzelprozesse oder Gesamtheit der Prozesse
Es gibt tatsächlich einige Aspekte der Methode AD, die einen deutlichen Hinweis zur Überwindung einer Einzelprozesssicht geben. Diese ist in der Prozessmodellierung immer noch die Regel und auch zu Recht, wird aber in der Zukunft nicht genügen. Bevor dies vertieft wird, hier die Aspekte, von denen die Hinweise stammen.

Flussende
Arbeitet man mit Geschäftsprozessen, kommt einem das oben vorgestellte Theorieelement *Flussende* überflüssig vor. Wird – z.B. bei einer EPK – ein Geschäftsprozess gestartet, kann er auf folgende Weise enden:

- Falls nur ein Kontrollflusszweig vorliegt durch ein Ereignis am Ende desselbigen. Dieses wird dadurch zu einem Schlussereignis.
- Falls in der Schlussphase des Geschäftsprozesses mehrere von einem ODER bzw. XODER – Operator herrührenden Kontrollflusszweige vorliegen durch das Ereignis am Ende des Kontrollflusszweiges, der bei der jeweiligen Instanz des Geschäftsprozesses aktiv ist. Dieses wird dadurch ebenfalls zu einem Schlussereignis.

In beiden Fällen endet damit der Geschäftsprozess als Ganzes, wodurch die Schlussereignisse dem UML – Element *Aktivitätsende* entsprechen. Einen Bedarf, einzelne Zweige abzuschalten, gibt es insoweit nicht.

Etwas Ähnliches, wie *Beenden einzelner Zweige,* liegt bei Ereignisgesteuerten Prozessketten vor, wenn mehrere durch UND verknüpfte Kontrollflusszweige vorliegen. Dies drückt ja Teilaufgaben aus und jedes Ende signalisiert die Erledigung einer solchen. Also auch hier kein Bedarf an einem Flussende.

Kurz gesagt: Ein Flussende ergibt keinen Sinn, wenn ein Prozess gestartet wird, seinen Kontrollfluss durchläuft und dann auf die beschriebene Weise endet. Einen Sinn macht solch ein Element erst, wenn mehrere unabhängig voneinander agierende Kontrollflüsse vorliegen.

Dies ergibt sich z.B., wenn das Blickfeld auf mehrere Geschäftsprozesse oder sogar auf alle Geschäftsprozesse eines Unternehmens bzw. sogar zusätzlich auf das Prozessumfeld des Unternehmens erweitert wird. Dann sind zahlreiche Prozesse aktiv, zwischendurch auch nicht, werden wieder aktiviert usw. Dann kann man sich ein Element *Flussende* im Sinne von *Abschalten einzelner Teilprozesse* durchaus vorstellen. So wird z.B. der Prozess *Angebotserstellung* nur benötigt, wenn eine Kundenanfrage eingeht usw.

Leistungserbringung
Das entscheidende ist also die Perspektive. Löst man sich von der Betrachtung einzelner Geschäftsprozesse, ordnet man sozusagen alles in den übergreifenden Geschäftsprozess *Leistungserbringung* (eines Unternehmens) ein, entsteht ein unternehmensweites Prozessmodell und jeder Geschäftsprozess ist Teil davon.

Richtung System

Damit sind wir von der Konstruktion her in *Richtung System* gerückt: Die Geschäftsprozesse eines Unternehmens als ein System. So weit wie manche jetzt vielleicht denken, sind wir davon nicht entfernt. Siehe die weitgehend automatisierten Geschäftsprozesse der Internetunternehmen. Dass die Theorieelemente der UML diesen Hinweis geben rührt von ihrer Herkunft vom Systemdenken her und ist insofern nicht überraschend.

Aus Systemsicht

Geht man von Systemen aus, muss man gar nicht fragen und es wurde oben schon angedeutet. In einem komplexen System werden natürlich Komponenten und d.h. ihre Aktivitäten aktiv oder auch wieder inaktiv, wenn sie nicht mehr benötigt werden. Hier ist es durchaus sehr sinnvoll, einzelne Subsysteme sozusagen zwischendurch abschalten zu können.Vgl. zu diesen Überlegungen auch Kap. 14.

Nicht alternative Startknoten

Mit obigem sind auch die von den UML-Autoren vorgestellten *nicht alternativen Startknoten* sinnvoll.

Aus der Prozessmodellierung ist man gewöhnt, dass es zwar mehrere Startknoten geben kann, dass diese aber alternativ sind. D.h. die Standardprozessmodellierung geht davon aus, dass ein Prozess einmal gestartet wird, seine Aufgabe erfüllt und dann fertig ist. Wenn er wieder benötigt wird, wird er wieder gestartet. Aber bei jeder Instanz des Geschäftsprozesses immer nur jeweils von einem Startereignis.

Bei einer Gesamtsicht und -modellierung, wäre der Einbau nicht alternativer Startpunkte unvermeidlich.

Nebenläufigkeit

Auch die von den UML-Autoren immer wieder thematisierte *Nebenläufigkeit*, das parallele unabhängig voneinander erfolgende Agieren einzelner Prozesse, ist dann nicht nur vorstellbar sondern notwendig.

Ständiger Neustart

Ein weiterer Hinweis ergibt sich durch die Elemente *restart* und *streaming*, mit denen das Grundschema durchbrochen wird, dass eine Tätigkeit erst neu starten kann, wenn die vorige Aktivierung beendet ist.

Restart

Ersteres bedeutet, dass ein Prozess, der noch aktiv ist, gleich nochmals gestartet werden kann. In der Standardprozessmodellierung wird unausgesprochen davon ausgegangen, dass ein einmal gestarteter Prozess erst abgewickelt sein muss, bevor er neu gestartet werden kann. Dies ist auch durch die grafische Darstellung des Kontrollflusses, nicht anders möglich.

Streaming

Auch das streaming-Konzept gehört hierher. Wie oben dargestellt, bedeutet streaming, dass eine bereits aktive Aktion weiterhin Input annehmen und Output abgeben kann. Sie bleibt also permanent aktiv.

Durch Systemorientierung zur Gesamtsicht

Insgesamt also deutliche Hinweise auf eine Sicht der Unternehmensabläufe, die durch eine Systemorientierung geprägt ist. Für die Prozessmodellierung wird dieser Hinweis durch den Trend zur Automatisierung der Geschäftsprozesse bedeutsam (vgl. dazu auch Kap. 14), denn von Menschen getragene Geschäftsprozesse können kaum mit diesen Merkmalen versehen werden.

10.11.4   Defizite in Hinblick auf die Prozessmodellierung

Die Methode AD weist auch einige Defizite auf, die eine Einsetzbarkeit in der Prozessmodellierung stark einschränken.

Informationen, auf Trägern aller Art

In jedem Geschäftsprozess werden zahlreiche Informationen *erzeugt, bearbeitet/verändert, gelöscht* und *transportiert* und das auf allen möglichen Trägern. Dies muss in der Prozessmodellierung erfasst werden. Die Methode AD leistet dies nur unzureichend. Sie hat hierfür kein schlüssiges Konzept. Elemente wie *Objekt* und *Objektflüsse durch Objektflusskanten* reichen da nicht aus.

Auf Umwegen, über das Konstrukt der Objekte, ist es dann ein Stück weit möglich. Erfasst werden kann der *Objektfluss*, wenn also ein Informationsobjekt (in der Prozessmodellierung typischerweise ein Geschäftsobjekt) in der Tätigkeitsfolge weitergereicht wird. Vermisst wird hier die Möglichkeit Informationsverarbeitung und -entstehung sauber zu erfassen.

Systemdenken vs. Prozessdenken

Dieses Defizit rührt sicherlich daher, dass in einem Systemumfeld die Frage der Berücksichtigung aller Arten von benutzter Information nicht so nahe liegt, wie in der Prozessmodellierung. In der klassischen Prozessmodellierung muss aus vielerlei Gründen jegliche Information betrachtet werden, die eine Rolle spielt. Z.B., um Defizite in der Informationsverarbeitung zu entdecken, um beispielsweise eine bisher auf Papier erfolgte CAD-Archivierung durch eine digitale zu ersetzen (vgl. (Staud 2006, Abschn. 6.1)).

Systemorientierung

Bei Systemen ist dies dagegen viel übersichtlicher. Die benötigten Informationen stehen entweder vollständig durchstrukturiert zur Verfügung (z.B. als Variablen oder Datenbankeinträge) oder werden über fest definierte Kanäle in strukturierter Form abgefragt (beim Geldautomat: Nutzereingabe, Kontoabfrage).

Informationsverarbeitung während der Realisierung der elementaren Tätigkeiten (Aktionen, Funktionen)

Der erste Eindruck ist: Die Möglichkeit, dies zu beschreiben, liegt nicht vor. Dies kann aber eigentlich nicht sein, selbst wenn man die Herkunft von der Systemanalyse bedenkt.

Nach einigem Nachdenken wird klar, dass es ein solches Element nicht geben kann, weil in diesem Theorieansatz nicht zwischen Prozess- und Funktionsmodellierung unterschieden wird. Weil die Informationsverarbeitung, die wir in der Prozessmodellierung den einzelnen Funktionen zuordnen, hier im Ablauf selbst steckt.

Dies gibt einen deutlichen Hinweis auf die Philosophie der UML-Autoren. Vgl. hierzu die Zusammenfassung zu diesem Kapitel in Abschn. 10.11.9 und die Gesamteinschätzung in Kap. 14.

Anmerkung

In der Prozessmodellierung ergeben sich immer wieder Funktionen/Aufgaben mit einer tiefen inneren Struktur, mit z.T. komplexen Abläufen (z.B. „Kalkulation erstellen", „Prognoserechnung durchführen"). Diese werden in der Prozessmodellierung nur über die Bezeichnung erfasst und in den Prozessablauf eingefügt („Was wird getan?"). Es wird aber nicht ausgeführt, wie die Funktion konkret realisiert wird („Wie wird es getan?"). Insofern wird bei der Modellierung von Geschäftsprozessen zwischen Funktions- und Prozessmodellierung unterschieden. Dies sollte nicht verwechselt werden mit der Zusammenfassung von Tätigkeiten für abgehobenere Prozessbeschreibungen.

Näheres hierzu in Abschn. 15.2.

Organisationseinheiten bzw. Träger der Aktionen
Keine komplexen Trägerstrukturen

Die Erfassung der Organisationseinheiten (bzw. Träger der Aktionen) ist nicht überzeugend. Weder sind mehrere Träger (bei einer Aktion) vorgesehen, noch Beziehungen zwischen diesen. Auch die grafische Einbindung ist untauglich (vgl. unten).

Trennung von Tätigkeit und Ereignissen

Es liegt wohl daran, dass die Ereignisse erst als Bestandteile der Aktionen thematisiert werden und nicht auf derselben Ebene wie die Aktionen, dass sie in der praktischen Modellierung nicht so richtig deutlich werden. Dieser Punkt stellt insofern nicht so sehr ein Defizit der Theorie dar, gibt aber doch einen Hinweis auf einen Schwachpunkt.

Nur positive Ergebnisse?

Wie äußert sich dieses Defizit? Wie oben schon ausgeführt, sind in den praktischen Beispielen oftmals Aktion und positives Ergebnisereignis unausgesprochen zusammengefasst. Es gibt – in Aktivitäten – also gar kein sichtbares Ereignis. Ein Scheitern oder einfach nur alternative Ergebnisse sind nicht im Modell ausgedrückt. Vgl. dazu die oben angeführten Beispiele.

Dies ist der Prozessmodellierung völlig fremd. Hier sind sehr oft alternative Ergebnisse und auch ein Scheitern in der Modellierung vorgedacht.

Eine Ursache hierfür ist das Systemdenken. Bei der Modellierung von Systemen ist die Detaillierung zwangsläufig so groß, dass sich weniger Verzweigungen ergeben und dass nicht bei jeder Aktion ein Scheitern angedacht wird.

Kein Oder-Operator
Komfort
Für Aktivitätsdiagramme ist kein Oder-Operator (nicht-exklusives ODER) vorgesehen. Das ist bedauerlich, denn in der Prozessmodellierung wird dieser durchaus benötigt. Das heißt die Semantik „Mindestens eines der verknüpften Ereignisse muss eintreten, damit es weitergeht" oder „Mindestens eine der verknüpften Funktionen muss realisiert werden" kommt tatsächlich vor.

Dieser Operator kann zwar durch eine Kombination von XODER- und UND-Operatoren ersetzt werden, was aber umständlich ist. Insofern ist das nicht exklusive ODER eine sinnvolle Ergänzung der Operatoren der Prozessmodellierung, die hier aber fehlt.

10.11.5   Grafische Gestaltung

Es ist nun mal so: Eine Methode zur Prozessmodellierung muss auch eine Umsetzung der Modelle in Grafiken umfassen.

Unzureichend: Träger der Aktion
Die grafische Umsetzung der Aktivitäten in Aktivitätsdiagramme ist insgesamt akzeptabel, wobei die Übersichtlichkeit noch steigt, wenn der Kontrollfluss von oben nach unten angeordnet wird (vgl. die Beispiele unten). In einigen Punkten ist sie allerdings auch verbesserungswürdig. Z.B. bei der Erfassung der Organisationseinheiten (Träger der Aktionen). Die Zuordnung der Organisationseinheiten wird in allen drei Darstellungsvarianten schnell unübersichtlich.

Auch die Einbindung der Objekte ist nicht überzeugend gelöst. Sie ist auch schwierig wenn, wie in Aktivitätsdiagrammen, der Fluss der Objekte neben dem Kontrollfluss ausgedrückt werden soll.

Auch die Darstellung wirklich umfassender und zahlreicher Verzweigungen, wie sie in Geschäftsprozessen nötig sind, ist umständlich. Dies gilt auch für die Verdeutlichung der Entscheidungsprozesse, die den Verzweigungen des Kontrollflusses zugrundeliegen.

„Wirkliche Geschäftsprozesse"
Insgesamt gilt, dass Aktivitätsdiagramme bei der Darstellung größerer Geschäftsprozesse (vgl. z.B. die Geschäftsprozesse in (Staud 2006, Kap. 6), (Staud 2014, Kap. 8) und in (Staud 2017, Kap. 14)) schnell unübersichtlich werden.

10.11.6   Verknüpfung mit der übrigen objektorientierten Theorie

Aufgepfropft

Die *Methode AD* ist mit den übrigen Theorieelementen der UML kaum verknüpft. Sie ist sicherlich eine effiziente Methode zur Modellierung der Abläufe in Systemen und kann auch Hinweise geben für eine Weiterentwicklung der Prozessmodellierung, einen Integrationsbeitrag leistet sie aber nicht. Weder zum „Strukturteil" (objektorientiertes Modell, Klassendiagramm) noch zu den übrigen Elementen der objektorientierten Theorie.

Die einzige denkbare Verknüpfung ist die, dass Aktionen Methoden (einer Klasse) sind, oder Aktivitäten durch Methoden aufgerufen werden.

Das ist schon überraschend. Vielleicht drücken aber auch die Aktivitätsdiagramme nur den Wunsch der UML-Autoren aus, stärker das Prozessgeschehen im Theoriegebäude zu berücksichtigen.

10.11.7   Vergleich der beiden Methoden (AD und EPK)

Vergleicht man die beiden Methoden wird schnell deutlich, dass die Modelle auf einer mittleren methodischen Ebene beinahe problemlos ineinander überführt werden können. Schwieriger wird es, methodisch oder in der grafischen Darstellung, wenn die Prozessbeschreibung tiefer geht:

- wenn zum Beispiel die EPK zahlreiche detaillierte Verzweigungen enthält mit oder ohne den nicht-exklusiven ODER-Operator.
- wenn in die EPK zahlreiche Organisationseinheiten eingebaut sind.
- wenn zum Beispiel in einem Aktivitätsdiagramm Konzepte wie Nebenläufigkeit, streaming, unabhängige Startknoten (d.h. solche, die Richtung Gesamtsicht zielen, vgl. oben) umgesetzt sind.

Im Folgenden nun einige Ergebnisse des Methodenvergleichs auf dieser Ebene. Anschließend folgen einige direkte Vergleiche von EPKs und Aktivitätsdiagrammen.

Spezifizierung Objektfluss

Die strikte Trennung von Objekt- und Kontrollfluss, wie er für Aktivitätsdiagramme vorgesehen ist, kann in Ereignisgesteuerten Prozessketten nicht realisiert werden. Hier sind Objekte (im Sinne von Geschäftsobjekten) immer mit der Funktion (Tätigkeit) verbunden, bei der sie gelesen, erzeugt, verändert oder transportiert werden.

Kantengewichtung

Eine Kantengewichtung bei Objektflüssen, vgl. Abb. 10.42 mit {weight=all}, ist in EPKs durch Spezifizierung der Funktion möglich. Überhaupt erweisen sich die Beschriftungen der Funktionen, Ereignisse, Organisationseinheiten und Informationsobjekte als ein Werkzeug, mit dem viel von den Modellaussagen bei Aktivitätsdiagrammen in Ereignisgesteuerten Prozessketten ausgedrückt werden kann.

Auswahlverhalten

Ein Auswahlverhalten, vgl. das Beispiel in Abb. 10.62, wäre ebenfalls durch eine Funktion möglich.

Streaming

Ein ständiger Fluss von Objekten mit {stream} ist in Ereignisgesteuerten Prozessketten (EPKs) sinnvoll nicht zu realisieren. Das Grundkonzept ist hier die für die Prozessmodellierung übliche Vorstellung von sequentiell nacheinander ablaufenden elementaren Tätigkeiten. Ein streaming-Konzept sprengt den Rahmen dieses Grundkonzepts.[3] Dabei kann man sich Lösungen zu den Beispielen in Abb. 10.25, Abb. 10.26 und Abb. 10.29 eher vorstellen als zum Beispiel in Abb. 10.64, wo der streaming-Vorgang quasi parallel zum sonstigen Kontrollfluss angelegt ist.

Parameterknoten

Parameterknoten machen bei einer Übertragung keine Schwierigkeiten. Sie werden in einer EPK einfach als Informationsobjekte modelliert, die zu Beginn in den Prozess hineingegeben („Auftrag eingegangen") oder am Ende als weiterzugebendes Ergebnis („Kalkulation weiterleiten") herausgegeben werden.

Alle Elemente bei Aktivitätsdiagrammen, die Richtung Gesamtsicht (vgl. oben und die Zusammenfassung unten) zeigen, sind in Ereignisgesteuerten Prozessketten nicht oder nur sehr schwer nachbildbar.

Unklarheiten

Die in den Beispielen öfters aufschimmernden Unklarheiten bzgl. der Festlegung des Entscheidungsprozesses (vgl. Beispiel *Problembehandlung* in Abb. 10.65) muss bei einer Übernahme in eine EPK durch entsprechende Funktionen und Ergebnisereignisse modelliert werden. Die Erzwingung von Ereignissen, die Ergebnisse der vorangehenden Funktion erfassen, führt automatisch dazu.

Wächter

Das Konzept der „Wächter", also der Bedingungen, die geprüft werden, bevor ein bestimmter Schritt gegangen wird, ist problemlos in EPKs realisierbar, als Funktion, die genau die Überprüfung der Bedingung realisiert.

Join-Spezifikation

Die Join-Spezifikation, bei der eine Vereinigung mit einer Festlegung präzisiert wird (vgl. Abb. 10.43 und Abb. 10.44), ist problemlos in die Struktur „Funktion + Ergebnisereignisse" abbildbar, als Bedingung dafür, dass der verknüpfende UND-Operator überwunden werden kann.

---

[3] Um Missverständnissen vorzubeugen: Der Verfasser ist sich bewusst, dass durch Schleifenkonstrukte oder durch entsprechende Beschriftung von Funktionen Lösungen denkbar sind. Allerdings keine, die organisch in das Gesamtkonzept passen.

Innere Schleife

In einigen Beispielen, die auch wiederholt thematisiert werden, wird deutlich, dass sich die UML-Autoren ein Weiteragieren einzelner Aktionen trotz Abbruchs an anderer Stelle (durch ein Flussende) vorstellen. Vgl. dazu die Ausführungen am Ende von Abschn. 10.9.3 und Abb. 10.49. Hier bleibt die Aktion *Baue Komponente ein* aktiv, auch wenn keine weiteren Komponenten herzustellen sind.

Systemorientierung

Dies ist gegenüber dem Grundkonzept eine deutliche Erweiterung der Möglichkeiten zur Ablaufbeschreibung (vgl. die Ausführungen zum Stichwort *Gesamtsicht*). Grundsätzlich auch eine sinnvolle, insbesondere wenn man an Systemanalyse und Programmrealisierung denkt, denn hier gibt es tatsächlich viele Komponenten, die aktiv sein müssen obwohl Teile des Systems nicht mehr aktiv sind.

In Ereignisgesteuerten Prozessketten ist zumindest dieses Aktivbleiben recht einfach durch Schleifen nachbildbar.

Ereignisse

In der Methode EPK werden Ereignisse als solche direkt in den Kontrollfluss eingebunden und beeinflussen ihn auf vielfältige Weise.

In der UML dagegen erfolgt die Kontaktaufnahme zwischen Ereignis und Ablaufbeschreibung über Aktionen, die in den Kontrollfluss eingebunden sind und die auf das entsprechende Ereignis warten. Dieses Warten könnte auch als implizite Schleife, wie es die UML-Autoren an anderer Stelle gern tun, interpretiert werden.

Ein wenig erinnert dies an die Konstruktion, wenn in Ereignisgesteuerten Prozessketten eine Funktion *Warten* eingebaut wird. Da bleibt dann der Prozess stehen, bis eines der angedachten Ergebnisereignisse eintritt. (Staud 2014, S. 89)

Dieser Unterschied im Umgang mit Ereignissen hat eine tiefere Ursache. Da in der UML *Tätigkeit* (Verhalten) nicht von den möglichen Ergebnissen getrennt wird, ist nur auf die beschriebene Weise (durch eine Aktion die auf ein Ereignis wartet) die Einbindung externer Ereignisse möglich.

Klärung Programmstruktur

Letztendlich kann man diese Lösung, Ereignisse durch auf Ereignisse wartende Aktionen einzubinden, aber nur dann verstehen, wenn man akzeptiert, dass die UML durch ihre Hauptaufgabe, *Systemanalyse* und *Vorbereitung der Programmierung* geprägt ist. Denn für einen Programmierer ist eine solche Aktion ein direkter Hinweis auf ein Programmelement. Z.B. auf das, das beim Geldautomaten „Bereitschaft" herstellt und das Karteneinzugserät samt Lesevorrichtung aktiv hält.

10.11.8   AD und EPK im direkten Vergleich

Von AD zu EPK

Wenigstens kurz soll hier noch betrachtet werden, wie es um die Übertragung von Aktivitätsdiagrammen in eine Methode der Standardprozessmodellierung (hierfür wurde die *Methode EPK* gewählt) steht. Ist sie möglich? Wo liegen die Probleme?

Alle hier verwendeten Aktivitätsdiagramme kommen oben in diesem Kapitel vor. Die größeren sind hier aber grafisch anders angeordnet – von oben nach unten und nicht nicht wie bei den UML-Autoren von links nach rechts. Dies dient dazu, den Vergleich mit den Ereignisgesteuerten Prozessketten zu erleichtern.

Aktivität Auftragsbearbeitung

Das einführende Beispiel zu diesem Kapitel kommt in mehreren Varianten vor (vgl. Abb. 10.1, Abb. 10.51 und Abb. 10.52). Für diesen Vergleich wurde Abb. 10.52 genommen, eine der Versionen mit Angabe der Organisationseinheiten. Die folgende Abb. 10.68 zeigt das Aktivitätsdiagramm, danach ist in Abb. 10.69 die entsprechende EPK angegeben.

Parameterknoten = Informationsobjekt

Die Übertragung ist fast problemlos. Der Parameterknoten *Auftrag* wird zu einem Informationsobjekt, das der Funktion *Auftragseingang* zugeordnet ist.

▶   **Anmerkung zu den EPKs** Der Verfasser hält sich an die Originalversion von
Scheer, mit einer Ausnahme: Informationsobjekte, die lediglich transportiert werden, erhalten eine Verbindungslinie zur Funktion ohne Pfeilspitze

Grundsätzlich sind Aktionen (Aktivitätsdiagramm) und Funktionen (EPK) gleichzusetzen, EPK-seitig müssen nur die Ereignisse spezifiziert werden. Deshalb entsteht hier für die Aktion *Auftragseingang* eine gleichnamige Funktion im Sinne von „Eingehenden Auftrag bearbeiten".

Ebenso problemlos können die Träger der Aktionen (Organisationseinheiten) übernommen werden. Umgekehrt wäre es schwieriger. Wie soll man eine größere Zahl von Organisationseinheiten (insgesamt und bzgl. einzelner Funktionen/Aktivitäten) in einem Aktivitätsdiagramm ausdrücken?

Verzweigung

Die nachfolgende Verzweigung wurde hier in der EPK mit einer eigenen Funktion (Machbarkeitsprüfung) gelöst. Diese Entscheidungsfindung hätte aber auch gleich in *Auftragseingang* mit hineingepackt werden können. Die Kantenbeschriftungen des Aktivitätsdiagramms werden dann zu „Ergebnisereignissen" der Funktion.

Abb. 10.68 Auftragsbearbeitung
als Aktivität (vgl. Abb. 10.52).
Quelle: (OMG (2017, S. 410),
leicht verändert. Übersetzung
durch den Verfasser

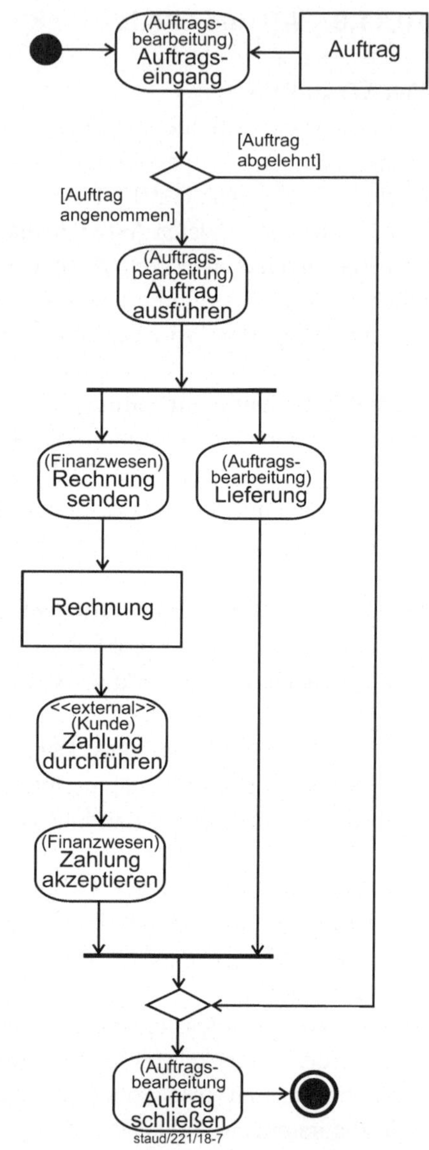

Die nachfolgende Gabelung (AD) kann durch einen entsprechenden UND-Operator ausgedrückt werden, ebenso wie die später folgende Vereinigung (AD).

Externe Aktivitäten

Beim Einbau der Aktionen des Kunden in die Ereignisgesteuerte Prozesskette ist etwas Nachdenken nötig. Im Aktivitätsdiagramm ist die Handlung des Kunden (*Zahlung durchführen*) einfach in den Kontrollfluss, der ja ansonsten vom Unternehmen realisiert

Abb. 10.69 Auftragsbearbeitung
als Ereignisgesteuerte
Prozesskette

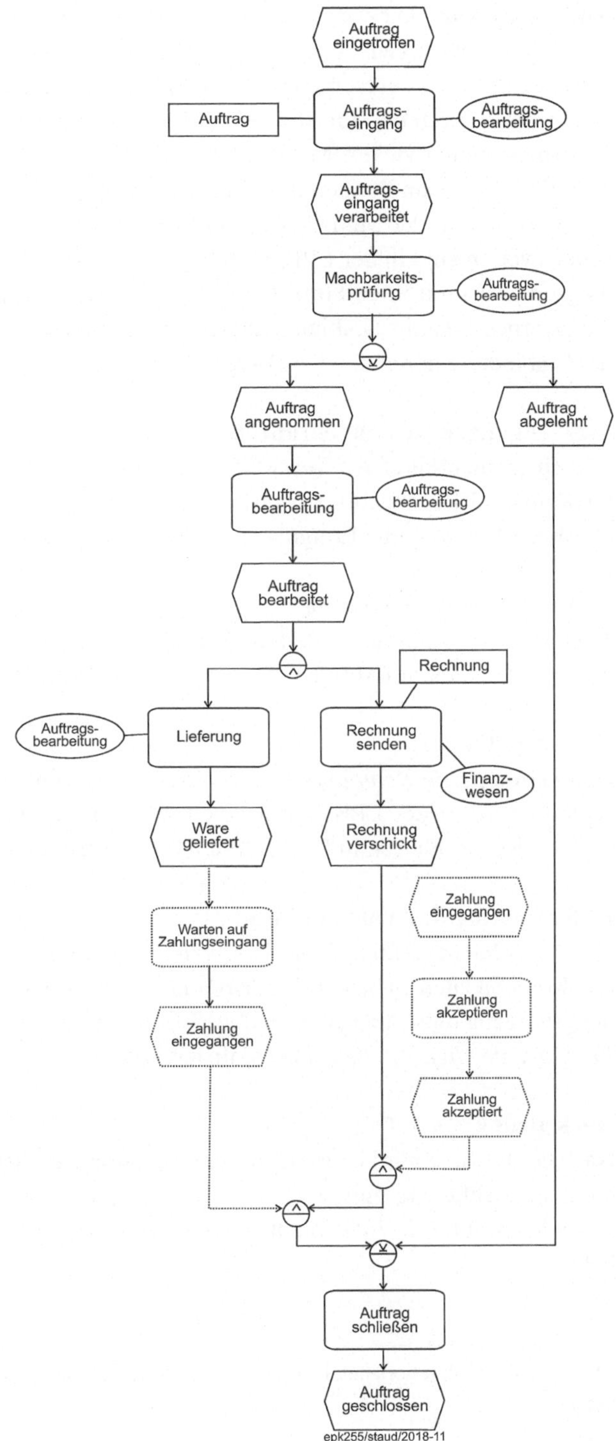

wird, eingebaut. Dies wird in der Prozessmodellierung typischerweise nicht so gemacht.[4] Dort wird zwischen dem Träger (oder den Trägern) des Prozesses und den Partnern des Prozesses entschieden. Dies ändert sich gerade, wenn zum Beispiel integrierte webbasierte Systeme für die Wertschöpfungsketten mehrerer zusammenarbeitender Unternehmen entwickelt werden, bzgl. der Kundenkontakte ist es aber meist so wie beschrieben: Die Handlungen des Kunden sind nicht Teil der Unternehmensprozesse.

Die beiden in der Modellierung mit Ereignisgesteuerten Prozessketten typischen Vorgehensweisen sind in der EPK eingefügt. Entweder eine Wartefunktion (Warten auf Zahlungseingang) mit ihren Fortsetzungen (linke Seite, als Alternative gekennzeichnet) oder ein externes Ereignis (Zahlung eingegangen) mit seinen Fortsetzungen (rechte Seite) und der Einbindung durch den UND-Operator

Verzweigungen zusammenführen

Das Zusammenführen der Verzweigungen am Ende des Aktivitätsdiagramms kann wieder direkt in der EPK abgebildet werden (vgl. Abb. 10.68).

Abb. 10.69 zeigt die Ereignisgesteuerte Prozesskette, die dieser Aktivität entspricht.

Komponentenverarbeitung

Auch eine Aktivität mit Schleifen, Aktivitäts- und Flussenden und einer insgesamt eigenwilligen Architektur (Abb. 10.70, identisch mit Abb. 10.49) lässt sich als EPK darstellen.

Aktion zu Funktion

Die Aktion *Stelle Komponente her* wird zu einer entsprechenden Funktion. Die Rückschleife wird in der EPK durch einen XODER-Operator vor der Funktion modelliert (vgl. zu Rückschleifen in EPKs (Staud 2014, Abschn. 6.8)).

EPK: Entscheidung als Funktion

Das Anstoßen der Aktion *Baue Komponente ein* und des Entscheidungsvorgangs, ob weitere Komponenten zu bauen sind wird mit einem UND-Operator modelliert. Der Entscheidungsvorgang muss allerdings in der EPK durch eine eigene Funktion (*Prüfen, ob weitere Komponenten herzustellen sind*) realisiert werden.

Rücksprung

Nach der Prüfung wird in der EPK der Rücksprung realisiert. Das Flussende (AD) einfach durch ein Schlussereignis.

Im Kontrollfluss wird dann die Aktion *Baue Komponente ein* angestoßen. Ebenso in der EPK.

---

[4]Außer bei sehr abgehobenen Darstellungen, die lediglich der oberflächlichen Überblicksgewinnung dienen.

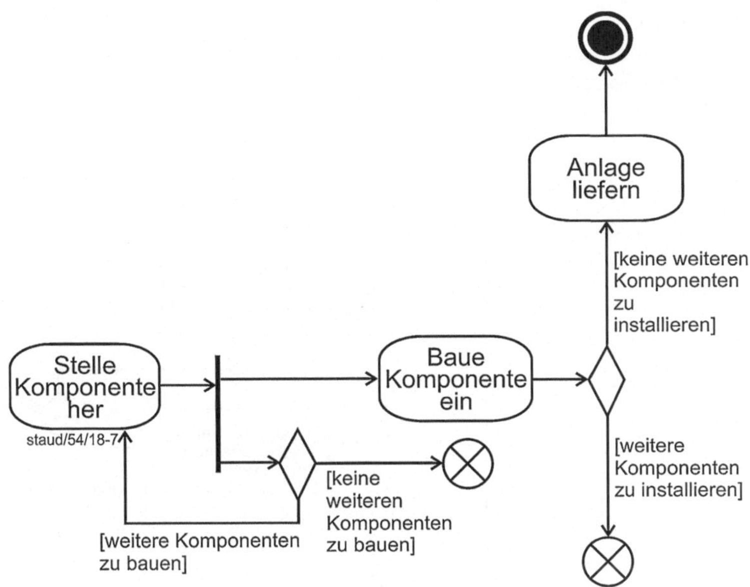

Abb. 10.70 Fragment Komponentenverarbeitung als Aktivitätsdiagramm. Quelle: (OMG (2017, S. 395, Figure 15.46). Übersetzung durch den Verfasser

Danach muss wieder für die Verzweigung im Aktivitätsdiagramm eine Entscheidungsfunktion (Prüfen, ob weitere Komponenten zu installieren sind) eingefügt werden mit den entsprechenden „Ergebnisereignissen".

Das Flussende bei *[weitere Komponenten zu installieren]* und die anhaltende Ausführung der Aktion *Baue Komponenten ein* (vgl. die Ausführungen hierzu in Abschn. 10.6.6) kann in der EPK durch eine Rückschleife modelliert werden (in Abb. 10.71 dick gezeichnet).

Getränkeautomat

Das kleine Beispielsfragment von Abb. 10.72 hilft, auf ein weiteres Merkmal vieler Beispiele von Aktivitätsdiagrammen in den UML-Unterlagen hinzuweisen.

Aktion = Funktion + positives Ergebnis

Die im obigen Beispiel vorliegende Vereinigung entspricht dem UND-Operator, wie er in Ereignisgesteuerten Prozessketten verwendet wird. Das Beispiel oben macht aber folgendes deutlich: Im Vergleich mit EPKs ist eine Aktion hier gleich „Funktion + positivem (Ergebnis-)Ereignis" dort. D.h., die UML-Autoren fassen das eigentliche „Geschehen" in der Aktion mit dem positiven Ergebnis zusammen. Dies rührt daher, weil sie grundsätzlich weniger Verzweigungen realisieren und dann, wenn schon keine betrachtet werden, natürlich die positive Alternative genommen wird.

Abb. 10.71 Fragment
Komponentenverarbeitung als
Ereignisgesteuerte Prozesskette

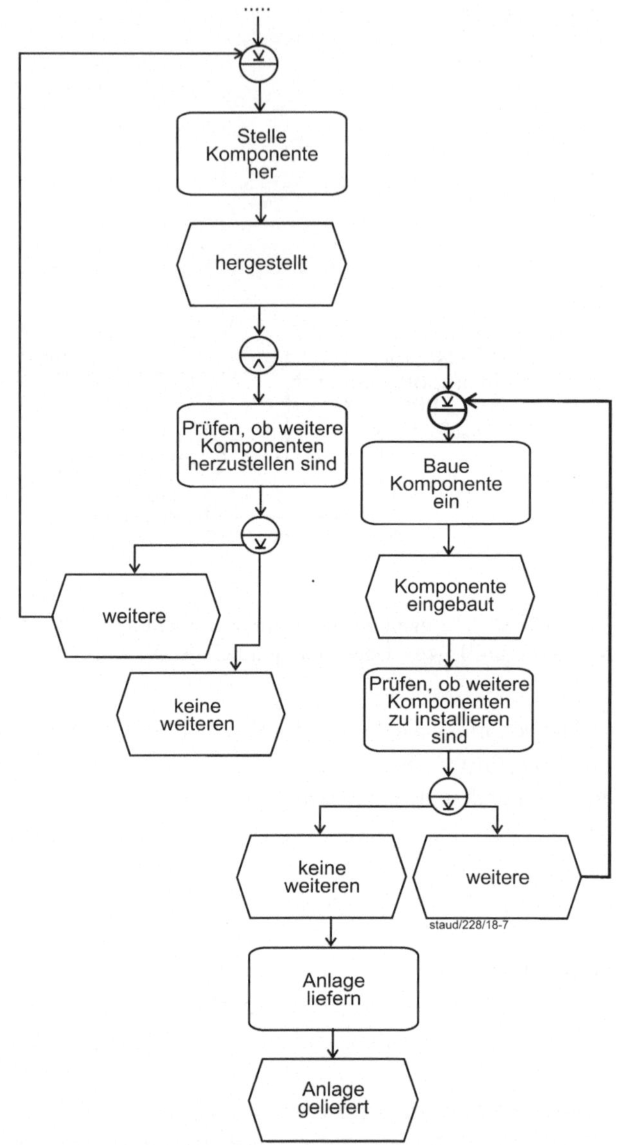

Funktion – Ereignis – Funktion – ...

Die *Methode EPK* dagegen trennt dies ganz grundsätzlich. Das „Geschehen" in der Funktion ist getrennt von allen möglichen Ergebnissen. Diese werden durch die ja zwangsweise (von der Syntax erzwungenen) nachfolgenden Ereignisse modelliert.

Obige Vereinigung würde bei EPKs durch eine Folge von Funktionen und Ereignissen modelliert. Die folgenden Abbildungen zeigen in zwei Varianten das obige Beispiel in EPK-Notation.

Abb. 10.72 Fragment
Getränkeautomat als
Aktivitätsdiagramm

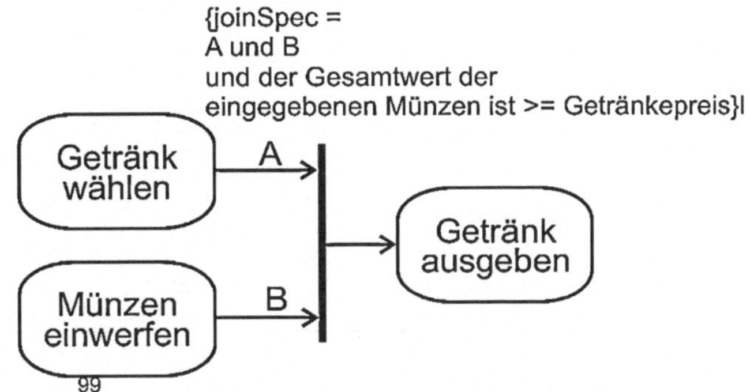

Die erste Abbildung realisiert die beiden Aktionen parallel, insgesamt eingebunden in ein durch zwei logische UND gebildetes Zeitfenster. Diese Lösung wird gewählt, wenn die Reihenfolge der Tätigkeiten nicht beachtet werden soll (wie ja auch im Aktivitätsdiagramm).

Scheitern?

Angedeutet sind aber auch die Möglichkeiten des Scheiterns (vgl. Abb. 10.73): *Münzen nicht ausreichend* bzw. *Kein passendes Getränk gefunden.* Hier würden in einer ernsthaften Prozessbeschreibung die dadurch notwendigen Tätigkeiten folgen.

In Abb. 10.74 sind die beiden Funktionen hintereinander angeordnet. Hier wird also eine Reihenfolge angenommen. Lediglich bei einer Funktion ist das mögliche Scheitern angedeutet.

Erzwungene Ereignisse

Insgesamt macht dieses Beispiel deutlich, dass das ausdrückliche Anfordern von Ereignissen in Ereignisgesteuerten Prozessketten eine segensreiche Wirkung hat: Die Aussagekraft wird erhöht und außerdem wird das Erkennen von Verzweigungen eher angestoßen.

Problembehandlung

Als nächstes nun ein Beispiel mit mehr (ernsthaftem) Prozesscharakter. Es ist die oben betrachtete *Problembehandlung*, hier allerdings aus Darstellungsgründen in eine senkrechte Anordnung gebracht.

Dieses Beispiel (Abb. 10.75) weist eine komplexe Verzweigungsstruktur auf, die aber ohne Schwierigkeit in eine EPK übertragen werden kann (Abb. 10.76). Auch die zahlreichen Sprünge nach „flussabwärts" können durch Einfügen entsprechender Operatoren in der EPK problemlos realisiert werden. Dasselbe gilt für die Rücksprünge. Sie werden in Aktivitätsdiagrammen, wie es ja auch sinnvoll ist, direkt auf einen Operator vor eine Aktion geführt. Entsprechend erfolgt in der EPK – wie dort ja auch syntaktisch vorgeschrieben – der Wiedereinstieg der Rückschleife mit Hilfe eines XODER-Operators vor eine Funktion.

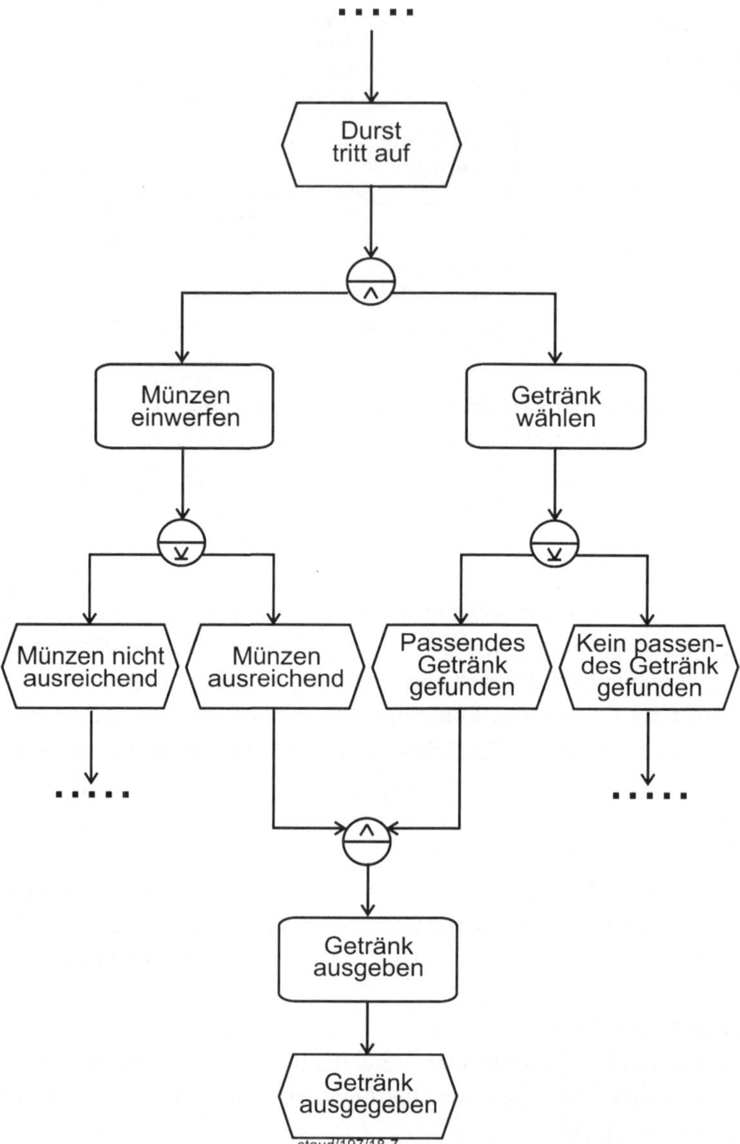

Abb. 10.73 Fragment *Getränkeautomat* als Ereignisgesteuerte Prozesskette – Funktionen parallel und mögliches Scheitern

Bei den Entscheidungsvorgängen müssen wiederum Ergänzungen vorgenommen werden und zwar überall dort, wo die Entscheidungsfindung in der Aktivität nur über die Kantenbeschriftungen modelliert ist. Hier bei *Problemdarstellung richtigstellen*.

Auf das Wiederzusammenführen der Kontrollflüsse ganz am Ende des Aktivitätsdiagramms wurde in der EPK verzichtet. Dort ist das nicht üblich, das Ende wird durch die Schlussereignisse signalisiert.

Abb. 10.74 Fragment
Getränkeautomat als
Ereignisgesteuerte
Prozesskette – Funktionen
hintereinander

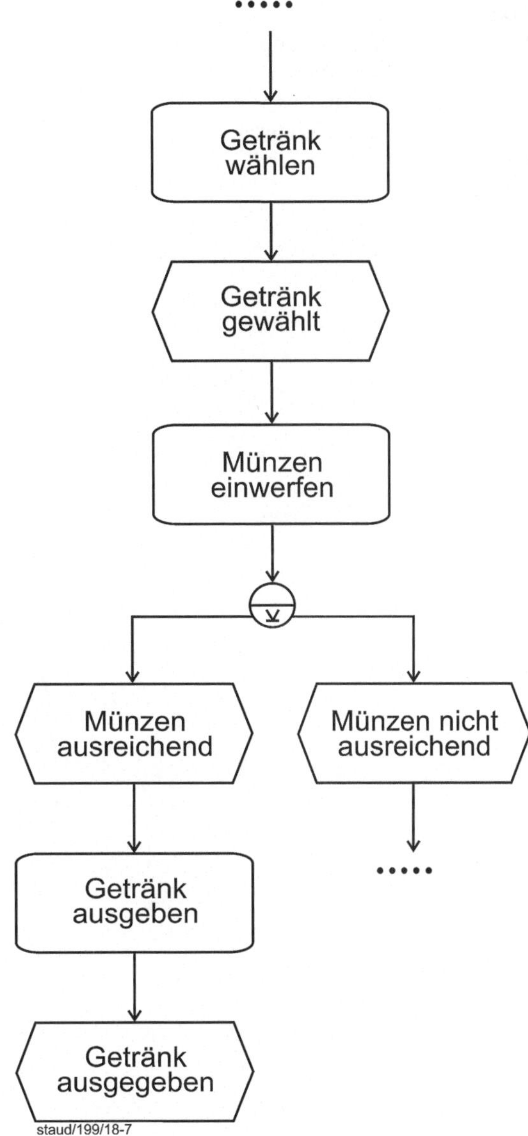

10.11.9   Zusammenfassung

Systemorientierung

Die obigen Ausführungen zeigen, dass Aktivitätsdiagramme von den Anforderungen der Systemanalyse geprägt sind, auch wenn die Beispiele in (OMG 2017) etwas anderes suggerieren.

Abb.
10.75 Problembehandlung als Aktivitätsdiagramm (vgl. Abb. 10.65). Quelle: (OMG 2017, S. 386, Figure 15.24), grafisch verändert, Übersetzung durch den Verfasser

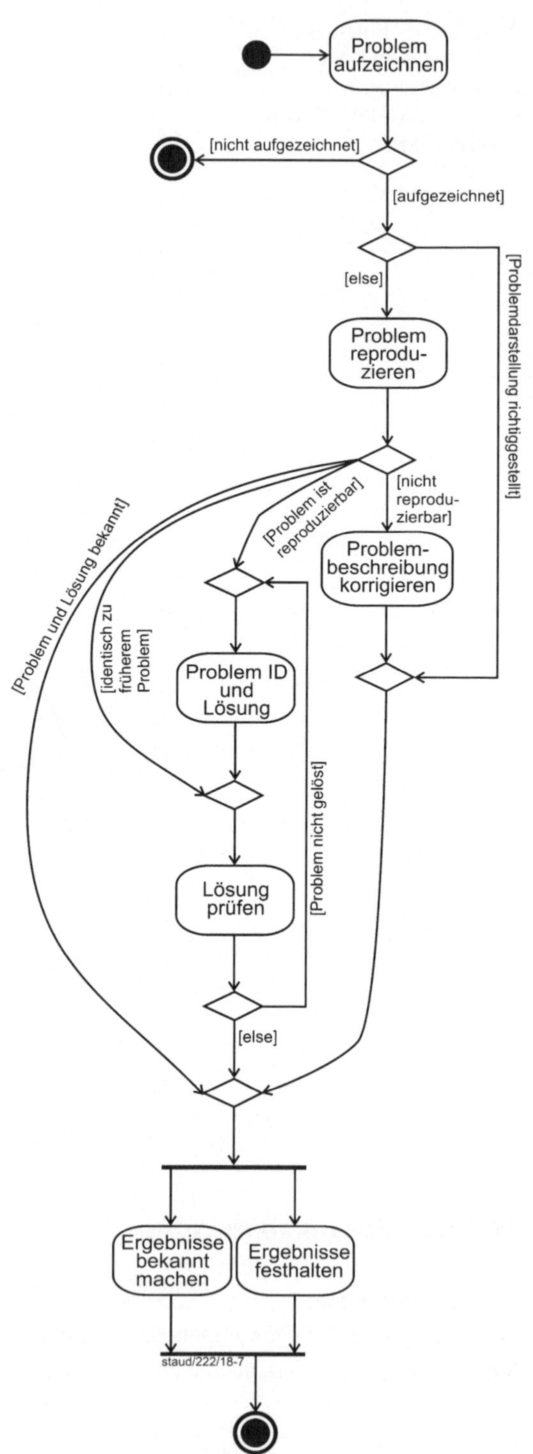

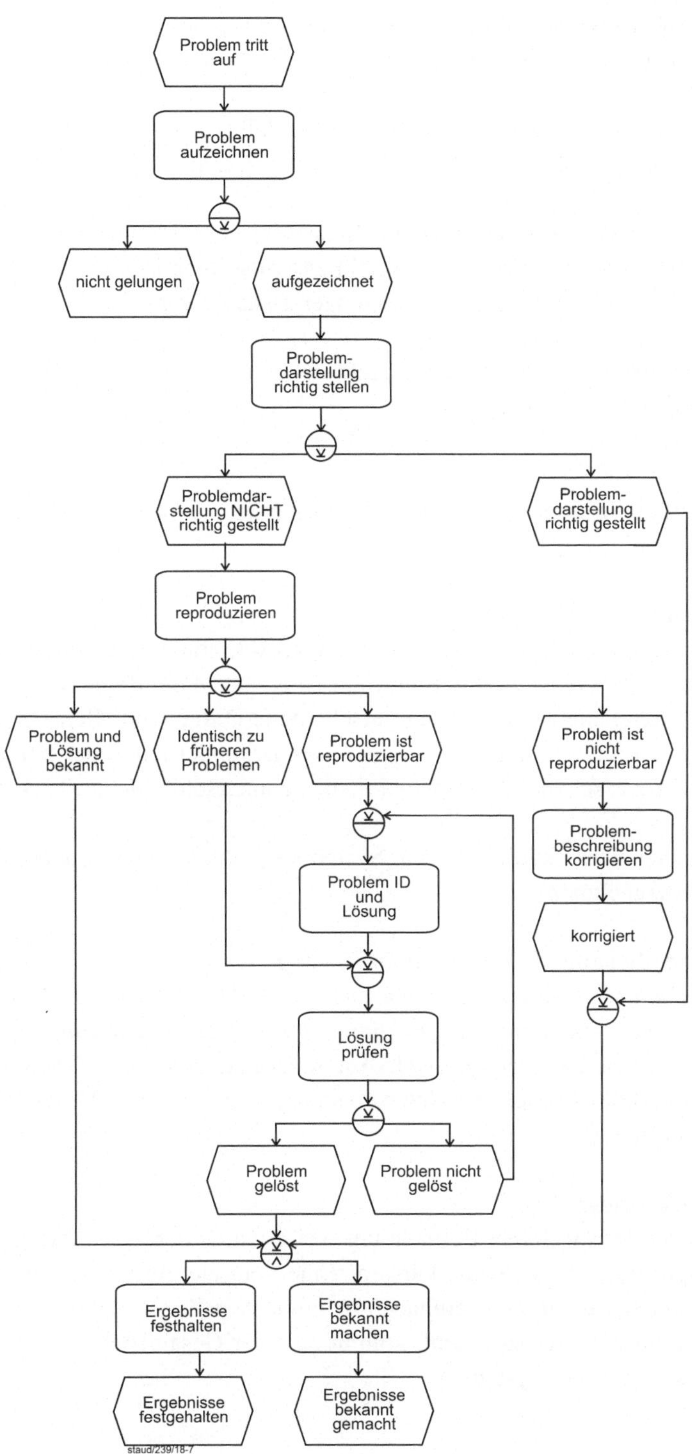

Abb. 10.76 Problembehandlung als Ereignisgesteuerte Prozesskette

Und dies – wie oben hoffentlich auch deutlich wurde – bis in die tieferen Schichten der Theorie. Dies hat, wie ebenfalls dargelegt wurde, zwei modelltechnisch bedeutsame Konsequenzen:

- Sie taugen nur eingeschränkt für die Prozessmodellierung
- Sie geben Hinweise für deren Weiterentwicklung (v.a. durch den Punkt „Gesamtsicht")

Diese Hinweise sind von grundsätzlicher Bedeutung und erhalten noch mehr Gewicht, wenn man die fortdauernde Entwicklung hin zu vollautomatisierten Geschäftsprozessen sieht. Sie wurden oben unter drei Bezeichnungen zusammengefasst:

- Funktionsmodellierung vs. Prozessmodellierung
- Systemdenken vs. Prozessdenken
- Gesamtsicht

Die Ursache für alle drei Aspekte ist die ausgeprägte Systemorientierung der UML-Autoren.

Systemdenken vs. Prozessdenken
Letzendlich macht die parallele Betrachtung von Aktivitätsdiagrammen und einer Methode der Standardprozessmodellierung (hier EPKs) auch deutlich, dass Prozessmodellierung und systemnahe Modellierung verschiedene Dinge sind. Gemeinsam ist ihnen, dass sie Abläufe erfassen, danach kommen aber Besonderheiten der beiden Modellierungsebenen (Prozessebene, Systemebene), die zu unterschiedlichen Theorieausprägungen führen.

Darüber hinaus wird deutlich: Wer in Systemen denkt, tut sich schwer, eine wirkliche Prozesssicht einzunehmen.

Funktionsmodellierung vs. Prozessmodellierung
Sozusagen als Teilaspekt des obigen ergab sich dieser Punkt. Die für die Prozessmodellierung wichtige Unterscheidung von *Funktions- und Prozessmodellierung* ist in Systemen nicht brauchbar. Geht man, wie die UML-Autoren, (unausgesprochen) von Systemen aus, fällt es einem deshalb schwer, die Unterscheidung in das eigene Theoriegebäude einzubauen (außer in Beispielen).

Blickfeld, Blickwinkel
Auch der Aspekt der speziellen Betrachtungsweise wurde oben ausführlich beschrieben, hier nur einige ergänzende Anmerkungen. Eine zentrale Botschaft der Aktivitätsdiagramme, abgeleitet aus ihrer systemnahen theoretischen Konstruktion ist (wenn man so will): Beendet die Einzelprozesssicht, kommt zu einer Gesamtsicht aller Prozesse eines Unternehmens, so wie bei Systemen.

Defizit

Dies ist tatsächlich ein Hinweis auf ein Defizit heutiger Standardprozessmodellierung und, nimmt man den Automatisierungstrend (vgl. unten) ernst, auf die Notwendigkeit einer ergänzenden systemnahen Prozessmodellierung, wie sie in Abschn. 15.1 kurz beschrieben wird.

Automatisierung

In diesem Kapitel wurde mehrfach auf den Trend zur vollständigen Automatisierung von Geschäftsprozessen hingewiesen und auf deren Konsequenzen. Dies soll nicht bedeuten, dass die heutige ERP-Software (außerhalb der beschriebenen Web-Unternehmen) nicht auch schon teilweise automatisiert ist. Geht man von folgender einfachen Skala bezüglich des Automatisierungsgrades von Geschäftsprozessen aus:

- unterstützt die Nutzer in einzelnen Funktionen (Stufe 1);
- unterstützt die meisten Funktionen, führt einige automatisiert aus, überlässt einige den beteiligten Menschen (Stufe 2);
- unterstützt alle Funktionen, führt fast alle automatisiert aus (auch die mit den Partnern des Geschäftsprozesses), überlässst den Menschen nur noch die Entscheidungen und die Ausnahmefälle (Stufe 3),

dann hat ERP-Software inzwischen die Stufe 2 erreicht.

Systemnahe Prozessmodellierung

Die Prozessmodellierung wird aber, da wir in Teilbereichen (die sich mit Sicherheit beständig vergrößern werden) inzwischen Stufe 3 erreicht haben, einen weiteren Schritt tun müssen. Sie wird, ergänzend zur Standardprozessmodellierung eine systemnahe Prozessmodellierung realisieren müssen (vgl. Abschn. 15.1) (Tab. 10.1).

Literatur

Booch, Grady, James Rumbaugh, und Ivar Jacobson. 2006. *Das UML-Benutzerhandbuch. Aktuell zur Version 2.0*. München: Addison-Wesley.

OMG Object Management Group. 2003. *UML 2.0 Superstructure Specification* (Unified Modeling Language: Superstructure, version 2.0, final Adopted Specification, ptc/03-08-02).

OMG Object Management Group. 2017. *OMG Unified Modeling Language (OMG UML)*. Version 2.5.1.

Staud, Josef Ludwig. 2006. *Geschäftsprozessanalyse. Ereignisgesteuerte Prozessketten und objektorientierte Geschäftsprozessmodellierung für Betriebswirtschaftliche Standardsoftware*, 3. Aufl. Berlin: Springer.

Staud, Josef Ludwig. 2014. *Ereignisgesteuerte Prozessketten. Das Werkzeug für die Modellierung von Geschäftsprozessen*. Vilshofen: Lindemann

Staud, Josef Ludwig. 2017. *Geschäftsprozesse und ihre Modellierung mit der Methode Business Process Model and Notation (BPMN 2.0)*. Hamburg: tredition

Sequenzen

► **Hinweis** Am Ende des Kapitels ist eine Liste der verwendeten Fachbegriffe in Deutsch und Englisch (nach UML 2.5) angegeben (s. Tab. 11.1).

Methode SD
In diesem Kapitel wird die Kurzbezeichnung *Methode SD* für alle Theorieelemente zur Erfassung und Darstellung von Sequenzen eingeführt.

11.1 Einführung

Einordnung
Für die UML-Autoren sind die in diesem Abschnitt vorgestellten Interaktionen (zu denen die Sequenzen gehören) *partiell geordnete Ereignisfolgen* (partially-ordered sequences of events) (OMG 2017, S. 285).

Sequenzen als Interaktionen
Nachrichtenverkehr für Aktivitäten im Rahmen einer Aufgabenerfüllung
Die Sequenzen gehören zur Gruppe der *Interaktionen*. Alle Interaktionen beschreiben Aktivitäten im Rahmen einer Aufgabenerfüllung und insbesondere den dafür notwendigen Nachrichtenverkehr. Folgende werden von den UML-Autoren angeführt:

© Springer-Verlag GmbH Deutschland, ein Teil von Springer Nature 2019   231
J.L. Staud, *Unternehmensmodellierung*, https://doi.org/10.1007/978-3-662-59376-9_11

Tab. 11.1   Verwendete Fachbegriffe in Kapitel 11

	callAction
	callEvent
	continuation
	execution model
	gate
	interaction Tables
	interaction trace model
	invalid traces
	timing diagrams
	trace
	valid traces
Ereigniseintritt/Ereignisauftreten/Auftreten eines Ereignisses	event occurrence
Fragmente, kombinierte	combined fragments
Gefundene Nachrichten	found messages
Interaktion	interaction
Interaktionsauftreten	interaction occurrence
Interaktionseinschränkung	interaction constraint
Interaktionsfragment	interaction fragment
Interaktionsoperand	interaction operand
Interaktionsoperator	interaction operator
Interaktionsoperator: alternatives (alt)	interaction operator: alternatives (alt)
Interaktionsoperator: assertion (assert)	interaction operator: assertion (assert)
Interaktionsoperator: break (break)	interaction operator: break (break)
Interaktionsoperator: critical region (critical)	interaction operator: critical region (critical)
Interaktionsoperator: ignore/consider (ignore)	interaction operator: ignore/consider (ignore)
Interaktionsoperator: loop (loop)	interaction operator: loop (loop)
Interaktionsoperator: negative (neg)	interaction operator: negative (neg)
Interaktionsoperator: option (opt)	interaction operator: option (opt)
Interaktionsoperator: parallel (par)	interaction operator: parallel (par)
Interaktionsoperator: ref	interaction operator: ref
Interaktionsoperator: strict sequencing (strict)	interaction operator: strict sequencing (strict)
Interaktionsoperator: weak sequencing (seq)	interaction operator: weak sequencing (seq)
Interaktionsüberblick	interaction overview
Interaktionsüberblicksdiagramm	interaction overview diagram
kombinierte Fragmente	combined fragments
Kommunikationsdiagramm	communication diagram
Kontrollfokus	focus of control
Lebenslinie	lifeline

(Fortsetzung)

Tab. 11.1 (Fortsetzung)

Nachricht	Message
Operand	operand
Operator	operator
Sequenz	sequence
Sequenzdiagramm	sequence diagram
Verhaltenskomponente	unit of behavior
verknüpfbare Elemente	connectable element
Verlorene Nachrichten	lost messages
Verschmelzen/Verschachteln von traces	interleaving
Wächter	guard
Zustandseinschränkung	State invariant

Links der in diesem Text verwendete Begriff. Rechts der in der objektorientierten Theorie bzw. in der UML verwendete Begriff. Begriffe ohne Übersetzung wurden auch im Text in englischer Sprache verwendet

- *Sequenzen* mit *Sequenzdiagrammen.* Sie stellen den Nachrichtenaustausch zwischen einer Gruppe von Lebenslinien dar und sind die verbreitetste Variante.
- *Interaktionsüberblicke* mit *Interaktionsüberblickdiagrammen.* Sie sind eine Variante der Aktivitätsdiagramme und geben einen Überblick über den Kontrollfluss (vgl. Abschn. 11.4.10).
- *Kommunikationen* mit *Kommunikationsdiagrammen,* die ebenfalls den Nachrichtenaustausch zwischen Lebenslinien zeigen, ergänzt um seine Reihenfolge. Diese wurden in Abschn. 7.6 vorgestellt.

Zusätzlich und optional auch *Timing Diagrams* und *Interaction Tables.*

Dynamische Teilaspekte

Allen ist gemeinsam, dass sie dynamische Aspekte des untersuchten Anwendungsbereichs beschreiben, genauer: Wechselwirkungen zwischen den Komponenten.

Typischerweise decken alle diese Arten von Interaktionen nur Teilaspekte ab, nicht die Gesamtheit des (System-)Geschehens im jeweiligen Anwendungsbereich (OMG 2003, S. 403).

11.2 Grundlagen

Nach Aussage der UML-Autoren gehören Sequenzen zu den am meisten betrachteten Interaktionen und damit Sequenzdiagramme zu den am meisten verbreiteten Interaktionsdiagrammen. Sie geben durch die sogenannten Lebenslinien einen Hinweis auf die statische Struktur des Anwendungsbereichs (bzw. auf dessen Abbildung in die Klassenhierarchie des gesamten Anwendungsbereichs) und durch den Nachrichtenaustausch zwischen diesen und weiteren Modellelementen einen Einblick in wichtige dynamische Aspekte.

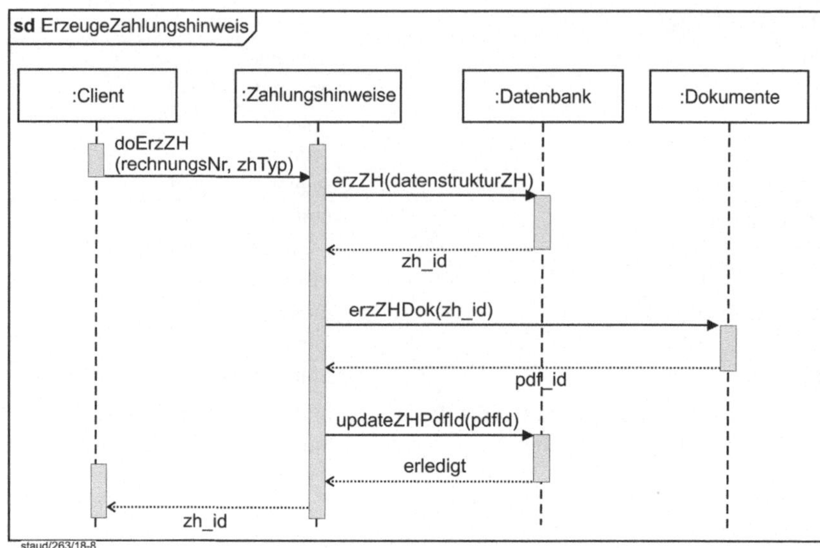

Abb. 11.1 Sequenzdiagramm Mahnwesen (Systembeispiel)

Der Aufbau der Sequenzdiagramme ist wie folgt[1] (vgl. auch Abb. 11.1):

- Ein Sequenzdiagramm besteht aus mehreren *Lebenslinien*, die miteinander Nachrichten austauschen und damit Abläufe modellieren.
- Eine Lebenslinie besteht aus einem Rechteck an der Spitze, das das handelnde Objekt angibt und einer darunter angeordneten senkrechten gestrichelten Linie.
- Die Lebenslinien eines Sequenzdiagramms stehen i. d. R. in gleicher Höhe nebeneinander. Ausnahmen sind die, die erst im Verlauf der Sequenz entstehen. Diese werden auf der Höhe angeordnet, auf der die Nachricht steht, durch die sie erzeugt werden.
- Die Lebenslinie, die die Interaktion startet, wird i.d.R. ganz links angeordnet.
- Die gestrichelte Linie symbolisiert die Existenz eines Objekts während eines Zeitraums. Typischerweise für die Interaktion dann über die gesamte Länge.
- Eine Säule, die über die gestrichelte Linie gelegt ist, gibt den Zeitraum an, in dem ein Objekt eine Aktion ausführt, entweder direkt oder durch ein nachgeordnetes Objekt. Diese Säule wird *Kontrollfokus* genannt.
- Zwischen den gestrichelten Linien bzw. den Säulen geben Pfeillinien die versendeten Nachrichten an. Diese sind, von oben nach unten, in zeitlicher Reihenfolge angeordnet. Die absolute Distanz ist aber ohne Bedeutung, d.h. es gibt keine Zeitmetrik.
- Zu einem Sequenzdiagramm gehört eine Umrahmung mit einer Bezeichnung links oben innerhalb des Rahmens mit dem Schlüsselwort *sd*.

---

[1] Vgl. Abschn. 7.4 zur Definition und zum Aufbau von Lebenslinien.

Die vertikale Achse stellt somit eine Zeitachse dar, während in der horizontalen die Objekte angeordnet sind.

Was wird modelliert?

Insgesamt modelliert ein Sequenzdiagramm einen *Ablauf* (eher einen kürzeren als einen längeren, wegen der Übersichtlichkeit, die bei längeren leicht verloren ginge) über den Nachrichtenaustausch zwischen Objekten. Die Nachrichten verweisen auf (bzw. nutzen) die bei den Objektklassen hinterlegten Methoden.

Im Herzen des objektorientierten Ansatzes

Das Konzept ist damit im Herzen des objektorientierten Ansatzes angesiedelt, mehr als die oben besprochenen Aktivitäten. Denn das „Miteinander durch gegenseitigen Methodenaufruf" ist von zentraler Bedeutung für die Aufgabenerledigung in der objektorientierten Theorie.

11.3   Einführende Beispiele

Auch hier sollen die Beispiele, die an Systeme erinnern, *Systembeispiele* genannt werden und die, die eher Geschäftsprozesse beschreiben, *Prozessbeispiele*.

11.3.1   Systembeispiel *Mahnwesen*

Das folgende Sequenzdiagramm in Abb. 11.1 zeigt einen Ausschnitt aus dem Geschäftsprozess *Mahnwesen* und zwar den Teil, der – voll automatisiert – das Versenden von Zahlungshinweisen vornimmt.

Im Vorfeld ist bereits im Geschäftsprozess *Zahlungseingangsüberwachung* geklärt worden, dass ein Zahlungshinweis zu erstellen ist, um welchen Typ es sich handelt und welcher Kunde betroffen ist. Folgende Typen sind möglich:

- 1. Zahlungserinnerung
- 2. Zahlungserinnerung
- 1. Mahnung
- 2. Mahnung
- Übergabe an ein Inkassobüro

Zahlungshinweis erzeugen

Der Client,[2] d.h. der Programmteil, der in diesem Fragment den Kontrollfluss realisiert, liefert die Rechnungsnummer (der zu beanstandenden Rechnung) und die Festlegung, um

---

[2] In der objektorientierten Programmierung wird mit *Client* das Programm bezeichnet, das die Methoden einer Klasse nutzt (vgl. die Anmerkung hierzu in (Prata 2005, S. 461).

welchen Zahlungshinweis es sich handelt. Dazu erzeugt er die Nachricht doErzZH (do-Erz(euge)Z(ahlungs)H(inweis)) mit den zwei Parametern (Attributen) rechnungsNr (Schlüssel der Rechnung) und zhTyp (Typ des Zahlungshinweises) und sendet sie an das Objekt (eigentlich Lebenslinie) :Zahlungshinweise.

Zahlungshinweis erstellen

Ein Objekt :Zahlungshinweise sendet dann die Nachricht erzZH() (erz(euge)Z(ahlungs)H(inweis)) an ein Objekt :Datenbank. Der Parameter datenstrukturZH (Datenstruktur Zahlungshinweis) enthält die Hinweise für die Gestaltung des Dokuments. Durch :Datenbank wird dann die Methode aufgerufen und – mit Hilfe der abgespeicherten Daten – der Zahlungshinweis als Datenstruktur erzeugt. Die Antwort auf diesen Methodenaufruf (deshalb der gestrichelte Pfeil) gibt den Schlüssel des Zahlungshinweises (zh_id) zurück.

PDF-Dokument erzeugen

Im Anschluss sendet :Zahlungshinweise eine Nachricht erzZHDok an :Dokumente mit der Aufforderung, das PDF-Dokument für den Zahlungshinweis zu erzeugen. Dies geschieht dort und der Schlüssel des PDF-Dokuments wird zurückgemeldet.

Abschluss

Anschließend sendet :Zahlungshinweise die Nachricht updateZHPdfId mit der Pdf_id an :Datenbank. Diese aktualisiert und meldet die erfolgreiche Aktualisierung zurück. Danach wird der Schlüssel des Zahlungshinweises (zh_id) an :Client zurückgemeldet.

Abb. 11.1 enthält u.a. folgende Komponenten

- Mehrere synchrone Nachrichten
- Mehrere Antwortnachrichten zu Methodenaufrufen
- Mehrere Lebenslinien

Außerdem mehrere Kontrollfokusse.

Das obige Beispiel ist, als Systembeispiel, sehr nahe an der Programmierung angesiedelt. Das SD gibt, in einer objektorientierten Lösung, einen aussagekräftigen Hinweis auf notwendige Klassen und ihre Methoden.

11.3.2   Prozessbeispiel *Kaufabwicklung*

Das Beispiel in Abb. 11.2 zeigt die Abläufe rund um eine Kaufabwicklung als Sequenzdiagramm. Diese Abläufe stellen durchaus einen wahrnehmungswürdigen kleinen Geschäftsprozess dar.

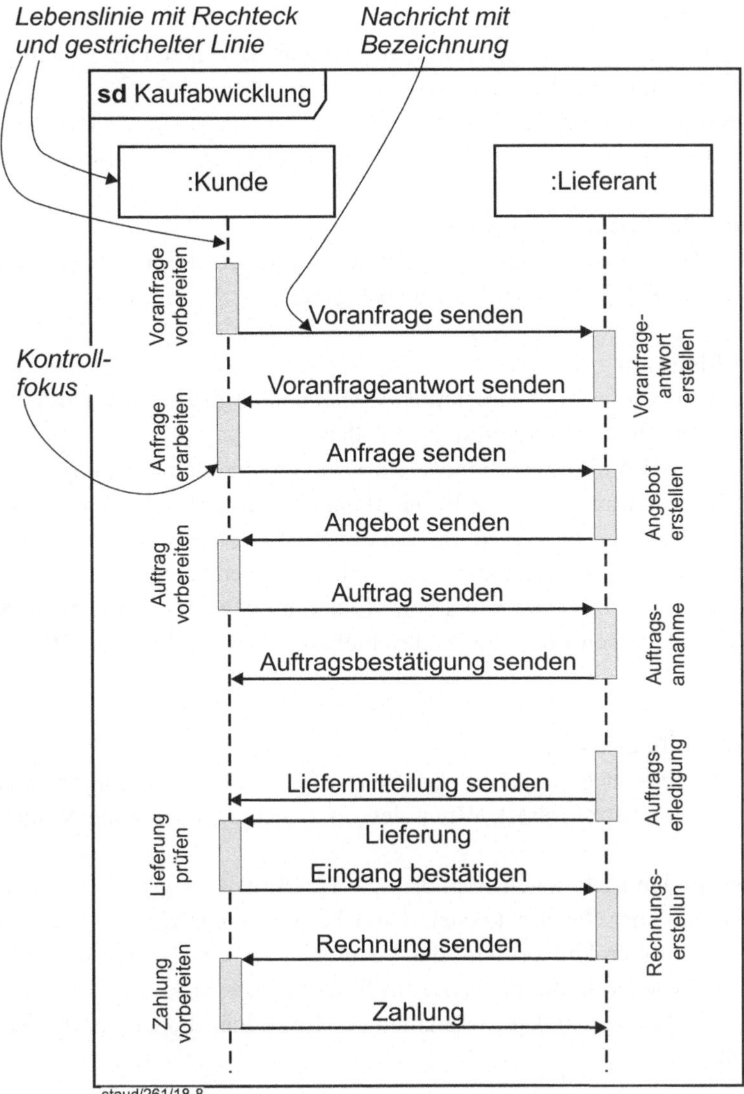

Abb. 11.2 Sequenzdiagramm Kaufabwicklung (Prozessbeispiel). Quelle: In Anlehnung an (Eriksson und Penker 2000, S. 48)

In Abschn. 11.5.7 wird dieses Sequenzdiagramm, im Rahmen der Prüfung der Eignung von Sequenzdiagrammen zur Prozessmodellierung, in eine Ereignisgesteuerte Prozesskette übertragen.

Dem Charakter von Sequenzdiagrammen entsprechend ist die Ablaufbeschreibung auf den Nachrichtenverkehr zwischen den (hier zwei) Partizipanten reduziert.

Elementbezeichnungen

Alle kursiv gesetzten Texte mit ihren Pfeilen geben die Bezeichnungen wichtiger Modellelemente an und sind nicht Teil der UML.

In diesem Beispiel ist auch bei jedem Kontrollfokus angegeben, welche Tätigkeit stattfindet. Dies ist optional und in der UML nicht zwingend vorgeschrieben.

Beschreibung des Sequenzdiagramms

Hier wird für *Aktivitäten* im umgangssprachlichen Sinn der Begriff *Tätigkeit* verwendet,
da der erstgenannte Begriff in der UML ja belegt ist.

Kunde und Lieferant

Das Beispiel geht von zwei Unternehmen (*Kunde* und *Lieferant*) aus. Das eine hat einen
Beschaffungswunsch, das andere soll ihn erfüllen.

Grundsätzlich wird in dieser Branche ein Kaufvorgang als zweistufig angesehen. Zuerst erfolgt eine Voranfrage, die den Beschaffungswunsch grob umreisst. Nach deren Beantwortung wird im zweiten Schritt die detailliertere und aufwändigere Anfrage formuliert. Ansonsten nimmt diese Kaufabwicklung den üblichen Gang.

Alle Tätigkeiten beim Kunden und beim Lieferanten werden durch einen Kontrollfokus dargestellt, an dessen Ende die Nachrichtenübermittlung durch die Pfeillinie dargestellt ist.

Start des Geschäftsprozesses

Der Geschäftsprozess beginnt damit, dass beim Kunden eine Voranfrage vorbereitet wird
(vgl. den obersten Kontrollfokus). Wenn dies geschehen ist, erfolgt die Nachrichtenübermittlung.

Beim potentiellen Lieferanten stößt dies die Tätigkeit *Voranfrageantwort erstellen* an,
die wiederum mit einer Nachricht endet, dem Übersenden der Voranfrageantwort.

Auf der Basis dieser Antwort wird dann beim Kunden eine Anfrage erarbeitet, im Sequenzdiagramm wiederum durch den Kontrollfokus ausgedrückt. Am Ende dieser Bemühungen wird die Anfrage an den Lieferanten geschickt, hier modelliert als Nachricht *Anfrage senden*.

Auftrag senden

Der nächste Kontrollfokus gibt nun an, dass der Kunde das Angebot entgegennimmt und
einen Auftrag vorbereitet. Am Ende dieser Tätigkeiten steht das Übersenden des Auftrags
an den Lieferanten.

An dieser Stelle stört doch sehr, dass der Fall nicht berücksichtigt ist, dass das Angebot
letztendlich doch nicht angenommen wird. Dies ist in einer Prozessmodellierung unabdingbar. Im folgenden Abschnitt wird vorgestellt, wie dieses Einbauen von Verzweigungen – wenn auch in bescheidenem Umfang – in Sequenzdiagrammen möglich ist. Dabei
wird auch dieses Beispiel, ergänzt um eine Verzweigung, herangezogen.

Auftragsbestätigung senden
Beim Lieferanten wird der Auftrag entgegengenommen und eine Auftragsbestätigung verschickt. Da dies beim Kunden keine unmittelbare Tätigkeit auslöst, ist nach dem Eintreffen dieser Nachricht kein Kontrollfokus eingefügt.

Liefermitteilung
Auch die nächste Nachricht kommt vom Lieferanten, wenn er den Auftrag erledigt hat und eine Liefermitteilung sendet. Die anschließende eigentliche Lieferung ist hier ebenfalls als Nachricht modelliert, sie ist ja auch Teil des Geschäftsprozesses.

Lieferung prüfen – Eingang bestätigen – Rechnung senden – Zahlung
Beim Kunden wird dann die Lieferung geprüft und nach dem hoffentlich positiven Ergebnis der Eingang bestätigt. Dies löst beim Lieferanten die Rechnungserstellung und den Versand der Rechnung aus. In der letzten Tätigkeit dieser Sequenz wird beim Kunden die Zahlung vorbereitet und durchgeführt.

Der Charakter der gestrichelten Linie als einer Zeitachse, entlang derer die Tätigkeiten ablaufen, wird hier sehr deutlich. Ebenso, dass jede Nachricht Tätigkeiten beim anderen Partizipanten auslöst und dass am Ende derselbigen wieder eine Nachricht verschickt wird.

Was auch insgesamt und nicht nur wie oben schon angemerkt in einer bestimmten Situation auffällt, ist das Fehlen von Verzweigungen. Dies ist untypisch für Geschäftsprozesse und ihre Modelle. Dazu unten mehr.

Abb. 11.2 enthält u.a. folgende Komponenten bzw. Besonderheiten

- Zahlreiche synchrone Nachrichten
- Mehrere Lebenslinien

Außerdem mehrere Kontrollfokusse.

Obige zwei Beispiele stellen die Grundstruktur von Sequenzdiagrammen dar. Im Folgenden wird dies nun schrittweise erweitert und vertieft.

11.4 Vertiefung

11.4.1 Weitere Theorieelemente

Ereigniseintritte
In Abschn. 10.9.1 wurde schon kurz auf das Auftreten von Ereignissen (event occurrences), hier auch *Ereigniseintritt* oder *Ereignisauftreten* genannt, eingegangen. Dort wird mit diesem Konstrukt die Beziehung zwischen Ereignissen und Aktionen hergestellt, indem die UML-Autoren definieren, dass Ereigniseintritte Zeitpunkte darstellen, denen Aktionen zugeordnet sind.

Sendend und empfangend

Ähnlich hier bei den Sequenzen. Hier sind sie inhaltlich verknüpft mit den Nachrichten, die bei den Sequenzen eine wichtige Rolle spielen und repräsentieren den Beginn bzw. das Ende der Nachricht. Das erste wird auch *sendender* Ereigniseintritt genannt, das zweite *empfangender* Ereigniseintritt.

Abb. 11.3 erläutert dies grafisch. Das Element mit der Nummer (1) repräsentiert eine Nachricht. Am Startpunkt der Nachricht (Punkt (2)) und am Endpunkt (Punkt (3)) liegt jeweils ein Ereignisauftreten vor, ein sendendes bzw. ein empfangendes.

Traces

Folgen von Ereigniseintritten

Da jede Nachricht durch zwei Ereignisauftritte zeitlich fixiert ist, kann eine Sequenz auch so gesehen werden, dass sie aus einer oder mehreren Folgen von Ereigniseintritten besteht. Dies wird nun von den UML-Autoren für ein weiteres Element in ihrem Theoriegebäude benutzt, den *Traces* (fig: Spuren). Als einen *Trace* bezeichnen sie eine Folge von *Ereigniseintritten*, natürlich zusammenhängenden, die damit einen Ablauf beschreiben. Ein *Trace* kann dann durch einen Ausdruck wie

```
<eventoccurrence1, eventoccurrence2,..., eventoccurrence-n>
```

dargestellt werden (OMG 2017, S. 565).

Genau diese Traces bezeichnen die UML-Autoren als *Semantik* der Modellelemente, die durch die Traces beschrieben werden. Dies ist auf den ersten Blick eine gewagte Reduktion dessen, was üblicherweise unter Semantik verstanden wird. Auf den zweiten Blick ist es aber konsequent. Da es ja um die Beschreibung von Abläufen geht, sind Folgen von „Ereignissen" eine sinnvolle Technik zur Beschreibung und dies kann durchaus auch als (wenngleich inhaltlich arme) Semantik verstanden werden.

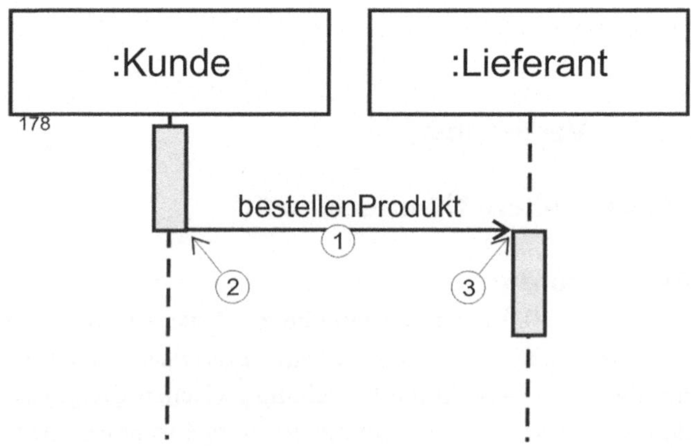

Abb. 11.3 Ereignisauftreten in Sequenzdiagrammen. Anmerkung: Die Nummern gehören nicht zur UML

„Semantik-Verschmelzung"

Es geht noch weiter. Hat man schon mal Semantik über Folgen von Ereignissen definiert, kann man auch darüber nachdenken, solche Folgen auf die eine oder andere Weise zusammenzubringen (oder auch zu trennen). Es geht dann ja darum, die „Semantik" der verschiedenen Elemente zu verschmelzen.

Verschmelzen

Dafür haben die UML-Autoren ein Konzept eingeführt, das sie *interleaving* nennen[3]. Sie bezeichnen damit das *Verschmelzen/Verschachteln* mehrerer *traces* dergestalt, dass die Ereignisse verschiedener traces im neuen trace in beliebiger Reihenfolge auftreten, während die Ereignisse innerhalb desselben trace ihre Reihenfolge behalten (OMG 2017, S. 565).

Dies ist tatsächlich sinnvoll. Stellen wir uns zwei Abläufe vor, die auf diese Weise zusammengeführt werden. Jeder einzelne Ablauf behält seine Struktur (seine Abfolge von Ereigniseintritten), bezüglich des entstehenden neuen Trace ist aber nicht festgelegt, wie die Ereigniseintritte der Ausgangs-Traces zueinanderstehen. Der neue Trace „leistet" also alle Abläufe der ursprünglichen, das Verhältnis zueinander bleibt aber offen.

Soweit einige Grundbegriffe, die von zentraler Bedeutung sind für Interaktionen und die deshalb hier vorab betrachtet wurden. Im Folgenden nun die Vorstellung der Komponenten von Sequenzdiagrammen im Detail.

11.4.2 Nachrichten

Auf das Konzept der Nachrichten wurde schon in Kap. 7, insbesondere Abschn. 7.5 eingegangen. Hier deshalb nur einige zusammenfassende und vertiefende Ergänzungen.

In Systemen und Prozessen

In Sequenzen senden sich die Lebenslinien Nachrichten, wie in Kap. 7 beschrieben, zur gemeinsamen Aufgabenerledigung. Bei Anwendungsbereichen, für die ein Softwaresystem erstellt werden soll, sind dies dann Objekte (Instanzen) von Klassen und die Nachrichten betreffen i.d.R. *Methodenaufrufe*. Hat der Ablauf Prozesscharakter stellen die Lebenslinien oftmals beliebige Partizipanten dar, die sich nicht im Softwaresystem finden, z.B. wie oben gesehen *Kunden, Lieferanten* usw. Die Nachrichten stellen dann neben Koordinierungsinformation zwar auch Aufrufe von Tätigkeiten dar, aber natürlich nicht Methodenaufrufe.

Wie oben gesehen wird jede Nachricht in Sequenzdiagrammen durch jeweils eine beschriftete Pfeillinie zwischen den betreffenden Lebenslinien ausgedrückt. Die Pfeillinie

---

[3]to interleave: verschachteln. In der Datenverarbeitung auch für Techniken benutzt, mit denen Bild und Ton in einer Datei zusammengebracht werden können (AVI = Audio video interleave).

gibt dann nicht nur an, von wem die Nachricht stammt und an wen sie adressiert ist, sondern ihre Gestaltung gibt weitere Eigenschaften der Nachricht[4] an:

- Asynchrone Nachrichten haben eine Pfeilspitze ohne Füllung.
- Synchrone Nachrichten, die ja typischerweise Methodenaufrufe darstellen, werden mit einem gefüllten Pfeilkopf dargestellt.
- Die Antwortnachricht zu einem Methodenaufruf hat eine gestrichelte Linie.
- Eine Nachricht zur Objekterzeugung hat eine gestrichelte Linie mit einem nicht gefüllten Pfeilkopf.
- Verlorene Nachrichten (lost messages) werden durch einen kleinen schwarzen Kreis am Pfeilende gekennzeichnet. Die UML-Autoren definieren diese als Nachrichten, bei denen der Sender und Sendevorgang bekannt ist, nicht aber der Empfänger und Empfangsvorgang (OMG 2017, S. 577).
- Gefundene Nachrichten werden durch einen kleinen schwarzen Kreis am Startpunkt der Nachricht gekennzeichnet. Die UML-Autoren definieren diese als Nachrichten, bei denen der Empfänger und Empfangsvorgang bekannt sind, nicht aber der Sender und Sendevorgang (OMG 2017, S. 577).

Methodenaufrufe

Um das Aktivsein von Methoden mit Methodenaufrufen durch Nachrichten zu veranschaulichen wird in der grafischen Darstellung ein dünnes graues oder weisses Rechteck gewählt, das die gestrichelte Linie der Lebenslinie bedeckt, so lange die Methode aktiv ist.

Beispiele

Zugangssystem

Im Beispiel in Abb. 11.4 geht es um Nutzer eines Systems, die sich bei einem Kontrollsystem mittels einer PIN (Personal Identification Number) identifizieren müssen. Entweder ergibt diese Prüfung ein positives Ergebnis oder nicht.

Dafür werden zwei Lebenslinien und drei Nachrichten benötigt. Die Lebenslinien sind *Nutzer* und *Zugangskontrolle*.

Sich überholende Nachrichten

Alle Nachrichten sind asynchron. Bei diesen kann es passieren, dass eine Nachricht A eine andere Nachricht B „überholt", was schlicht bedeutet, dass A nach B eintrifft, obwohl die Reihenfolge auf der sendenden Lebenslinie umgekehrt ist. Auch dies zeigt das Beispiel. Die Nachricht *KarteRaus* überholt die Nachricht *OK*. Dadurch sind hier die empfangenden Ereigniseintritte in umgekehrter Reihenfolge gegenüber den sendenden.

---

[4]Vgl. zu synchronen und asynchronen Nachrichten Abschn. 7.5.2.

Abb. 11.4 Sequenzdiagramm *Zugangskontrolle*. Quelle: (OMG 2017, S. 570, Figure 17.3), Übersetzung durch den Verfasser

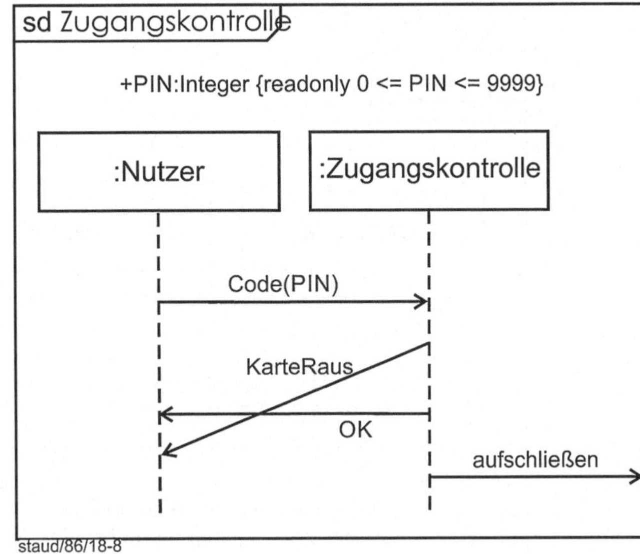

Gate: Tor zur Außenwelt

Eine vierte Nachricht (*aufschließen*) wird von der Zugangskontrolle an die Umwelt geschickt. Eine solche Stelle, über die der Kontakt zur Außenwelt (der Sequenz) realisiert wird, trägt die Bezeichnung *Gate* (vgl. Abschn. 11.4.5).

Das lokale Attribut PIN wird im oberen Bereich der Abbildung angegeben.

Abb. 11.4 enthält u.a. folgende Komponenten bzw. Besonderheiten

- Asynchrone Nachrichten
- Ein Gate
- Ein lokales Attribut

Außerdem ein Beispiel für das Überholen einer Nachricht durch eine andere.

11.4.3   Strukturieren durch kombinierte Fragmente

Aufbau

Der oben eingeführten Standardnotation von Sequenzdiagrammen fehlt eine wichtige Eigenschaft. Mit ihr ist es nicht möglich, den Nachrichtenverkehr zu strukturieren, um zum Beispiel aufgrund eines Ereignisses den einen oder den anderen Nachrichtenverkehr zu wählen. M.a.W.: Es ist nicht möglich zu verzweigen.

Gruppen von Nachrichten bilden und in Beziehung setzen

Dies haben auch die UML-Autoren bemerkt, und deshalb bei Sequenzdiagrammen ein entsprechendes Theorieelement eingefügt, die *kombinierten Fragmente* (combined fragments). Sie erlauben die Definition verschiedener Fragmente zum Nachrichtenverkehr (d. h. Gruppen von Nachrichten) und – im zeitlichen Ablauf der Nachrichtenaufrufe – die

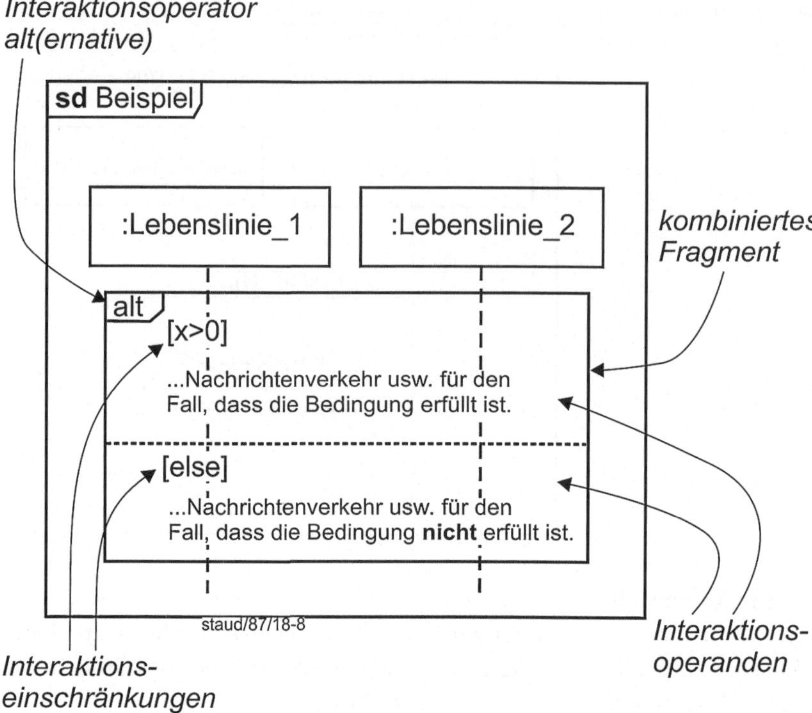

Abb. 11.5 Grafische Realisierung von kombinierten Fragmenten

Anwahl des einen oder anderen. Vgl. zur grafischen Darstellung die Ausführungen unten
sowie die folgende Abb. 11.5 mit Anmerkungen.

Dafür sind die folgenden Operatoren definiert, die *Interaktionsoperatoren* (interaction
operators) genannt werden. In Klammern ist noch jeweils die Kurzbezeichnung angegeben,
die in den grafischen Notationen verwendet wird:

- alternatives (alt)
- assertion (assert)
- break (break)
- critical region (critical)
- ignore/consider (ignore)
- loop (loop)
- negative (neg)
- option (opt)
- parallel (par)
- reference (ref)
- strict sequencing (strict)
- weak sequencing (seq)

Eine Erläuterung der Interaktionsoperatoren folgt unten.

Die Operanden

Liegen Operatoren vor, dann muss es auch Operanden geben, die durch die Operatoren verarbeitet werden. Diese werden hier *Interaktionsoperanden* (interaction operand) genannt.

Wenn also z. B. die Aufteilung in zwei Teile erfolgte, dann stellt die untere und die obere Hälfte jeweils ein Fragment dar und jedes ist ein Interaktionsoperand. Optional kann ein Fragment eine *Interaktionseinschränkung* haben, von den UML-Autoren auch *Wächter* genannt (vgl. die Anmerkungen unten).

Interaktionsoperanden werden durch eine gestrichelte horizontale Linie getrennt. Alle Interaktionsoperanden zusammenstellen das kombinierte Fragment dar. Vgl. Abb. 11.5.

Bedingungen – Interaktionseinschränkungen

Bei allen mehrstelligen Interaktionsoperatoren muss es Bedingungen geben, die festlegen, wann welches Fragment wirksam wird. Vgl. im ersten Beispiel unten die Ausdrücke [x>0] und [else]. Diese werden textlich formuliert und *Interaktionseinschränkung* (interaction constraint) genannt.

Eine *Interaktionseinschränkung* ist also ein boolescher Ausdruck, der angibt, welcher Operand in einem kombinierten Fragment Gültigkeit hat, bzw. ob ein Operand „begangen wird" oder nicht. Wegen diesem Hintergrund werden in den UML-Texten diese booleschen Ausdrücke oft auch als *Wächter* (guard) bezeichnet (ähnlich wie bei den Aktivitätsdiagrammen).

Die Darstellung im Modell erfolgt in textlicher Form in eckigen Klammern auf der Lebenslinie, dort wo der erste Ereigniseintritt des Fragments vorkommt.

Semantikbestimmung

Es versteht sich, dass in die Bestimmung der Semantik nur Interaktionsoperanden miteinbezogen werden, deren Interaktionseinschränkungen „wahr" sind. Ist kein Wächter da, wird dies gleichgesetzt mit einem Wächter dessen Bedingungen erfüllt sind.

Grafische Darstellung von kombinierten Fragmenten

Für die grafische Darstellung dieser Fragmente wird der gesamte dem Interaktionsoperator unterworfene Bereich mithilfe eines Rechtecks umrandet.

Ist der Operator mehrstellig, wird dieses Rechteck mit einer horizontalen gestrichelten Linie unterteilt (oder mit mehreren), womit die kombinierten Fragmente entstehen. Jeder durch die Unterteilung geschaffene Bereich stellt dann einen Operanden dar.

Ein Operator im linken oberen Eck des Rechtecks (in einem Fünfeck) gibt die Art der Verknüpfung an (vgl. auch die folgende Abbildung). Als Operator kann einer der oben aufgelisteten dienen, mit durchaus sehr unterschiedlicher Bedeutung. Vgl. unten.

Mehr als ein Operator

Es ist möglich, dass ein Sequenzdiagramm mehrere solche Interaktionsoperatoren enthält. Dies nicht nur hintereinander, entlang der Nachrichtenfolge, sondern auch verschachtelt (vgl. die Beispiele in den folgenden Abbildungen).

Abb. 11.5 enthält u.a. folgende Komponenten

- Ein kombiniertes Fragment
- Zwei Interaktionsoperanden
- Den Interaktionsoperator *alternatives* (alt)

Außerdem zwei Interaktionseinschränkungen, die bei diesem Interaktionsoperator Bedingungen für die Alternativen darstellen.

Kaufabwicklung mit Verzweigung

Abb. 11.6 nimmt das Beispiel *Kaufabwicklung* von oben wieder auf. Hier wurde nun wenigstens eine Verzweigung, d. h. ein kombiniertes Fragment, eingebaut. Angenommen wurde, dass nach Zusendung des Angebots durch den potentiellen Lieferanten der Kunde entweder zusagt oder auch absagt.

Abb. 11.6 Sequenzdiagramm Kaufabwicklung mit einem kombinierten Fragment

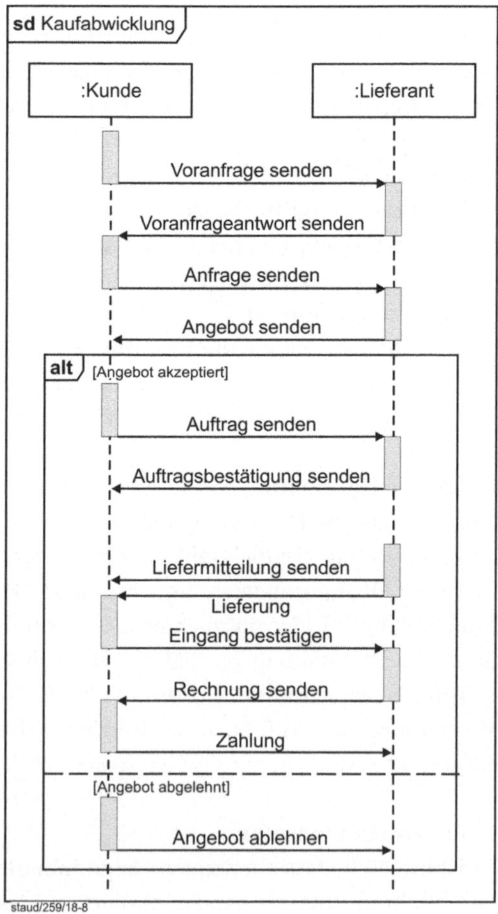

Absage

Bei einer Absage wird diese erstellt (vgl. den Kontrollfkus ganz unten) und die entsprechende Nachricht zum potentiellen Lieferanten geschickt.

Abb. 11.6 enthält u.a. folgende Komponenten

- Mehrere synchrone Nachrichten
- Ein kombiniertes Fragment
- Zwei Interaktionsoperanden
- Den Interaktionsoperator *alternatives* (alt)
- Mehrere Lebenslinien

Außerdem mehrere Kontrollfokusse.

Falls das Angebot akzeptiert wird, ergibt sich derselbe weitere Fortgang wie oben (vgl. Abb. 11.2).

11.4.4 Die Interaktionsoperatoren

Hier nun die vertiefte Erläuterung der Interaktionsoperatoren.

Alternatives
Verhaltensalternativen
Der Interaktionsoperator *alternatives (alt)* legt fest, dass das Fragment erlaubt, Verhaltens-*alternativen* zu modellieren. Genau einer der Operanden wird also ausgeführt. Der Operand, der zur Ausführung kommt, muss eine Interaktionseinschränkung haben, die an dieser Stelle der Interaktion *wahr* sein muss.

Else-Verzweigung
Wie bei solchen Verzweigungen (um die handelt es sich eigentlich, wenn man vom modellierten Ablauf ausgeht) üblich, gibt es sehr oft eine Verzweigung die greift, wenn alle anderen scheitern. Sie wird mit *Else* bezeichnet.
Für Beispiele und die grafische Darstellung vgl. Abb. 11.5 und Abb. 11.10.

Option (einstellig)
Der Interaktionsoperator *option (opt)* ist einstellig und legt folgende Wahlmöglichkeit fest: Entweder der einzige Operand kommt zur Ausführung oder nichts geschieht.
Für ein Beispiel und die grafische Darstellung vgl. Abb. 11.9.

Break
Abbruch
Das mit dem Interaktionsoperator *break* bezeichnete Fragment wird im Bedarfsfalle an Stelle des gesamten Restes des Fragments aufgerufen. Es erlaubt den Abbruch des Fragments an dieser Stelle.

Parallel merge
Verschmelzung 1

Der Interaktionsoperator *parallel merge* (par legt fest, dass das Fragment eine „parallele" Verschmelzung (parallel merge) zwischen zwei Verhaltenskomponenten der Operanden darstellt. Die Ereigniseintritte der Operanden können auf beliebige Weise verschachtelt werden, solange die Reihenfolge, die durch jeden Operanden festgelegt ist, erhalten bleibt. Ein *parallel merge* definiert eine Menge von traces, die den Weg beschreiben, die Ereigniseintritte der Operanden zu verschachteln ohne dass die Ordnung der Ereigniseintritte im Operanden zerstört wird.

Für ein Beispiel und die grafische Darstellung vgl. Abb. 11.7.

Weak sequencing
Verschmelzung 2

Der Interaktionsoperator *seq* legt fest, dass das Fragment die beiden Operanden auf eine bestimmte Art und Weise, dem sog. *weak sequencing*, verbindet. Folgende Eigenschaften gelten dafür:

- Die Abfolge der Ereigniseintritte in jedem der Operanden wird im Ergebnis beibehalten.
- Ereigniseintritte auf verschiedenen Lebenslinien von verschiedenen Operanden können in beliebiger Reihenfolge sein.
- Ereigniseintritte auf derselben Lebenslinie von verschiedenen Operanden sind so sortiert, dass ein Ereigniseintritt des ersten Operanden vor dem des zweiten Operanden kommt.

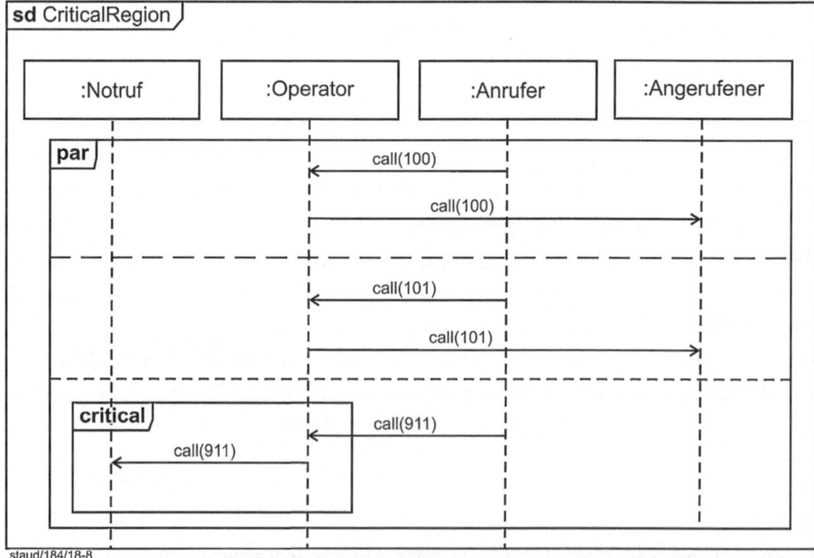

Abb. 11.7 Sequenzdiagramm mit kombinierten Fragmenten *par* und *critical*. Quelle: (OMG 2017, S. 587, Figure 17.12). Übersetzung durch den Verfasser

Es handelt sich also um eine einfache sequentielle Abfolge, die auf einer Lebenslinie die Einhaltung der Reihenfolge erzwingt, diejenige zwischen Elementen verschiedener Lebenslinien aber offen lässt.

Damit wird *weak sequencing* zu einem *parallel merge*, falls die Operanden auf elementfremden (sich nicht überschneidenden) Elementen aufbauen. Es fällt auf *strict sequencing* (vgl. unten) zurück, falls die Operanden nur auf einer einzelnen Menge von Elementen arbeiten.

Vgl. für ein Beispiel zu *weak sequencing* Abb. 11.14.

Strict sequencing
Verschmelzung 3

Der Interaktionsoperator *strict sequencing (strict)* legt fest, dass bei einer Zusammenführung mehrerer Traces jeder Ereigniseintritt seine Position auf der Lebenslinie gegenüber den anderen behält. Alle beteiligten Lebenslinien werden zusammen betrachtet. Damit hat jeder Ereigniseintritt und jede Nachricht eine bestimmte Position, die beibehalten wird.

Die senkrechte Dimension (die Zeitachse) behält also ihre Gültigkeit über das ganze Fragment hinweg und nicht nur für die einzelne Lebenslinie.

Negative

Der Interaktionsoperator *negative (neg)* legt fest, dass das Fragment Traces repräsentiert, die als ungültig deklariert sind. Er ist einstellig.

Critical Region
Sofort auszuführen

Der Interaktionsoperator *critical region (critical)* kennzeichnet ein einzelnes Fragment und legt fest, dass in diesem die Traces nicht verschachtelt sein dürfen.

Das Beispiel in Abb. 11.7 veranschaulicht dies am Beispiel von Notrufen. Ein 911-call muss (bzw. musste) (in den USA) unmittelbar weitergegeben werden, vor allen anderen Anrufen. Die übrigen Anrufe können dagegen beliebig – entsprechend dem Interaktionsoperator *par* – verarbeitet werden.

Abb. 11.7 enthält u.a. folgende Komponenten bzw. Besonderheiten

- Mehrere kombinierte Fragmente
- Einen Interaktionsoperator *par(allel)* mit drei kombinierten Fragmenten.
- Den Interaktionsoperator *critical*

Außerdem zwei verschachtelte kombinierte Fragmente (critical in par).

Ignore/Consider
Aktiv oder auch nicht

Der Interaktionsoperator *ignore/consider* legt fest, dass es Nachrichten gibt, die im jeweiligen Fragment nicht aktiv werden dürfen.

Umgekehrt legt *consider* fest, welche Nachrichten im jeweiligen Fragment beachtet werden sollen. Damit erhalten alle anderen Nachrichten im Fragment den Status „ignorieren".

Für ein Beispiel und die grafische Darstellung vgl. Abb. 11.11.

Assertion

Der Interaktionsoperator *assertion (assert)* legt fest, dass der im Fragment angegebene Nachrichtenverkehr auf jeden Fall stattfindet. Assertions sind oft kombiniert mit *Ignore/ Consider*.

Für ein Beispiel und die grafische Darstellung vgl. Abb. 11.11.

Loop (einstellig)

Der Interaktionsoperator *loop* legt fest, dass das Fragment eine Schleife repräsentiert. Der Schleifenoperand wird mehrfach wiederholt. Die Interaktionseinschränkung kann sowohl eine untere und obere Grenze für die Wiederholungen enthalten als auch einen Booleschen Ausdruck.

Das loop-Konstrukt repräsentiert eine rekursive Anwendung des seq-Operators, wo die Ergebnisse der einzelnen Schritte (der Iterationen) des loop-Operanden in eine sequentielle Abfolge gebracht werden.

Die Darstellung ist textlich. Die Syntax des loop-Operanden ist wie folgt:

```
loop [ '(' <minint> [, <maxint> ] ')' ]
<minint> ::= natürliche Zahl, d.h. positive ganze Zahl
<maxint> ::= natürliche Zahl größer oder gleich <minint> | '*'
```

Einschätzung
Unhandlich

Während das Konzept – strukturierte Sequenzdiagramme – sehr sinnvoll, ja sogar notwendig anmutet, ist die grafische Realisierung unhandlich. Wie soll dies bei komplexeren Abläufen funktionieren? Dass es aber zumindest bei überschaubaren Problemstellungen funktioniert, zeigen die Beispiele in diesem Kapitel.

11.4.5   Gates

Festlegung Nachrichtenverkehr

Dieses Modellelement spielte schon bei den Aktivitäten eine Rolle (vgl. Kap. 10). Genau wie dort ist ein *Gate* eine Verknüpfungsstelle, an der eine Nachricht von außerhalb eines Fragments mit einer Nachricht innerhalb in Beziehung gebracht wird.

Bezeichnung

Die Gates werden durch einen Namen identifiziert (falls festgelegt) oder durch einen konstruierten Bezeichner, der durch Aneinanderhängen der Richtung der Nachricht und dem Nachrichtennamen (z. B. out_CardOut) gebildet wird.

Aufgabe der Gates und der Nachrichten zwischen diesen ist es, für jede Nachricht den konkreten Sender und Empfänger klarzustellen.

Darstellung

Gates sind Punkte auf dem Rahmen des Sequenzdiagramms, die Endpunkte der Nachrichten. Ihnen kann eine Bezeichnung zugewiesen werden. Dasselbe Gate kann mehrfach vorkommen, in derselben Abbildung oder in verschiedenen.

In Abb. 11.8 ist an der Position (1) das Gate, hervorgerufen durch eine Nachricht, die durch ein Ereignisauftreten an Punkt (2) ausgelöst wird.

11.4.6   Interaktionen – noch einmal

Zu Beginn dieses Kapitels wurden Interaktionen schon als abstrakte Klasse eingeführt, deren eine Subklasse *Sequenzen* in diesem Kapitel betrachtet wird. Inzwischen sind so viele Begriffe eingeführt, dass das abstrakte Konzept der Interaktionen vorgestellt werden kann.

Die UML-Autoren definieren wie folgt:

Eine Interaktion ist eine Verhaltenskomponente die den beobachtbaren Austausch von Informationen zwischen verknüpfbaren Elementen beschreibt. (OMG 2003. S. 419). Übersetzung durch den Verfasser.

Träger von Verhalten

Verhalten ist ja nicht an sich da, sondern bedarf eines Trägers. Für die UML-Autoren sind das die Classifier: Interaktionen sind Verhaltenseinheiten eines sie umschließenden Classifiers (OMG 2017, S. 567). Interaktionen konzentrieren sich somit – etwas konkreter – auf den Informationsaustausch durch Nachrichten zwischen den verknüpfbaren Elementen des Classifiers.

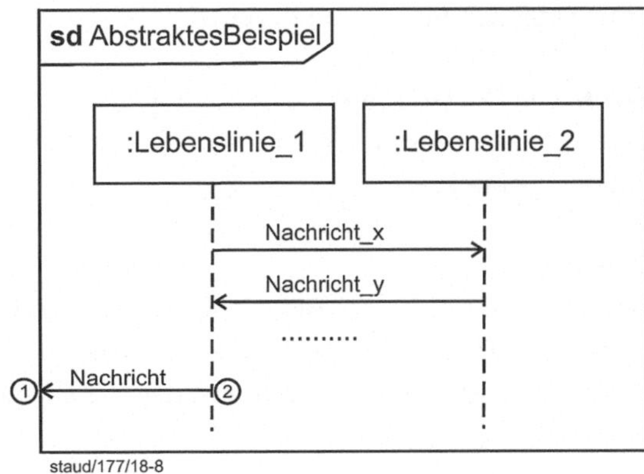

Abb. 11.8   Gates in Sequenzdiagrammen

Grafische Darstellung

Für alle Interaktionsdiagramme gilt, dass sie in einem Rechteck mit durchgezogenen Linien dargestellt werden. Im linken oberen Eck wird in einem Fünfeck das Schlüsselwort (meist *sd* für Sequenzdiagramm) der Interaktionsname und die Parameter angegeben. Innerhalb des Rechteck folgt die spezifische Notation für die Untertypen.

In diesem Kapitel werden Sequenzdiagramme und, in Abschn. 11.4.10, Sequenzdiagramme mit zeitlichen Festlegungen sowie Interaktionsüberblicksdiagramme vorgestellt. Kommunikationsdiagramme werden in Abschn. 7.6 beschrieben.

11.4.7   Verweise auf andere Sequenzdiagramme

▶   **Erinnerung**   Sequenzdiagramme sind Interaktionen.

Man stelle sich vor, es gäbe einen Teil einer Interaktion, der in mehreren umfangreicheren Interaktionen genutzt werden kann. Dann kann er ausgelagert werden und an seiner Stelle kann ein Platzhalter stehen. Für dieses Konzept steht in der UML das *Interaktionsauftreten* (interaction occurrence). Konkret ist damit in der grafischen Darstellung das Element gemeint, das vom übergeordneten Sequenzdiagramm auf das untergeordnete verweist.

Dies ist eine Standardtechnik in jeder Theorie zur Ablaufmodellierung, vgl. zum Beispiel die Prozesswegweiser in Ereignisgesteuerten Prozessketten.

Aktuelle Gates für formale Gates

Die untergeordnete Interaktion kann in verschiedenen übergeordneten mit unter Umständen ungleichen Anbindungen eingesetzt werden. Da diese An- oder Einbindung hier durch Gates realisiert wird, ist es so, dass ein Interaktionsauftreten eine Menge aktueller Gates hat, die den formalen Gates der Interaktion, auf die sie sich bezieht, entsprechen müssen.

Die Semantik eines Interaktionsauftreten ist wiederum einfach durch die Traces der einzubindenen Interaktion gegeben.

Grafische Darstellung

Das Interaktionsauftreten wird wie ein kombiniertes Fragment dargestellt mit dem Interaktionsoperator *ref*.

Beispiel

In Abb. 11.9 sind zwei Beispiele für ein Interaktionsauftreten enthalten: *ÖffneTür* und *VerbindungHerstellen*. Beide sind als kombinierte Fragmente mit *ref* dargestellt. Diese stellen jeweils eigene Interaktionen dar, die an anderer Stelle spezifiziert sind.

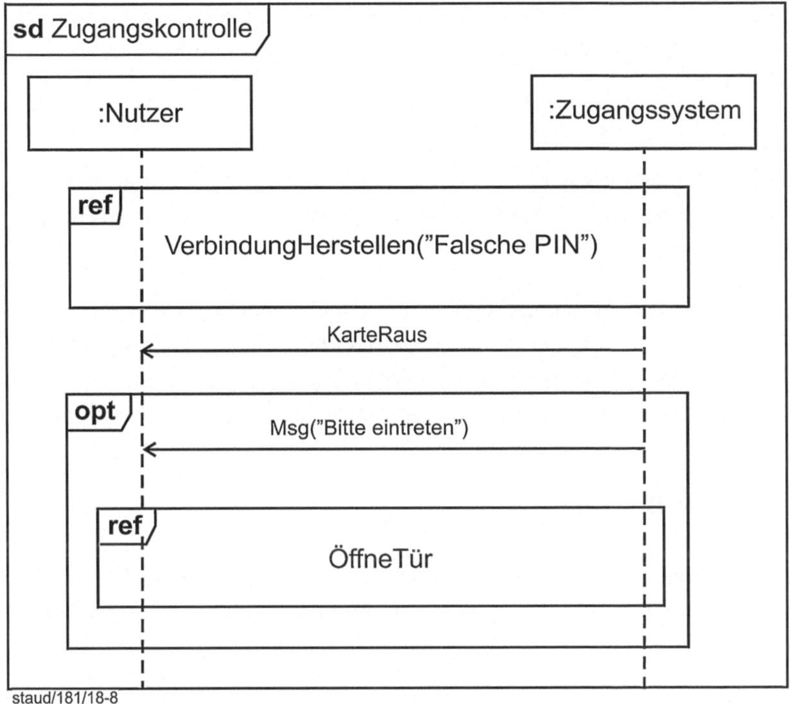

Abb. 11.9 Sequenzdiagramm mit kombinierten Fragmenten ref und opt. Quelle: (OMG 2017, S. 592, Figure 17.19). Übersetzung durch den Verfasser

Abb. 11.9 enthält u.a. folgende Komponenten bzw. Besonderheiten

- Zwei Verweise auf andere Interaktionen bzw. Sequenzdiagramme (Interaktionsauftreten).
- Den Interaktionsoperator ref mit dem die Verweise gekennzeichnet sind.
- Den Interaktionsoperator opt.

Außerdem zwei verschachtelte kombinierte Fragmente mit den Interaktionsoperatoren *opt* und *ref*.

11.4.8 Zustandseinschränkung und Stop

Festlegungen

Eine Zustandseinschränkung (state invariant) ist eine Einschränkung für den Zustand einer Lebenslinie. Dabei sind hier mit Zustand auch die Werte eventueller Attribute der Lebenslinie gemeint.

Die Einschränkung wird zur Laufzeit(!) geprüft. Und zwar unmittelbar vor der Ausführung des nächsten Ereignisauftretens. Wenn die Bedingung wahr ist, ist der folgende Trace gültig, falls die Bedingung nicht erfüllt ist, ist der Trace in diesem Durchgang ein ungültiger Trace.

Anmerkung: Die Wortwahl *Laufzeit* der UML-Autoren zeigt, dass dieses Merkmal in Richtung Programmierung zielt. Es ist aber natürlich auch ohne Schwierigkeit in Prozessabläufen denkbar.

Darstellung
Die Darstellung erfolgt entweder in Textform, in geschweiften Klammern auf der Lebenslinie oder als Notiz bei einem Ereigniseintritt. Vgl. Abb. 11.11 für je ein Beispiel.

Stop
Ganz gleich wie bei den Aktivitäten gibt es hier ein Element, *Stop*, das etwas beendet. Hier ist *Stop* ein Ereignisauftreten, das das Ende der Existenz einer Instanz signalisiert, einer Instanz der Lebenslinie, auf der das Stoppsymbol erscheint. Die grafische Darstellung erfolgt durch ein Kreuz in Form eines X am Ende der Lebenslinie. Vgl. Abb. 11.10 für ein Beispiel.

11.4.9 Weitere Beispiele

In Ergänzung zu den obigen Beispielen, die jeweils auf ein bestimmtes Modellelement bzw. eine bestimmte Modellstruktur bezogen waren, hier noch einige umfassendere Beispiele.

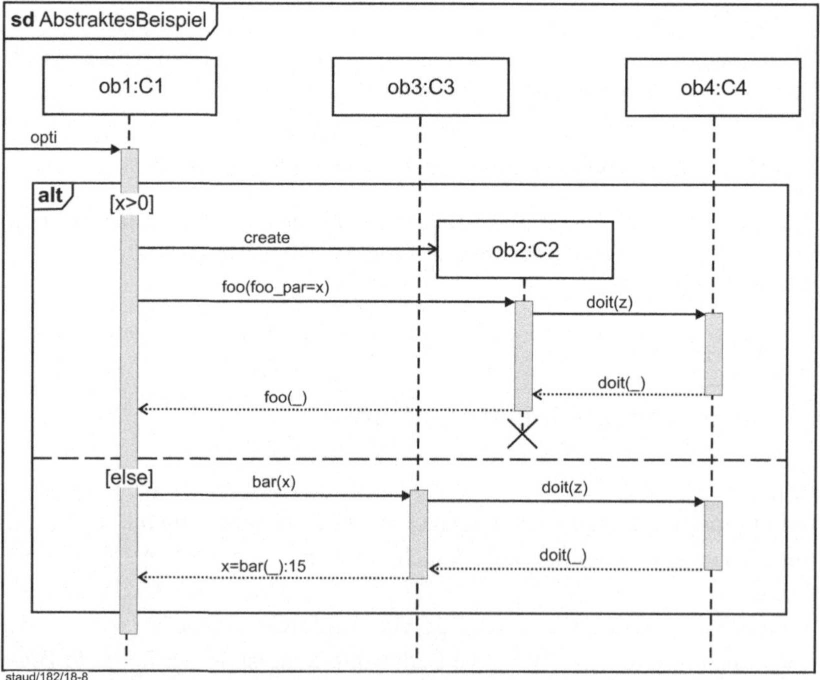

Abb. 11.10 Sequenzdiagramm *Abstraktes Beispiel*. Quelle: (OMG 2017, S. 588, Figure 17.14)

Sequenzdiagramm AbstraktesBeispiel
Abb. 11.10 zeigt ein erstes Beispiel. Es ist inhaltslos gehalten, wohl um möglichst viele Elemente von Sequenzdiagrammen unterzubringen. Trotzdem ist es erkennbar ein Systembeispiel. Hier sind tatsächlich fast alle Elemente der *Methode SD* angeführt.

Klassen bzw. Objekte (Instanzen)
Die vier Lebenslinien, bezeichnet mit ob1:C1, ob2:C2, ob3:C3 und ob4:C4 in diesem (System-) Beispiel zeigen es wiederum deutlich: Typischerweise bestehen Lebenslinien in der Vorstellung der UML-Autoren aus Objekten (Instanzen) von Klassen. Das gerät etwas in Vergessenheit, wenn man die vielen Geschäftsprozessbeispiele sieht, muss aber immer bedacht werden (vgl. auch Abb. 11.5).

Hier sind es die Objekte ob1 der Klasse C1, ob3 von C3 und ob4 von C4. Die Lebenslinien sind grafisch auf derselben Höhe angeordnet, mit Ausnahme derjenigen, die erst bei der Abarbeitung entsteht. Dies ist hier ob2:C2. Es wird also angenommen, dass die von ob1:C1 kommende Nachricht *create* die gleichnamige Methode in C2 aufruft, die wiederum dann ob2 erzeugt.

Aufruf von außen
Das Beispiel weist auch darauf hin, dass Sequenzen und ihre Diagramme mit dem restlichen System direkt verknüpft sein können. Dies geschieht durch einen Pfeil von der Randlinie aus zur ersten Lebenslinie, hier mit *opti* beschriftet.

Kontrollfokus
Es zeigt auch Beispiele für das Anzeigen der aktiven Phase einer Lebenslinie (eigentlich: aktive Phase der Methode). Der Balken, der dafür über die Lebenslinie gelegt ist, wird gezeichnet ab dem Ereigniseintritt, der die Methode aktiviert und bis zu ihrem Ende. Im Falle, dass eine Lebenslinie fast immer aktiv ist, wird sie – wie hier bei ob1:C1 – auch ganz durchgezogen.

Verschachtelte Aufrufe
Bei verschachtelten Aufrufen (wie hier bei foo und doit im oberen Fragment und bei bar und doit im unteren) wird die „oberste" aufrufende Lebenslinie auch als aktiv angenommen, wenn die danach kommende die dritte Lebenslinie aufruft und dort Verarbeitung stattfindet.

Die Länge des Balkens hat keine inhaltliche Bedeutung, sondern wird nur aus den Notwendigkeiten der Grafik heraus gestaltet.

Kombiniertes Fragment
Im Beispiel enthalten ist auch ein kombiniertes Fragment mit dem Interaktionsoperator *alt(ernative)* und zwei Interaktionsoperanden. Dadurch entsteht im Ablauf eine Verzweigung, die durch die zwei Interaktionseinschränkungen [x>0] und [else] präzisiert ist.

Nachrichten – synchron und asynchron

Das Beispiel enthält synchrone und asynchrone Nachrichten. Die Nachricht *create* ist asynchron, was hier auch möglich ist, da keine unmittelbare Antwort erwartet wird.

Dagegen ist die nächste Nachricht foo(foo_par=x) synchron, da sie einen Methodenaufruf darstellt, der zur einer Antwort führt. Damit kann man dann auch Methodenaufrufe sinnvoll verschachteln, wie es hier mit doit(z) geschieht. Dieser ganze Abschnitt ist dann mit der Rückmeldung foo(_) beendet.

Parameterübergabe

Angegeben sind auch verschiedene Varianten von Parameterübergaben. Zum einen die Angabe eines Parameters, der – typischerweise – ein Attribut eines Datenbestandes darstellt (in foo(foo_par=x), doit(z), bar(x), mit einer Methodenantwort (als x=bar(_):15), mit Rückantworten, die ohne Parameter erfolgen (in doit(_) usw.), durch die aber die Erledigung signalisiert wird.

Element Stop

Objekt 2 von Klasse 2, das ja erst bei der Abarbeitung entsteht, wird auch gleich wieder vernichtet, was durch das Element stop am Ende der Lebenslinie ob2:C2 angezeigt wird.

Nachrichten als Antworten auf Methodenaufrufe

Im Beispiel sind zahlreiche Antworten auf Methodenaufrufe angegeben. Sie werden ja durch eine gestrichelte Linie und eine nicht gefüllte Spitze dargestellt.

Typischerweise sind sie Teil eines „synchronen Szenarios":

* Senderobjekt schickt eine Nachricht mit Methodenaufruf und wartet.
* Empfängerobjekt(-klasse) führt Operation aus.
* Empfängerobjekt/-klasse sendet Rückantwort.
* Senderobjekt setzt sein Tun fort.

Diese Rückantworten können Parameterwerte zurückgeben oder auch nur den Abschluss der durchgeführten Operation melden.

Abb. 11.10 enthält u.a. folgende Komponenten bzw. Besonderheiten

* Ein kombiniertes Fragment (auf der Basis des Interaktionsoperator alt)
* Den Interaktionsoperator *alt*
* Zwei Interaktionseinschränkungen ([x > 0] und [else])
* Zwei Interaktionsoperanden
* Ein Element zur Beendigung der Existenz einer Instanz (stop)
* Mehrere Ereigniseintritte

Außerdem wird das Erzeugen eines Objektes (ob2:C2) in der Sequenz gezeigt. Seine Existenz endet dann auch innerhalb der Sequenz, wozu das Element Stop dient.

Interaktion/Sequenzdiagramm M

Das folgende ebenfalls abstrakte Beispiel zeigt wiederum ein Sequenzdiagramm mit weiteren Komponenten (s. Abb. 11.11).

Interaktionsoperator *ignore/consider*

Der ignore-Aspekt ist bei der Bezeichnung des Sequenzdiagramms vermerkt und legt hier fest, dass die Nachrichten t und r ignoriert werden. Beim Interaktionsfragment *consider* ist bei der Bezeichnung festgehalten, dass die Nachrichtentypen q, v und w betrachtet werden.

Nachrichten ausklammern

Motiv für dieses Theorieelement sind Testsituationen. Wenn ein System, bei dem grundsätzlich im betrachteten Abschnitt die Nachrichtentypen q, r, t v und w vorkommen, dahingehend getestet wird, dass t und r ignoriert, q, v und w aber zugelassen werden sollen, dann kann dies so wie unten angegeben im Modell ausgedrückt werden.

Interaktionsoperator *assert*

Im kombinierten Fragment *consider* ist ein weiteres Fragment des Typs *assert* enthalten. Dieses stellt sicher, dass der in ihm angegebene Informationsaustausch auf jeden Fall realisiert wird. Hier also das Übersenden der Nachricht q und das Wirksamwerden der Zustandseinschränkung {Y.p == 15}.

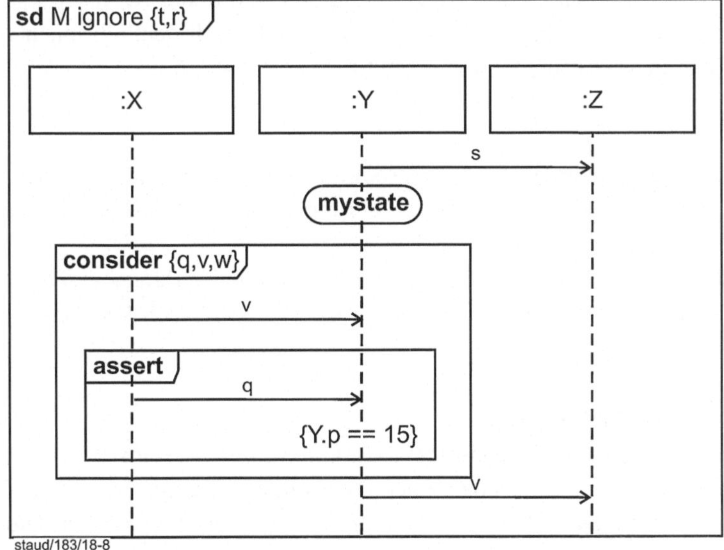

Abb. 11.11 Sequenzdiagramm M. Quelle: (OMG 2017, S. 590, Figure 17.17)

Zustandseinschränkungen

Im Beispiel sind auch zwei Zustandseinschränkungen enthalten, die eine in Textform mit
geschweiften Klammern, die andere als Notiz (myState). Sie werden, wie oben ausgeführt, zur Laufzeit geprüft und zwar direkt vor dem ersten Ereigniseintritt, das auf Y nach
der Zustandseinschränkung erscheint.

Verschachtelte Fragmente

Die beiden Interaktionsfragmente *assert* und *consider* sind verschachtelt. Das Interaktionsfragment mit *assert* ist in dem mit *consider* enthalten. Das bedeutet, dass erwartet
wird, dass die Nachricht q vorkommt, wenn vorher eine Nachricht v aufgetreten ist.

Abb. 11.11 enthält u.a. folgende Komponenten bzw. Besonderheiten

- Einen Interaktionsoperator *ignore/consider*
- Eine Zustandseinschränkung *mystate*
- Ein kombiniertes Fragment *assert*
- Ein Interaktionsfragment mit dem Operator *assert*

Außerdem zwei ineinander verschachtelte Fragmente.

Abgleich Zahlungseingang

Das folgende Beispiel (Abb. 11.12) entstammt dem Awendungsbereich **MAHNWESEN**.
Es modelliert den Abgleich eingehender Zahlungen mit den offenen Posten und ist ein
realitätsnahes (System-)Beispiel, bei dem auch die Aufgabe der Vorbereitung der Programmierung deutlich zu erkennen ist.

Hier wurde bewusst eine Verzweigung eingefügt, um deren Realisierung im Kontext
der Sequenzdiagramme nochmals zu zeigen. Dies soll auch deutlich machen, dass eine
breiterer Bedarf an Verzweigungen grafisch kaum zu schultern wäre.

Client

Wir wollen wieder annehmen, dass ein Programm bzw. eine Methode einer Klasse (der
Client, vgl. hierzu Abschn. 11.3.1) die Steuerung übernimmt, sozusagen also den Kontrollfluss realisiert.

Der Client fordert :Zahlungseingänge auf, evtl. neue Zahlungseingänge zu melden,
einen nach dem anderen. Zurückgemeldet wird ein Schlüssel des Zahlungseingangs,
ze_id.

Aufruf der eigenen Methoden

Mit der Nachricht (dem Methodenaufruf) *doZahlungsabgleich* wird dann die Bearbeitung
des jeweiligen Zahlungseingangs begonnen. Nacheinander werden der Datensatz und der
Buchungstext gelesen. Danach erfolgt der Abgleich mit den Rechnungen. Dies leistet die

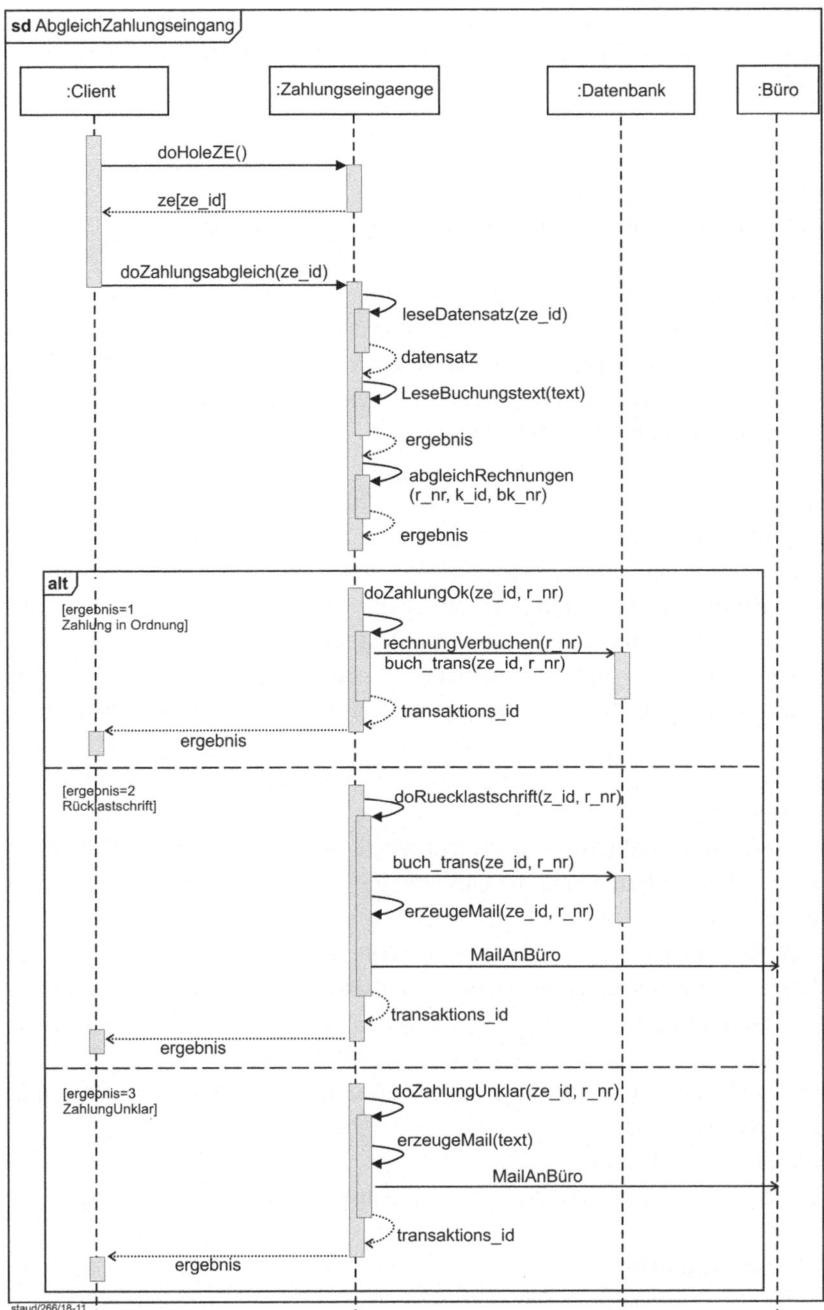

Abb. 11.12 Sequenzdiagramm AbgleichZahlungseingang (Prozessbeispiel)

Methode abgleichRechnungen() mit den Parametern Rechnungsnummer (r_nr), Kunden-schlüssel (k_id) und Buchungskontennummer (bk_nr). Folgende Ergebnisse sind hier dann möglich:

- Die Zahlung ist in Ordnung.
- Es handelt sich um eine Rücklastschrift.
- Die Zahlung ist unklar, d.h., sie kann nicht zugeordent werden.

In der Abbildung ist die entsprechende Verzweigung eingebaut.

Falls es sich um eine ordnungsgemäße Zahlung handelt wird die Methode doZahlungOk() aufgerufen. Sie stößt das Verbuchen der Rechnung an (mit Hilfe eines Objekts :Datenbank) und führt die notwendigen Änderungen bei den Buchungskontotransaktionen durch. Zurück-geliefert wird der Transaktionsschlüssel (ergebnis).

Rücklastschrift

Falls es sich um eine Rücklastschrift handelte, wird die Methode zur Rücklastschriften-bearbeitung angestoßen (doRücklastschrift()). Diese vermerkt zuerst die Tatsache der Rücklastschrift im Buchungskonto. Anschließend wird eine Mail generiert (aus vorgefer-tigten Textbausteinen) und an das Büro geschickt, das solche Fälle bearbeitet. Die Bear-beitung geht dann dort – nicht automatisiert – weiter. Dieser Abschnitt endet dann wie oben mit der Klärung der Transaktions_id und der Antwort auf den Methodenaufruf (er-gebnis).

Zahlung ungültig

Im dritten Teil werden unklare Zahlungen durch die Methode doZahlungUnklar() bearbei-tet. Als erstes wird geklärt, woher die Unklarheit rührt. Danach wird möglichst viel Infor-mation gesammelt.

Falls die Rechnungsnummer (r_nr) festgestellt werden kann, wird diese festgehalten. Durch Abgleich der verfügbaren Daten erfolgt dann eine vertiefte Ursachenforschung. Mögliche Ursachen sind:

- Die in der Überweisung angebene Rechnungsnummer ist falsch. Ansonsten kann der Vorgang geklärt werden.
- Der Kunde ist unbekannt.
- Der Überweisungsbetrag stimmt nicht mit dem Rechnungsbetrag überein.

Informationen sammeln

Kann der Kunde festgestellt werden, versucht das Programm folgende Informationen zu-sammenzustellen:

- Kundennummer
- Kundenname

- Ort
- Straße

Kann der Vorgang identifiziert werden, werden Auftragsnummer, Datumsangaben, Positions- und Gesamtsummen festgestellt.

Mail mit Unklarheiten
Anschließend wird eine Mail erzeugt, in der die Ursache der Unklarheit dargelegt wird und in der alle verfügbaren Informationen zusammengestellt sind. Diese Mail wird wiederum an das Büro geschickt, das diese Fälle bearbeitet (Reklamationsbüro).
Die Abkürzungen in Abb. 11.12 bedeuten:

- bk_nr: Buchungskontennummer
- buch_trans: buchungskonto_transaktionen
- k_id: Kundenschlüssel
- r_nr: Rechnungsnummer
- ZE: Zahlungseingang
- ze_id: ZahlungseingangsId

Abb. 11.12 enthält u.a. folgende Komponenten

- Mehrere synchrone Nachrichten
- Ein kombiniertes Fragment
- Drei Interaktionsoperanden
- Den Interaktionsoperator *alternatives* (alt)
- Mehrere Lebenslinien
- Außerdem mehrere Kontrollfokusse.

Außerdem handelt es sich um ein ausgeprägtes Systembeispiel.

11.4.10 Zeitaspekte und Interaktionsüberblicke

Zeitaspekte in Sequenzdiagrammen
Wie in den obigen Abschnitten zu sehen war, spielen konkrete Zeitaspekte in Sequenzdiagrammen keine Rolle. Deshalb hier einige Ergänzungen, die es ermöglichen, Zeitaspekte zu berücksichtigen. Sie werden benutzt, wenn der Hauptzweck des Diagramms ist, zeitliche Aspekte darzustellen. Sie stellen Veränderungen im Zeitablauf auf einer Lebenslinie oder zwischen Lebenslinien dar. Der Schwerpunkt liegt dabei auf dem Zeitpunkt des Eintretens von Ereignissen, die zu Veränderungen in den erfassten Rahmenbedingungen der Lebenslinien führen.
Abb. 11.13 zeigt ein Beispiel, ein ganz normales Sequenzdiagramm mit zusätzlichen Festlegungen zeitlicher Aspekte. Es enthält zwei Lebenslinien, *Nutzer* und *Zugangskontrolle*, gedacht ist wieder an einen Geldautomaten.

Abb. 11.13 Sequenzdiagramm mit Zeitaspekten. Quelle: (OMG 2017, S. 571, Figure 17.5). Übersetzung durch den Verfasser

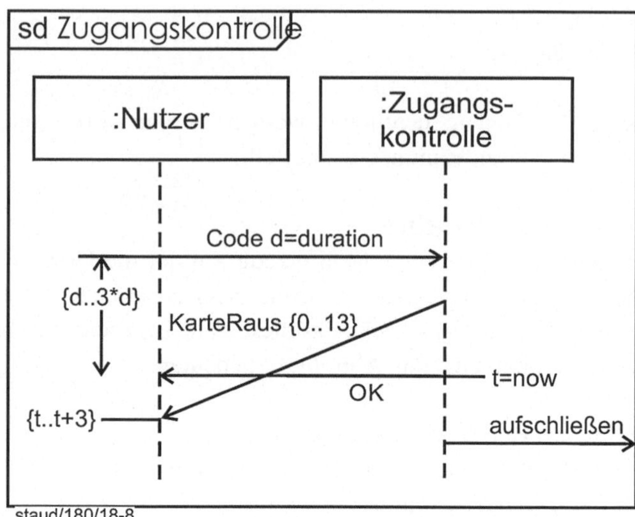

Der Nutzer sendet einen *message Code*, als Parameter ist eine Zeiteinheit angegeben.

Die Zugangskontrolle sendet zwei Nachrichten zurück zum Nutzer. Dabei ist hier im Modell festgelegt, dass *KarteRaus* zwischen 0 und 13 Zeiteinheiten benötigen darf. Darüberhinaus darf die Spanne zwischen dem Senden des Codes und dem Empfang des OK nur zwischen d und 3*d benötigen: {d..3*d}.

Bei der Nachricht OK wird der Entstehungszeitpunkt festgehalten (t=now). Durch {t..t+3} wird dann noch die Zeitspanne bis zum Empfang der Nachricht *KarteRaus* festgelegt.

Überholen

Wie ja auch im gleich strukturierten Beispiel von Abb. 11.4 zu sehen ist, kann hier die Nachricht *KarteRaus* die Nachricht „Alles in Ordnung" (OK) überholen, was bedeutet, dass sie zwar früher startet, aber später ankommt.

Abb. 11.13 enthält u.a. folgende Komponenten bzw. Besonderheiten

* Mehrere zeitliche Festlegungen
* Überholen von Nachrichten

Außerdem eine Nachricht, die nach außen führt (Gate).

Interaktionsüberblicke

Das folgende Modellelement – Interaktionsüberblicke – und seine grafische Umsetzung wurde von den UML-Autoren entwickelt, um durch Kombination von Komponenten aus verschiedenen Modelltypen (Sequenz- und Aktivitätsdiagrammen) den Kontrollfluss besser erfassen zu können und einen größeren Überblick zu erhalten (OMG 2017, S. 603, Figure 17.17). Grundsätzlich beschreiben diese Modelle aber Interaktionen.

Die Knoten in diesen Diagrammen sind Interaktionen oder Verweise auf Interaktionen (erkennbar am Interaktionsoperator *ref*). Die Lebenslinien und die Nachrichten erscheinen bei dieser Überblicksdarstellung nicht, die Lebenslinien können bei der Benennung des Diagramms angeführt werden.

Im Vergleich zu Aktivitätsdiagrammen ergeben sich folgende Unterschiede:

- An der Stelle von Objektknoten in den Aktivitätsdiagrammen gibt es hier nur Interaktionen oder Verweise auf Interaktionen.
- Kombinierte Fragmente mit dem Interaktionsoperator *alternative* (alt) werden durch eine Verzweigung (entsprechend einem exklusiven Oder) und eine damit zusammenhängende Zusammenführung repräsentiert.
- Kombinierte Fragmente mit dem Operator *parallel* (par) werden durch eine Gabelung (entsprechend einem logischen UND) und eine entsprechende Vereinigung repräsentiert.
- Kombinierte Fragmente mit dem Operator *loop* werden durch einfache Schleifen repräsentiert.
- Verzweigungen und das Zusammenführen von Zweigen muss durch eine geeignete Verschachtelung dargestellt werden.

Abb. 11.14 zeigt ein Beispiel. Es ist inhaltlich angelehnt an Abb. 11.9.

Verweis

Als erstes erscheint nach dem Startknoten die Interaktion *VerbindungHerstellen* mit dem Argument „Falsche PIN". Der Interaktionsoperator ref zeigt, dass es sich um einen Verweis auf eine andere Interaktion handelt.

Die Zeitangabe 0..25 gibt, wie im vorigen Abschnitt vorgestellt, die zur Verfügung stehende Zeitdauer für den Vorgang an.

Inline-Interaktion

Es folgt eine Interaktion (genauer: ein Sequenzdiagramm) mit den beiden auch in der Bezeichnung genannten Lebenslinien und mit der Nachricht *KarteRaus*. Eine solche fragmentarische, einen in sich geschlossenen Ablauf modellierende Interaktion, wird als *inline-Interaktion* bezeichnet.

Pin ok oder nicht

Danach folgt eine Verzweigung mit einem exklusiven Oder. Diese wird hier, wie oben ausgeführt, als Verzweigung eingefügt. Ein Zweig hat die *Interaktionseinschränkung* [pin ok]. Bei ihm folgt eine weitere inline-Interaktion mit der Nachricht *Msg(„Bitte eintreten")* und den beteiligten Lebenslinien. Den Abschluss bei diesem Zweig bildet wieder ein Interaktionsauftreten mit dem Verweis auf eine Interaktion *TürÖffnen*. Auch hier ist wieder eine zeitliche Festlegung getroffen.

Der andere Zweig mit der *Interaktionseinschränkung* [else] führt gleich zum Schlussknoten.

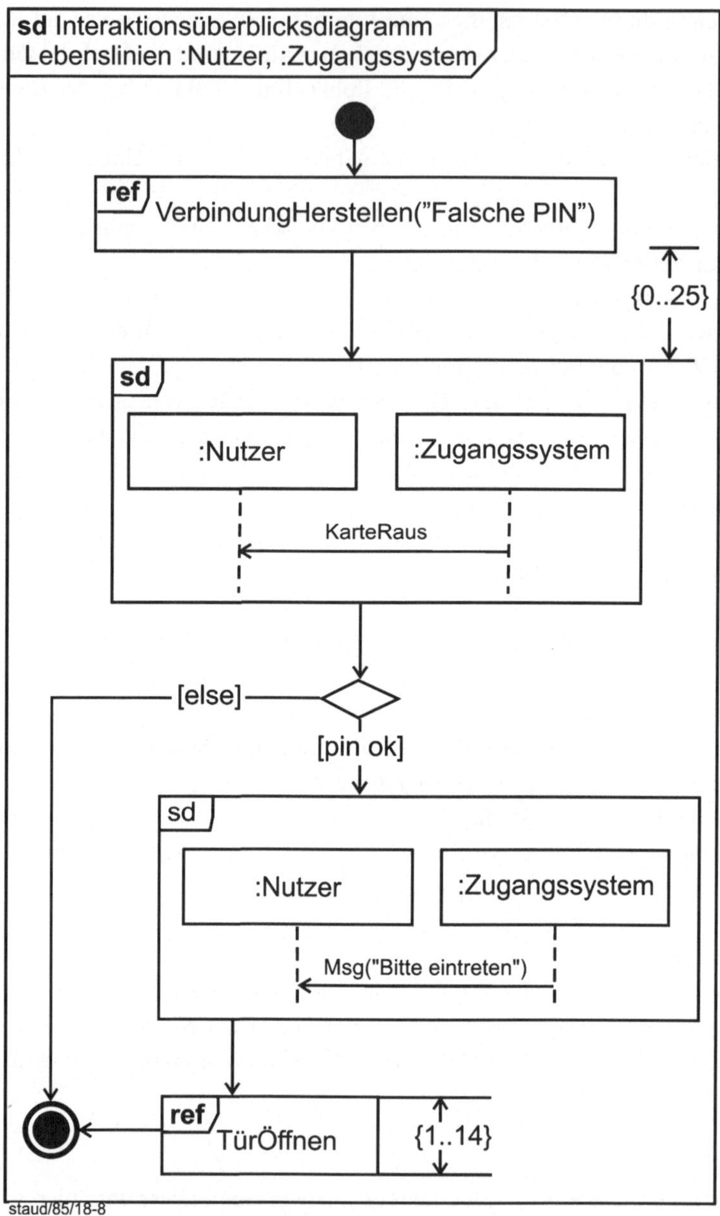

Abb. 11.14 Interaktionsüberblicksdiagramm *Zugang Geldautomat*. Quelle: (OMG 2017, S. 603, Figure 17.27). Übersetzung durch den Verfasser

Operator seq: weak sequencing

Für den Zusammenhang zwischen dem ersten und zweiten Element und dann von der zweiten Inline-Interaktion zum Interaktionsauftreten (also für alle sequentiellen Abfolgen ohne Operator) sprechen die UML-Autoren von *weak sequencing*. D.h., auf einem Zweig wird die Abfolge der Elemente eingehalten, die zwischen Elementen verschiedener Zweige aber nicht unbedingt (vgl. Abschn. 11.4.4).

Abb. 11.14 enthält u.a. folgende Komponenten bzw. Besonderheiten

- Zwei *Inline-Interaktionen*
- Zwei *Interaktionsauftreten* (Verweise auf andere Interaktionen, hier Sequenzdiagramme) mit dem Interaktionsoperator *ref*
- Angaben zum *Zeitverbrauch*
- Einen Operator *Verzweigung* (von Aktivitätsdiagrammen) entsprechend dem logischen Oder
- Zwei *Interaktionseinschränkungen*

Außerdem einen *Schlussknoten*, der wiederum von den Aktivitätsdiagrammen geborgt wurde.

11.5 Sequenzen und Unternehmensmodellierung

11.5.1 Beitrag

Welchen Beitrag können Sequenzdiagramme zu einer Unternehmensmodellierung leisten?

Sie taugen, und dafür sind sie ja auch gedacht, zur Beschreibung des Nachrichtenverkehrs zwischen Objekten, die gemeinsam eine Aufgabe erledigen. Damit sind sie – nimmt man die Systemanalyse zur Vorbereitung der Anwendungsprogrammierung mit zu den Aufgaben der Unternehmensmodellierung – für diese geeignet. Dies ist aber auch unstrittig.

Auch für Geschäftsprozesse?

Bleibt die Frage, ob sie auch für die übergeordnete Ebene der Prozessmodellierung taugen. Wie oben zu sehen war, kann man mit ihnen schon einfache Prozesse beschreiben. Können aber auch ausreichend komplexe Geschäftsprozesse damit beschrieben werden? Wie steht es – ganz allgemein – um die Aussagekraft dieser Prozessmodelle?

Um Antworten daruf zu finden im Folgenden nun eine Klärung, welche Elemente der *Methode SD* grundsätzlich für eine Prozessmodellierung sinnvoll erscheinen, welche nicht, welche Elemente fehlen und was da ist, aber für eine Prozessmodellierung (derzeit(?) noch) nicht gebraucht wird.

11.5.2 Theorieelemente für die Prozessmodellierung

Handelnde und ihr Tun

Jede Methode zur Prozessmodellierung[5] benötigt *Handelnde*, Träger der Tätigkeitsfolgen. Diese sind hier durch die Objekte bzw. die Lebenslinien gegeben. Durch die Methoden der Klassen sind sogar die möglichen Handlungen fixiert. Allerdings konzentriert sich das Ganze auf die Objekte des objektorientierten Modells.

Wie aber die prozessnahen Beispiele oben zeigen, ist dieses Instrument durchaus flexibel. Letztendlich kann sich das Diagramm nicht wehren, wenn beliebige Akteure als Objekte niedergeschrieben werden.

Nachrichten

Ein weiteres Element, das grundsätzlich Potential für eine Prozessmodellierung hat, sind die Nachrichten. Jede Nachricht …

- erfordert Tätigkeiten zu ihrer Erzeugung und gibt damit einen Hinweis auf die konkreten einzelnen Aktivitäten
- ist ein Informationsobjekt, was insbesondere die Prozessbeispiele oben sehr deutlich machen.
- muss transport werden, was wieder eine Tätigkeit darstellt.
- löst beim Empfänger Tätigkeiten aus.

Somit geben Nachrichten deutliche Hinweise auf die Abfolge der Tätigkeiten, auf Informationsobjekte und auf den Transport derselbigen.

Kontrollfokus

Der oben angeführten Tätigkeit zur Vorbereitung des Nachrichtenverkehrs entspricht der sog. *Kontrollfokus*. Indem er das Aktivsein des jeweiligen Objekts darstellt und an seinem Ende der Nachrichtenversand erfolgt, wird die gesamte Aktivität bis zum Versand hier erfasst.

Ganz konkret ist dies nicht nur die Nachrichtenaufbereitung, sondern auch alles andere, was davor erfolgen muss und was Grundlage der Nachricht ist (z.B., bei Prozessbeispielen, *Durchführung einer Kalkulation, Teilebeschaffung*).

Verzweigungen

Auch die in jeder Prozessbeschreibung notwendigen Verzweigungen bzw. Festlegungen bzgl. der Kontrollflüsse sind zumindest teilweise vorhanden:

- Der Interaktionsoperator *alternatives (alt)* entspricht einem exklusiven Oder.
- Der Interaktionsoperator *assertion (assert)* würde in einer Prozessbeschreibung zu einem Kontrollflusszweig führen, der auf keinen Fall umgangen werden kann.

---

[5] Vgl. Kap. 15 für eine Darstellung von Grundanforderungen an eine Methode zur Prozessmodellierung.

- Der Interaktionsoperator *loop (loop)* würde in einer Prozessbeschreibung als Rückschleife modelliert (vgl. (Staud 2006, Abschn. 5.1)).
- Der Interaktionsoperator *option (opt)* würde als Verzweigung mit einem exklusiven Oder (mit einem Leerzweig) modelliert.

Kontrollfluss

Insgesamt liegen mit der zeitlichen Hintereinanderanordnung der Nachrichten und den durch Interaktionsoperatoren präzisierten kombinierten Fragmenten Grundzüge eines Kontrollflusskonzeptes vor.

Nachricht ohne Kontrollfokus

Welche Situation liegt vor, wenn vor dem Nachrichtenversand kein Kontrollfokus angegeben ist. In Sequenzdiagrammen sieht man dies oft dann, wenn dem Nachrichtenversand keine ausführliche Tätigkeit vorangeht, sondern nur die der Nachrichtenerzeugung. Diese genügt aber, um in einer Prozessbeschreibung als Tätigkeit wahrgenommen und modelliert zu werden, in einer Ereignisgesteuerten Prozesskette z.B. als Funktion.

Verweise

Auch ein Theorielement, um Sequenzdiagramme ineinander zu verschachteln, liegt mit dem Theorieelement *Interaktionsauftreten* (ref) vor. Damit ist es möglich, …

- ein oft benötigtes Modellfragment einmal zu erstellen und wo immer nötig zu nutzen,
- bzw. aus Gründen der Übersichtlichkeit, einzelne Fragmente auszulagern.

11.5.3   Weitere Theorieelemente

Es gibt in der Methode SD sehr viele weitere Elemente, die zumindest in einer Standardprozessmodellierung (vgl. hierzu Kap. 15) nicht benötigt werden.

Weitere Interaktionsoperatoren
Prozessmodellierung vs. Systemanalyse

Dies gilt z.B. für die Interaktionsoperatoren *break*, *parallel*, *weak sequencing*, *strict sequencing*, *negative*, *critical region* und *ignore/consider*. Diese zielen so sehr in die Systemanalyse (die Programmentwicklung), dass sie für die Prozessmodellierung keinen Sinn machen, es sei denn Prozessmodellierung fällt auf Systemanalyse zurück (vgl. unten sowie Kap. 14).

Asynchron/synchron und Nebenläufigkeit

Die nächsten beiden Punkte erscheinen auf den ersten Blick als untauglich für eine Standardprozessmodellierung. Bei näherem Hinsehen allerdings wird schnell klar, dass sie für eine systemnahe Prozessmodellierung natürlich notwendig sind, denn da geht es ja um die Realisierung von Programmen für die automatisierte Abwicklung von Geschäftsprozessen.

Asynchron und Synchron

Erinnern wir uns. Ein synchroner Nachrichtenaustausch bedeutet, dass der Sender wartet, bis der Empfänger den betreffenden Methodenaufruf beendet hat, zurückmeldet und dann erst wieder aktiv wird. Bei einem asynchronen Nachrichtenaustausch dagegen wartet das Senderobjekt nicht, bis die aufgerufene Aktion durchgeführt ist, sondern führt gleich wieder irgendwelche Verarbeitungsschritte durch (vgl. Abschn. 7.5.2).

In einer Prozessbeschreibung würde dies bedeuten, dass eine Funktion (zum Beispiel) nach Absenden einer Nachricht (d.h. hier: Anstoßen einer weiteren Funktion) gleich noch weitere absendet, ohne abzuwarten, bis die vorige abgearbeitet ist.

Einfaches Ablaufmodell

So etwas ist in der Standardprozessmodellierung nicht vorgesehen. Diese beruht auf dem einfachen Ablaufmodell „Funktion wird angestoßen – Funktion führt ihre Aufgaben aus – nächste Funktion wird angestoßen" usw. Etwas anderes ist nicht vorgesehen und nicht nötig. Man kommt in der Prozessmodellierung sehr gut damit aus, notfalls den Prozess über eine Schleife immer wieder neu zu starten.

Nebenläufigkeit

Obiges hat auch mit dem zu tun, was in der Informatik *Nebenläufigkeit* genannt wird. Dadurch werden in Systemen parallele Abschnitte realisiert. Die Grundlage ist, dass das Versenden und Empfangen von Botschaften zeitlich parallel erfolgen kann (Kerner und Horn 1997, S. 270).

Dies ist in der Standardprozessmodellierung nicht möglich, bzw. nicht nötig. Möglich ist aber, durch einen UND-Operator parallele Verarbeitungsschritte anzufordern. Die einzelnen Stränge werden dabei unabhängig voneinander abgearbeitet, bis sie zum Ende kommen. Falls eine Zusammenführung der getrennten Kontrollflüsse gewünscht ist, könnte ein zweiter UND-Operator eingesetzt werden (vgl. (Staud 2006, Kap. 4)).

Abb. 11.15 zeigt ein Beispiel.

Zeitfenster

Statt von Parallelität spricht der Verfasser bei einer solchen Struktur lieber von einem Zeitfenster. Erst wenn alle Tätigkeiten zwischen den beiden UND-Operatoren abgearbeitet sind, geht es weiter. Insofern ist diese Struktur in der Prozessmodellierung eher Ausdruck der Absicht, sich um die Reihenfolge der Tätigkeiten nicht kümmern zu müssen als um wirkliche Parallelität.

Für eine Standardprozessmodellierung reicht dies auch aus, in einer Systemanalyse bedarf es der präziseren Fassung.

Überholen einer Nachricht durch eine andere

Einer Nachricht in Sequenzdiagrammen entspricht in der Prozessmodellierung der Transport von Informationsobjekten. Ein „Überholen", wie oben beschrieben, bedeutet dann, dass der eine Transportvorgang früher gestartet wird aber später fertig ist als ein anderer.

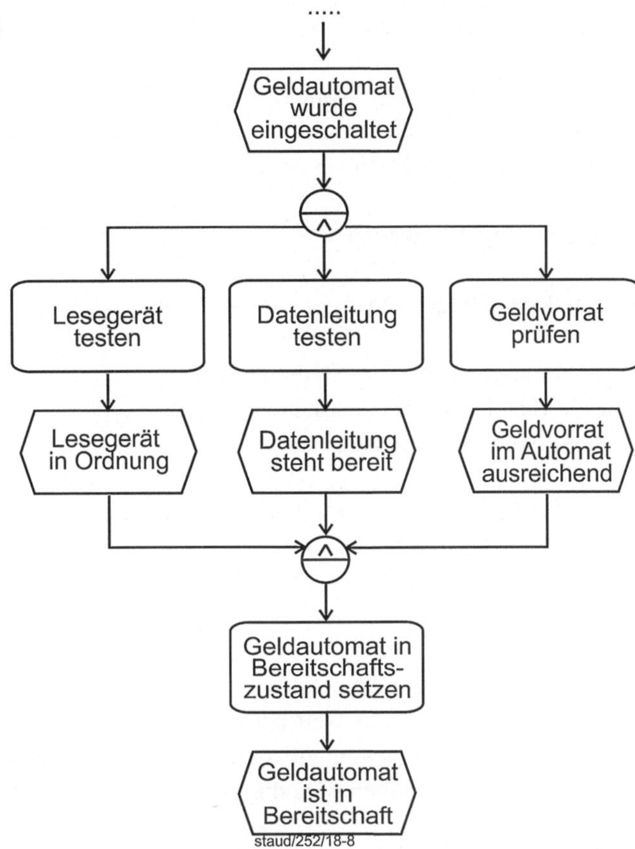

Abb. 11.15 Parallelverarbeitung in Ereignisgesteuerten Prozessketten

In der Standardprozessmodellierung ist dies nicht vorgesehen. Der Grund liegt darin, dass die Tätigkeiten mit ihren Ergebnisereignissen sequentiell angeordnet sind und dass es nur einen Kontrollfluss gibt. In Sequenzdiagrammen ist dies anders. Jede Lebenslinie hat ihre eigene Ablauffolge. Hier – in der jeweiligen sequentiellen Abfolge – ist die Reihenfolge ebenfalls fixiert und ein Einwirken von „oben" nach „unten" oder umgekehrt – ist nicht denkbar. Über die Lebenslinien hinweg aber schon.

Ein Hinweis und eine Frage

Soweit die wichtigsten, über die heutige Standardprozessmodellierung hinausweisenden Theorielemente. Sie geben einen Hinweis und stellen eine Frage. Der Hinweis ist der auf die Systemnähe der Methode SD, die Frage die, ob hier nicht Hinweise gegeben werden für eine Weiterentwicklung der Geschäftsprozessmodellierung, z.B. durch Einführung einer systemnahen Prozessmodellierung. Dazu mehr in Abschn. 11.5.8, zu zweiterem auch in Kap. 14.

11.5.4   Defizite in Hinblick auf Ablaufmodellierung

Was fehlt beim typischen Sequenzdiagramm für eine fundierte Prozessmodellierung? Bei
genauer Betrachtung recht viel. Für den Abgleich wurden die 10 Punkte von Abschn. 15.3
(Basiselemente einer Methode zur Prozessmodellierung) hinzugezogen.

(1) Elementare Tätigkeiten

Sind in der Methode SD vorgesehen. Aber nur …

- als Nachrichtenverkehr (Methodenaufruf)
- als Vorbereitung des Nachrichtenversands
- als Antwort auf eine Nachricht

Wobei die Nachrichten die Methoden der beteiligten Klassen widerspiegeln. Die „Tätigkeiten" der Kontrollfokusse müssen in anderen Bereichen der Programmierung gesucht
werden.

Systemdenken

Bei Systemen (insbesondere Softwaresystemen) ist mehr auch nicht nötig. Hier sind die
handelnden Einheiten sehr weit heruntergebrochen bis auf die für die Programmierung
taugliche Ebene. In Prozessen gibt es dagegen durchaus Situationen, wo die nächste Tätigkeit einfach nur angestoßen wird durch die Erledigung der vorigen.

(2) Träger der Tätigkeiten

Auch dieses Theorieelement ist vorhanden, allerdings auch wieder in eingeschränkter
Form. Vorhanden sind Objekte, die Basis der Lebenslinien sind, d.h. meist deren Klassen
mit ihren Methoden. Andere Träger von Aktivitäten aber nicht.

(3) Informationen auf Trägern aller Art

Nur Parameter

Informationen erscheinen hier bei den Parametern der Nachrichten. Ansonsten nicht. Die
Informationsverarbeitung wird hier auf Programmebene betrachtet. Etwas mehr schim-
mert in den Grobmodellierungen auf, wie auch hier in den Prozessbeispielen.

(4) Informationsverarbeitung

Verborgen

Diese wird nicht ausgewiesen, sie ist verborgen in der Vorbereitung des Nachrichtenverkehrs. Da dieser nicht detailliert wird, werden auch die dort angegebenen Informationen
erzeugenden, verändernden und löschenden Tätigkeiten nicht angegeben.

(5) Ereignisse

Diese sind vorhanden rund um den Nachrichtenverkehr. Aber nur da.

(6) Kontrollfluss

Der zeitlich angeordnete Nachrichtenverkehr zwischen mehreren Lebenslinien stellt so
etwas wie einen Kontrollfluss dar, allerdings einen für die Funktionsfolge, nicht für die
Prozessabläufe (vgl. Stichwort *Funktionsmodellierung vs. Prozessmodellierung* , insbesondere Abschn. 15.2).

(7) Ebenen – Kapselung

Das Element *ref* erlaubt in einfacher Form die Kapselung und die Bildung von Ebenen.

(8) Verweise, Verknüpfungen

Dies könnte ebenfalls mit dem Element *ref* realisiert werden, wenn die Modellfragmente
parallel angeordnet würden.

(9) Zeitliche Dimension

Eine Erfassung von Zeitaspekten ist nur eingeschränkt möglich. Die sequentielle Abfolge
des Nachrichtenverkehrs erfasst allerdings einen für Ablauffolgen typischen Aspekt.

(10) Träger des gesamten Geschäftsprozesses

Ein solches Konzept ist nicht vorgesehen.

11.5.5 Grafische Gestaltung

Die grafische Gestaltung ist bei größeren Projekten umständlich, v.a. in zweierlei Hinsicht:

- Bei der Gestaltung der Operatoren
- Bei der Darstellung einer größeren Anzahl von Partizipanten

11.5.6 Verknüpfung mit der übrigen objektorientierten Theorie

Eine solche Verknüpfung ist gegeben, durch die Lifelines, die ja im Normalfall Objekte
aus dem objektorientierten Modell repräsentieren.

11.5.7 SD und EPK im direkten Vergleich

Von SD zu EPK
Wenigstens kurz soll hier noch betrachtet werden, wie es um die Übertragung von Sequenzdiagrammen in eine Methode der Standardprozessmodellierung (hierfür wurde wieder die *Methode EPK* gewählt) steht. Ist sie möglich? Wo liegen die Probleme?

Beispiel *Kaufabwicklung* als Ereignisgesteuerte Prozesskette
Das oben vorgestellte Beispiel *Kaufabwicklung* soll in eine Ereignisgesteuerte Prozesskette überführt werden. Es sollte als ein typisches Prozessbeispiel dazu auch geeignet sein. Um die direkte Vergleichbarkeit zu erleichtern, wird das Sequenzdiagramm hier in Abb. 11.16 nochmals angegeben.

Eigentlich geht es um die Variante mit dem kombinierten Fragment (Abb. 11.6), da aber die erste Variante dieses Sequenzdiagramms bei jedem Kontrollfokus auch eine Benennung der Tätigkeit aufweist, sollte sie auch mit hinzugezogen werden.

Die nächsten Abbildungen (Abb. 11.17, Abb. 11.18, Abb. 11.19, Abb. 11.20, Abb. 11.21) zeigen die Ereignisgesteuerte Prozesskette (EPK), die diesem Sequenzdiagramm entspricht, wobei zwei beispielhafte potentielle Verzweigungen hinzugefügt wurden, um anzudeuten, dass diese in einer Prozessmodellierung unabdingbar sind.

▶ **EPKs und BPDs** Vgl. für eine Einführung in die Modellierung von Geschäftsprozessen durch Ereignisgesteuerte Prozessketten (Staud 2006) und (Staud 2014). Eine Einführung in die Modellierung von Business Process Diagrams (BPD) der BPMN findet sich in (Staud 2017).

Kürzer ohne Ereignisse
Die große Länge der Ereignisgesteuerten Prozesskette entsteht aus mehreren Gründen. Einer ist, dass hier die grafische Konvention beibehalten wurde, auch in der einfachen sequentiellen Abfolge die Ereignisse nach den Funktionen mit anzugeben. Verzichtet man darauf, werden die sequentiellen Abfolgen wesentlich kürzer.

Auf andere Gründe, die hier zu einer recht „langen" Ereignisgesteuerten Prozesskette führen, wird unten eingegangen.

Die Ereignisgesteuerte Prozesskette
Zu Beginn (Abb. 11.17) wurde ein Startereignis angefügt: *Beschaffungswunsch liegt vor*. Danach folgen im Wesentlichen in einfacher sequentieller Abfolge Funktionen mit ihren Ergebnisereignissen. Die Funktionen speisen sich aus zwei Quellen:

• Zum einen entsprechen sie dem jeweiligen Kontrollfokus des Sequenzdiagramms.
• Zum anderen kommen sie von den übersandten Nachrichten des Sequenzdiagramms.

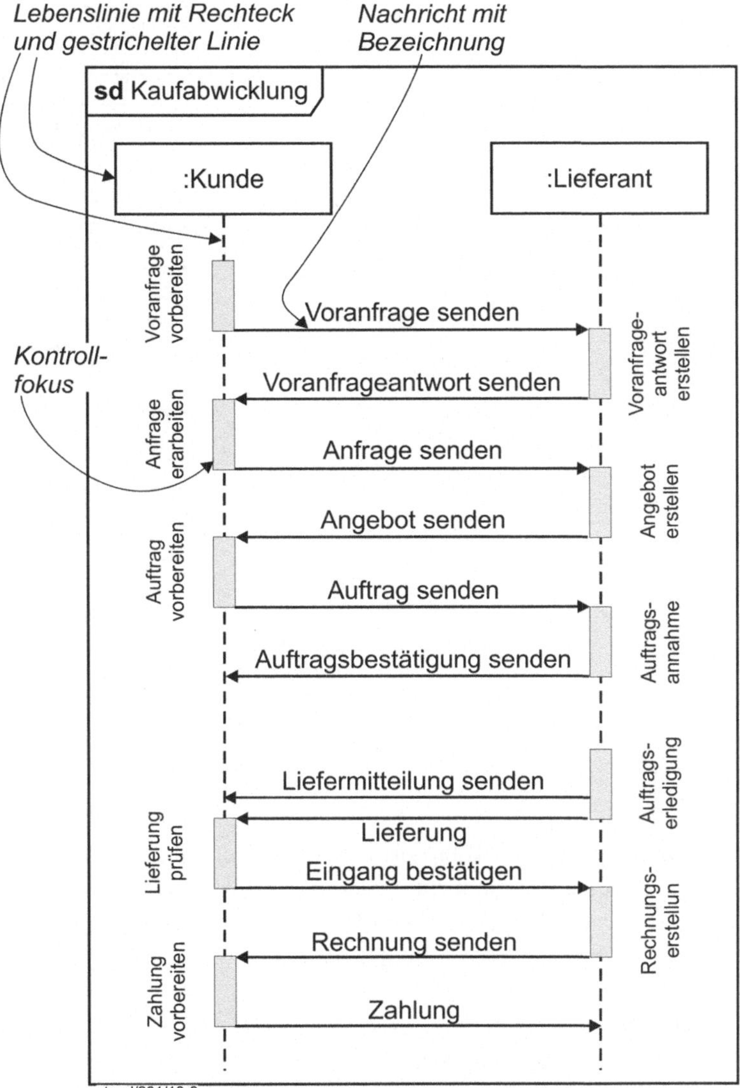

Abb. 11.16 Sequenzdiagramm *Kaufabwicklung* – mit Interaktionsoperator

Nachrichten = Transport von Informationen

Die Übersendung einer Nachricht stellt einen Transportvorgang dar, Transport von Informationen. Solche Transportvorgänge können in Ereignisgesteuerten Prozessketten modelliert werden oder auch nicht (vgl. (Staud 2006)). Will man eine detaillierte Beschreibung des Geschäftsprozesses, dann drückt man die Transportvorgänge ausdrücklich durch Funktionen aus. Geht es eher um eine oberflächliche Beschreibung, dann legt man dafür

Abb. 11.17 EPK
Kaufabwicklung – Teil 1. Vgl.
die Sequenzdiagramme in Abb.
11.2 und Abb. 11.16

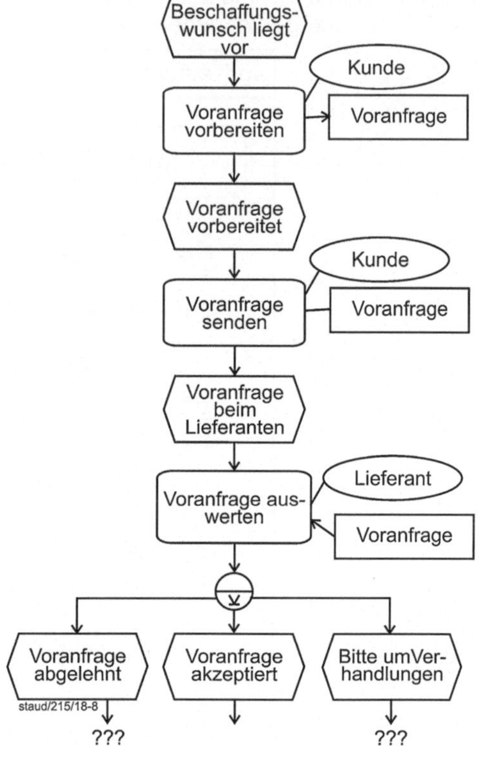

keine eigenen Funktionen an. Der Transport wird dann dadurch ersichtlich, dass ein Informationsobjekt von der einen zur anderen Funktion „weiter wandert".

Für das Beispiel hier wurde nun für jeden Kontrollfokus *mindestens* eine Funktion angelegt und für jede Nachrichtenübermittlung *genau* eine.

Träger der Funktion

Bei jeder EPK-Funktion wurde außerdem festgehalten, wer ihr Träger ist. Dies ist ja im Sequenzdiagramm durch die Lebenslinien angegeben.

Informationsobjekte

Durch die Nachrichten im Sequenzdiagramm erfolgt auch ein Hinweis auf Informationsobjekte[6] in der Ereignisgesteuerten Prozesskette, sodass diese dort ebenfalls ergänzt wurden.

---

[6] So werden bei der *Methode EPK* die Informationen mit ihrem Informationsträger genannt.

Abb. 11.18 EPK
Kaufabwicklung – Teil 2. Vgl.
die Sequenzdiagramme in Abb.
11.2 und Abb. 11.16

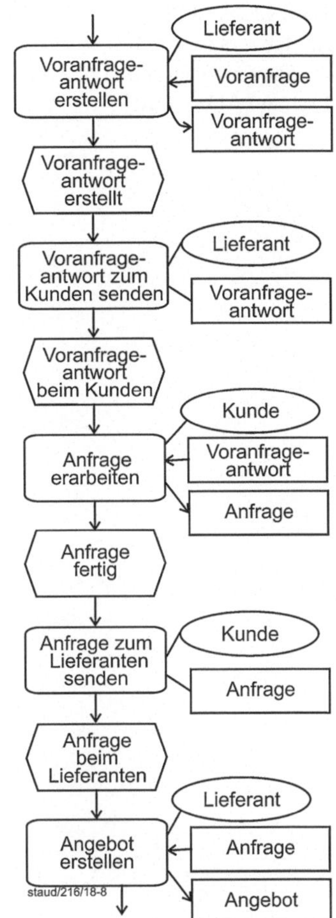

Erinnerung – Methoden und ihre Begriffe:

- Tätigkeit, Tätigkeitsfolge: übergeordnete Begriffe
- Funktion: Begriff der „Methode EPK"
- Ereignis: Begriff der „Methode EPK"
- Nachricht: Begriff der „Methode SD"
- Kontrollfokus: Begriff der „Methode SD"

Der Begriff *Kontrollfluss* wird als übergeordneter Begriff für alle Methoden zur Ablaufbeschreibung
angesehen.

Anstoßen der nächsten Tätigkeit

Somit wird aus dem ersten Teil des Sequenzdiagramms („Voranfrage vorbereiten, Voranfrage
senden"), einem Kontrollfokus und einer Nachricht, die entsprechende vierteilige Abfolge in
der Ereignisgesteuerten Prozesskette. Dies ist ein weiterer Grund für die Länge der EPK.

Abb. 11.19 EPK
Kaufabwicklung – Teil 3. Vgl.
die Sequenzdiagramme in Abb.
11.2 und Abb. 11.16

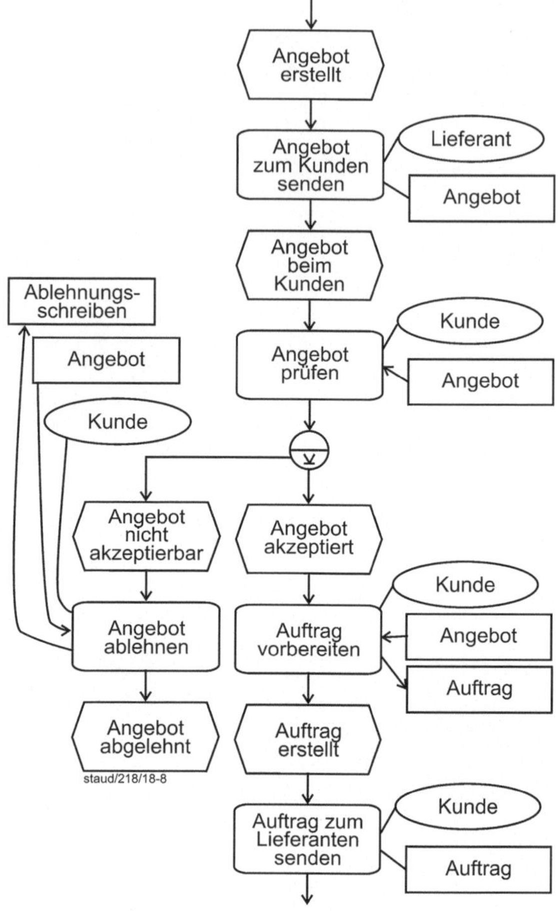

Anstoßen

Die Tatsache, dass die Nachricht *Voranfrage senden* die Tätigkeit *Voranfrageantwort erstellen* anstößt, wird in der EPK durch den Kontrollfluss erfasst. Das Ereignis *Voranfrage beim Lieferanten* ist nicht nur Ergebnisereignis der Funktion *Voranfrage senden*, sondern auch *auslösendes Ereignis* für die Funktion *Voranfrage auswerten* und genau da liegt das Anstoßen der Funktion durch ein Ereignis.

Wenige Verzweigungen

Es wurde oben schon ausgeführt: Die Sequenzdiagramme weisen nur wenige Verzweigungen auf und deren Realisierung durch die kombinierten Fragmente ist mühsam und nicht effizient. Sequenzdiagramme in der Praxis sind meist recht arm an Verzweigungen[7].

---

[7]Dass dies auch an der gewählten Modellierungsebene liegt, wird unten diskutiert.

Abb. 11.20 EPK
Kaufabwicklung – Teil 4. Vgl.
die Sequenzdiagramme in Abb.
11.2 und Abb. 11.16

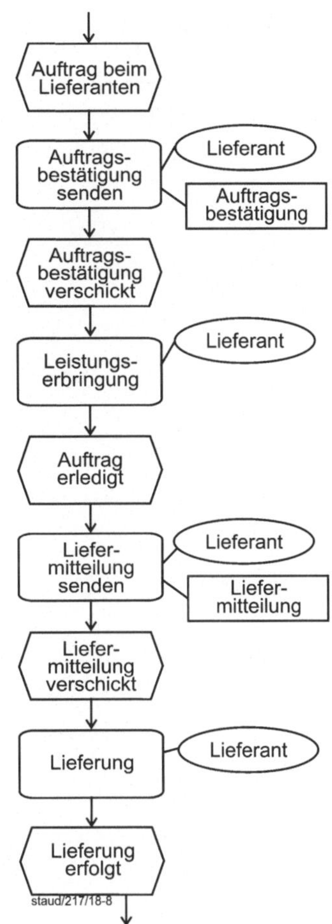

Dies passt nicht zur Prozessmodellierung. Hier wird deutlich mehr an Verzweigungen modelliert, detaillierter – also mehr beim positiven Durgang – und mehr bzgl. Störungen. Denn Störungen (Kunde akzeptiert Angebot nicht, Kalkulation gelingt nicht usw.) sind in Geschäftsprozessen etwas Alltägliches. Um sie geht es sogar oft hauptsächlich, z.B. im Rahmen der Geschäftsprozessoptimierung.

Verzweigung durch Störung

Um dies zu verdeutlichen wurde deshalb hier bei der nächsten Funktion *Voranfrage auswerten* (Kontrollfokus *Voranfrageantwort erstellen*) eine prozesstypische Verzweigung, die auf einer Störung basiert, eingebaut. Es wurde angenommen, dass die Auswertung der Voranfrage zur Ablehnung führen kann (der potentielle Kunde möchte Unmögliches), zur Bitte um Verhandlungen oder gleich zur Akzeptanz. Damit ergäbe sich dann eine prozesstypische Verzweigung. Hier wurden die Alternativen allerdings nicht weiter verfolgt.

Abb. 11.21   EPK
Kaufabwicklung – Teil 5. Vgl.
die Sequenzdiagramme in Abb.
11.2 und Abb. 11.16

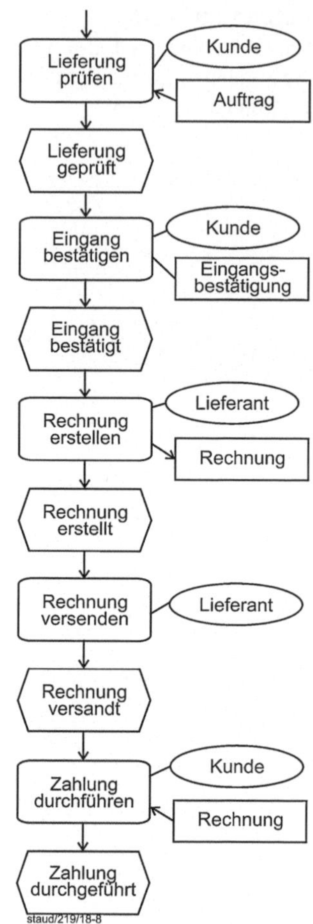

Die Verzweigung, die auch im Sequenzdiagramm eingebaut ist, wird weiter unten gezeigt.
Abb. 11.18 (Teil 2) zeigt den weiteren Ablauf bis zur Erstellung des Angebots. Hier
bleibt es beim einfachen sequentiellen Ablauf, so wie er durch das Sequenzdiagramm angegeben ist.

Kombiniertes Fragment bzw. exklusives Oder

Teil 3 in Abb. 11.19 beginnt mit dem Ereignis, das die Beendigung der Angebotserstellung
festhält und der Funktion *Angebot zum Kunden senden*. Anschließend ist ja im Sequenzdiagramm von Abb. 11.16 ein kombiniertes Fragment, eine Verzweigung, eingebaut: Das
Angebot wird entweder angenommen oder nicht. Damit liegt eine Verzweigung vor, mit
dem Interaktionsoperator *alt* und zwei Interaktionsoperanden.

In der EPK wird daraus eine Verzweigung mit einem exklusiven Oder. Im einen Zweig
ist die Ablehnung modelliert, im anderen der positive Weitergang. Die Interaktionseinschränkungen werden zu Beschriftungen für die Ergebnisereignisse der EPK.

Entsprechend dem Sequenzdiagramm findet der Fortgang bei einer Ablehnung ein schnelles Ende. Hier wurde zum Abschluss noch ein Schlussereignis (*Angebot abgelehnt*) angefügt.

Im Falle der Akzeptanz des Angebots wird in beiden Modellen die Erarbeitung und der Versand des Auftrags modelliert.

Teil 4

Danach verlagert sich die Aktivität zum Lieferanten (Abb. 11.20). Nach der Auftragsannahme wird die Auftragsbestätigung verschickt. Im Sequenzdiagramm folgt dann in einem Kontrollfokus die Auftragserledigung (Leistungserbringung) mit Liefermitteilung und Lieferung. In der EPK wurde dies alles als Folge von vier Funktionen mit ihren Ergebnisereignissen modelliert.

Teil 5

Abb. 11.21 zeigt den Abschluss des Geschäftsprozesses. Der Kunde prüft die Lieferung und bestätigt den (korrekten) Eingang, was beim Lieferanten zur Erstellung und zum Versand der Rechnung führt. Die Nachricht *Zahlung* des Sequenzdiagramms wurde in der EPK als Funktion *Zahlung durchführen* modelliert, gefolgt vom Ergebnisereignis *Zahlung durchgeführt*, das gleichzeitig Schlussereignis ist.

Bei dieser letzten Funktion wurde auf eine mögliche Aufteilung verzichtet. Hätte man sie doch vorgenommen, wäre *Zahlung vorbereitet* eingefügt worden.

Soweit die Ableitung einer Ereignisgesteuerten Prozesskette aus einem Sequenzdiagramms, die problemlos möglich ist. Dasselbe wäre ohne Schwierigkeit auch mit einem Business Process Diagram der Methode BPMN möglich gewesen (vgl. Staud 2017).

Die andere Richtung
Von EPK zu SD

Die Übertragung in die andere Richtung, von Ereignisgesteuerten Prozessketten zu Sequenzdiagrammen, ist nur sehr eingeschränkt möglich, es fehlen in Sequenzdiagrammen einfach zu viele Theorielemente, die eine Prozessmodellierung benötigt.

11.5.8 Zusammenfassung

Einschränkung

Letzendlich ist die Modellierung durch Sequenzdiagramme reduziert auf die Nachrichten und lediglich die Tätigkeiten, die für die Vorbereitung der Nachricht notwendig sind. Dies bedeutet eine enorme Einschränkung der Aussagekraft. Um es zu verdeutlichen: Es wäre nicht möglich, Tätigkeiten, als Kontrollfokus oder sonstwo, einzubauen, die nicht zu Nachrichten (d.h. Methodenaufrufen) führen.

Im Umkehrschluss bedeutet dies im Übrigen, dass nur solche Probleme, die also auf diese Weise beschrieben werden können, für die Modellierung durch Sequenzdiagramme geeignet sind.

Obiges Argument greift aber nicht für Systeme. Hier sind die einzelnen Tätigkeiten so weit heruntergebrochen, dass dieses Konzept ausreicht. Gekapselt sind hier nur noch die Methoden, in denen Programmabläufe stecken.

Systeme, nicht Geschäftsprozesse
Das gesamte Instrumentarium von Sequenzdiagrammen zielt auf Abläufe im Kleinen, nicht im Großen. Auf Systeme, nicht auf Geschäftsprozesse. Ausdruck davon ist auch die Ausrichtung auf die positiven Ergebnisse – auf Nichtverzweigung. Dies ist eher in Systemen (Programmen) denkbar, als in Geschäftsprozessen.

Insgesamt kann daher festgehalten werden: Sequenzdiagramme taugen nicht für die Prozessmodellierung. Sie decken nur Teilaspekte eines Geschäftsprozesses ab. Natürlich kann, wenn man genügend abstrahiert, jeder Geschäftsprozess auch als Sequenzdiagramm dargestellt werden, denn irgendwelche Nachrichten sozusagen als „Kitt" zwischen diesen Aktivitäten finden sich immer, aber ein solche Modell ist weitgehend aussagefrei. Vgl. auch die im Kapitel angeführten Prozessbeispiele.

Vorbereitung der Programmierung
Sequenzdiagramme taugen aber, abgeleitet aus Prozessmodellen, für die Systemanalyse, insbesondere für die Vorbereitung der Programmierung. Hier spiegeln dann die Lebenslinien auch die Klassen des Klassendiagramms wider und die Nachrichten entsprechen Methodenaufrufen.

Insofern ist der Anspruch der UML-Autoren, der auch durch die Beispiele untermauert wird, mit Sequenzdiagrammen Geschäftsprozesse modellieren zu wollen, nicht haltbar.

In einer zeitgemäßen Unternehmensmodellierung werden also Sequenzdiagramme dazu dienen, abgeleitet von der Prozessmodellierung, Abschnitte, die in Software gepackt werden sollen, für die Programmierung vorzubereiten. Z.B. das Mahnwesen, wie in Abschn. 11.3.1 beschrieben.

Oder doch?
Nehmen wir die Erstellung von völlig automatisierten Geschäftsprozessen, den uns die Internetunternehmen gerade demonstrieren, könnte auch eine andere Position eingenommen werden. Wenn Geschäftsprozesse, so weit es geht, durch Programme realisiert werden, sind dann Sequenzdiagramme nicht das geeignete Werkzeug der Wahl?

Nein!
Denkbar wäre dies für die Beschreibungsebene, die unmittelbar der Vorbereitung der Programmierung dient, die systemnahe Prozessmodellierung. Hier liegt aber bereits die Methode AD vor, die dafür deutlich besser geeignet ist (vgl. den dortigen Abgleich mit den Anforderungen an eine Standardprozessmodellierung). Insofern bleibt es für die Sequenzdiagramme bei der wichtigen Rolle in der Systemananlyse, der unmittelbaren Vorbereitung der Programmierung.

Literatur

Eriksson, Hans-Erik, und Magnus Penker. 2000. *Business modeling with UML. Business pattern at work*. New York: Wiley.

Kerner, Immo O., und Christian Horn, Hrsg. 1997. *Lehr- und Übungsbuch Informatik. Band 3: Praktische Informatik*. München/Wien. Fachbuchverlag Leipzig.

Object Management Group. 2003. *UML 2.0 Superstructure Specification (Unified Modeling Language: Superstructure, version 2.0, final Adopted Specification, ptc/03-08-02)*.

OMG Object Management Group. 2017. *OMG Unified Modeling Language (OMG UML)*. Version 2.5.1.

Prata, Stephen. 2005. *C++. Primer Plus*, 5. Aufl. Indianapolis. Pearson Education

Staud, Josef Ludwig. 2006. *Geschäftsprozessanalyse. Ereignisgesteuerte Prozessketten und objektorientierte Geschäftsprozessmodellierung für Betriebswirtschaftliche Standardsoftware*, 3. Aufl. Berlin: Springer.

Staud, Josef Ludwig. 2014. *Ereignisgesteuerte Prozessketten. Das Werkzeug für die Modellierung von Geschäftsprozessen*. Vilshofen: Lindemann.

Staud, Josef Ludwig. 2017. *Geschäftsprozesse und ihre Modellierung mit der Methode Business Process Model and Notation (BPMN 2.0)*. Hamburg: tredition.

Anwendungsfälle 12

In diesem Kapitel wird die Kurzbezeichnung *Methode AF* für alle Theorieelemente zur Erfassung und Darstellung von Anwendungsfällen benutzt.

12.1 Einführung

Einordnung

Für die UML-Autoren sind die in diesem Abschnitt vorgestellten Anwendungsfälle (use cases) *informelle Beschreibungen* von Verhalten (OMG 2017, S. 639).

Um was geht's?

Anwendungsfälle[1] (use cases) beschreiben, was ein System leisten soll. Da diese Leistung immer mit den Nutzern des Systems zu tun hat, erläutern sie damit das Zusammenwirken von Anwendern mit dem System. Dies drückt auch die Definition der UML-Autoren aus:

> A use case is the specification of a set of actions performed by a system, which yields an observable result that is, typically, of value for one or more actors or other stakeholders of the system. (OMG 2003, S. 519)

---

[1] Der Begriff geht ursprünglich auf Jacobson zurück. Er bezeichnet damit eine Folge von Aktionen, die von einem Systemnutzer im Dialog mit dem System ausgeführt werden (Booch, Rumbaugh und Jacobson 1999, S. 250).

© Springer-Verlag GmbH Deutschland, ein Teil von Springer Nature 2019
J.L. Staud, *Unternehmensmodellierung*, https://doi.org/10.1007/978-3-662-59376-9_12

Tab. 12.1 Verwendete
Fachbegriffe in Kapitel 12

	extending use case
	extension point
Akteur	actor
Anwendungsfall	use case
Anwendungsfalldiagramm	use case diagram
Extend-Beziehung	extend
Include-Beziehung	include

Links der in diesem Text verwendete Begriff. Rechts der in der objektorientierten Theorie bzw. in der UML verwendete Begriff. Begriffe ohne Übersetzung wurden auch im Text in englischer Sprache verwendet.

Inhaltlich gleich, wenn auch weniger elegant formuliert, findet sich die Definition in (OMG 2017).

Damit ist es die Aufgabe der Anwendungsfälle, die durch ein System benötigte Funktionalität zu erfassen:

> UseCases are a means to capture the requirements of Systems, i.e., what Systems are supposed to do. (OMG 2017, S. 639)

Zwei Aspekte

Dass die Beschreibung des Umgangs mit einem System durchaus zwei Aspekte hat, sehen auch die Urheber der UML: zum einen die von „außen" kommenden Anforderungen an das System („specification of the (external) requirements on a subject[2]" (OMG 2017, S. 640), zum anderen die Funktionalität, die das System anbietet („specification of the functionality offered by a subject" [ebenda]):

- Anforderungen an das System (Ausgangspunkt: Systemaußenwelt)
- Verhalten (Leistung) des Systems (Ausgangspunkt: das System als solches)

Beides kann, muss aber nicht übereinstimmen. Die praktischen Beispiele in der Literatur zeigen allerdings fast immer nur die zweite Sicht. Dabei wäre die erste, gerade wenn man an die Modellierung von Geschäftsprozessen denkt, auch wichtig. Denn die Modellierung von Geschäftsprozessen ist sehr stark dadurch geprägt, dass auch Verhalten beschrieben wird, das noch nicht in der Software (die ja hier letzendlich aus dem System entstehen soll) verankert ist oder dort gar nie verankert werden kann.

---

[2]Zum Begriff *subject* vgl. den Exkurs unten.

Exkurs: Subject (im Sprachgebrauch der UML)

In den Texten der UML-Autoren spürt man nur selten Unsicherheit. Eine dieser Stellen findet sich bei den Ausführungen zu Anwendungsfällen (use cases). Hier ist, bei der Aufzählung der Elemente, die einen Anwendungsfall ausmachen, recht unvermittelt von „subject" die Rede: „The key concepts associated with use cases are *actor*s, *use cases,* and the *subject*" (OMG 2017, S. 639). Dies wird dann auch gleich präzisiert: „The subject is the system under consideration to which the use cases apply" [ebenda].

In früheren Texten und an anderen Stellen war und ist hier von „system", „subsystem" oder auch „class" die Rede, wie z.B. das folgende Zitat zeigt: „A use case is a kind of classifier representing a coherent unit of functionality provided by a *system*, a *subsystem*, or a *class* as manifested ...." (OMG 1999, S. 3–91).

Die Hervorhebungen wurden vom Verfasser vorgenommen.

Teilsystem

Dem Sprachgebrauch kann entnommen werden, dass mit dem Begriff *subject* hier tatsächlich ein Teilsystem gemeint ist: der Teil des System, auf den sich die Anwendungsfälle beziehen.

Es wird nicht ganz klar in den Texten der UML-Autoren, aber die Wahl des neuen Begriffs „subject" könnte – in Bezug auf die Anwendungsfälle – eine (punktuelle) teilweise Loslösung vom Systembegriff bedeuten, hin zu etwas, was man mit „inhaltlichem Gegenstand" oder „Vorgang" oder auch „Geschäftsprozess" übersetzen kann.[3] Darin könnte der Versuch zum Ausdruck kommen, etwas näher an die Beschreibung von Abläufen zu kommen.

Der Sprachgebrauch zeigt aber auch sehr deutlich, dass die Autoren ein *subject* als etwas aktives ansehen, etwas das Verhalten hat. Dies wäre dann nicht so sehr mit dem Geschäftsprozesskonzept vereinbar. Ein Geschäftsprozess ist selbst nicht aktiv (in diesem Sinne), aber in ihm sind Systeme und Menschen tätig, die für sich und für ihn (den Geschäftsprozess) aktiv sind.

Um die Verwirrung nicht zu groß werden zu lassen, wird im Folgenden von *System* die Rede sein, wenn im UML-Text *subject* steht. Sollte die Nutzung des Begriffs *subject* allerdings eine Überwindung des engeren Systembegriffs andeuten wird darauf hingewiesen.

12.2 Grundlagen

12.2.1 Elemente

Ein Anwendungsfalldiagramm besteht in der Grundstruktur aus (normalerweise mehreren) Anwendungsfällen (die Funktionalität/Verhalten benennen), Strichmenschen (die die Nutzer des gesamten Anwendungsfalls darstellen) und verbindenden Linien.

---

[3] Die Entscheidung zwischen den letzten beiden würde durch den Umfang der modellierten Tätigkeiten festgelegt. Ginge es z.B. um alle Tätigkeiten rund um Personalbeschaffung, könnte durchaus von einem Geschäftsprozess gesprochen werden. Ginge es nur um die engeren Vorgänge einer Personaleinstellung, läge eher das vor, was wir in der deutschsprachigen Literatur *Vorgang* nennen.

Hinweis

Begrifflich gibt es in der Literatur manchmal eine Unklarheit. Da wird die Gesamtbeschreibung (das gesamte Anwendungsfalldiagramm) ebenfalls als Anwendungsfall bezeichnet, obwohl dies eigentlich die Bezeichnung für die einzelnen Komponenten ist.

12.2.2 Anwendungsfälle (im engeren Sinn)

Jeder Anwendungsfall repräsentiert ein Verhalten (so sehen es die UML-Autoren tatsächlich), ein einzelnes Verhalten, das ein System leisten kann in Zusammenarbeit mit einem oder mehreren Akteuren. Die interne Struktur des Verhaltens wird nicht dargestellt.

Verhaltensweisen, die Änderungen bewirken

Dieses Verhalten (im Englischen können die UML-Autoren hier die Mehrzahl „behaviors" verwenden) kann zu Änderungen im Zustand des Systems führen und zur Kommunikation mit der Systemumgebung.

Varianten

Ein Anwendungsfall kann Variationen seines Grundverhaltens enthalten, darunter auch solche zu Sonderfällen und zur Fehlerbehandlung. Dazu unten mehr.

Wechselt man die Perspektive, kann man auch definieren, dass jeder Anwendungsfall ein Stück sinnvolle Funktionalität festlegt, die das System dem Nutzer liefert.

Um eine Beschreibung, die stärker das Umfeld von Geschäftsprozessen berücksichtigt, bemüht sich Oestereich. Er beschreibt den Umfang dessen, was Anwendungsfälle leisten, wie folgt:

> Der Kontext eines Anwendungsfalls ist normalerweise begrenzt durch das, was ein Benutzer in einem Arbeitsgang an einem Anwendungssystem macht, um einen Geschäftsvorfall aus einem Geschäftsprozess zu bearbeiten. (Oestereich 1998, S. 207)

> Ein Anwendungsfall beschreibt einen typischen Arbeitsablauf. (ebenda)

Hier würde besser „benennt" statt „beschreibt" stehen, denn natürlich wird mit diesem Modellinstrumentarium der jeweilige Ablauf nicht beschrieben.

Beispiele für Anwendungsfälle

Geschäftsvorfälle definiert er wie folgt:

> ...beispielsweise die schriftliche Schadensmeldung eines Hausrat-Versicherten. Der Geschäftsprozess (z.B „Schadensmeldung Hausrat") beschreibt den gesamten Ablauf, um ein solches Ereignis zu verarbeiten. Der Geschäftsprozess enthält dabei unter Umständen auch Aktivitäten, die nicht direkt durch die zu entwickelnde Anwendung unterstützt werden (z.B. „Besichtigung des Schadenortes durch einen Sachverständigen"). (Oestereich 1998, S. 215)

Damit sind auch wichtige Abgrenzungen gegeben. Es ist aber auch geklärt, dass Anwendungsfälle nicht Geschäftsprozesse beschreiben, sondern einzelne Aufgaben.

Was kann alles Verhalten haben?
Zurück zu den UML-Autoren, die wesentlich näher am Systembegriff sind. Dies zeigt auch die Antwort auf die Frage, was alles Gegenstand eines Anwendungsfalls sein kann, was also Verhalten haben kann (OMG 2003, S. 519):

- ein physisches System
- eine Komponente eines Systems
- ein Subsystem
- eine Klasse

Nun hat so ein Anwendungsfalldiagramm mit seiner Sammlung von Anwendungsfällen recht wenig Aussagekraft. Es legt lediglich die geforderte bzw. geleistete Funktionalität fest. Deshalb weisen die UML-Autoren auf die verschiedenen Möglichkeiten hin, einen Anwendungsfall (genauer: sein Verhalten) näher zu beschreiben:

- durch Interaktionen, Aktivitäten und Zustandsautomaten
- durch Vor- und Nachbedingungen
- durch natürlichsprachigen Text
- indirekt durch eine Kollaboration, die den Anwendungsfall benutzt.

Grafische Darstellung
Die grafische Darstellung ist wie folgt: Jeder Anwendungsfall ist in einer beschrifteten Ellipse, zusammengehörige Anwendungsfälle sind mit einem Rechteck umrandet, Strichmenschen stellen die Akteure dar, Strichmenschen und Anwendungsfälle sind durch Linien in Beziehung gesetzt.

Die Kurzbezeichnung in der Ellipse oder darunter kann natürlich nur andeuten, um was es bei der jeweiligen Tätigkeit geht. Etwa so wie bei Ereignisgesteuerten Prozessketten die Bezeichnung einer Funktion. Deshalb schlagen die UML-Autoren die oben angeführten zusätzlichen Beschreibungen des „detaillierten Verhaltens" des Anwendungsfalls vor, abhängig von der Beschreibungstechnik als Diagramm oder als Textdokument (OMG 2003, S. 522).

Abschließend noch ein Hinweis von Fowler und Scott, wie man Anwendungsfälle findet:

Eine gute Quelle zur Identifikation von Anwendungsfällen sind externe Ereignisse. Denken Sie über alle Ereignisse aus der Außenwelt nach, auf die reagiert werden soll. (Fowler und Scott 1998, S. 57)

12.2.3 Akteure

Nutzer der Anwendungsfälle

Als Akteure (actors) werden die Nutzer des Systems bezeichnet. Dies sind (menschliche) Nutzer oder auch andere Systeme. Wichtig ist, dass beide *extern*, d. h. außerhalb des (Teil-) Systems, angesiedelt sind:

> Actors always model entities that are outside the system. (OMG 2003, S. 511)

Die Akteure (actors) werden mithilfe der spezifischen Aufgaben, die sie im Umgang mit dem System haben (Rollen) definiert:

> An actor specifies a role played by a user or any other system that interacts with the subject. (OMG 2003, S. 511)

Damit kann ein Akteur mehrfach mit unterschiedlichen Rollen auftreten.

Interaktion

Die Interaktion eines Akteurs mit dem System kann z.B. darin bestehen, Signale oder Daten auszutauschen. Dies können die Eingaben eines Menschen am Geldautomaten sein oder die Daten, die eine externe Software vom Geldautomaten anfordert um den Zahlungsausgang zu überwachen.

Grafische Darstellung

Ein Akteur wird, wie es Abb. 12.1 zeigt, durch einen Strichmenschen dargestellt, dem die Bezeichnung des Akteurs zugeordnet wird.

Eine alternative Darstellung für Akteure zeigt Abb. 12.2: Als „Klassenrechteck" (class rectangle) mit dem Schlüsselwort <<actor>> und der Bezeichnung des Akteurs.

Abb. 12.1 Strichmensch in Anwendungsfällen

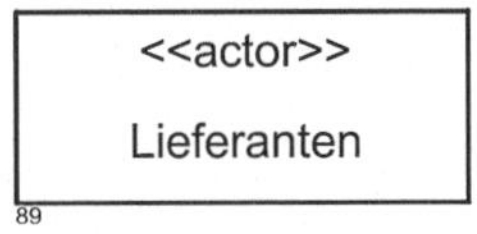

Abb. 12.2 Akteure in
Anwendungsfalldiagrammen –
Darstellung mit
Klassenrechteck

<<actor>>

Lieferanten

12.3 Einführende Beispiele

Prozessbeispiel *Personalwesen/Angestellte*
Auch Anwendungsfälle werden grafisch dargestellt. Ein solches Anwendungsfalldiagramm zeigt Abb. 12.3. Es ist sehr einfach, gibt aber die Grundstruktur wieder.

Dabei bedeuten die Ellipsen mit ihrer Beschriftung die einzelnen Anwendungsfälle, die mit bestimmten Objekten (hier den Angestellten eines Unternehmens) stattfinden können. Das Rechteck um die beschrifteten Ellipsen drückt die Zusammengehörigkeit aus (und grenzt somit das System oder das „subject" ab, vgl. oben). Die ebenfalls beschrifteten Strichmenschen symbolisieren diejenigen, die mit dem System (bzw. subject) umgehen. Die Linien zwischen Strichmenschen und Ellipsen drücken aus, wer welche Anwendungsfälle nutzt, d.h. welche Tätigkeit ausführt.

Systembeispiel *Mahnwesen*
Hier geht es um die Aktivitäten rund um das Mahnwesen eines Unternehmens. Bei der Erstellung muss die Frage geklärt werden, welche Aufgaben ein solches System zu leisten hat. Hier sind ohne Schwierigkeit folgende erkennbar:

- Feststellen der Zahlungsrückstände durch einen Abgleich von Zahlungseingängen und offenen Posten.
- Gegebenenfalls Erstellen und Versenden eines Zahlungshinweises (Erinnerung, 2. Erinnerung, 1. Mahnung, 2. Mahnung).
- Gegebenenfalls Senden eines Hinweises an die Abteilung *Buchhaltung* (z.B. wenn „Nichteintreibbarkeit" geklärt werden muss).
- Gegebenenfalls Beauftragung eines Inkassobüros durch die Abteilung *Buchhaltung*.
- Verarbeiten eines Widerspruches, den ein Kunde eingelegt hat, z.B. mit dem Hinweis, dass schon bezahlt wurde.
- Verarbeiten einer Zahlung durch einen Kunden, die nach einem Zahlungshinweis erfolgt.

Damit ergibt sich das Anwendungsfalldiagramm von Abb. 12.4.

Anmerkung zum Strichmenschen *Client*
In der objektorientierten Programmierung wird mit *Client* das Programm bezeichnet, das die Methoden einer Klasse nutzt. Deshalb hier der ensprechende Strichmensch.

Soweit die Grundstruktur. Im Folgenden wird diese nun schrittweise erweitert und vertieft.

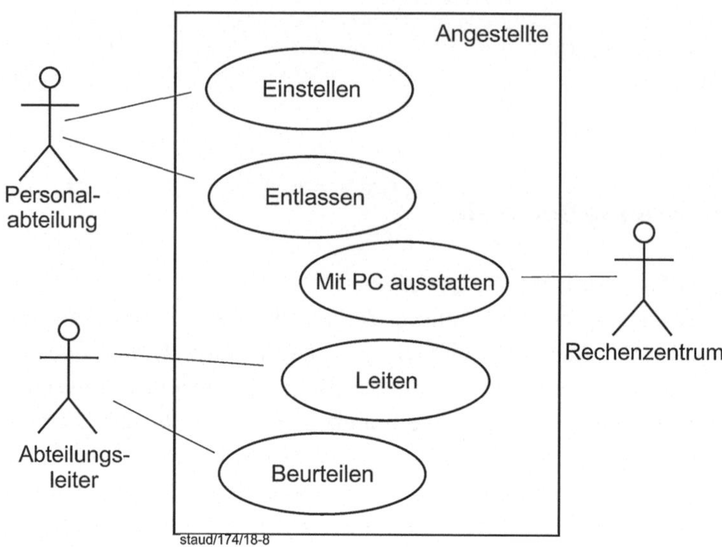

Abb. 12.3 Anwendungsfalldiagramm Personalwesen/Angestellte (Prozessbeispiel)

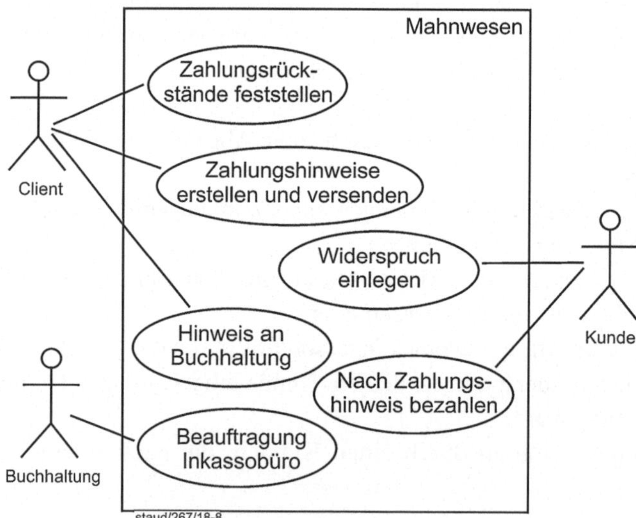

Abb. 12.4 Anwendungsfalldiagramm Mahnwesen – einfach (Systembeispiel)

12.4 Vertiefung

12.4.1 Extend-Beziehung

Beziehung zwischen Anwendungsfällen
Zwischen Anwendungsfällen kann es Beziehungen geben. Eine davon wird benutzt, wenn zusätzliches Verhalten zum Verhalten eines anderen Anwendungsfalls hinzugefügt werden soll. Sie wird *Extend-Beziehung* genannt. Liegen z.B. zwei Anwendungsfälle AF1 und AF2 vor, besagt diese Beziehung, dass AF1 in AF2 eingefügt werden kann, aber nicht muss. Die UML-Autoren sprechen dann von dem *extending use case* und dem *extended use case* und definieren die Beziehung so, dass...

> An Extend is a relationship from an extending UseCase (the extension) to an extended UseCase (the extendedCase) that specifies how and when the behavior defined in the extending UseCase can be inserted into the behavior defined in the extended UseCase. (OMG 2017, S. 640)

Standard und Nicht-Standard-Situationen
Die Beziehung ist gerichtet. Man benutzt sie bei Anwendungsfällen, „die einem anderen Anwendungsfall ähnlich sind, aber noch ein wenig mehr bewerkstelligen" (Fowler und Scott 1998, S. 58). Sie führen das Beispiel eines Anwendungsfalls an, der *Handel durchführen* modelliert. Dieser beschreibt dann den Standardfall, bei dem alles glatt geht. Modelliert man auch Nicht-Standardsituationen (z.B. die Überschreitung des Maximalbetrags oder andere mögliche Abweichungen) werden diese in den Erweiterungen des Anwendungsfalles festgehalten.

Fowler und Scott empfehlen, bei der Beschreibung des „normalen" Anwendungsfalls bei jedem Schritt zu überlegen, was schief gehen kann und diese Variationen als Erweiterungen des Anwendungsfalles zu modellieren (Fowler und Scott 1998, S. 58).

Extension Point
Gezielte Erweiterung
Ein *extension point* gibt die Stelle im Verhalten eines Anwendungsfalls an, bei der sein Verhalten erweitert werden soll im Sinne der oben beschriebenen Extend-Beziehung. Er wird an der Pfeillinie, die die Extend-Beziehung angibt (vgl. unten), als kleiner Kreis angebracht und mit einem Text versehen, der die Bedingung angibt, unter der es zur Weiterung kommt.

Wird der erweiterte Anwendungsfall dann ausgeführt und der *extension point* erreicht, erfolgt die Prüfung, ob die Bedingung wahr ist. Falls ja, wird das Verhalten der Erweiterung ebenfalls ausgeführt.

Grafische Darstellung der Extend-Beziehung

Die grafische Darstellung einer Extend-Beziehung erfolgt durch einen gestrichelten gerichteten Pfeil, der mit <<extend>> beschriftet ist. Die Pfeilrichtung ist von dem Anwendungsfall, der die Erweiterung liefert, zu dem, der sie erhält (OMG 2017, S. 643).

Beispiele

Das erste Beispiel in Abb. 12.5 enthält zwei Anwendungsfälle: *Online-Hilfe* und *Geldautomat-Transaktion*. Der zweitgenannte Anwendungsfall hat einen extension point „Auswahl". Durch diesen wird der Anwendungsfall erweitert, und zwar um die *Online-Hilfe*. Damit wird dokumentiert, dass der Nutzer im Bedarfsfall die Online-Hilfe des Systems aufrufen kann.

Unklarer Betreff im Mahnwesen

Das zweite Beispiel in Abb. 12.6 entstammt wieder dem Anwendungsbereich **MAHN-WESEN**. Stellen wir uns vor, dass die Anwendung bei der Bearbeitung der Zahlungsrückstände (Abgleich *Offene Posten* mit *Zahlungseingängen*) normalerweise klar kommt, insbesondere weil bei den Zahlungshinweisen ausdrücklich ein Text für den Betreff der Überweisung vorgegeben wird. In Ausnahmefällen kommt es aber vor, dass der Betreff falsch ist. Dann muss die Funktionalität hinter dem Anwendungsfall *Unklaren Betreff bearbeiten* hinzugezogen werden.

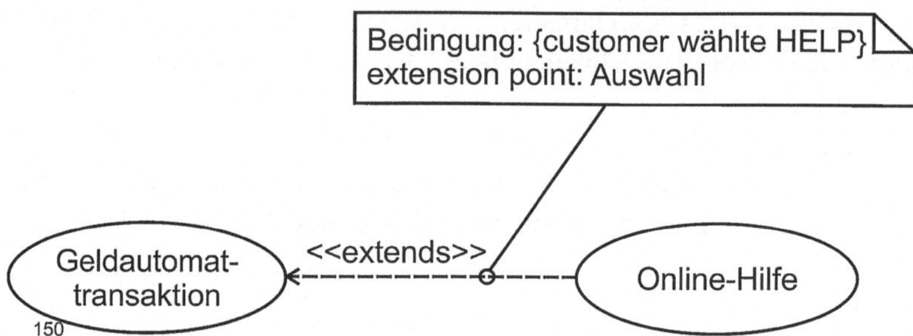

Abb. 12.5 Extend-Beziehung zwischen Anwendungsfällen. Quelle: (OMG 2017, S. 643, Figure 18.3). Übersetzung durch den Verfasser

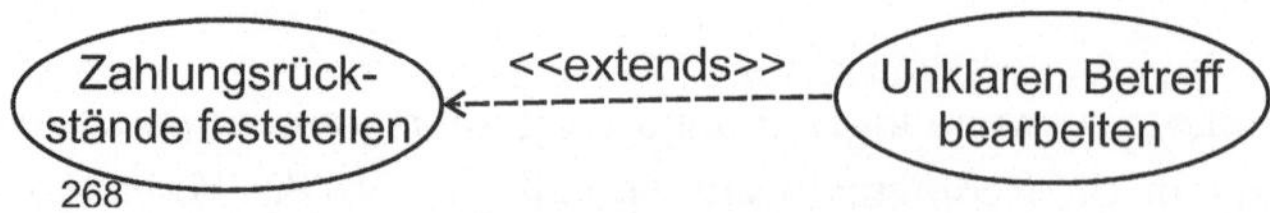

Abb. 12.6 Extend-Beziehung im Mahnwesen. Quelle: (OMG 2003, S. 424, Figure 402). Übersetzung durch den Verfasser

12.4.2 Include-Beziehung

Auslagerung von Verhalten
Eine *Include-Beziehung* (include relationship) wird verwendet, wenn ein Verhaltensanteil in verschiedenen Anwendungsfällen gleich ist. Dann wird dieser aus allen, in denen er vorkommt, in einen eigenen Anwendungsfall ausgelagert. Damit handelt es sich um eine gerichtete Beziehung, z.B. von einem Anwendungsfall AF1 zu einem Anwendungsfall AF2. Sie besagt (in diesem Beispiel), dass bei Ausführung des Falls AF1 der Anwendungsfall AF2 immer ebenfalls ausgeführt werden muss. AF1 enthält (als Aufgabe) AF2. Somit gilt:

> Include is a DirectedRelationship between two UseCases, indicating that the behavior of the included UseCase … is inserted into the behavior of the including UseCase. (OMG 2017, S. 641)

Die grafische Darstellung erfolgt durch einen gerichteten gestrichelten Pfeil mit der Beschriftung <<includes>>.

Beispiele
Das erste Beispiel in Abb. 12.7 zeigt zwei Anwendungsfälle. Zum einen *Abhebung*, zum anderen einen unabhängig davon definierten Anwendungsfall *Kartenidentifikation*. Die Beziehung ist wie folgt: Soll eine Abhebung am Geldautomaten stattfinden, muss eine Kartenidentifikation erfolgen. Dies kann wie in Abb. 12.7 modelliert werden.

Die Include-Beziehung erlaubt somit, Teilaufgaben in einen eigenen Anwendungsfall auszugliedern, sei es zur Hierarchisierung der Gesamtaufgabe, sei es als Hinweis auf eine Mehrfachverwendbarkeit. Dies zeigt auch das zweite Beispiel in Abb. 12.8.

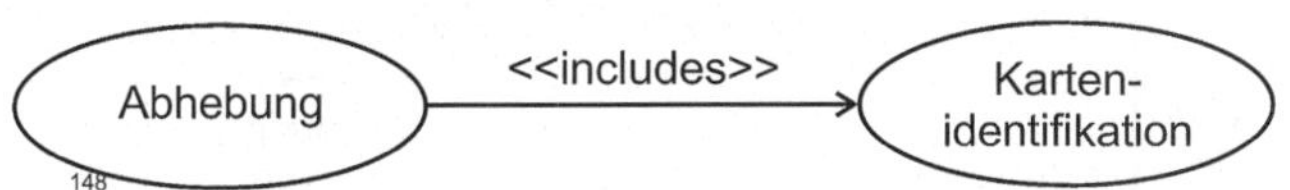

Abb. 12.7 Include-Beziehung zwischen Anwendungsfällen. Quelle: (OMG 2017, S. 643, Figure 18.4). Übersetzung durch den Verfasser

Abb. 12.8 Include-Beziehung im Mahnwesen

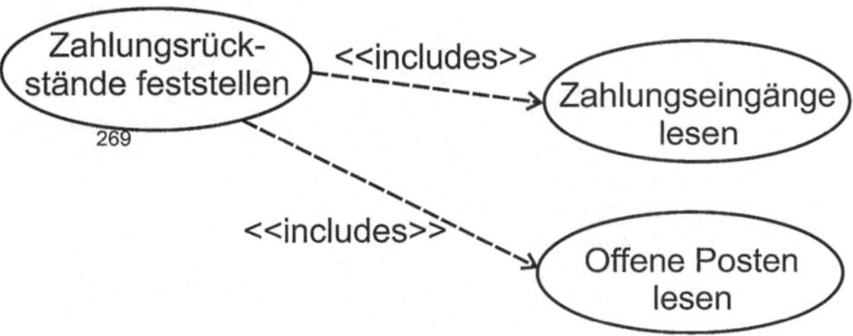

12.5 Beispiele

12.5.1 Systembeispiel Mahnwesen – integriert

Abb. 12.9 fasst die oben schon angeführten Anwendungsfälle zusammen und ist um weitere Include-Beziehungen erweitert. In diesen ist jeweils ein Anwendungsfall für das Formulieren des Zahlungshinweises (Erinnerung, 1. Mahnung usw.) modelliert.

Das Beispiel zeigt auch, dass Anwendungsfälle fast beliebig erweiterbar sind. Durch Ausnahmen bzw. Sonderfälle (Extend-Beziehung), durch Abgrenzung von Teilaufgaben (Include-Beziehung) sowie ganz allgemein durch die mehr oder weniger große Detaillierung von Aufgaben.

Sinnvoll ist aber tatsächlich, wie ja oben schon ausgeführt, eine Orientierung an den vom System oder Geschäftsprozess erwarteten Funktionalitäten.

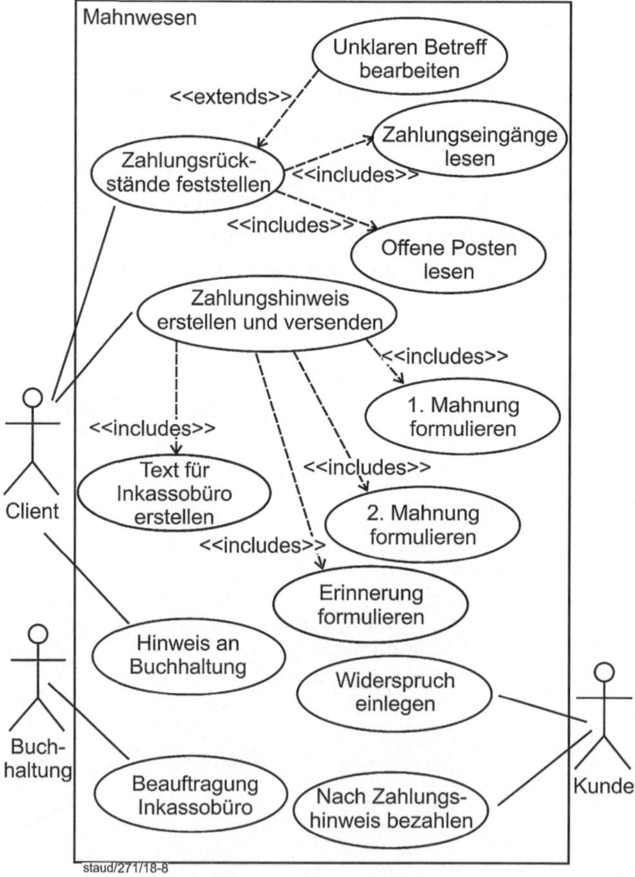

Abb. 12.9 Anwendungsfalldiagramm Mahnwesen – komplett

12.5.2 Prozessbeispiel Kunde und Lieferant

Das Beispiel in Abb. 12.10 stammt aus (Marshall 2000). Es wurde auch deshalb ausgewählt, weil es bewusst auf Geschäftsprozesse zielt und eine hohe Aggregierung in den Anwendungsfällen aufweist. Die vier Anwendungsfälle

- Anfrage
- Kalkulation
- Auftrag
- Lieferung

bedürfen sicher keiner Erläuterung. Zwei davon werden von Kunden, die anderen zwei von Lieferanten genutzt.

Die Aussagekraft eines solchen Anwendungsfalldiagramms ist gering. Es kann höchstens dazu dienen, ganz grob die gewünschte Funktionalität einer Anwendung zu beschreiben.

12.5.3 Prozessbeispiel Versicherungswesen

Auch das folgende Beispiel in Abb. 12.11 (von Eriksson und Penker 2000) ist eher bei Geschäftsprozessen angesiedelt als bei Systemen. Beschrieben wird, so die Autoren, ein Modell für ein Versicherungsinformationssystem. Folgende Anwendungsfälle liegen vor:

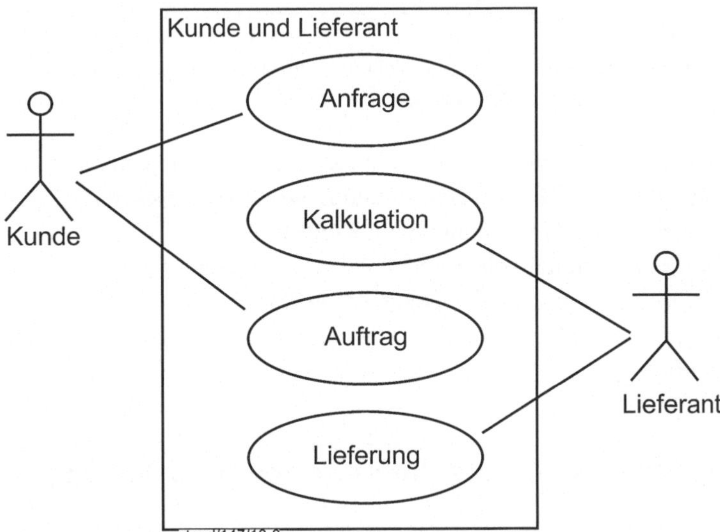

Abb. 12.10 Anwendungsfalldiagramm Kunde und Lieferant. Quelle: (Marshall 2000, S. 64). Übersetzung durch den Verfasser

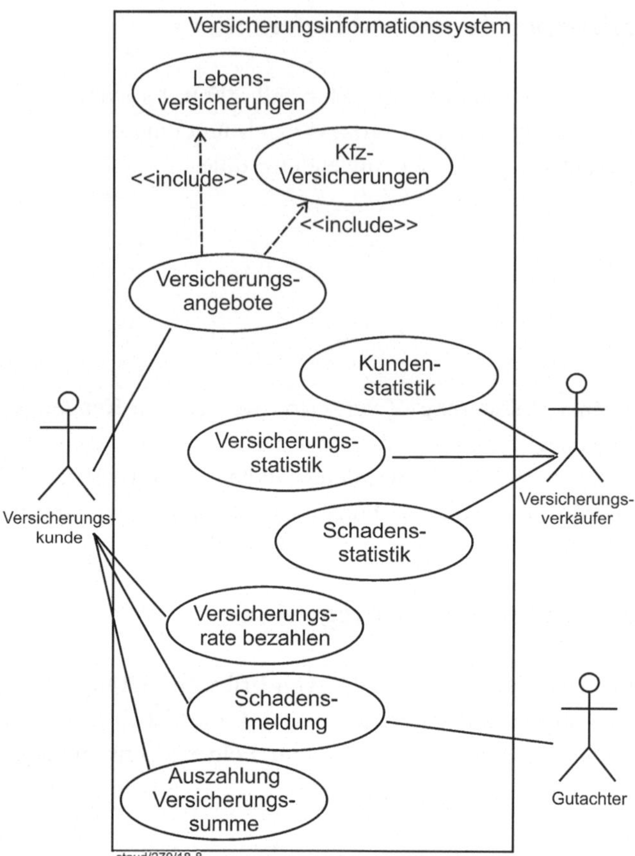

Abb. 12.11 Anwendungsfalldiagramm Versicherungsinformationssystem. Quelle: (Eriksson und Penker 2000, S. 52). Übersetzung durch den Verfasser

- *Versicherungsangebote*, genutzt vom Kunden, mit den durch Include angebundenen Anwendungsfällen *Kfz-Versicherungen* und *Lebensversicherungen.*
- *Versicherungsrate bezahlen*, genutzt vom Kunden
- *Schadensmeldung*, genutzt vom Kunden und vom Gutachter
- *Auszahlung Versicherungssumme*, genutzt vom Kunden
- *Kundenstatistik*, *Versicherungsstatistik*, *Schadensstatistik*, alle genutzt vom Versicherungsverkäufer.

12.6 Anwendungsfälle und Unternehmensmodellierung

Welchen Beitrag können Anwendungsfälle zu einer Unternehmensmodellierung leisten? Und welchen nicht?

Aufgabe in der Systementwicklung

Anwendungsfalldiagramme gehören zu den ersten Diagrammen, die im Rahmen einer objektorientierten Systemanalyse erstellt werden. Sie stellen überblicksartig die Gesamtfunktionalität des zu entwickelnden Systems dar und beschreiben das Zusammenwirken von Anwender und System.

Sie gehen nicht auf die interne Struktur der jeweils beschriebenen Abläufe ein, sie beschreiben nicht die geplante Implementierung:

> Anwendungsfälle beschreiben das externe Systemverhalten, d.h. was das System leisten soll. Wie dieses entsteht, d.h. welches Systemdesign und welche Realisierung zu diesem äußeren Systemverhalten beiträgt, darüber treffen die Anwendungsfälle keine Aussage. (Oestereich 1998, S. 215f)

Absolute Definition möglich?

Die Abgrenzung der Tätigkeiten, die zu einem Anwendungsfall gehören, ist immer subjektiv, genauso wie es in der Diskussion um Ereignisgesteuerte Prozessketten die Abgrenzung von Funktionen ist. Dasselbe gilt für den Detaillierungsgrad der Modellierung. Die Ursache liegt darin, dass hier einer der Berührungspunkte mit der zu modellierenden Realität ist und diese sich nun mal nicht formal fassen lässt.

Anwendungsfall = Geschäftsprozess?
Geschäftsprozesse?

Nach der Beschreibung in diesem Kapitel kann man schon verstehen, dass manche bei Anwendungsfällen an Geschäftsprozessmodellierung denken, v.a., wenn Booch, Rumbaugh und Jacobson noch betonen, dass ein Anwendungsfall ein *greifbares Arbeitsergebnis* liefert (Booch, Rumbaugh und Jacobson 1999, S. 249), dass dieses Konzept *auf das ganze System* anwendbar ist und eine *Menge von Folgen* beschreibt,

> ... in der jede Folge eine Interaktion von etwas außerhalb des Systems (seinen Akteuren) mit dem System selbst... ist. (Booch, Rumbaugh und Jacobson 1999, S. 248)

Es überrascht deshalb nicht, dass einige Autoren den Begriff *use case* mit Geschäftsprozess gleichsetzten (Balzert 1999, S. 63), (Balzert 2001, S. 126ff), (Meier und Wüst 1997, S. 42). Für Meier und Wüst sind die Begriffe *Anwendungsfall* (sie sprechen von Anwenderfunktion) und *Geschäftsprozess* synonym. Den Gesamtzusammenhang sehen sie so, dass der Gesamtumfang der Anwendung durch die *Systemziele* und *Systemgrenzen* festgelegt ist und die Geschäftsprozesse oder Anwenderfunktionen zur Erfüllung der Systemziele dienen.

Zusätzliche textliche Beschreibung

Hinzu kommt, dass eine detailliertere (i.d.R. textliche) Beschreibung der Anwendungsfälle tatsächlich gefordert wird. Unter der Überschrift „vom Groben zum Detail" beschreiben z.B. Meier und Wüst den Einsatz von *Anwenderfunktionen* durch *Geschäftsprozesskarten* (Meier und Wüst 1997, S. 41f). Dabei wird *jeder* spezifische Anwendungsfall durch *Geschäftsprozesskarten* erfasst, d.h. textlich beschrieben.

Anwendungsfälle modellieren keine Geschäftsprozesse
Benennung, nicht Beschreibung
Trotzdem kann der Gleichsetzung von Geschäftsprozessen und Anwendungsfällen nicht zugestimmt werden. Anwendungsfälle beschreiben nur einige wenige Aspekte von Geschäftsprozessen. Sie benennen Teilaufgaben und definieren damit Anforderungen an das System bzw. den Geschäftsprozess. Sie zeigen evtl. Beziehungen zwischen Anwendungsfällen (vgl. oben) aus. Damit ist die Modellaussage aber schon erschöpft.

Die evtl. angehängten textlichen Beschreibungen sind da (für die Prozessbeschreibung) keine zeitgemäße Antwort. Textliche Beschreibungen erreichen bei weitem nicht die Aussagekraft geeigneter Prozessmodelle (Tab. 12.1).

Literatur

Balzert, Heide. 1999. *Lehrbuch der Objektmodellierung. Analyse und Entwurf.* Heidelberg/Berlin: Spektrum Akademischer Verlag.

Balzert, Helmut. 2001. *Lehrbuch der Software-Technik. Software-Entwicklung*, 2. Aufl. Heidelberg/Berlin: Spektrum Akademischer Verlag.

Booch, Grady, James Rumbaugh, und Ivar Jacobson. 1999. *Das UML-Benutzerhandbuch.* Bonn: Addison-Wesley.

Eriksson, Hans-Erik, und Magnus Penker. 2000. *Business Modeling with UML. Business Pattern at Work.* New York: Wiley.

Fowler, Martin, und Kendall Scott. 1998. *UML – konzentriert. Die Standardobjektmodellierungssprache anwenden.* Bonn: Addison-Wesley.

Marshall, Chris. 2000. *Enterprise modeling with UML. Designing successful software through business analysis.* Reading: Addison-Wesley Longman.

Meier, Andreas, und Thomas Wüst. 1997. *Objektorientierte Datenbanken. Ein Kompaß für die Praxis.* Heidelberg: Dpunkt.

Oestereich, Bernd. 1998. *Objektorientierte Softwareentwicklung. Analyse und Design mit der Unified Modeling Language*, 4. Aufl. München/Wien: Oldenbourg.

OMG Object Management Group. 1999. *OMG Unified Modeling Language Specification, Version 1.3.*

OMG Object Management Group. 2003. *UML 2.0 Superstructure Specification (Unified Modeling Language: Superstructure, version 2.0*, final Adopted Specification, ptc/03-08-02).

OMG Object Management Group. 2017. *OMG Unified Modeling Language (OMG UML).* Version 2.5.1.

Zustandsautomaten 13

In diesem Kapitel wird die Kurzbezeichnung *Methode ZA* für alle Theorieelemente zur Erfassung und Darstellung von Zustandsautomaten eingeführt.

13.1 Einführung

Einordnung

Für die UML-Autoren sind die in diesem Abschnitt vorgestellten Zustandsautomaten (state machines) (endliche) *Automaten*. (OMG 2017, S. 305)

Um was geht's?

Im Mittelpunkt des Geschehens steht hier jeweils ein Objekt (im Sinne der objektorientierten Theorie) mit den Zustandsübergängen die es erleben und den Zuständen, die es annehmen kann. So wie z.B. ein (Geschäfts-)Objekt *Rechnung* vom Zustand *Neu* (nach der Erstellung) zu *Offen* (nach Zusendung zum Kunden) und letztendlich zu *Bezahlt* finden kann.

Interpretiert man die Zustandsänderungen als Ausdruck von Verhalten, wie es die UML-Autoren tun, kann man wie folgt definieren:

Ein Zustandsautomat beschreibt das Verhalten eines Objektes im Zeitablauf, indem die Lebenszyklen von Objekten mit den verschiedenen möglichen Objektzuständen und den Zustandsübergängen modelliert werden. (Rumbaugh, Jacobson und Booch 2005, S. 665)

Es geht also erstens *nur um einzelne Objekte* und zweitens *nur um deren Verhalten*. Insbesondere geht es nicht um die Interaktionen zwischen Objekten.

© Springer-Verlag GmbH Deutschland, ein Teil von Springer Nature 2019   299
J.L. Staud, *Unternehmensmodellierung*, https://doi.org/10.1007/978-3-662-59376-9_13

Tab. 13.1 Verwendete Fachbegriffe in Kapitel 13

Abschlussereignis	completion event
Abschlusstransition	completion transition
Aktivität: Anfangsaktivität	activity: entry activity
Aktivität: Schlussaktivität	activity: exit activity
Aktivität: Zustandsaktivität, Do-Aktivität	activity: state activity, Do-activity
Anfangsaktivität	entry activity
Anfangszustand	initial (pseudo) state
Ausstiegspunkt	exit point
Auswahlknoten	choice vertex
Beenden-Knoten	terminate
Bereich für die internen Aktivitäten	internal activities compartment
Bereich für die internen Transitionen	internal transitions compartment
Bereich für die Zerlegungen	decomposition compartment
Bereich: Namensbereich	name compartment
deepHistory-Knoten	deepHistory vertex
direkter Subzustand	direct substate
dynamisch bedingter Zweig	dynamic conditional branch
einbettender Zustand	enclosing state
einfacher zusammengesetzter Zustand	simple composite state
einfacher Zustand	simple state
Eingangsaktivität	entry activity
Einstiegspunkt	entry point
Ereignis: Abschlussereignis	event: completion event
Ereignisraum	event pool, event set
Gabelung	fork vertex
Gruppentransition	group transition
hierarchischer Zustandsautomat	hierarchical state machine
indirekter Subzustand	indirect substate
Initialknoten	initial vertex
interne Transition	internal transition
Kontextclassifier	context classifier
LCA (letzter gemeinsamer Vorgänger)	LCA (least common ancestor)
Nachbedingung	post condition
orthogonaler Zustand	orthogonal state
Protokolltransition	protocol transition
Protokollzustandsautomat	protocol state machine
Pseudozustand	pseudostate
Pseudozustand: Ausstiegspunkt	pseudostate: exit point
Pseudozustand: Auswahlknoten	pseudostate: choice vertex

(Fortsetzung)

Tab. 13.1 (Fortsetzung)

Pseudozustand: Beenden-Knoten	pseudostate: terminate
Pseudozustand: deepHistory-Knoten	pseudostate: deepHistory vertex
Pseudozustand: Einstiegspunkt	pseudostate: entry point
Pseudozustand: Gabelung	pseudostate: fork vertex
Pseudozustand: Initialknoten	pseudostate: initial vertex
Pseudozustand: shallowHistory-Knoten	pseudostate: shallowHistory vertex
Pseudozustand: Verbindungsknoten	pseudostate: junction vertex
Pseudozustand: Verknüpfer	pseudostate: join vertex
Region (eines ZA)	region
Region: übergeordnete Region	region: enclosing region
Schlussaktivität	exit activity
Schlusszustand	final state
Selbstransition	self transition
shallowHistory-Knoten	shallowHistory vertex
Starttransition	initial transition
statisch bedingter Zweig	static conditional branch
Subautomat eines Zustandsautomaten	submachine state machine
Subzustand	substate
Subzustand, direkter	substate: direct substate
Subzustand, indirekter	substate: indirect substate
Transition, Zustandsübergang	transition
Transition: Abschlusstransition	transition: completion transition
Transition: Gruppentransition	transition: group transition
Transition: Hauptziel einer Transition	transition: main source of a transition
Transition: interne Transition	transition: internal transition
Transition: Protokolltransition	transition: protocol transition
Transition: Selbsttransition	transition: self transition
Transition: Starttransition	transition: initial transition
Transition: Verbundtransition	transition: compound transition
Trigger	trigger
untergeordneter Automat eines Zustandsautomaten oder auch Subautomat eines Zustandsautomaten	submachine state machine
untergeordneter Zustandsautomat	submachine
Verbindungsknoten	junction vertex
Verbundtransition	compound transition
Verhaltensclassifier	behaviored context classifier
Verhaltenskontext	behavioral feature context
Verhaltenszustandsautomat	behavioral state machine

(Fortsetzung)

Tab. 13.1 (Fortsetzung)

Verknüpfer	join vertex
Wächter	guard
zusammengesetzter Zustand	composite state
Zustand eines untergeordneten Zustandsautomaten	submachine state
Zustand, der einen Zustandsautomaten enthält	submachine state
Zustand, der einen Zustandsautomaten enthält.	state: submachine state
Zustand, einfacher	state: simple state
Zustand, orthogonaler	state: orthogonal state
Zustand, zusammengesetzter	state: composite state
Zustand: direkter Subzustand	state: direct substate
Zustand: einbettender Zustand	state: enclosing state
Zustand: einfacher zusammengesetzter Zustand	state: simple composite state
Zustand: History-Zustand	state: history state
Zustand: indirekter Sub-Zustand	state: indirect substate
Zustand: orthogonaler Zustand	state: orthogonal state
Zustand: Protokollzustand	state: protocol state
Zustand: Pseudozustand	state: pseudostate
Zustand: Quellzustand	state: source state
Zustand: Subzustand	state: substate
Zustand: Zielzustand	state: target state
Zustand: zusammengesetzter Zustand	state: composite state
Zustand: Zustand, der einen Zustandsautomaten enthält	submachine state
Zustand: Zustandskonfiguration	state: state configuration
Zustandsaktivität, Do-Aktivität	state activity, Do-activity
Zustandsautomat	state machine
Zustandsautomat des Sub-Zustandes	substate machine
Zustandsautomat: enthaltender Zustandsautomat / übergeordneter Zustandsautomat	state machine: containing state machine
Zustandsautomat: hierarchischer Zustandsautomat	state machine: hierarchical state machine
Zustandsautomat: untergeordneter Zustandsautomat	state machine: submachine state machine.
Zustandsautomat: untergeordneter Zustandsautomat	submachine
Zustandsautomat: untergeordneter Zustandsautomat eines zusammengesetzten Zustandsautomaten	submachine composite state machine
Zustandsdiagramm	state diagram
Zustandskonfiguration	state configuration
Zustandsübergang, Transition	transition
Zustandsübergangsdiagramm	statechart diagram
Zweig, dynamisch bedingter	dynamic conditional branch
Zweig, statisch bedingter	static conditional branch

Links der in diesem Text verwendete Begriff. Rechts der in der objektorientierten Theorie bzw. in der UML verwendete Begriff

Der *Lebenszyklus* eines Objekts besteht aus Zuständen, in denen Objekte eine bestimmte Zeit verharren und auf *Ereignisse* warten[1]. Das ist für die UML-Autoren die zentrale Vorstellung bei diesem Theorieelement und sie ist auch naheliegend – zumindest für Systeme. Ob sie auch für die Untersuchung wichtiger Aspekte von Geschäftsprozessen taugt, wird im Folgenden untersucht.

Bei diesem Theorieelement sind somit *Ereignisse* von großer Bedeutung. Sie lösen die Zustandsübergänge aus und ermöglichen damit die Modellierung der dynamischen Aspekte.

Verhalten und Protokoll

Die UML-Autoren unterscheiden zwei Typen von Zustandsautomaten, die *Behavior State Machines* und die *Protocol State Machines* (OMG 2017, S. 305). Sie werden hier mit *Verhaltenszustandsautomat* bzw. *Protokollzustandsautomat* übersetzt. Beide nutzen weitgehend dasselbe Instrumentarium, sind aber doch etwas verschieden.

Verhaltenszustandsautomaten
Verhaltensmodellierung

Die *Verhaltenszustandsautomaten* drücken das Verhalten von Teilen eines Systems aus. Es geht um die Modellierung von diskretem Verhalten durch endliche Automaten. Somit geht es auch um das Verhalten von Modellelementen, z.B. von einzelnen Instanzen. Näheres hierzu in den nächsten Abschnitten.

Protokollzustandsautomaten
Protokollierung

Bei Protokollzustandsautomaten geht es darum, *das Nutzungsprotokoll von Teilen eines Systems festzuhalten.* In der Sprache der UML-Autoren: Sie modellieren die zulässigen Transitionen, die ein Classifier auslösen kann. Damit erlauben die Protokollzustandsautomaten, den Lebenszyklus von Objekten bzw. die Abfolge von Methodenaufrufen festzuhalten. Die Besonderheiten dieser Automaten sind in Abschn. 13.4 zusammengestellt.

Verhalten?
Durchqueren eines Graphen

In beiden Versionen von Zustandsautomaten wird Verhalten wie folgt modelliert: Als ein Durchqueren eines Graphen von Zustandsknoten, wobei die Zustandsknoten durch eine Übergangskante oder mehrere verbunden sind und das Durchqueren durch das Aktivieren einer Serie von Ereignissen gesteuert wird.

---

[1] Zum Beispiel das Objekt *Geldautomat*, das auf die Eingaben des Kunden wartet oder das Objekt *Kundenanfrage*, das auf die Durchführung einer Kalkulation wartet. Vgl. zu beiden Objekten die Beispiele unten.

13.2 Grundlagen

13.2.1 Elemente

Objekte

Den Kern eines Zustandsautomaten stellt also ein Objekt dar. Die Betonung liegt auf der Einzahl. Es geht tatsächlich um ein einzelnes Objekt, dessen Zustände betrachtet werden. Z.B. um einen Geldautomaten oder auch nur um die Leseeinheit eines solchen. Oder um das Geschäftsobjekt *Rechnung*, das im Rahmen eines Finanz- und Mahnwesens sehr unterschiedliche Zustände annehmen kann.

Objekt in Objekt in Objekt …

Verwirrung entsteht hier manchmal, weil ein Objekt natürlich aus anderen Objekten zusammengesetzt sein kann und hier auch wieder diesbezüglich („um was geht es genau") eine klare Festlegung getroffen werden muss. Dies zeigt schon das Beispiel *Geldautomat* sehr deutlich. Geldautomaten bestehen aus zahlreichen Komponenten. Jede dieser Komponenten kann ebenfalls aus Komponenten bestehen usw. Und alle arbeiten zum Zwecke der Aufgabenerfüllung zusammen, wie es sich für ein System eben gehört.

Lebenszyklus eines Objekts

Ein solches Objekt hat Zustände, die es annehmen kann. Typischerweise durchläuft es im Rahmen seiner Existenz eine ganze Reihe solcher Zustände, deren Gesamtheit hier aber auch anderswo als *Lebenszyklus* bezeichnet wird. Der Geldautomat ist z.B. zu Beginn, wenn wir uns ihm nähern, in einem Bereitschaftszustand (*Leerlauf, Warten auf Kunde*). Danach in so unterschiedlichen Zuständen wie *Karte lesen, Geld auszahlen, Kontoinformationen ausgeben* und hoffentlich nicht *Karte einziehen*.

Eine Rechnung kann wie oben schon angemerkt die Zustände *Neu, Offen, Bezahlt*, aber auch *Rückbuchbar bezahlt, (Im) Widerspruch* usw. annehmen. Vgl. hierzu die Beispiele unten.

Transitionen

Der Übergang von einem Zustand zu einem anderen wird als *Transition* bezeichnet. Dabei können von einem Zustand aus durchaus alternative weitere Zustände erreicht werden, d.h. es kann von einem bestimmten Zustand aus verschiedene Transitionen geben.

Ereignisse

Ausgelöst wird eine Zustandsänderung durch ein Ereignis, das zu einem bestimmten Zeitpunkt eintritt und selbst keine Zeit in Anspruch nimmt. Welche Zustandsänderung eintritt, hängt von dem Ereignis und dem Objektzustand zum Zeitpunkt des Ereignisses ab.

Eine genauere Erklärung folgt gleich mit der Vorstellung der grafischen Darstellung von Zustandsautomaten.

Grafische Darstellung

Die grafische Darstellung von Zustandsautomaten erfolgt durch *Zustandsübergangsdiagramme*, die im Kern aus folgenden Elementen bestehen:

- einem Startzustand
- Zuständen eines Objektes
- Transitionen (Zustandsänderungen, Zustandsübergängen)
- einem Schlusszustand oder mehreren

Implizit ist auch ein Operator dabei, wenn von einem Zustand zu mehreren anderen alternative Zustandsübergänge vorliegen (exklusives Oder).

Zustände – grafisch

Die Zustände werden wie in Abb. 13.1 gezeigt durch Rechtecke mit abgerundeten Ecken dargestellt. Im Rechteck wird der jeweilige Zustand des Objektes angegeben. Dasselbe Objekt taucht mit unterschiedlichen Zuständen mehrfach in einem Zustandsautomat auf.

Die Beschriftung der Rechtecksymbole für Zustände kann unterschiedlich sein. Im einfachsten Fall steht die Bezeichnung des Zustandes in der Mitte des Rechtecks, wie in Abb. 13.1. Hier soll der Grundzustand eines Geldautomaten beschrieben sein.

Die Transitionen werden durch Pfeillinien zwischen je zwei Zuständen dargestellt. Das Rechteck am Pfeilanfang gibt den Zustand des Objekts vor der Transition (Zustand 1) und das am Ende des Pfeils den Zustand nach der Transition (Zustand 2) an.

Die Pfeile für die Transitionen sind beschriftet:

- mit dem auslösenden *Ereignis*, d.h. dem Ereignis, durch das es zur Zustandsänderung kommt
- mit einer *Bedingung* (in eckigen Klammern) für das Eintreten des Zustandsübergangs
- mit einer *Aktion*, die im Zuge der Transition auszuführen ist, die also zum nächsten Zustand führt

Die Abfolge ist „Ereignis [Bedingung] Aktion".

Beispiele (Geldautomat, Geschäftsobjekt Rechnung):

- EC-Karte wurde eingesteckt [Karte lesbar] Karte lesen
- Betrag wurde angefordert [Konto gedeckt] Auszahlen
- Rechnung erstellt [Zustellung gelungen] Rechnung als offen deklarieren
- Rechnung erstellt [Zustellung gescheitert] Rechnung als nicht zustellbar deklarieren

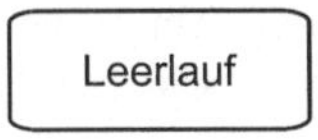

Abb. 13.1 Objektzustand – Grafische Darstellung

Leerlauf

Es müssen nicht immer alle drei Elemente angegeben werden, die Beschriftung sollte aber klarstellen, wodurch die Transition nötig wurde.

Abb. 13.2 zeigt die grafische Darstellung von Transitionspfeilen, jeweils zusammen mit dem Ausgangs- und Schlusszustand.

Anfang und Ende

Ein Zustandsübergangsdiagramm beginnt mit einem Startsymbol und endet mit einem Endesymbol (oder mit mehreren), vgl. Abb. 13.3. Entsprechend befindet sich der Zustandsautomat als Ganzes im *Anfangszustand* (initial pseudo state) bzw. im *Schlusszustand* (final state). Im Diagramm geht dann vom Anfangszustand genau ein Transitionspfeil aus, beim Schlusszustand kommt mindestens einer an.

Der Zustandsautomat als Ganzes wird i.d.R. in ein Rechteck gepackt und mit seiner Bezeichnung beschriftet. Vgl. hierzu die folgenden Beispiele.

Abbruch

Kommt es nicht zu einem ordnungsgemäßen Ende bei den Zustandsübergängen des Zustandsautomaten wird auch das in der grafischen Darstellung angegeben, durch die Angabe eines *Ausstiegspunktes* (exit point), vgl. Abb. 13.4. An diesem wird durch eine Beschriftung der Ausstieg spezifiziert.

Weitere grafische Elemente spielen nur in der Vertiefung eine Rolle und werden dort vorgestellt.

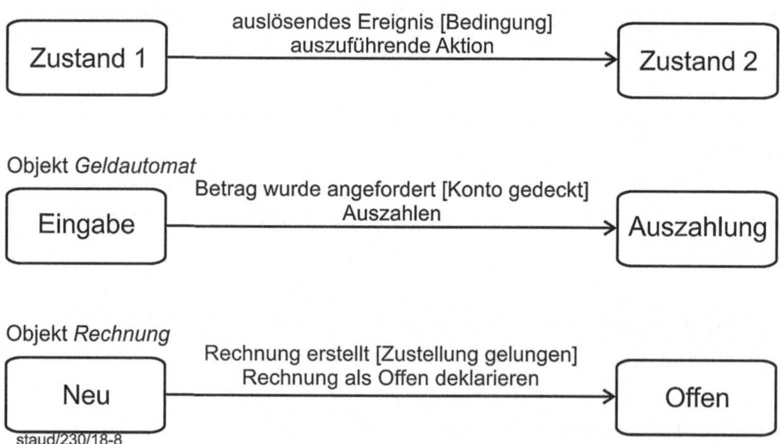

Abb. 13.2 Zustandsübergänge (Transitionen) – Grafische Darstellung

Abb. 13.3 Anfangszustand
und Schlusszustand –
Grafische Darstellung

Abb. 13.4 Ausstiegspunkt –
Grafische Darstellung

13.2.2 Zustände

Anmerkung: Die Ausführungen dieses Abschnitts beziehen sich auf *Verhaltens*zustandsautomaten (vgl. zu Protokollzustandsautomaten Abschn. 13.4).

Zumindest umgangssprachlich verbinden wir im Deutschen mit dem Begriff *Zustand* etwas festes, stabiles, statisches. Wenn wir vom Autoverkäufer hören müssen, dass der Gebrauchtwagen, den wir in Zahlung geben möchten, in einem schlechten Zustand sei, dann ist es so. Ebenso, wenn wir vor Arbeitsbeginn den eigenen Zustand als „topfit" oder auch „müde/matt/schlapp" feststellen müssen. Oder wenn die Rechnung in den Zustand *nicht eintreibbar* gerät, dann ist das nicht nur bedauerlich, sondern etwas festes.

Dynamik im Zustand

Ist das Objekt aber zusammengesetzt aus zusammenwirkenden Elementen (also ein System), dann ist dem nicht so. Dann ist ein Zustand etwas dynamisches, etwas, was u.U. auch aufrechterhalten werden muss.

Dies wird noch nicht so deutlich darin, wie die UML-Autoren einen Zustand definieren:

Ein Zustand modelliert eine Situation[2], in der einige (normalerweise implizite) Bedingungen stabil sind. (OMG 2017, S. 308)

Zustand, statisch

Hier kann man sich durchaus noch etwas statisches vorstellen, zumal mit „implizit" hier Bedingungen „innerhalb" des Zustandes gemeint sind, nicht die der „Umwelt". Bei einer Rechnung, um im obigen Beispiel zu bleiben, wäre das auch so.

Betrachten wir aber ein Systembeispiel, z.B. einen Geldautomaten, wird deutlich, dass die Definition auch Zustände solcher Objekte umfasst. Nehmen wir wieder einen Geldautomaten. Er beginnt mit einem Wartezustand, dem Leerlauf:

- Bereit EC-Karte zu lesen.

Nach dem Einlesen der Karte (dem Ereignis) kommt er in den Zustand

- „Nutzer identifizieren, konkret: Geheimzahl anfordern"

Usw. Der Zustandsübergang wurde also durch das Ereignis *Karte eingesteckt, Karte gelesen* ausgelöst und ist mit einer Aktion verbunden, dem Einlesevorgang. Dazwischen verharrt er im jeweiligen Zustand.

---

[2] Mit dem Begriff *Situation* liegt ein weiterer Aufsetzpunkt der UML vor.

Anmerkung

Die Begriffe „Aktion" und „Aktivität" werden hier, wenn nicht ausdrücklich anders vermerkt, im umgangssprachlichen Sinn gebraucht und nicht im Sinne der Kapitel rund um Aktionen und Aktivitäten (Kap. 9 und 10).

Zustand, dynamisch

Betrachtet man obige Beispiele genauer, wird deutlich, *dass ein Zustand auf einer tieferen (System-) Ebene oftmals durch aktives Handeln aufrecht erhalten werden muss.* Der Zustand *Bereit EC-Karte zu lesen* bedeutet in Wirklichkeit, dass der Geldautomat ständig die Sensoren des Kartenlesegeräts abfragt, ob eine Karte reingesteckt wurde. Ähnlich ist es mit vielen Zuständen, gerade bei Beispielen aus der Systemanalyse.

Dort ist aber meist die Aktivität des Zustandes weniger verdeckt als im gerade beschriebenen Beispiel. Z.B. ist im ersten Beispiel des folgenden Abschnitts der Zustand *wähleBetrag* oder *eingebenBetrag* gleich als aktiv erkennbar.

Dass dies nicht immer so ist, zeigt wiederum das Beispiel *Rechnung* aus dem Anwendungsbereich **MAHNWESEN** (vgl. Abb. 13.6). Ein Geschäftsobjekt Rechnung ist z.B. neu, d.h. gerade erstellt. Da gibt es keine „Tiefenstruktur". Auch nicht nach der Zustellung zum Kunden, wenn die Rechnung in den Zustand *Offen* gerät.

Aktivität im Zustand

Somit können bei Zustandsautomaten statische **oder** dynamische Bedingungen vorliegen. Z.B. eine *statische Situation* dergestalt, dass ein Objekt darauf wartet, dass ein externes Ereignis eintritt. Oder eben *dynamische Bedingungen*, die einen Zustand herstellen und aufrechterhalten.

Zustand durch Aktivität

Letzteres bedeutet: Das betrachtete Modellelement kommt in den Zustand, wenn die Aktivität beginnt und verlässt ihn, sobald die Aktivität vollendet ist. Z.B. Abfragen der Sensoren des Kartenlesegeräts beim Geldautomaten.

Dies erweitert das Konzept des Zustandes doch sehr stark, denn hier ist dann tatsächlich mit dem Zustand auch eine Aktivität verbunden. Vgl. dazu auch die einführenden Beispiele unten. Es verwischt aber ein wenig den Unterschied zwischen Transitionen und Zuständen. Z.B. kann damit eine Aktivität „Karte lesen" bei einem Geldautomaten auch als Zustand definiert werden: Objekt ist im Zustand „lesend".

Für die konkrete Modellierung bedeutet es, dass die Abgrenzung zwischen Aktivitäten innerhalb und außerhalb eines Zustandes bei der Modellierung ständig bedacht werden muss. Zumindest bei Zustandsautomaten aus dem Bereich der Systemanalyse kann dies gleichbedeutend sein mit der Frage, bis zu welcher Systemtiefe modelliert wird.

13.2.3 Einführende Beispiele

Die beiden Beispiele sind einführend und deshalb einfach gehalten. Zuerst ein Beispiel aus dem Bereich der Systemanalyse bzw. des Software Engineerings (Systembeispiel), dann eines mit Bezug zu Geschäftsprozessen (Prozessbeispiel).

Beispiel 1 – Geldautomat (Systembeispiel) (vgl. Abb. 13.5)
Objekt Geldautomat
Das *Objekt*, um das es geht, ist ein Geldautomat (ATM, automated teller machine). Die Rechtecke mit abgerundeten Ecken repräsentieren somit die *Zustände* des Geldautomaten, die Pfeile die Zustandsübergänge. Die Beschriftung der Transitionen zumindest mit dem auslösenden Ereignis ist v.a. dann wichtig, wenn mehrere Pfeile von einem Zustand weggehen, wie im folgenden Beispiel. In einem solchen Fall sind die Transitionen alternativ und können daher als durch ein exklusives Oder verknüpft angesehen werden.

Ein Zustand, drei Zustandsübergänge (Transitionen)
Gleich nach dem Anfangszustand wird mit dem Zustand *wähleBetrag* der Zustandsautomat aktiv. Von diesem Zustand aus gibt es drei mögliche Transitionen:

- Betrag gewählt [Wahl korrekt]. Zustand ändern in Schlusszustand (*fertig*)

Normalerweise ginge es hier natürlich nicht gleich in den Schlusszustand, sondern es würde zur Auszahlung weitergehen. Aber für dieses Teilsystem (LeseBetrag) ist es so richtig.

- Anderer Betrag angefordert [Wahl korrekt]. Zustand ändern in *eingebenBetrag*
- Abbruch angefordert [Wahl korrekt]. Ausstieg. Dies führt zum Ausstieg.

Schluss durch Auszahlung
Kommt es also zu einem gültigen Auszahlungsbetrag ist der Automat mit seinen Aktivitäten am Ende und der Schlusszustand erreicht.

Wird keiner der auf der Anzeige angeführten Beträge gewünscht (*andererBetrag*) geht es weiter zum Zustand *eingebenBetrag*. Die dritte Transition signalisiert, dass dem Nutzer

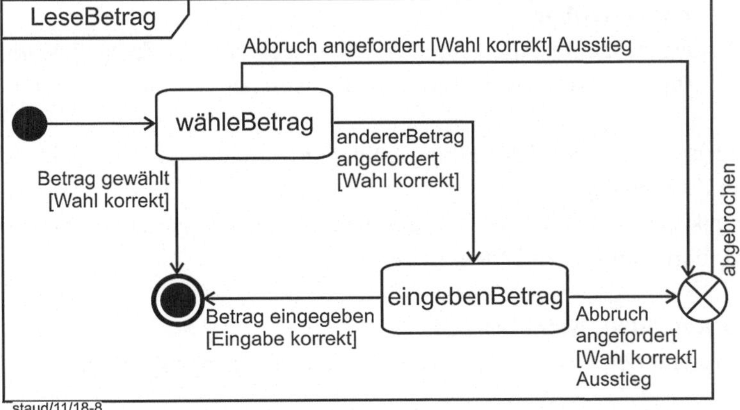

Abb. 13.5 Zustandsautomat LeseBetrag. Quelle: In Anlehnung an (OMG 2017, S. 325, Figure 14.13), Übersetzung durch den Verfasser

auch die Möglichkeit des Abbruchs gegeben wird. Der Pfeil führt zu einem Ausstiegspunkt, der den Abbruch symbolisiert.

Der zweite Zustand, *eingebenBetrag*, hat ebenfalls mehrere abgehende Transitionen.

- Betrag eingegeben [Eingabe korrekt] Zustand ändern in Schlusszustand.
- Abbruch angefordert [Wahl korrekt]. Dies führt zum Ausstieg.

Schluss durch Abbruch

Entweder klappt also die Eingabe des Betrags, dann drückt der Transitionspfeil zum Schlusszustand das positives Ende aus, oder es kommt zum Abbruch, dann führt der Transitionspfeil zum Ausstiegspunkt.

Das Beispiel in Abb. 13.5 enthält u.a. folgende Komponenten bzw. Besonderheiten

- Einen Anfangszustand
- Einen Schlusszustand
- Einen Ausstiegspunkt

Außerdem zwei Zustände mit mehreren abgehenden Transitionen.

Zustände mit Aktivitäten

Was an diesem Beispiel auffällt, ist der dynamische Charakter der Zustände. Tatsächlich stellen sie Aktivitäten (im allgemeinen Sinn) von Systemkomponenten dar, die einen Zustand des Gesamtsystems herbeiführen und aufrechterhalten.

Beispiel 2 – Rechnung (einfach) (Prozessbeispiel)

Abb. 13.6 zeigt einige Zustände, die eine Rechnung, z.B. bei einem WebShop, annehmen kann. Das ist hier die einfache Variante, die etwas ausführlichere und realitätsnähere findet sich in Abb. 13.29 und eine weitgehend vollständige in Abb. 13.30.

Neu, Offen, Nicht zustellbar

Nach dem Anfangszustand ist die gerade erstellte Rechnung im Zustand *Neue Rechnung*. Von diesem Zustand aus sind zwei alternative Transitionen möglich:

- Rechnung ist zuzustellen [Zustellung gelungen] Rechnungsstatus *offen* setzen. Dies führt zum Zustand *Offen*.
- Rechnung ist zuzustellen [Zustellung gescheitert] Rechnungsstatus *nicht zustellbar* setzen. Dies führt zum Zustand *Nicht zustellbar*.

Bezahlt, Rückbuchbar, Nicht bezahlt

Auch vom Zustand *Offen* aus sind mehrere Zustandsübergänge möglich:

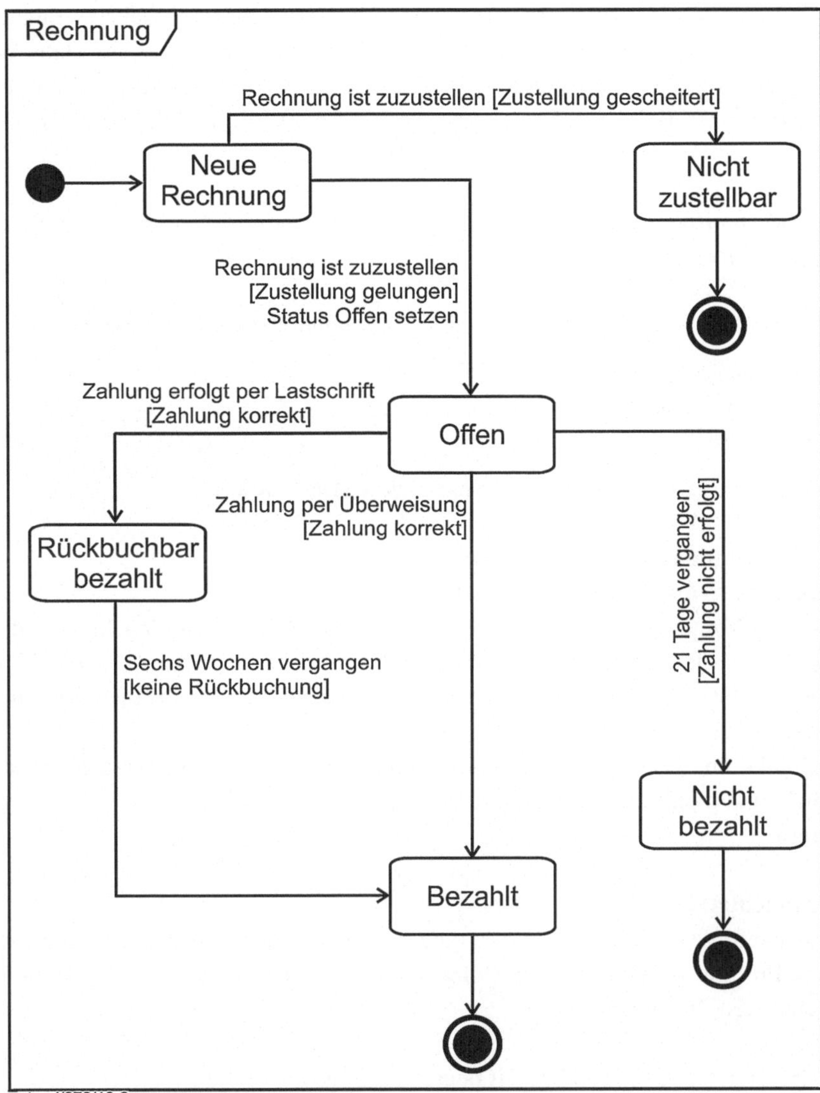

Abb. 13.6 Zustandsübergangsdiagramm Rechnung (einfach)

- Zahlung per Überweisung [Zahlung korrekt]. Damit ändert sich der Zustand in *Bezahlt* (Rechnung bezahlt)
- Zahlung per Lastschrift [Zahlung korrekt]. Damit ändert sich der Zustand in *Rückbuchbar bezahlt*.
- Drei Wochen vergangen [Zahlung nicht erfolgt]. Damit ändert sich der Zustand in *Nicht bezahlt*.

Der Zustand *Rückbuchbar bezahlt* rührt daher, weil per Lastschrift eingezogene Rechnungsbeträge innerhalb eines bestimmten Zeitraums (hier werden sechs Wochen angenommen) wieder zurückgefordert werden können. Von diesem Zustand zum Zustand *Bezahlt* führt dann eine Transition, die den Ablauf dieser Frist ohne Rückholung angibt:

- Sechs Wochen vergangen [keine Rückbuchung]. Damit ändert sich der Zustand in *(Rechnung) Bezahlt*.

Das Beispiel in Abb. 13.6 enthält u.a. folgende Komponenten bzw. Besonderheiten

- Einen Anfangszustand
- Zahlreiche Transitionen
- Drei Schlusszustände

Außerdem mehrere Zustände mit mehr als einer abgehenden Transition.

Beispiel 3 – Kundenanfrage (Prozessbeispiel)
Geschäftsprozess als Zustandsautomat
Dass auch ein Vorgang, bei dem man es auf den ersten Blick nicht annehmen würde, als Zustandsautomat dargestellt werden kann, zeigt das folgende Beispiel in Abb. 13.7. Hier handelt es sich tatsächlich um einen Geschäftsprozess, allerdings um einen sehr einfachen rund um ein einzelnes Geschäftsobjekt.

Das Objekt, um das es geht, soll eine *Kundenanfrage* sein. Ganz konkret als schriftliches Objekt und damit im Geschäftsprozesssinne als Geschäftsobjekt mit den Vorgängen drumherum.

Anfrage machbar?
Die Kundenanfrage ist im Unternehmen eingetroffen und damit im Zustand *zu bearbeiten*. Eine erste Prüfung (Machbarkeitsprüfung) kann zu drei Ergebnissen und damit zu drei neuen denkbaren Zuständen führen:

- Anfrage eingetroffen [Machbarkeit bejaht] Anfrage bearbeiten
- Anfrage eingetroffen [Machbarkeit verneint] Anfrage absagen
- Anfrage eingetroffen [Rückfragen notwendig] rückfragen (Anfrage ist im Zustand *Rückfragen*)

Das „Objekt" Kundenanfrage gerät dann in den jeweiligen Zustand: *Rückfragen*, *in Arbeit* oder *Anfrage abgesagt*. Vom Zustand *Anfrage abgesagt* geht es dann gleich weiter zum *Schlusszustand*.

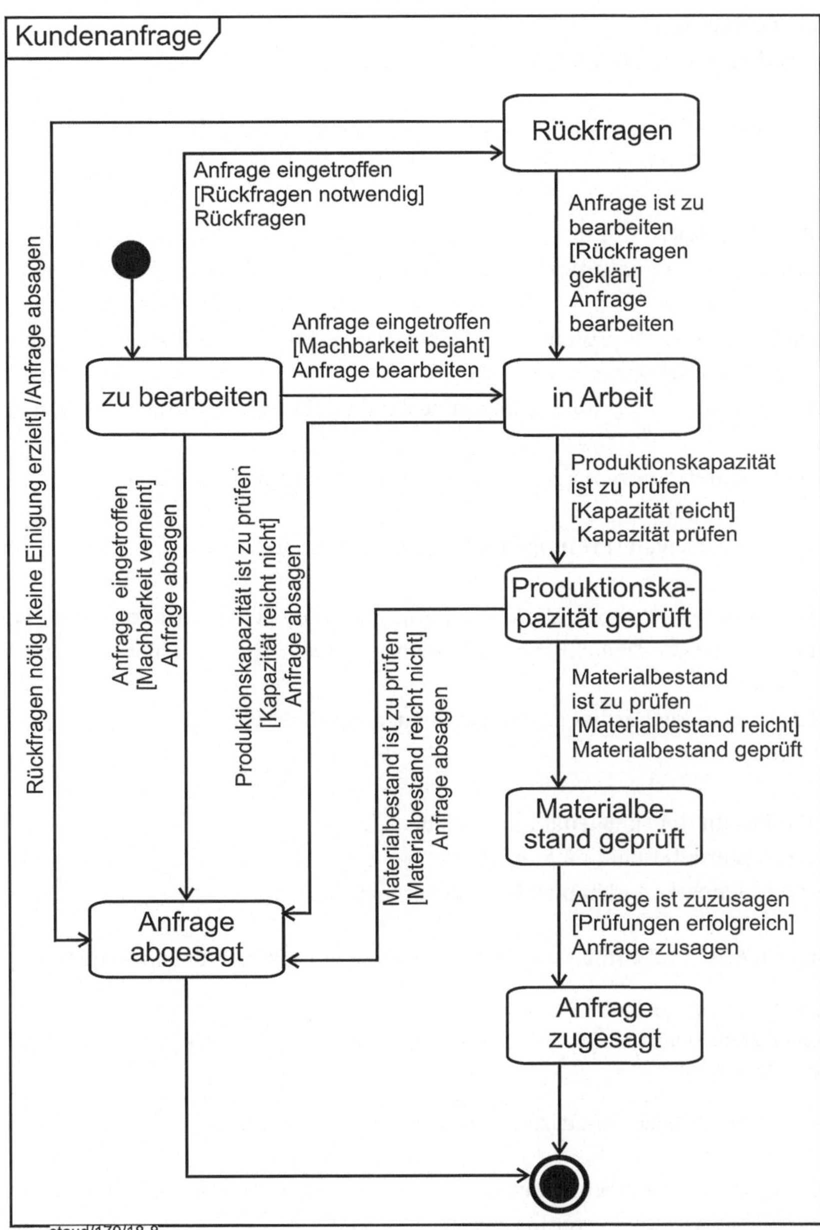

Abb. 13.7 Zustandsübergangsdiagramm *Kundenanfrage*

Kapazität vorhanden?

Vom Zustand *in Arbeit* aus sind zwei Zustandsübergänge denkbar:

- Produktionskapazität ist zu prüfen [Kapazität reicht] Kapazität prüfen
- Produktionskapazität ist zu prüfen [Kapazität reicht nicht] Anfrage absagen

Material vorhanden?

Vom Zustand *Produktionskapazität geprüft* aus sind ebenfalls zwei Transitionen möglich:

- Materialbestand ist zu prüfen [Materialbestand reicht] Neuen Zustand anlegen: *Materialbestand geprüft*
- Materialbestand ist zu prüfen [Materialbestand reicht nicht] Anfrage absagen

Vom Zustand *Materialbestand geprüft* aus gibt es (hier) eine Transition:

- Anfrage ist zuzusagen [Prüfungen erfolgreich] Anfrage zusagen

Auf die Erfassung eines eventuellen Scheiterns an dieser Stelle wird verzichtet. Damit ist die Kundenanfrage im Zustand *zugesagt*, beim positiven Ergebnis also, und es folgt der Schlusszustand.

Das Zustandsübergangsdiagramm macht auch deutlich, wann der Zustand *Anfrage abgesagt* eintritt:

- Falls die Produktionskapazität nicht reicht
- Falls der Materialbestand nicht reicht
- Falls die Machbarkeit gleich zu Beginn verneint wurde

Das Beispiel in Abb. 13.7 enthält u.a. folgende Komponenten bzw. Besonderheiten

- Einen Anfangszustand
- Zahlreiche Transitionen
- Einen Schlusszustand

Außerdem mehrere Zustände mit mehr als einer abgehenden Transition.

Das obige Beispiel stellt einen reinen Ablauf dar, wie es bei Geschäftsprozessen normalerweise der Fall ist, was die Formulierung der Übergänge etwas schwierig macht, insbesondere was die auszuführende Aktion angeht.

Im Gegensatz hierzu geht es bei Systemen eher um das Zusammenspiel von Komponenten, innerhalb derer allerdings oft auch Abläufe bzw. Durchgänge vorliegen.

Soweit die Grundstruktur von Zustandsautomaten und Zustandsübergangsdiagrammen. Im Folgenden wird diese nun schrittweise erweitert und vertieft.

13.3 Vertiefung

13.3.1 Strukturierte Knoten

Knoten

Ausgehend von der grundsätzlichen Definition („Ein Zustandsautomat ist ein Graph ...")
und der Tatsache, dass Graphen Knoten haben, können die Zustände in Zustandsübergangsdiagrammen als *Knoten* bezeichnet werden.

Dieser Begriff ist notwendig, weil es a) verschiedene andere Knoten in Zustandsautomaten gibt und b) ein Zustand hier nicht nur ein einfacher Zustand, sondern – wie oben
schon gezeigt – ein tief strukturiertes Gebilde sein kann.

Folgende Zustandstypen werden in der UML unterschieden (OMG 2017, S. 308):

- einfacher Zustand (simple state). Ein solcher ist ohne interne Knoten und Transitionen).
- zusammengesetzter Zustand (composite state), mit den Untertypen *einfacher zusammengesetzter Zustand* (simple composite state) und *orthogonaler Zustand* (orthogonal state). Zusammengesetzte Zustände enthalten mindestens eine Region
  (vgl. unten).
- Zustand, der einen Zustandsautomaten enthält (submachine state). Er bezieht sich also
  auf einen ganzen Zustandsautomaten.

Regionen

Liegt eine Untergliederung eines Zustandes oder Zustandsautomaten vor, nennt man die
einzelnen Bereiche *Regionen*. Sie enthalten ebenfalls Zustände und Transitionen. Der
Zustand insgesamt wird durch die Bildung von Regionen zu einem *zusammengesetzten
Zustand* (composite state).

Orthogonalität

Die Regionen werden auch als „orthogonal part" bezeichnet. Der Begriff „orthogonal"
bedeutet hier, dass jede Region eine Menge von Knoten und Transitionen hat, die sich
gegenseitig nicht überschneiden, die also voneinander unabhängig sind.

Grafische Darstellung von Regionen

Die Aufteilung eines Zustandes oder eines Zustandsautomaten in Regionen wird grafisch
durch gestrichelte Linien dargestellt. Vgl. Abb. 13.8. Jede Region kann einen Namen haben und enthält die verschachtelten nicht überlappenden Zustände und die Übergänge
zwischen diesen.

Der Bereich mit der Bezeichnung des gesamten Zustandes wird, wie in der folgenden
Abbildung gezeigt, an das umschließende Rechteck angefügt oder in einem eigenen
Bereich eingefügt, wie es das nächste Beispiel in Abb. 13.9 zeigt.

Abb. 13.8 Darstellung eines zusammengesetzten Zustandes (eines Zustandes mit Regionen). Quelle: In Anlehnung an (OMG 2017, S. 319)

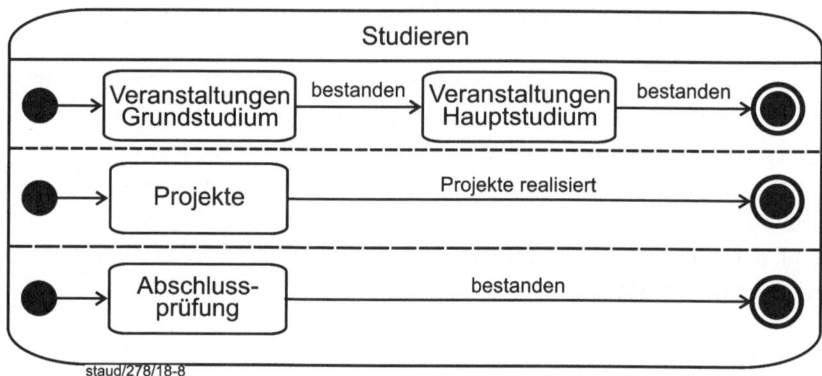

Abb. 13.9 Zustand mit Regionen – zusammengesetzter Zustand. Quelle: Auszug aus Abb. 13.21

Jeder Zustand, der sich in einer Region eines zusammengesetzten Zustandes befindet, wird *Subzustand* (substate) dieses zusammengesetzten Zustandes genannt. Er wird *direkter Subzustand* (direct substate) genannt, wenn er in keinem anderen Zustand enthalten ist, ansonsten *indirekter Subzustand* (indirect substate).

Beispiele

Vgl. für Zustände mit Regionen die Beispiele in Abb. 13.9, Abb. 13.12 und Abb. 13.21.

Einfacher Zustand

Ein *einfacher Zustand* hat im Gegensatz zu obigem keine Subzustände, d.h. er hat keine Regionen und keinen untergeordneten Zustandsautomaten (vgl. unten).

Der dritte Zustandstyp, der oben aufgelistet wurde, *Zustand der einen Zustandsautomaten enthält* (submachine state), wird unten erläutert.

Schlusszustände – auch in Regionen

Bei der Vorstellung der Grundlagen wurde das Element *Schlusszustand* bereits eingeführt. Hier kann es nun vertieft betrachtet werden.

Bei einem Schlusszustand handelt es sich um eine spezielle Art von Zustand, dessen Eintreten bedeutet, dass die übergeordnete (ihn enthaltende) Region abgeschlossen ist, d.h. dass die Abschlussbedingung erfüllt ist.

Falls die übergeordnete Region direkt in einem Zustandsautomaten enthalten ist und dessen andere Regionen ebenfalls abgeschlossen sind, dann bedeutet es, dass der ganze Zustandsautomat abgeschlossen ist.

Betrachten wir dazu das Beispiel in Abb. 13.9. Es handelt sich um einen Auszug von Abb. 13.21, die in Anlehnung an (OMG 2003, S. 486, Figure 386) entstand. Der Zustand – Studieren – umfasst drei Regionen mit jeweils eigenen Zuständen und Transitionen. Wenn in allen drei Regionen von *Studieren* jeweils der Schlusszustand erreicht ist, ist auch der im Zustand enthaltene Zustandsautomat (dazu gleich unten mehr) beendet.

Das Beispiel in Abb. 13.9 enthält u.a. folgende Komponenten bzw. Besonderheiten

- Mehrere Regionen
- Zahlreiche Subzustände
- Mehrere Schlusszustände in Regionen
- Mehrere Anfangszustände in Regionen

Es handelt sich somit um einen zusammengesetzten Zustand.

Für einen solchen Schlusszustand gelten folgende Bedingungen. Er hat …

- keine wegführenden Transitionen
- keine Regionen
- keine Verweise auf einen untergeordneten Automaten
- keine Anfangsaktivität (vgl. unten)
- keine Schlussaktivität (vgl. unten)
- keine Zustandsaktivität (vgl. unten)

Die grafische Darstellung eines Schlusszustandes wurde oben schon vorgestellt: ein Kreis, der einen kleineren schwarz eingefärbten Kreis umgibt. Die Transition zum Schlusszustand wird nicht beschriftet.

13.3.2 Pseudozustände

Pseudozustände gibt es nur in Verhaltenszustandsautomaten.

Zustände verknüpfen

Mit *Pseudozustand* bezeichnen die UML-Autoren verschiedene Typen von Knoten in Graphen von Zustandsautomaten. Es sind keine Zustände, sie werden aber trotzdem in der Modellierung benötigt. Typischerweise werden sie benutzt, um Transitionen in Beziehung zu setzen. Zum Beispiel, indem eine einzelne Transition, die zu einer Gabelung (fork vertex) führt, mit einer Menge von Transitionen kombiniert wird, die von der Gabelung wegführen. Damit erhält man eine *Verbundtransition* (vgl. Abschn. 13.3.8), die zu einer Menge von voneinander unabhängigen Zielzuständen führt.

Folgende Pseudozustände gibt es:

* Initialknoten (initial vertex)
* Beenden-Knoten (terminate)
* deepHistory-Knoten (history vertex)
* shallowHistory-Knoten (history vertex)
* Verknüpfer (join vertex)
* Gabelung (fork vertex)
* Verbindungsknoten (junction vertex)
* Auswahlknoten (choice vertex)
* Einstiegspunkt (entry point)
* Ausstiegspunkt (exit point)

Initialknoten
Anfangszustand

Ein Initialknoten stellt einen voreingestellten Knoten dar, von dem genau eine Transition zum voreingestellten Standardzustand eines zusammengesetzten Zustandes führt. In einer Region kann höchstens ein solcher Initialknoten sein.

Ein Initialknoten wird als kleiner schwarz eingefärbter Kreis dargestellt. Zur grafischen Darstellung vgl. die folgenden Beispiele.

deepHistory-Pseudozustand
Geschichte 1 – tief

Ein Pseudozustand des Typs *deepHistory* repräsentiert die letzte aktive Konfiguration des zusammengesetzten Zustandes, die diesen Pseudozustand direkt enthält (direkter Subzustand). Zum Beispiel die Zustandskonfiguration, die aktiv war, als der zusammengesetzte Zustand zuletzt verlassen wurde (OMG 2017, S. 309).

Hier spielt also die zeitliche Dimension eine Rolle. Es geht darum, eine bestimmte Zustandskonfiguration festzuhalten und verfügbar zu machen.

Grafische Darstellung

Ein Pseudozustand des Typs *deepHistory* wird durch einen Kreis dargestellt, in dem sich die Zeichenfolge H∗ befindet (vgl. Abb. 13.10). Er hat Gültigkeit für die Region des Zustandes, in der er enthalten ist.

Beispiel

Stellen wir uns vor, der Geldautomat führt, nachdem der Kunde seine EC-Karte eingesteckt hatte, die Kontoabfrage durch. Mitten in dieser kommt es zu einem Stromausfall. Wenn dann im Pseudozustand festgehalten ist, in welchem Zustand die einzelnen Teilsysteme waren, kann bei einem Neustart die alte Konfiguration wiederhergestellt werden.

Abb. 13.10 Grafische Darstellung eines deepHistory-Knotens. Quelle: (OMG 2017, S. 327)

Die UML-Autoren betonen noch, dass in der neuesten Fassung der UML der enthaltende Zustand nicht verlassen werden muss, um *deepHistory* zu definieren. Dies bedeutet, dass *deepHistory* Ziel von Transitionen von innerhalb des enthaltenden Zustandes sein kann und nicht nur von Zuständen von außerhalb.

shallowHistory-Pseudozustand
Geschichte 2 – flach
Ein Pseudozustand des Typs *shallowHistory* repräsentiert den letzten aktiven Subzustand des Zustandes, der den Pseudozustand enthält, *aber nicht die Subzustände dieses Subzustandes.*

Beispiel
Nehmen wir wieder das obige Beispiel eines Geldautomaten und den Stromausfall während der Kontoabfrage. Wäre ein shallowHistory – Knoten vorhanden, dann würde der Zustand des Lesegeräts festgehalten, nicht aber die Zustände seiner Komponenten.

Ein zusammengesetzter Zustand kann höchstens einen solchen Knoten haben. Eine Transition zu dem shallowHistory-Knoten ist gleichbedeutend mit einer Transition, die zu dem letzten aktiven Subzustand eines Zustandes führt.

Grafische Darstellung
Ein Pseudozustand des Typs *shallowHistory* wird durch einen Kreis dargestellt, in dem sich der Buchstabe H befindet (vgl. Abb. 13.11). Er hat Gültigkeit für die Region des Zustandes, in der er enthalten ist.

Verknüpfer
Verschmelzung
Verknüpfer (join vertices) dienen dazu, mehrere Transitionen zu vereinigen, die von Knoten aus verschiedenen orthogonalen Regionen stammen (eine UND-Verknüpfung der Transitionen). Die Transitionen, die zu einem solchen Knoten führen, dürfen keine Wächter oder Trigger haben. Zur grafischen Darstellung vgl. Abb. 13.12.

Gabelung
Gabelungen (fork vertices) erlauben es, eine ankommende Transition in zwei oder mehr Transitionen aufzuteilen, die bei orthogonalen Zielknoten enden. Mit orthogonalen Knoten sind hier solche gemeint, die sich in verschiedenen Regionen eines zusammengesetzten Zustandes befinden.

Das bedeutet, dass es einen Zustandsübergang von einem Zustand zu mehreren gibt (eine UND-Verzweigung der Transitionen), was in den Grundlagen (vgl. oben) nicht

Abb. 13.11 Grafische
Darstellung eines
shallowHistory-Knotens.
Quelle: (OMG 2017, S. 327)

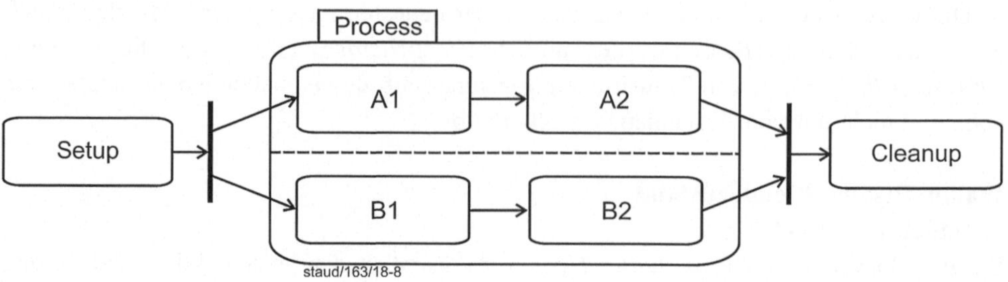

Abb. 13.12 Grafische Darstellung von Verknüpfern und Gabelungen. Quelle: (OMG 2017, Seite 330, Figure 14.27)

vorgesehen ist. Ebenso umgekehrt mit den Verknüpfern: Von mehreren Zuständen gibt es einen Zustandsübergang zu genau einem. Auch dies gibt es in den Grundlagen nicht.

Die Transitionen, die von einer Gabelung weggehen, dürfen keine Wächter oder Trigger haben. Vgl. die folgende Abbildung.

Die Einführung dieser Pseudoknoten *Gabelung* und *Verknüpfer* ist nötig, weil ein einfaches Anlegen der wegführenden Transitionen an den Zustand mit der Standardsituation verwechselt würde, bei der dann entweder der eine oder der andere Zustandsübergang aktiv würde (exklusives Oder zwischen den Transitionen). Dasselbe gilt für die Verknüpfer.

Grafische Darstellung

Die grafische Darstellung von Gabelungen und Verknüpfern ist wie in Kap. 10 bei den Aktivitäten gezeigt: Ein Balken, zu dem eine Transition hinführt und mehrere weg (Gabelung) oder umgekehrt (Verknüpfer).

Die folgende Abb. 13.12 enthält einige der oben eingeführten Elemente. Von einem Zustand (Setup) erfolgen gleichzeitig Transitionen zu A1 und B1. Dies wird durch die Gabelung erfasst. Von den zwei Zuständen A2 und B2 geht es zu einem einzigen Zustand *Cleanup* weiter. Dies wird durch den Verknüpfer erfasst.

Die Bezeichnung des Zustandes ist hier, wie oben schon für Regionen eingeführt, an der oberen Kante in einem Rechteck angegeben. Alle Varianten zur grafischen Darstellung von Zuständen sind in Abschn. 13.3.6 zusammengefasst.

Das Beispiel in Abb. 13.12 enthält u.a. folgende Komponenten bzw. Besonderheiten

- Eine Gabelung (fork) auf der linken Seite
- Zwei orthogonale Regionen
- Einen Verknüpfer (join auf der rechten Seite

Außerdem zeigt es den Zustandsübergang von einem Zustand (Setup) zu zweien (A1, B1) und von zweien (A2, B2) zu einem (Cleanup).

Verbindungsknoten

Verbindungsknoten (junction vertices) sind semantikfreie Knoten, die benutzt werden, um mehrere Transitionen zu verketten. Sie werden benutzt, um Pfade mit Verbundtransitionen (vgl. Abschn. 13.3.8) zwischen Zuständen zu erstellen.

Zum Beispiel kann ein Verbindungsknoten benutzt werden, um mehrere ankommende Transitionen in eine einzige wegführende Transition zusammenzuführen. Umgekehrt können sie auch benutzt werden, um eine ankommende Transition in mehrere wegführende aufzusplitten, die unterschiedliche Wächter-Bedingungen haben.

Else-Bedingung

Im letztgenannten Fall sind die wegführenden Transitionen, deren Wächter-Bedingungen FALSE ergeben, abgeschaltet. Ein vordefinierter Wächter[3], der ELSE genannt wird, kann für höchstens eine wegführende Transition definiert werden. Diese Transition wird aktiv, falls alle anderen Wächter der anderen Transitionen nicht gültig werden.

Durch Verbindungspunkte wird ein sog. *statisch bedingter Zweig* (static conditional branch) realisiert. Diese unterscheiden sich von dynamisch bedingten Zweigen, die durch Auswahlknoten (choice vertices) realisiert werden. Vgl. den nächsten Abschnitt.

Grafische Darstellung

Ein Verbindungsknoten wird durch einen kleinen schwarzen Kreis dargestellt, wie in Abb. 13.13 gezeigt.

Auswahlknoten
Dynamische Überprüfung

Auswahlknoten (choice vertices) führen zu einer dynamischen Überprüfung der Wächter der Trigger der wegführenden Transitionen. Dadurch wird ein *dynamisch bedingter Zweig* (dynamic conditional branch) realisiert. Er erlaubt das Aufteilen von Transitionen in mehrere wegführende Pfade so, dass die Entscheidung, welcher Pfad genommen werden soll, eine Funktion des Ergebnisses früherer Aktionen sein kann, die im selben Schritt ausgeführt wurden. In dieser letztgenannten Eigenschaft steckt das Motiv für die Wahl der Bezeichnung *dynamisch* bedingter Zweig.

Falls mehr als ein Wächter *wahr* ergibt, wird ein beliebiger genommen. Falls keiner *wahr* ergibt, ist das Modell fehlerhaft. Um dies zu vermeiden wird empfohlen, bei jedem Auswahlknoten eine wegführende Else-Transition zu definieren.

---

[3]Vgl. die Ausführungen hierzu in Kap. 10.

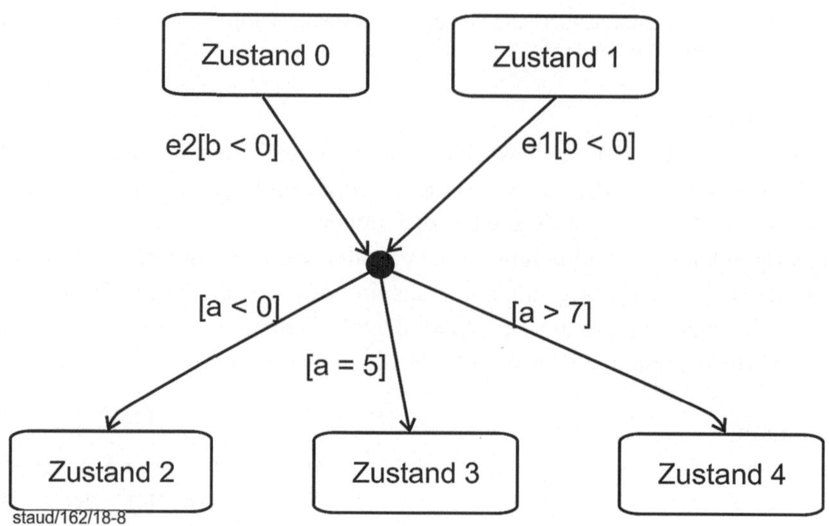

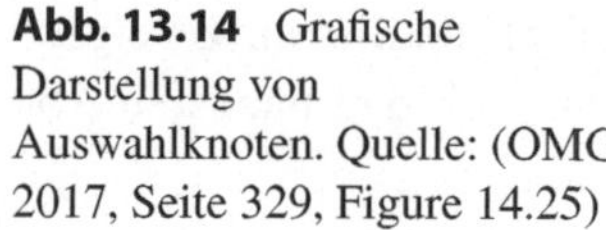

Abb. 13.13 Grafische Darstellung von Verbindungsknoten. Quelle: (OMG 2017, Seite 329, Figure 14.24). Übersetzung durch den Verfasser

Abb. 13.14 Grafische
Darstellung von
Auswahlknoten. Quelle: (OMG
2017, Seite 329, Figure 14.25)

Grafische Darstellung

Ein Auswahlknoten wird, wie in Abb. 13.14 gezeigt, als rautenförmiges Symbol dargestellt, zu dem eine Transition führt und von dem mehrere weggehen.

Alternative für die grafische Darstellung

Angenommen, alle Wächter mit Triggern von Transitionen die von einem Auswahlknoten wegführen, sind binäre Ausdrücke mit einem gemeinsamen linken Operanden, dann kann die Darstellung vereinfacht werden (vgl. Abb. 13.15). Dann kommt der linke Operand in das rautenförmige Symbol und der jeweilige Rest des Wächter-Ausdrucks auf die wegführende Transition.

Beenden-Knoten

Das Erreichen eines Pseudozustandes vom Typ *Beenden* (terminate) bedeutet, dass die Ausführung des Zustandsautomaten beendet wird. Ein solcher Pseudozustand wird als Kreuz dargestellt, wie in Abb. 13.16 gezeigt.

Der Pseudozustand *Ausstiegspunkt* wird am Ende des nächsten Abschnitts erläutert.

Abb. 13.15 Grafische
Darstellung von
Auswahlknoten. Quelle: (OMG
2017, Seite 329, Figure 14.25)

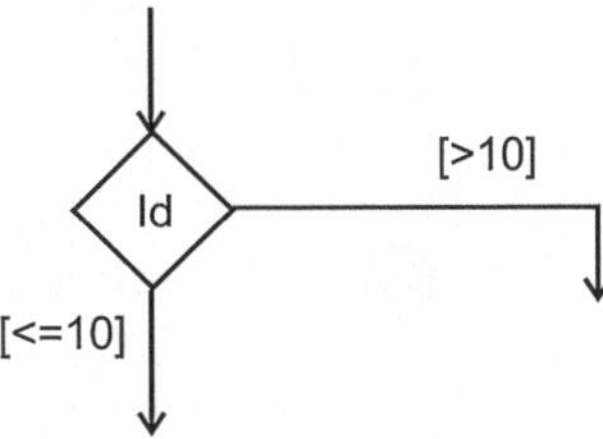

Abb. 13.16 Grafische
Darstellung eines Knotens vom
Typ *Beenden*. Quelle: (OMG
2017, Seite 329, Figure 14.26)

13.3.3 Zustandsautomaten im Zustand

Die Ausführungen dieses Abschnitts betreffen nur die Verhaltenszustandsautomaten.

Automat im Zustand

Oben wurde schon gezeigt, dass Zustände nicht einfach Zustände sind (im umgangssprachlichen Sinn), sondern dass sie Tätigkeiten bzw. Tätigkeitsfolgen enthalten können,
die den jeweiligen Zustand realisieren. In diesem Abschnitt gehen wir nun noch einen
Schritt weiter und betrachten ein Konstrukt, das erlaubt, *ganze Zustandsautomaten in einen Zustand einzubetten.*

Es geht also um *verschachtelte Strukturen.* Genauer, um die Verschachtelung von
Tätigkeitsfolgen, nicht nur in zwei sondern in beliebig vielen Ebenen. Die Motivation dafür
ist klar: Systeme enthalten nun mal Systeme und dies muss auch modelliert werden können.

Dieses Enthaltensein wird dann hier über die Zustandsautomaten modelliert. Das zentrale Instrument dabei ist, in einem Zustand eines Zustandsautomaten einen anderen
(untergeordneten) Zustandsautomaten zu platzieren. So wie im untenstehenden Beispiel
im Zustand LeseBetrag:LeseBetragSM der Zustandsautomat LeseBetragSM enthalten ist
(Abb. 13.17 und 13.18). Damit sind dann bereits die ersten zwei Ebenen realisiert. Setzt
man dasselbe auch mit dem eingebetteten Zustandsautomaten (auch er hat in einem Zustand wieder einen Zustandsautomaten) fort, ist die dritte Ebene realisiert. Usw.

Verknüpfung über Ebenen

Eine Schwierigkeit hierbei stellt die Verknüpfung dar: Wie werden die beiden Zustandsautomaten, der auf der jeweils oberen Ebene und der untergeordnete, miteinander verknüpft?
Wie werden die Ergebnisse des im Zustand eingebetteten Zustandsautomaten an den Zustand übergeben, sodass dieser damit mit seinen anderen Zuständen interagieren kann?

Da die Erfahrung zeigt, dass dieses Thema abstrakt nicht ganz einfach zu verstehen ist,
werden die folgenden Ausführungen auch mit einem anschaulichen Beispiel in den nächsten
zwei Abbildungen erläutert.

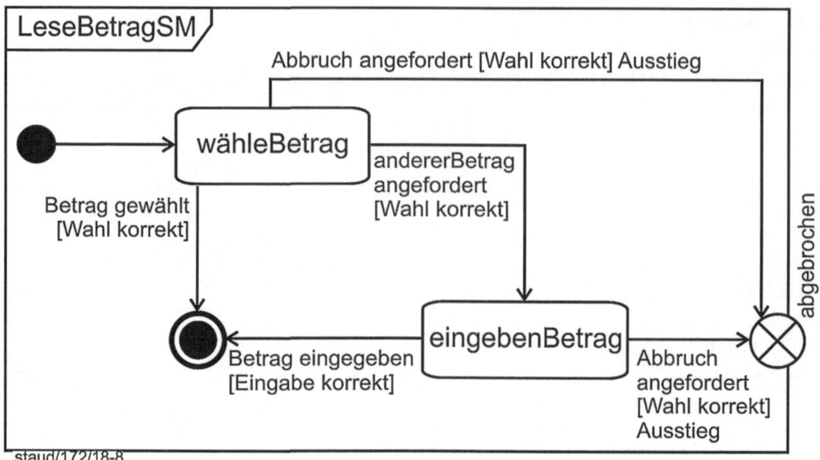

Abb. 13.17 Zustandsautomat LeseBetragSM. Quelle: In Anlehnung an (OMG 2017, S. 325, Figure 14.13). Übersetzung durch den Verfasser

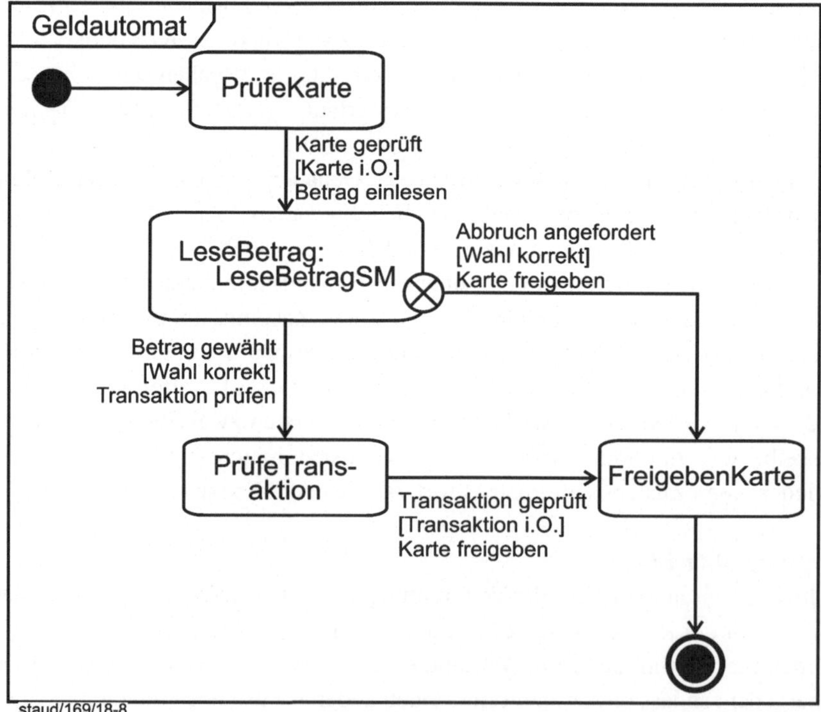

Abb. 13.18 Zustandsautomat mit untergeordnetem Zustandsautomat und Ausstiegspunkt. Quelle: In Anlehnung an (OMG 2017, S. 325, Figure 14.14). Übersetzung durch den Verfasser

Beispiel – erste Abbildung

Zuerst ein einfacher Zustandsautomat (*LeseBetragSM*). Er wurde schon oben als einführendes Beispiel verwendet (vgl. die Beschreibung dort). Hier spielt er nun aber eine besondere Rolle, weil er in einem Zustand des nächsten Zustandsautomaten wieder auftritt. Dies deutet auch das Anhängsel SM (submachine) an die Bezeichnung an.

Für die Betrachtung der Verschachtelung unten soll hier geklärt werden, wie dieser Zustandsautomat beendet werden kann. Zum einen, sozusagen erfolgreich, durch den Schlusszustand, zum anderen durch den Ausstiegspunkt, der benötigt wird, falls es zu einem Abbruch kommt.

Zustandsautomat mit einem Zustand, der einen Zustandsautomaten enthält

Das Beispiel in Abb. 13.18 zeigt den Zustandsautomaten *Geldautomat*. Dieser enthält fünf Zustände:

- PrüfeKarte
- LeseBetrag:LeseBetragSM
- PrüfeTransaktion
- FreigebenKarte

Der Zustand *LeseBetrag:LeseBetragSM* ist nun genau so einer, um den es hier geht: Er verweist auf einen Zustandsautomaten und zwar auf den der vorigen Abbildung mit der Bezeichnung *LeseBetragSM*.

Insgesamt beschreibt dieser Zustandsautomat einige Aspekte von Geldautomaten. Der *Initial-Pseudozustand* führt zum ersten Zustand, *PrüfeKarte*. Ergab die Prüfung, dass die Karte in Ordnung ist, gibt es einen Zustandsübergang zum Zustand *LeseBetrag:LeseBetragSM*, in dem der Einlesevorgang modelliert ist, der also einen eigenen Zustandsautomaten enthält. Zu diesem unten mehr. Von diesem aus gibt es zwei mögliche Transitionen, die zum Abbruch oder zur Prüfung der Transaktion führen. Ein Abbruch oder die Prüfung der Transaktion führen zum Zustand *FreigebenKarte*.

Beispiel – zweite Abbildung

Das Beispiel in Abb. 13.18 enthält u.a. folgende Komponenten

- Mehrere Zustände
- Mehrere Transitionen
- Einen Zustandsautomaten im Zustand

Außerdem einen Ausstiegspunkt am Zustand.

Anmerkung zur Begrifflichkeit

In diesem Abschnitt wird es begrifflich etwas „anstrengend". Die US-Amerikaner können leichter Substantive mit tief verschachtelter Semantik bilden als wir. So können sie, von *submachine* ausgehend, die Begriffe *submachine state*, *submachine state machine* und *submachine composite state machine* bilden.

Im Deutschen würde sich eine Übersetzung in Substantive merkwürdig anhören: Subzustands-automat-Zustandsautomat.

Deshalb wurde für die komplexen Begriffe eine „beschreibende" Übersetzung gewählt:

- submachine = untergeordneter Zustandsautomat
- submachine state = Zustand eines untergeordneten Zustandsautomaten
- submachine state machine = untergeordneter Automat eines Zustandsautomaten oder auch Sub-automat eines Zustandsautomaten

Außerdem wird hier öfters auf die Originalbezeichnung verwiesen.

Doch nun zurück zum Thema dieses Abschnitts, der Einbettung von Zustandsautoma-ten (die dann quasi untergeordnet sind) in Zustände.

Hier enthält der Zustandsautomat *Geldautomat* einen Zustand, *LeseBetrag*, der selbst wieder einen Zustandsautomaten enthält: *LeseBetragSM*. Die Schreibweise ist wie folgt: Zuerst die Bezeichnung des Zustandes, dann – nach einem Doppelpunkt – die Bezeich-nung des eingebetteten Zustandsautomaten:

<Zustandsbezeichnung> : <Bezeichnung Zustandsautomat>

Im obigen Beispiel also *LeseBetrag:LeseBetragSM*. Auf diese Weise enthält also ein Zustand einen Zustandsautomaten. So sehen es die UML-Autoren, wenn sie von *subma-chine state* und von *submachine state machine* sprechen:

A submachine State implies a macro-like insertion of the specification of the corresponding submachine StateMachine. (OMG 2017, S. 311)

Ein Zustand, der einen Zustandsautomaten enthält (submachine state), legt somit fest, wie der untergeordnete Zustandsautomat in den übergeordneten eingefügt ist.

Enthaltender Zustandsautomat

Der Zustandsautomat, der den Zustand mit dem untergeordneten Zustandsautomaten (sub-machine state) enthält, wird der *enthaltende Zustandsautomat* genannt. Hier im Beispiel ist dies *Geldautomat*.

Derselbe Zustandsautomat kann mehr als einmal untergeordneter Zustandsautomat (submachine) sein. Im Beispiel: *LeseBetragSM* könnte also mehr als einmal vorkom-men.

Verknüpfung von übergeordnetem und untergeordnetem Zustandsautomat

Verschachtelt man auf diese Weise Zustände, muss deren Verknüpfung geklärt werden. Kommt der eingebettete (untergeordnete) Zustandsautomat zu seinem „normalen" Ab-schluss, muss dies „nach oben" deutlich werden, kommt er zu einem anderen, z.B. zu einem Abbruch, ebenfalls. Und dies alles ist in vollem Umfang zu leisten, also auch bei mehreren Ebenen.

Normale Beendigung – Standardweg

Der Standardweg vom eingebetteten Zustandsautomat (im Beispiel: *LeseBetragSM*) über den Zustand im übergeordneten Automat (*LeseBetrag:LeseBetragSM*) zum übergeordneten Zustandsautomaten (*Geldautomat*) wird einfach grafisch dadurch ausgedrückt, dass der Transitionspfeil an der Grenzlinie des Zustands mit dem untergeordneten Zustandsautomat (im Beispiel: *LeseBetrag:LeseBetragSM* in *Geldautomat*) endet, bzw. von diesem ausgeht, ganz ohne Verknüpfungspunkte.

Methodisch bedeutet dies, dass der *Initialknoten* des eingebetteten Zustandsautomaten aktiv wird. Durch diesen wird der voreingestellte Standardzustand (im Beispiel: *wähleBetrag*) realisiert.

Genauso wird die „normale" Beendigung dargestellt. Wird im eingebetteten Zustand der Schlusszustand erreicht, aktiviert dies im übergeordneten Zustandsautomaten die Transition, die von dem Zustand abgeht, der den Automat enthält. Klingt kompliziert, ist es aber nicht, wie das Beispiel zeigt:

Wird in *LeseBetragSM* der Schlusszustand erreicht, ist in *Geldautomat* der Zustand *LeseBetrag:LeseBetragSM* abgearbeitet und die von ihm abgehende („normale") Transition (zu *PrüfeTransaktion*) wird aktiviert.

Nicht normale Beendigung

Bei nicht normaler Beendigung erfolgt die Wegweisung durch grafische Elemente (Verknüpfungspunkte), die *Einstiegs- und Ausstiegspunkte* genannt werden.

Pseudozustand Einstiegspunkt
Zugang in den Automaten

Ein Pseudozustand vom Typ *Einstiegspunkt* (entry point) stellt einen Zugang in den Zustandsautomaten dar. In jeder Region des Zustandsautomaten gibt es eine einzige Transition zu einem solchen Knoten innerhalb derselben Region.

Grafische Darstellung

Ein Einstiegspunkt wird als kleiner Kreis auf der Grenzlinie der Abbildung dargestellt, vgl. Abb. 13.19. Die Bezeichnung wird angefügt.

Pseudozustand Ausstiegspunkt
Ausgang

Ein Beispiel für einen Ausstiegspunkt wurde oben schon eingeführt (vgl. Abb. 13.17). Ein Ausstiegspunkt signalisiert die Beendigung eines Zustandsautomaten. Weitere Erläuterungen folgen hier unten am Beispiel.

Grafische Darstellung

Er wird, wie in Abb. 13.20 gezeigt, als kleiner Kreis mit einem Kreuz dargestellt und auf der Grenzlinie der Abbildung platziert. Die Bezeichnung wird angefügt.

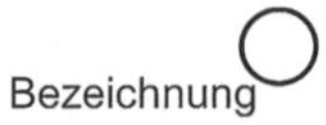

Abb. 13.19 Grafische
Darstellung von
Einstiegspunkten. Quelle:
(OMG 2017, Seite 328)

Abb. 13.20 Grafische
Darstellung eines
Ausstiegspunkts. Quelle:
(OMG 2017, Seite 328)

Doch nun zurück zur nicht normalen Beendigung und deren Modellierung. Dafür gilt:
Wird ein Ausstiegspunkt in einer Region des Zustandsautomaten erreicht, die sich auf einen Zustand eines untergeordneten Zustandsautomaten bezieht, bedeutet dies, dass dieser
Zustand verlassen wird und dass die Transition, die diesen Ausstiegspunkt als Quelle in
dem übergeordneten Zustandsautomaten hat, ausgeführt wird.

Im Beispiel: Der Zustandsautomat *LeseBetragSM* hat einen Ausstiegspunkt. Wird dieser erreicht, wird im übergeordneten Zustandsautomat *Geldautomat* (Abb. 13.18) der Zustand *LeseBetrag:LeseBetragSM* verlassen (über den dortigen Ausstiegspunkt) und die
Transition, die vom Ausstiegspunkt ausgeht (*Abbruch angefordert …*), ausgeführt.

Der eingebettete Zustand (im Beispiel *LeseBetragSM*) enthält also a) mindestens einen
Zustand, der einen entsprechenden Ausgang hat (im Beispiel *eingebenBetrag*), b) mindestens eine Transition zum Ausstiegspunkt und c) den Ausstiegspunkt selbst. Letzterer wird
auf die Grenzlinie platziert.

Das grafische Element für den Zustand eines untergeordneten Zustandsautomaten kann
grundsätzlich auch mehrere solcher Aus- bzw. Einstiegspunkte aufweisen.

Zweck: Skalierbarkeit und Kapselung
Dieses Konstrukt, *Zustände mit untergeordneten Zustandsautomaten* (submachine states), bei
denen durch Einstiegs- und Ausstiegspunkte die Verknüpfung erfolgt, ist eingeführt worden,
um eine Skalierbarkeit von Zustandsautomaten mit untergeordneten Zustandsautomaten sicherzustellen und um Kapselung (im Sinne der objektorientierten Theorie) zu ermöglichen.

Damit (durch die – evtl. rekursive – Abspaltung bestimmter Tätigkeitsfolgen) kann
somit die Wiederverwendbarkeit von Modellfragmenten bzw. von Systemkoponenten
(nach der Realisierung) gesichert werden.

Natürlich spiegelt dieses Konstrukt aber auch die Tatsache wider, dass Systeme andere
Systeme enthalten, durchaus auf mehreren Ebenen, was hiermit auf einfache Weise modelliert werden kann.

13.3.4 Transitionen zu Zuständen

Transitionen wurden im Grundlagenteil nur bzgl. einfacher Zustände vorgestellt. Nun,
nachdem die tiefe mögliche Strukturierung von Zuständen und Zustandsautomaten
eingeführt wurde, können auch die Transitionen vertieft betrachtet werden.

Zu einem eingebetteten/enthaltenen Zustand

Eine Transition zu einem Zustand, der einen Zustandsautomaten enthält (einbettender Zustand) ist gleichbedeutend mit einer Transition zum Initialknoten in jeder Region desselbigen. In der folgenden Abb. 13.21 bedeutet somit der Initialknoten links oben und die von ihm ausgehende Transition zum eingebetteten Zustand, dass alle drei Initialknoten der Regionen aktiv werden.

Zu einem Schlusszustand

Eine Transition zu einem Schlusszustand stellt den Abschluss der Aktivität in der eingebetteten Region dar.

Der Abschluss der Aktivität in allen orthogonalen Regionen stellt den Abschluss der Aktivität im gesamten eingebetteten Zustand dar und löst ein Abschlussereignis bezüglich dieses eingebetteten Zustandes aus. Der Abschluss der am weitesten oben angesiedelten Regionen eines Zustandes bedeutet seine Beendigung.

Im folgenden Beispiel von Abb. 13.21 hat dies folgende Bedeutung: Das Erreichen der Schlusszustände in allen drei Regionen führt zur Beendigung des gesamten eingebetten Zustandes, was die Transition zum Zustand *Bestanden* auslöst.

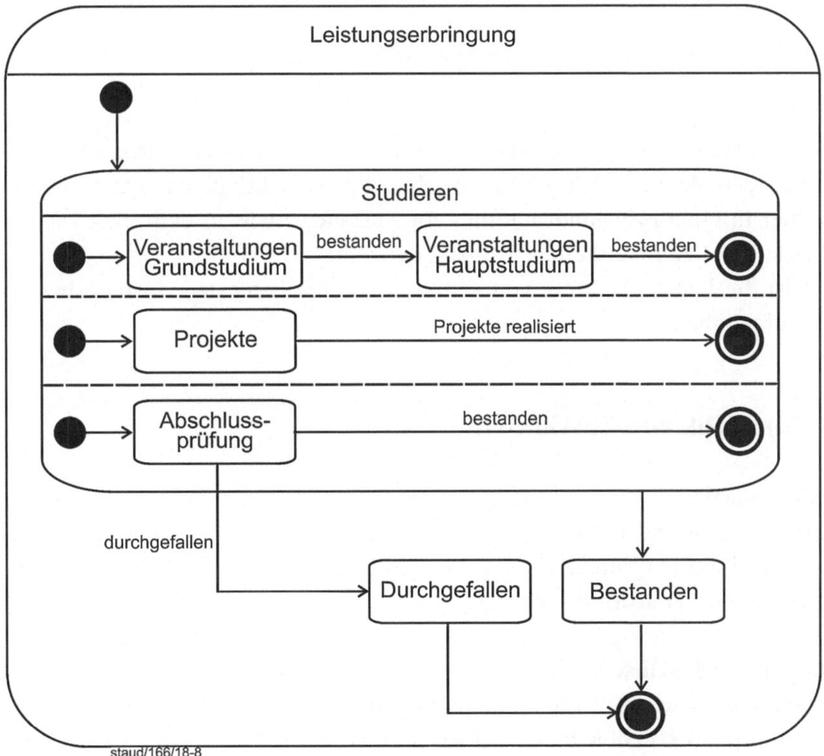

Abb. 13.21 Orthogonaler Zustand mit Regionen. Quelle: In Anlehnung an (OMG 2017, S. 322, Figure 14.9). Übersetzung durch den Verfasser

Beispiel Leistungserbringung
Zustand im Zustand

Im Beispiel in Abb. 13.21 ist der Zustandsautomat *Studieren* eingebettet in den Zustand *Leistungserbringung*. Außerdem enthält das Beispiel viele der in den letzten Abschnitten besprochenen Elemente und Konstrukte.

Der eingebettete Zustand mit den Regionen kann auf zwei verschiedenen Arten enden. Entweder positiv, wie oben beschrieben, dadurch dass alle drei Schlusszustände erreicht werden. Dann greift die Transition zum Zustand *Bestanden.*

Oder durch Nichtbestehen der Abschlussprüfung. Tritt dies ein, wird die Transition von *Abschlussprüfung* nach *Durchgefallen* ausgelöst.

Das Beispiel in Abb. 13.21 enthält u.a. folgende Komponenten bzw. Besonderheiten

- Einen einbettenden Zustand
- Einen Zustand mit Regionen
- Einen Zustandsautomaten im Zustand
- Mehrere orthogonale Regionen in einem Subzustand
- Einen Initialknoten (Anfangszustand), der den eingebetteten Zustand aktiviert
- Schlusszustände in Regionen
- Initialknoten in Regionen

Außerdem ein Beispiel für die Beendigung eines Subzustandes

Reflektion

Dieses Beispiel macht den dynamischen Charakter von Zuständen, wie er oben eingeführt wurde, besonders deutlich. Die Zustände sehen aus wie Aktivitäten. „Abschlussprüfung" ist dann hier in einem Zustandsautomat ein Zustand, etwas in dem man sich befindet, obwohl es tatsächlich (auch) einen Vorgang darstellt.

Damit ist die Unterscheidung von Aktivitätsbeschreibung und Zustandsbeschreibung teilweise aufgehoben.

13.3.5 Semantik von Zuständen

Aktiv oder inaktiv

Ein bestimmter Zustand ist während der Ausführung des Zustandsautomaten aktiv oder inaktiv. Er wird aktiv, wenn er als Ergebnis einer Transition eintritt und er wird inaktiv, wenn er durch eine Transition „verlassen" wird.

Transition auf sich selbst

Ein Zustand kann auch als Ergebnis ein und derselben Transition beendet werden oder eintreten. In einem solchen Fall wird die Transition *Selbsttransition* (self transition) genannt (vgl. hierzu das Beispiel in Abb. 13.24).

Anfangs- und Schlussaktivität

Für jeden Zustand gibt es eine *Anfangsaktivität* (entry activity) und eine *Schlussaktivität* (exit activity). Immer wenn ein Zustand eintritt, führt er seine Anfangsaktivität aus, vor allem anderen. Umgekehrt führt er, wenn er verlassen wird, als letzten Schritt seine Schlussaktivität aus.

Anmerkung: Der Begriff „Aktivität" wird hier im allgemeinen fachsprachlichen Sinn verwendet, nicht im Sinn von Kap. 10.

Zustandsaktivität

Zwischen der Anfangs- und der Schlussaktivität muss sich ja auch noch etwas tun. Dieser Teil der Aktivität eines Zustandes wird *Zustandsaktivität* genannt (do activity). Sie wird ausgeführt, während der Zustandsautomat im jeweiligen Zustand ist und startet, wenn der Zustand eintritt, nach der Anfangsaktivität.

Abschlussereignis

Falls die Aktivität fertig wird, während der Zustand noch aktiv ist, führt dies zu einem *Abschlussereignis* (completion event). Für den Fall, dass es eine nach außen führende abschließende Transition gibt, wird der Zustand dann verlassen.

Hierarchischer Zustandsautomat

In einem hierarchischen Zustandsautomaten (hierarchical state machine) kann mehr als ein Zustand zu einem Zeitpunkt aktiv sein. Dabei gilt: Ist der Zustandsautomat in einem einfachen Zustand, der in einem zusammengesetzten Zustand enthalten ist, dann sind alle zusammengesetzten Zustände, die entweder direkt oder transitiv den einfachen Zustand enthalten, ebenfalls aktiv.

Zustandskonfiguration

Darüberhinaus gilt, da der Zustandsautomat als Ganzes und einige seiner zusammengesetzten Zustände in dieser Hierarchie orthogonal sein können (d.h. Regionen enthalten), dass der aktuelle aktive „Zustand" durch eine Menge von Zustandsbäumen repräsentiert wird, beginnend mit den obersten Zuständen der „Wurzel-Regionen" runter zu den individuellen einfachen Zuständen auf den Blättern. Ein solcher Zustandsbaum wird als *Zustandskonfiguration* (state configuaration) bezeichnet.

Außer bei der Ausführung eines Zustandsüberganges gelten folgende Invarianten immer für Zustandskonfigurationen:

- Ist ein zusammengesetzter Zustand aktiv und nicht orthogonal, dann ist genau einer seiner Subzustände (substates) aktiv.
- Ist der zusammengesetzte Zustand aktiv und orthogonal, dann sind alle seine Regionen aktiv, ein Subzustand (substate) in jeder Region

Zutritt zu einem nicht-orthogonalen zusammengesetzten Zustand
Beim Eintritt in einen zusammengesetzten Zustand werden die folgenden Fälle unterschieden:

- (Voreinstellung) Der voreingestellte Zugang wird grafisch durch eine ankommende Transition angezeigt, die am äußeren Rand des zusammengesetzten Zustandes endet. In diesem Fall wird die voreingestellte Transition genommen. Gibt es einen Wächter auf dem Trigger der Transition, muss er *wahr* sein. Die Eingangsaktivität des zusammengesetzten Zustandes wird vor der Aktivität ausgeführt, die mit der Starttransition verknüpft ist.
- (Gezielter Zutritt) Geht die Transition gezielt zu einem bestimmten Subzustand des zusammengesetzten Zustandes, dann wird der Subzustand aktiv und seine Anfangsaktivität wird, nach der Ausführung der Anfangsaktivität des zusammengesetzten Zustandes, ausgeführt. Diese Regel gilt rekursiv, falls die Transition auf einem transitiv verschachtelten Subzustand endet.
- (Shallow history -Eintritt) Endet die Transition auf einem *shallowHistory-Pseudozustand*, wird der aktive Subzustand zum letzten aktiven Subzustand vor diesem Eintritt, es sei denn, der letzte aktive Subzustand ist der Schlusszustand oder falls dieser Zutritt der erste in diesen Zustand ist.

In den beiden letztgenannten obigen Fällen erfolgt der Zutritt zum voreingestellten History-Zustand. Das ist der Subzustand, der das Ziel der Transition ist, die vom History-Pseudozustand herrührt. Falls keine solche Transition festgelegt ist, ist die Situation fehlerhaft definiert und der Umgang mit ihr ist nicht festgelegt. Falls der durch die History definierte aktive Subzustand ein zusammengesetzter Zustand ist, dann geht es mit der voreingestellten Anfangsaktivität weiter.

Deep history – Eintritt
Für einen *deepHistory-Pseudozustand* gilt dasselbe mit der Ausnahme, dass die Regel rekursiv auf alle darunter liegenden Ebenen in der aktiven Zustandskonfiguration angewandt wird.

Zutritt zu einem orthogonalen zusammengesetzten Zustand
Immer wenn ein orthogonaler zusammengesetzter Zustand betreten wird, wird jede seiner orthogonalen Regionen betreten, entweder per Voreinstellung oder ausdrücklich.

Endet die Transition am Rand des zusammengesetzten Zustandes, dann werden auch, mit Hilfe der Voreinstellungen, alle Regionen betreten.

Falls die Transition gezielt zu einer bestimmten oder zu mehreren bestimmten führt (bei einer Gabelung), dann werden diese Regionen explizit betreten und die anderen nach der Voreinstellung.

Verlassen nicht-orthogonaler Zustände
Wird ein zusammengesetzter Zustand verlassen, wird der aktive Subzustand rekursiv verlassen. Das bedeutet, dass die Schlussaktivitäten nacheinander ausgeführt werden, beginnend mit dem innersten aktiven Zustand in der aktuellen Zustandskonfiguration.

Verlassen eines orthogonalen Zustandes

Wird ein orthogonaler Zustand verlassen, wird jede seiner Regionen verlassen. Danach werden die Schlussaktivitäten des Zustandes ausgeführt.

Zustand eines untergeordneten Zustandsautomaten
Hin und weg durch Einstiegs- und Ausstiegspunkte

Ein Zustand eines untergeordneten Zustandsautomaten (submachine state) ist semantisch gleichbedeutend mit dem zusammengesetzten Zustand, der durch den untergeordneten Zustandsautomaten (referenced state machine) definiert ist. Erreichen und Verlassen des zusammengesetzten Zustandes erfolgt, im Gegensatz zu einem einfachen zusammengesetzten Zustand, mittels Einstiegs- und Ausstiegspunkten.

Erreichen

Ein untergeordneter Zustandsautomat eines zusammengesetzten Zustandsautomaten (submachine composite state machine) kann durch seinen voreingestellten Initialknoten (Pseudozustand) oder durch einen seiner Einstiegspunkte betreten werden. Es kann also sein, dass der Zutritt zu einem nicht-orthogonalen oder einem orthogonalen zusammengesetzten Zustand mit Regionen erfolgen muss.

Zutritt über Initialknoten

Der Zutritt über den Initialknoten bedeutet dasselbe wie für gewöhnliche zusammengesetzte Zustände. Ein Einstiegspunkt ist gleichbedeutend mit einem Verbindungsknoten oder einer Gabelung, für den Fall, dass der zusammengesetzte Zustand orthogonal ist. Der Zutritt über einen Einstiegspunkt bedeutet, dass die Eingangsaktivität des zusammengesetzten Zustandes ausgeführt wird, danach folgen die Transitionen (eine oder mehrere) vom Einsteigspunkt zu dem Zielzustand bzw. den Zielzuständen innerhalb des zusammengesetzten Zustandes. Genau wie für die voreingestellten Starttransitionen müssen die Wächter-Bedingungen der Trigger dieser Starttransitionen wahr sein, damit das Modell fehlerfrei ist.

Verlassen
Ausstiegsmöglichkeiten

Auf ähnliche Weise kann ein Zustandsautomat verlassen werden: als Ergebnis davon, dass der Schlusszustand erreicht wird, durch eine Gruppentransition, die für alle Subzustände (des untergeordneten Automaten eines zusammengesetzten Zustandsautomaten) (submachine state composite state) gilt, oder durch irgendeinen seiner Ausstiegspunkte.

Verlassen durch Schlusszustand oder Gruppentransition

Das Verlassen durch einen Schlusszustand oder durch eine Gruppentransition hat hier dieselbe Bedeutung wie für einfache zusammengesetzte Zustände. Ein Ausstiegspunkt ist gleichbedeutend mit einem Verbindungsknoten bzw. Verknüpfer für den Fall, dass der zusammengesetzte Zustand orthogonal ist. Verlassen durch einen Ausstiegspunkt bedeutet, dass die erste Aktivität der Transition mit dem Ausstiegspunkt als Ziel ausgeführt wird, gefolgt von der Schlussaktivität des zusammengesetzten Zustandes. Falls mehrere erste Aktivitäten vorliegen, gilt entsprechendes.

13.3.6 Grafische Darstellung von Zuständen

Die grafische Darstellung von Zuständen wurde oben ja schon in den Beispielen vorgestellt. Hier nun in Abb. 13.22 und Abb. 13.23 die Darstellung aller Varianten.

Einfache Zustände

Für einfache Zustände gibt es zwei Grundformen. Sie bestehen aus einem Rechteck mit abgerundeten Ecken und der Bezeichnung des Zustandes entweder in diesem oder in einem separaten Rechteck an der oberen Randlinie. Letztere Lösung wird üblicherweise für die Bezeichnung eines zusammengesetzten Zustandes gewählt, der orthogonale Regionen hat. Vgl. das Beispiel in Abb. 13.12.

Zustände mit Bereichen

Die grafische Darstellung von Zuständen kann auch unterteilt werden. Die Trennung erfolgt durch eine horizontale Linie. Abb. 13.23 zeigt ein Beispiel (vgl. auch Abb. 13.24, 13.3, 13.4, 13.5, 13.6, 13.7, 13.8, 13.9, 13.10, 13.11, 13.12, 13.13, 13.14, 13.15, 13.16, 13.17 und 13.18).

Mögliche Bereiche eines Zustandes sind:

- Namensbereich – für die Bezeichnung
- Bereich für die internen Aktivitäten
- Bereich für die internen Transitionen

Ein zusammengesetzter Zustand hat zusätzlich ein Feld für die Angabe der Zerlegungen.

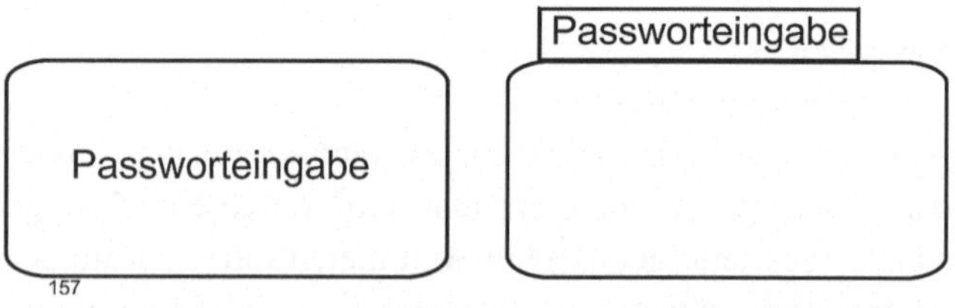

Abb. 13.22 Darstellung von Zuständen. Quelle: (OMG 2017, S. 319f)

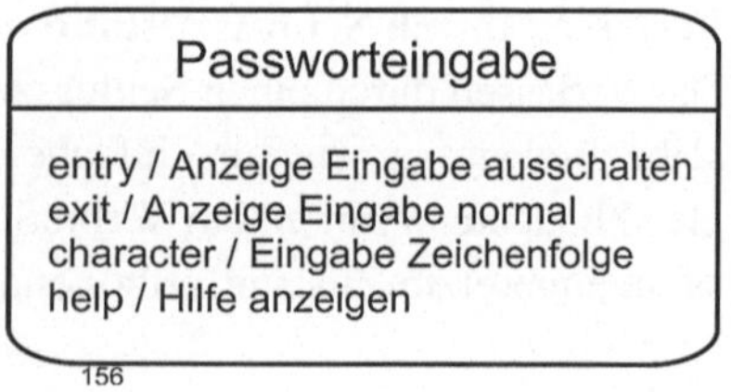

Abb. 13.23 Darstellung von Zuständen mit Bereichen. Quelle: (OMG 2017, S. 320, Figure 14.6)

Namensbereich

Im Namensbereich wird die (optionale) Bezeichnung des Zustandes festgehalten. Falls es sich um den Zustand eines untergeordneten Zustandsautomaten handelt, wird der Name des entsprechenden Zustandsautomaten als Zeichenfolge mit einem Doppelpunkt nach der Bezeichnung des Zustandes angegeben, wie oben gezeigt.

Bereich für die internen Aktivitäten

Im Bereich für die internen Aktivitäten steht eine Liste der Aktivitäten oder Zustandsaktivitäten, die ausgeführt werden, wenn der Zustand aktiv ist. Für jede Aktivität gibt es eine Bezeichnung und einen Ausdruck. Die Bezeichnung hält fest, unter welchen Bedingungen die Aktivität aufgerufen wird, der Ausdruck legt die Aktivität fest.

Einige Aktivitätsbezeichnungen sind reserviert, können also nicht als Ereignisbezeichnungen verwendet werden:

- *entry* für die Anfangsaktivität
- *exit* für die Schlussaktivität
- *do* für die Zustandsaktivität

Im Bereich für die internen Übergänge steht eine Liste der internen Transitionen. Die Gestaltung ist wie die bei Triggern. Jede Ereignisbezeichnung kann mehr als einmal pro Zustand auftreten, wenn die Wächter-Bedingungen verschieden sind. Die Ereignisparameter und die Wächter-Bedingungen sind optional. Falls das Ereignis Parameter hat, können sie in dem Ausdruck, der die Aktivität festlegt, durch die aktuelle Ereignisvariable genutzt werden.

Zusammengesetzte Zustände

Im *Zerlegungsbereich* wird der Aufbau des Zustandes durch Regionen, andere Zustände und Transitionen angegeben. Ergänzend kann in einem eigenen Bereich eine Abbildung die Verschachtelung angeben.

In einigen Fällen kann es sinnvoll sein, die Zusammensetzung des zusammengesetzten Zustandes zu verbergen. Zum Beispiel können eine große Anzahl von Zuständen in einem zusammengesetzten Zustand verschachtelt sein und einfach nicht alle in den Platz passen, der für die Abbildung zur Verfügung steht.

In diesem Fall wird der zusammengesetzte Zustand durch ein einfaches grafisches Symbol repräsentiert. Dieses wird üblicherweise im rechten unteren Eck (vgl. Abb. 13.25 für die Darstellung) eingefügt. Die Inhalte des zusammengesetzten Zustandes werden in einer eigenen Abbildung gezeigt.

13.3.7 Beispiele für zusammengesetzte Zustände

Beispiel 1 – Zustände im Zustand
Zustände im Zustand
Das folgende Beispiel in Abb. 13.24 zeigt einen einbettenden Zustand (*Wählen*). In den eingebetteten Zuständen sind auch die Eingangs-, Ausgangs- und eine Zustandsaktivität angegeben.

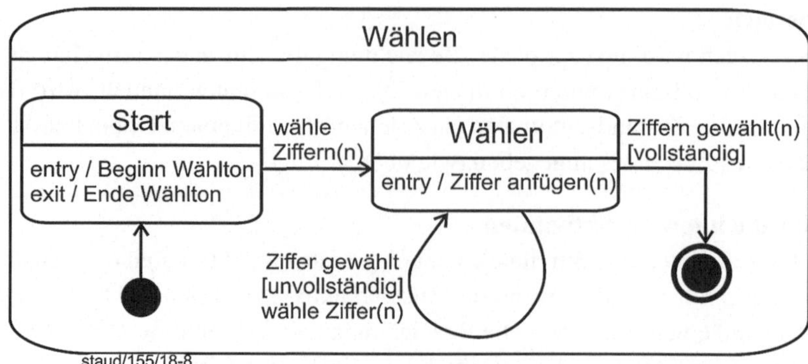

Abb. 13.24 Zusammengesetzter Zustand mit zwei Zuständen. Quelle: Leicht verändert nach (OMG 2017, S. 321, Figure 14.7). Übersetzung durch den Verfasser

Der Zustand beschreibt in einfacher Form das Wählen einer Telefonnummer in klassischen Fernsprechanlagen. Der Initialknoten führt zum ersten Zustand. Er beginnt mit dem Starten des Wähltons (Eingangsaktivität) und endet mit dessen Abstellung (Schlussaktivität), wenn die erste Ziffer gewählt wird. Dies löst die erste Transition aus.

Der zweite Zustand beschreibt den Wählvorgang, der – bis die n Ziffern eingegeben sind – dank der *Selbsttransition* immer wieder startet und endet. Falls die Nummer gültig ist, kommt es zum Schlusszustand (vgl. zu diesem Anwendungsbereich auch das ausführlichere Beispiel in Abb. 13.31.

Das Beispiel in Abb. 13.24 enthält u.a. folgende Komponenten bzw. Besonderheiten

- Eine Selbsttransition
- Mehrere Eingangsaktivitäten (ZA)
- Eine Schlussaktivität
- Mehrere Transitionen
- Eine Zustandsaktivität (ZA)

Außerdem einen Zustandsautomat in einem Zustand und somit einen einbettenden Zustand.

Beispiel 2 – Verborgener zusammengesetzter Zustand

Das zweite Beispiel in Abb. 13.25 zeigt einen verborgenen zusammengesetzten Zustand. Das Symbol in der unteren rechten Ecke signalisiert, dass der Zustand im Detail an anderer Stelle beschrieben ist.

Beispiel 3 – Zustandsautomat eines Subzustandes

Das nächste Beispiel in Abb. 13.26 zeigt einen Zustand, der auf einen Zustandsautomaten verweist (vgl. Abb. 13.18 für ein anderes Beispiel). Entsprechend sind die Bezeichnungen: Der Zustand heißt *Fehlerbehandlung*, es ist ein Subzustand. Der untergeordnete Zustandsautomat hat die Bezeichnung *FehlerbehandlungSM*, er ist an anderer Stelle spezifiziert. Insgesamt hat das Element dann die Bezeichnung *Fehlerbehandlung:FehlerbehandlungSM*.

Abb. 13.25 Verborgener
zusammengesetzter Zustand.
Quelle: (OMG 2017, S. 322,
Figure 14.8). Übersetzung
durch den Verfasser

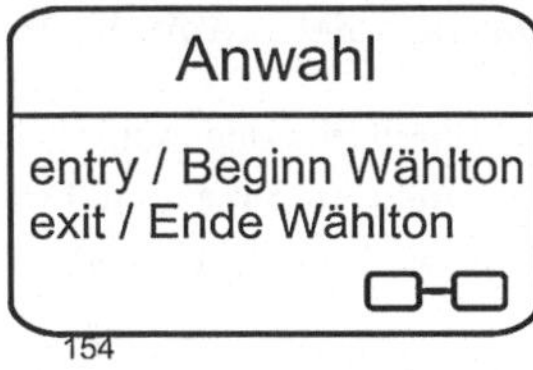

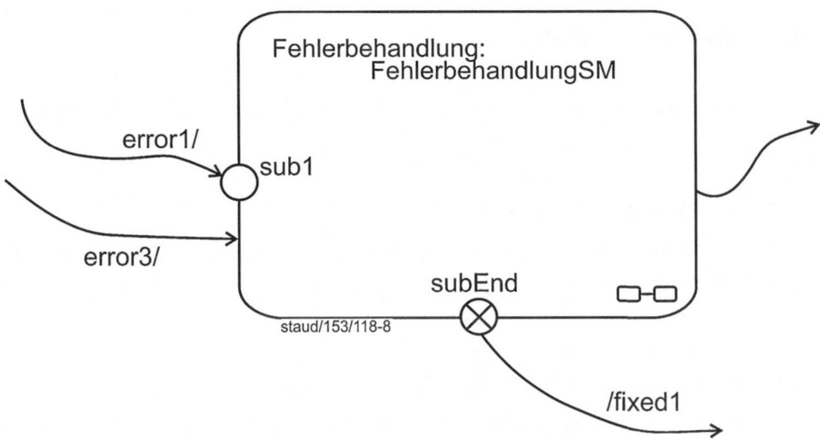

Abb. 13.26 Zustandsautomat eines Subzustandes. Quelle: (OMG 2017, S. 324, Figure 14.11).
Übersetzung durch den Verfasser

Betrachten wir die Verknüpfung zwischen den zwei Ebenen, die ankommenden und die
wegführenden Transitionen. Die ankommenden geben sozusagen den Input für den Subzustandsautomaten an, die wegführenden seinen Output.

Ankommende Transitionen
Zuerst die ankommenden Transitionen. Die Transition, die durch das Ereignis „error1"
ausgelöst wird, endet bei *Einstiegspunkt* „Sub1" des Zustandsautomaten *FehlerbehandlungSM*. Dieser Einstiegspunkt muss also dort vorliegen. Die Transition „error3", die auf
der Grenzlinie endet, führt dazu, dass die voreingestellte Starttransition dieses Subzustandsautomaten benutzt wird.

Abgehende Transitionen
Bei den wegführenden Transitionen zeigt das Beispiel folgendes. Eine Transition geht
über einen Ausstiegspunkt weg (subEnd). Ein entsprechender Ausstiegspunkt muss also
auch im Subzustandsautomaten vorliegen. Eine andere Transition geht von der Grenzlinie
des Zustandes aus. Sie wird aktiv, wenn im Subzustandsautomaten *FehlerbehandlungSM*
der Schlusszustand erreicht wurde.

Das Symbol rechts unten gibt an, dass der Aufbau des zusammengesetzten Zustandes
an dieser Stelle verborgen wird (vgl. oben).

Das Beispiel in Abb. 13.26 enthält u.a. folgende Komponenten bzw. Besonderheiten

- Einen Einstiegspunkt (Sub1)
- Einen Ausstiegspunkt (subEnd)
- Das Symbol für einen verborgenen zusammengesetzten Zustand

Außerdem eine Transition, die auf der Grenzlinie endet und eine, die von der Grenzlinie ausgeht.

13.3.8 Transitionen vertieft

Hier nun, zusammengefasst und vertiefend, weitere Anmerkungen zu Transitionen.

Definition
Von einem Zustand in den nächsten
Eine Transition ist eine gerichtete Beziehung zwischen einem Quell- und einem Zielknoten. Sie kann Teil einer Verbundtransition (vgl. unten) sein, die den Zustandsautomat von einer Zustandskonfiguration in eine andere bringt und die damit die vollständige Antwort des Zustandsautomaten auf ein bestimmtes Ereignis darstellt.

Auch hier gibt es Wächter, die das Aktivieren der Transition überwachen. Der Wächter kommt zum Einsatz, wenn ein Ereignis durch den Zustandsautomaten ausgelöst wird. Ergibt die Prüfung den Wahrheitswert *wahr*, wird die Transition aktiviert, ansonsten wird sie nicht ausgeführt. Wächter dürfen keine Seiteneffekte haben.

Ausgangspunkte
Der Quellknoten einer Transition kann ein Zustand oder ein Pseudozustand sein. Folgende Einschränkungen gelten (vgl. OMG 2003, Seite 498f), dort finden sich auch textlich ausformulierte Beispiele):

- Eine Gabelung oder eine Verknüpfung darf keine Wächter oder Trigger haben.
- Eine Gabelung muss immer zu einem Zustand führen.
- Ein Verknüpfer muss immer von einem Zustand kommen.
- Transitionen, die von einem Pseudozustand ausgehen, dürfen keine Trigger haben.
- Eine Starttransition auf der obersten Ebene (Region eines Zustandsautomaten) hat entweder keinen Trigger oder einen der Form *create*.

Gruppentransitionen
Transitionen, die von zusammengesetzten Zuständen (composite states) herrühren, werden *Gruppentransitionen* (group transitions) genannt. Wenn sie ausgelöst sind, verlassen sie die Subzustände des zusammengesetzten Zustandes in dem sie ihre Schlussaktivitäten ausführen. Dies beginnt mit den innersten Zuständen der aktiven Zustandskonfiguration.

Eine solche Transition mit einem Ziel außerhalb des zusammengesetzten Zustandes bedeutet, dass die Schlussaktivität des zusammengesetzten Zustandes ausgeführt wird. Ist das Ziel innerhalb, geschieht dies natürlich nicht.

Verbundtransitionen

Eine *Verbundtransition* (compound transition) stellt einen semantisch vollständigen Pfad aus einer Transition oder aus mehreren dar. Er kommt von einer Menge von Zuständen (im Gegensatz zu Pseudozuständen) und zielt auf eine Menge von Zuständen.

Damit stellt eine Verbundtransition eine azyklische ununterbrochene Kette von Transitionen dar, die mittels der Pseudozustände *Verknüpfer*, *Verbindungspunkt*, *Auswahlknoten* oder *Gabelung* verknüpft sind und die den Weg von einer Menge von Quellzuständen zu einer Menge von Zielzuständen angeben.

Für eine Selbsttransitionen stellt derselbe Zustand die Quell- und die Zielmenge dar.

Eine einfache Transition, die zwei Zustände verbindet, ist ein Sonderfall einer Verbundtransition.

Interne Transitionen

Eine interne Transition wird ausgeführt, ohne den Zustand, in dem sie definiert ist, zu verlassen oder wieder zu betreten. Dies gilt auch, falls der Zustandsautomat in einem verschachtelten Zustand ist.

Abschlusstransitionen und Abschlussereignisse

Eine *Abschlusstransition* (completion transition) ist eine Transition, die als Quelle einen zusammengesetzten Zustand, einen Zustand mit untergeordnetem Zustandsautomaten oder einen Ausstiegspunkt hat. Sie hat keine expliziten Trigger, obwohl ein Wächter definiert sein kann.

Wenn alle Transitionen, Eingangsaktivitäten und Zustandsaktivitäten im jeweiligen aktuellen Zustand erledigt sind, wird ein Abschlussereignis (completion event) erzeugt. Dieses Ereignis ist der implizite Trigger für eine Abschlusstransition. Das Abschlussereignis tritt vor allen anderen Ereignissen im Ereignisraum ein und hat keine Parameter.

Zum Beispiel wird eine Abschlusstransition, die von einem orthogonalen zusammengesetzten Zustand ausgeht, automatisch aktiviert, sobald alle orthogonalen Regionen ihren Schlusszustand erreicht haben.

Sind mehrere Abschlusstransitionen für einen Zustand definiert, dann sollten sie sich gegenseitig ausschließen (über die Wächter-Bedingungen).

Wächter (Guard)

In einer einfachen Transition mit einem Wächter wird dieser ausgewertet bevor die Transition ausgelöst wird.

Mehrere Wächter

In Verbundtransitionen mit mehreren Wächtern werden alle geprüft bevor eine Transition ausgelöst wird, es sei denn es gibt Auswahlknoten entlang einem Pfad oder entlang mehrerer. Die Abfolge, in der die Wächter ausgewertet werden, ist nicht definiert.

Gibt es Auswahlknoten in einer Verbundtransition werden nur die Wächter ausgewertet, die davor liegen, gemäß obiger Regel. Wächter nach einem Auswahlknoten werden ausgewertet, falls und wenn der Knoten erreicht wird (nach der gleichen Regel wie oben).

Ausführung von Transitionen
Vom Quellzustand zum Zielzustand
Jede Transition, mit Ausnahme von internen und lokalen Transitionen, verursacht zweierlei: Das Verlassen eines *Quellzustandes* und das Eingehen eines *Zielzustandes*. Diese zwei Zustände, die zusammengesetzt sein können, werden als die Hauptquelle und das Hauptziel einer Transition bezeichnet.

Der LCA-Zustand (LCA= least common ancestor/letzter gemeinsamer Vorgänger) einer Transition ist der niedrigste zusammengesetzte Zustand, der alle expliziten Quellzustände und alle expliziten Zielzustände der Verbundtransition enthält.

Im Falle von Verbindungspunkten werden nur die Zustände, die in Beziehung stehen zum dynamisch ausgewählten Pfad, als explizite Ziele betrachtet, d.h., umgeleitete Zweige werden nicht betrachtet.

Falls der LCA nicht ein orthogonaler Zustand ist, ist die Hauptquelle der Transition ein direkter Subzustand des letzten gemeinsamen Vorgängers, der die expliziten Quellzustände enthält, und das Hauptziel ist ein Subzustand des letzten gemeinsamen Vorgängers, der die expliziten Zielzustände enthält.

Für den Fall, dass der LCA ein orthogonaler Zustand ist, sind Hauptquelle und Hauptziel der orthogonale Zustand selbst. Der Grund ist: Wird eine orthogonale Region verlassen, muss der gesamte orthogonale Zustand verlassen werden.

13.3.9 Ereignisraum und Ereignisverarbeitung

Das Konzept des Ereignisraumes wurde schon mehrfach bei den einzelnen Konstrukten erwähnt.

Was ist nun der Ereignisraum eines Zustandsautomaten? Da jeder Zustandsautomat im Rahmen der Metamodellierung der UML-Autoren auf einen Verhaltensclassifier zurückgeht (also dessen Spezialisierung ist), bestimmt dieser den Ereignisraum.

Ist der Zustandsautomat eine Methode und gehört somit zu einem Verhaltensmerkmal eines Classifier, liefert dieser den Ereignisraum.

Wie werden die Ereignisse verarbeitet? Die Vorstellung der UML-Autoren ist, dass der Zustandsautomat die Ereignisse eintreten lässt. Die Reihenfolge in der sie abgearbeitet werden, ist nicht definiert, wodurch die Möglichkeit bleibt, verschiedene auf unterschiedlichen Prioritäten beruhende Abläufe zu modellieren.

Die Semantik der Ereignisverarbeitung basiert auf der *run-to-completion – Annahme*. Diese sagt, dass ein Ereignis nur dann vom Ereignisraum genommen und realisiert werden kann, falls die Verarbeitung des vorigen aktuellen Ereignisses vollständig fertig ist.

Die Verarbeitung eines einzelnen Ereignisses durch einen Zustandsautomaten wird als *run-to-completion step* bezeichnet. Vor dem Beginn eines *run-to-completion step* ist der Zustandsautomat in einer stabilen Zustandskonfiguration bei der alle Eingangs-, Ausgangs- und internen Aktivitäten vervollständigt sind (aber nicht notwendigerweise die Zustandsaktivitäten). Die gleichen Bedingungen gelten, wenn der *run-to-completion step* vervollständigt ist.

Keine unklaren Zustände

Auf diese Weise wird ein Ereignis nie verarbeitet, während der Zustandsautomat in einem Zwischenzustand oder in einer inkonsistenten Situation ist. Der *run-to-completion step* ist die Passage zwischen zwei Zustandskonfigurationen des Zustandsautomaten.

13.4   Protokollzustandsautomaten

Nutzungsprotokolle eines Systems

Die Protokollzustandsautomaten haben grundsätzlich denselben Aufbau wie die Verhaltenszustandsautomaten. Sie beschreiben aber nicht Systemverhalten, sondern die Nutzungsprotokolle eines Systems und geben somit die legalen Transitionen an, die ein Classifier ausführen kann.

Zustände

Zwei Unterschiede gibt es zwischen Zuständen in Verhaltens- und in Protokollzustandsautomaten:

- Einige Elemente von Verhaltenszustandsautomaten gibt es bei Protokollzustandsautomaten nicht: Eingangsaktivität, Schlussaktivität und Zustandsaktivität.
- Zustände in Protokollzustandsautomaten können eine Invariante haben. Deren textliche Bezeichnung wird nach oder unter der Bezeichnung des Zustandes in eckigen Klammern angegeben (vgl. Abb. 13.27).

Transitionen
[Vorbedingung] Ereignis/[Nachbedingung]

Eine Protokolltransition legt eine zulässige Transition für eine Operation fest. Transitionen von Protokollzustandsautomaten haben die folgenden Informationen: eine Vorbedingung (Wächter), einen Trigger und eine Nachbedingung. Mit einem entsprechenden Text kann in einer Abbildung der Transitionspfeil versehen werden.

Jede Protokolltransition steht mit höchstens einer Operation in Beziehung, derjenigen, die zum Kontextclassifier[4] des Protokollzustandsautomaten gehört.

---

[4]Vgl. zum Konzept des Classifier Abschn. 2.8.4.

Abb. 13.27 Darstellung eines
Zustandes in einem
Protokollzustandsautomaten.
Quelle: (OMG 2017, Seite 345,
Figure 14.45). Übersetzung
durch den Verfasser

Zustandsautomaten
Zulässige Operationen

Ein Protokollzustandsautomat wird immer in Zusammenhang mit einem Classifier definiert. Er legt fest, welche Operationen des Classifiers in welchem Zustand und unter welchen Bedingungen aufgerufen werden können, wodurch auch die erlaubten Aufruffolgen
auf den Operationen des Classifiers festgelegt werden.

Damit gibt ein Protokollzustandsautomat die möglichen und erlaubten Transitionen auf
den Instanzen seines Kontextclassifiers an, zusammen mit den Operationen, die die Transitionen „tragen".

Auf diese Weise kann ein Lebenszyklus einer Instanz erzeugt werden, indem die Reihenfolge, in der die Operationen aktiviert werden können und die Zustände, die eine Instanz im Laufe seiner Existenz erlebt, festgehalten werden.

Folgende Einschränkungen gelten:

- Ein Protokollzustandsautomat darf nur einen Kontextclassifier haben, keinen Verhal-
  tenskontext (behavioral feature context). Den letztgenannten haben dagegen die Verhaltenszustandsautomaten.
- Alle Transitionen von Protokollzustandsautomaten müssen Protokolltransitionen sein.

Einsatz der Operationen

Protokollzustandsautomaten helfen, die Einsatzmöglichkeiten der Operationen eines
Classifiers und die Aufgaben, für die ein Classifier geeignet ist, zu definieren, indem sie
folgendes festlegen:

- in welchem Kontext (unter welchen Zuständen und Vorbedingungen) die Operationen
  genutzt werden können
- ob es eine „protocol order" zwischen ihnen gibt
- welches Ergebnis aus ihrem Einsatz erwartet wird

Vor- und Nachbedingungen bei Operationen

Die Nutzung von Vor- und Nachbedingungen bei Operationen ist eine Technik, die sehr gut
geeignet ist, solche Festlegungen zu treffen. Jedoch werden sie auf der Ebene der Operationen definiert und liefern daher keinen geschlossenen Überblick auf der Classifierebene.

Es kann sein, dass Protokollzustandsautomaten nicht alle Vor- und Nachbedingungen von Operationen ausdrücken können. In diesem Fall können zusätzliche Bedingungen auf der Operationenebene hinzugefügt werden. Formal geschieht dann folgendes:

Die Vorbedingung einer Operation wird zu den Bedingungen, die von dem Protokollzustandsautomaten abgeleitet wurden, hinzugefügt (logisches UND), als Vorbedingung
der Operation. Entsprechendes gilt für Nachbedingungen.

Der Protokollzustandsautomat definiert alle erlaubten Transitionen für jede Operation.
Er muss alle Operationen repräsentieren, die eine bestimmte Zustandsänderung für eine
Klasse erzeugen können. Operationen, die keine Transitionen erzeugen, werden in dem
Protokollzustandsautomaten nicht dargestellt.

Ziel: Widerspruchsfreiheit und Korrektheit

Protokollzustandsautomaten bilden ein Werkzeug, um die Interfaces von Klassen zu for-
malisieren und drücken nichts anderes aus als Regeln für die Widerspruchsfreiheit und
Korrektheit bei der Implementierung der dynamischen Aspekte von Klassen.

Die Interpretation von Protokollzustandsautomaten kann unterschiedlich sein (OMG
2017, S. 342):

- Deklarative Protokollzustandsautomaten, die für jede Operation die zulässigen Transitionen festlegen. Die genauen Bedingungen für das Auslösen der Transitionen werden
  nicht festgelegt.
- Ausführbare Protokollzustandsautomaten, die alle Ereignisse, auf die ein Objekt reagieren und mit denen es umgehen kann, festlegen und die auch noch die damit zusammenhängenden Transitionen angeben. In diesem Fall sind die zulässigen Transitionen
  für Operationen genau die ausgelösten Transitionen.

Die Darstellung für beide Interpretationen ist dieselbe. Der Unterschied besteht darin, dass
die zweite die dynamischen Aspekte betont.

Grafische Darstellung

Die Darstellung von Protokollzustandsautomaten ist der von Verhaltenszustandsautomaten sehr ähnlich. Das Schlüsselwort {protocol} wird bei der Bezeichnung des Zustandsautomaten platziert.

Tür als Kontextclassifier

Abb. 13.28 zeigt ein Beispiel. Die Tür (der Kontextclassifier) kann die drei Zustände *geöffnet*, *zu* und *verschlossen* annehmen. Vom Zustand *geöffnet* kann nur der Zustand *zu* erreicht werden, von diesem entweder *offen* oder *verschlossen*. Somit drückt die Abbildung
auch aus, dass die Tür erst verschlossen werden kann, wenn sie zugemacht wurde.

Das Beispiel in Abb. 13.28 enthält u.a. folgende Komponenten bzw. Besonderheiten

- Mehrere Protokolltransitionen
- Mehrere Zustände in einem Protokollzustandsautomaten

Außerdem das Beispiel eines Kontextclassifiers.

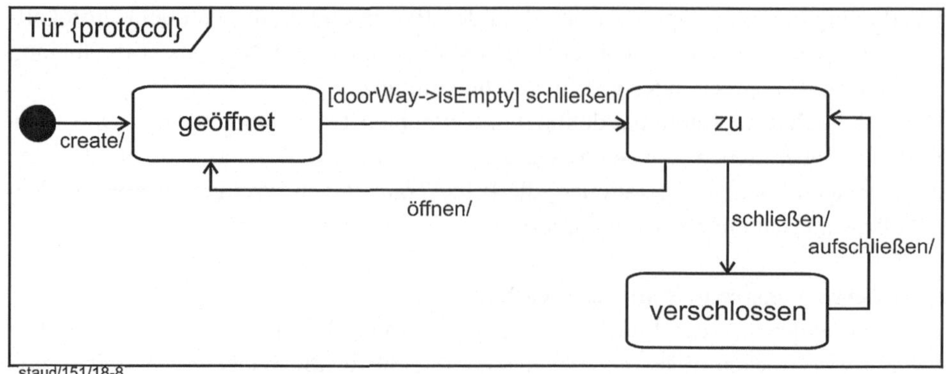

Abb. 13.28 Protokollzustandsautomat *Tür*. Quelle: (OMG 2017, S. 344, Figure 14.44). Übersetzung durch den Verfasser

13.5   Beispiele von Verhaltenszustandsautomaten

13.5.1 Prozessbeispiel Rechnung (mittelgroß)

Prozessbeispiel?

Während das Beispiel in Abb. 13.6 (Rechnung – einfach) aufgrund seiner Abgehobenheit tatsächlich den Eindruck eines Prozessbeispiels macht, ist dies hier nicht mehr so eindeutig (s. Abb. 13.29). Aufgrund der Detaillierung sind wir hier doch schon recht nahe an der programmmäßigen Realisierung. Noch mehr im folgenden Beispiel (Rechnung – umfassend). Es soll aber doch bei dieser Kennzeichnung als Prozessbeispiel bleiben, da *Rechnung* tatsächlich ein Geschäftsobjekt ist und – zum Beispiel – auf System- bzw. Programmebene noch weiter zerlegt werden müsste (Rechnungskopf, Rechnungspositionen).

Erscheinungsformen einer Rechnung

In einem *Mahnwesen* spielt – natürlich – die Rechnung eine prominente Rolle. Sie kann auch sehr viele unterschiedliche Zustände einnehmen. Diese werden hier dargestellt.

Anmerkung

Die Aktion, die als dritter Teil der Transition angegeben wird, ist hier sehr oft schlicht das Setzen des neuen Zustandes. Sie wird zur Verdeutlichung einige Male angegeben, meist aber weggelassen.

Neu, Offen

Nach der Erstellung der Rechnung ist sie für das System existent und im Zustand *Neue Rechnung*. Nach der Übersendung zum Kunden kommt sie in den Zustand *Offen*.

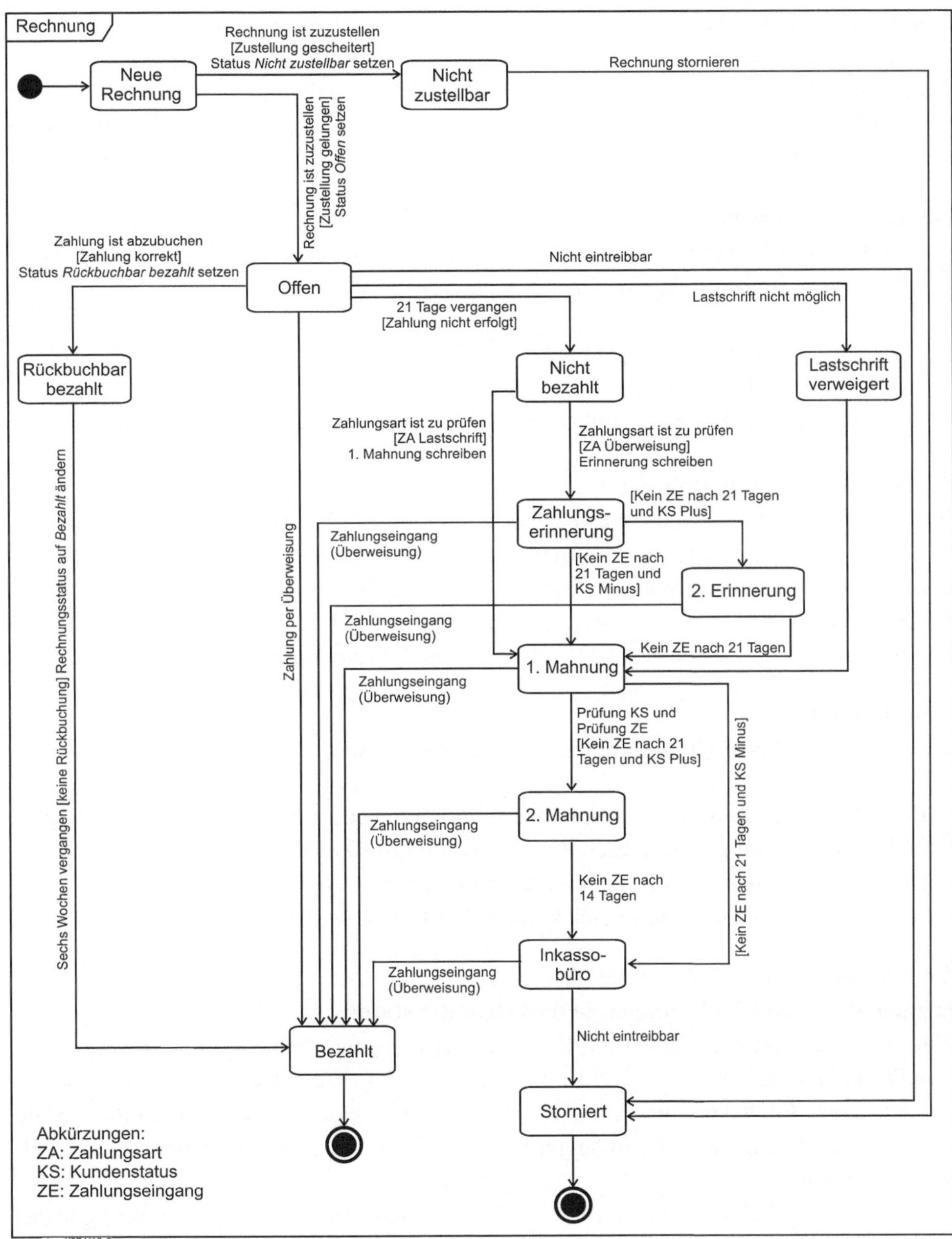

Abb. 13.29 Zustandsübergangsdiagramm Rechnung (mittelgroß)

Zahlungsart Lastschrift

Rückbuchbar bezahlt

Durch eine Abbuchung im Lastschriftverfahren geht die Rechnung in den Zustand *Rückbuchbar bezahlt* über. Sind sechs Wochen vergangen, kann die Zahlung vom Kunden nicht mehr zurückgebucht werden und die Rechnung geht in den Zustand *Bezahlt* über.

Lastschrift verweigert

War die Lastschrift gar nicht möglich, geht die Rechnung von *Offen* in den Zustand *Lastschrift verweigert* über. Folgende Gründe sind dafür möglich:

- das Konto existierte nicht mehr
- das Konto war nicht gedeckt
- der Kunde hat der Bank gegenüber die Abbuchungsgenehmigung widerrufen.

Zahlungsart Überweisung

Falls *Überweisung* vereinbart war hat der Kunde ebenfalls eine Rechnung erhalten, es wird aber auf den Zahlungseingang gewartet. Die Frist für die Zahlung ist zwei Wochen. Systemintern wird eine Woche dazugegeben für die Zustellung der Rechnung, für den Zahlungsverkehr usw. Wird die Rechnung innerhalb von 21 Tagen überwiesen, geht sie in den Zustand *Bezahlt*, ansonsten in den Zustand *Nicht bezahlt* über.

Nicht bezahlt

Aus dem Zustand *Nicht bezahlt* führen zwei Transitionen:

- Handelte es sich zuvor um eine Überweisung, wird eine Zahlungserinnerung verschickt und die Rechnung geht in diesen Zustand *Zahlungserinnerung* über.
- Handelte es sich zuvor um eine Lastschrift bzw. um eine danach erfolgte Rücklastschrift, kommt die Rechnung gleich in den Zustand *1. Mahnung*.

Zahlungserinnerung + Zahlungsfrist

Erinnerungen und Mahnungen, je nach Kundenstatus

Wird bei einer Zahlungserinnerung kein Zahlungseingang innerhalb von 21 Tagen festgestellt, kommt es zu einer 2. Erinnerung, falls der Kundenstatus *Plus* ist. Ist der Kundenstatus *Minus*, kommt es gleich zur 1. Mahnung. Falls auf eine eventuelle 2. Mahnung wiederum kein Zahlungseingang innerhalb von 21 Tagen erfolgt, kommt es ebenfalls zur 1. Mahnung.

Selbstverständlich kann die Rechnung aus allen Mahnstufen durch Überweisung in den Zustand *Bezahlt* gelangen.

1. Mahnung + Zahlungsfrist

Wird eine Rechnung im Zustand *1. Mahnung* nicht innerhalb von 21 Tagen beglichen, geht sie entweder in den Zustand *2. Mahnung* oder in den Zustand *Inkassobüro* über. In den Zustand *2. Mahnung* kommt sie, falls es sich um einen Neukunden handelt oder falls – bei einem Altkunden – in den letzten drei Jahren keine Zahlungsschwierigkeiten aufgetreten waren (Kundenstatus *Plus*). In den Zustand *Inkassobüro* kommt sie, falls es sich um einen Altkunden handelt, bei dem in den letzten drei Jahren schon mal Zahlungsschwierigkeiten auftraten (Kundenstatus Minus).

2. Mahnung + Zahlungsfrist
Wird eine Rechnung im Zustand *2. Mahnung* nicht innerhalb von 21 Tagen beglichen, wird sie einem Rechtsanwalt, der ein Inkassobüro betreibt, übergeben und geht in den entsprechenden Zustand über.

Nicht einzutreiben
Storniert
Falls keine Bezahlung der Rechnung möglich ist, muss sie storniert werden und erreicht den entsprechenden Zustand.

Dies ist in der Regel nur nach dem Zustand *Inkassobüro* möglich. In Ausnahmefällen wird dieser Zustand auch vom Zustand *Offen* aus erreicht, falls gleich erkannt wird, dass keine Eintreibung möglich ist. Eine weitere Ursache konnte sein, dass eine neue Rechnung gar nicht zustellbar ist. Dann durchläuft die Rechnung die Zustände *Neue Rechnung*, *Nicht zustellbar* und *Storniert*.

Vgl. die Varianten dieses Zustandsübergangsdiagramms in Abb. 13.6 (einfach) und Abb. 13.30 (umfassend).

13.5.2 Prozessbeispiel Rechnung (umfassend)

Neuer Zustand: (in) Widerspruch
Baut man das Beispiel noch etwas aus indem man die möglichen Widersprüche von Kunden einbaut, was ja für die Geschäftsprozesse eines Unternehmens von großer Bedeutung ist, erhält man das Zustandsdiagramm der Abb. 13.30. Hier wird ein neuer Zustand der Rechnung, *in Widerspruch*, eingeführt und in die Zustandsübergang eingebaut.

Die Abbildung zeigt auch die Grenzen der grafischen Darstellbarkeit von Zustandsautomaten auf.

Widersprüche
Wege zum Zustand Widerspruch
Wird in einem der Zustände *Offen, Zahlungserinnerung, 2. Erinnerung, 1. Mahnung* oder *2. Mahnung* ein Widerspruch gegen die Rechnung erhoben, wechselt sie in den Zustand *Widerspruch*. Beispiel für die vollständige Transitionsbeschriftung:

Widerspruch ist eingegangen [Widerspruch ist zu prüfen] Rechnungsstatus in *Widerspruch* ändern

Aus dem Zustand *Rückbuchbar bezahlt* kommt die Rechnung in den Zustand *Widerspruch*, falls eine Rücklastschrift erfolgte.

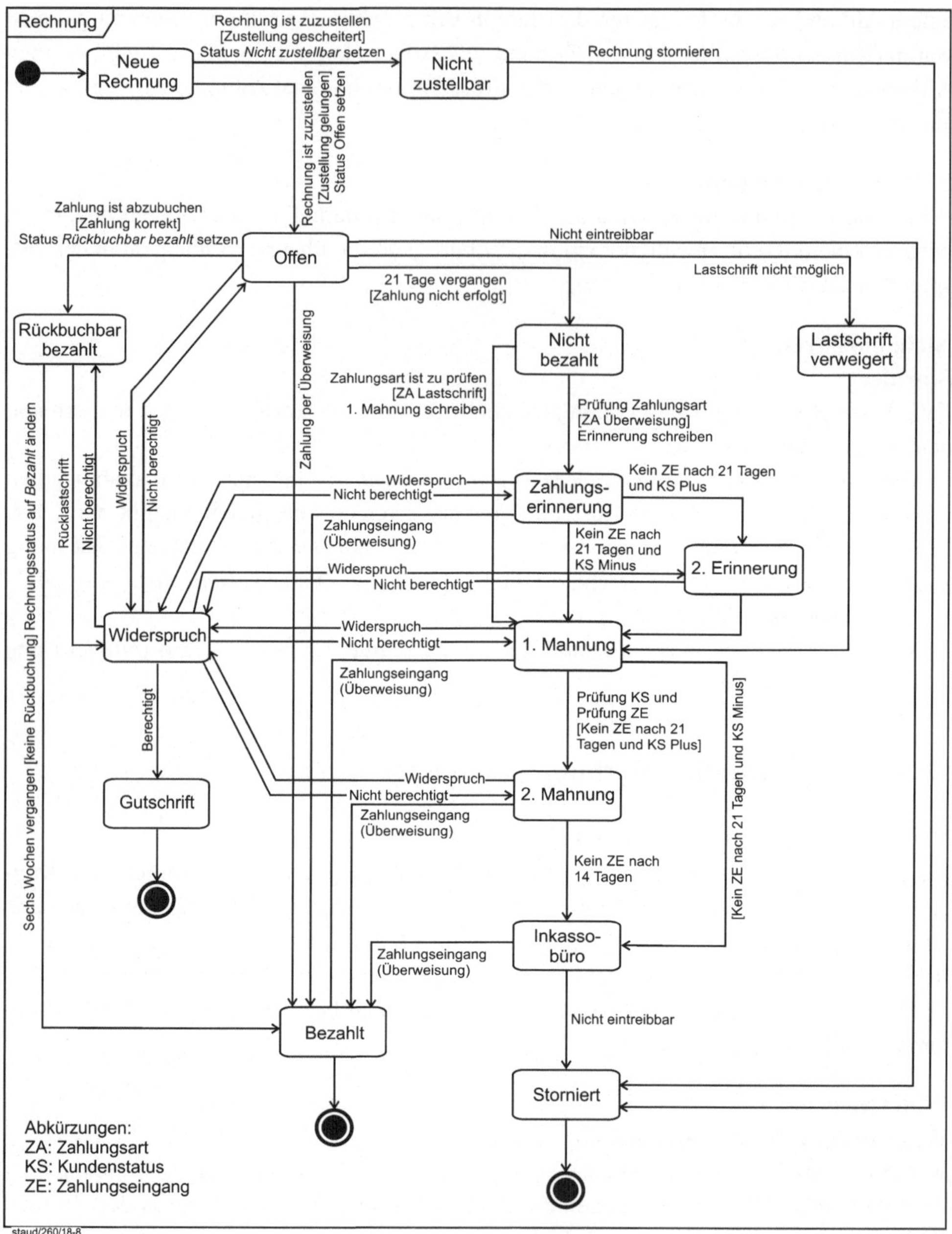

Abb. 13.30 Zustandsübergangsdiagramm Rechnung (umfassend)

Falls aus dem Zustand *Inkassobüro* ein Widerspruch erfolgt, wird er vom verantwortlichen Rechtsanwalt im Rahmen seiner allgemeinen Tätigkeit bearbeitet.

Jeglicher Widerspruch wird von der Abteilung Zahlungsüberwachung geprüft. Wird festgestellt, dass er nicht berechtigt ist, geht die Rechnung in den jeweiligen vorherigen Zustand zurück. Ist der Widerspruch berechtigt, geht die Rechnung in den Zustand *Gutschrift* über. Der Zustandsübergang ist dann wie folgt:

> Widerspruch ist zu bearbeiten [Widerspruch ist berechtigt] Gutschrift ausstellen und Rechnungsstatus ändern

Vgl. die Varianten dieses Zustandsübergangsdiagramms in Abb. 13.6 (einfach) und Abb. 13.29.

Die obigen Beispiele in den Abbildungen Abb. 13.30 und Abb. 13.29 enthalten u.a. folgende Komponenten bzw. Besonderheiten:

- Einen Anfangszustand
- Zahlreiche Transitionen
- Mehrere Schlusszustände

Außerdem mehrere Zustände mit mehr als einer abgehenden Transition.

13.5.3 Systembeispiel Telefonanlage

Abb. 13.31 zeigt ein Zustandsdiagramm für ein einfaches (nicht-digitales, also „antiquiertes") Telefonobjekt. In Ergänzung zum Anfangszustand hat der Zustandsautomat einen Einstiegspunkt, der *activeEntry* genannt wird. In Ergänzung zum Schlusszustand einen Ausstiegspunkt, der *abgebrochen* genannt wird.

„Dynamik"
Die Zustände sind alle „dynamisch", sie werden durch Aktivitäten (dieser Begriff wird hier, wie immer außerhalb von Kap. 10, im umgangssprachlichen Sinn verwendet) aufrecht gehalten. Vgl. die Diskussion hierzu zu Beginn des Kapitels (Abschn. 13.2.2).

Dies ist auch an den Zustandsaktivitäten erkennbar, die in den meisten Zuständen angegeben sind, wodurch es dann zu den Elementen mit Bereichen kommt.

Standarddurchgang
Leerlauf
Betrachten wir einen Standarddurchgang. Die Anlage ist, nach ihrer Aktivierung bzw. wenn der Nutzer den aktiven Zustand durch Auflegen beendet, im Leerlauf. Wird der Hörer abgenommen, wird der Subzustandsautomat *Aktiv* gestartet, was bedeutet, dass sein Startknoten den Zustand *Wählton* aktiviert.

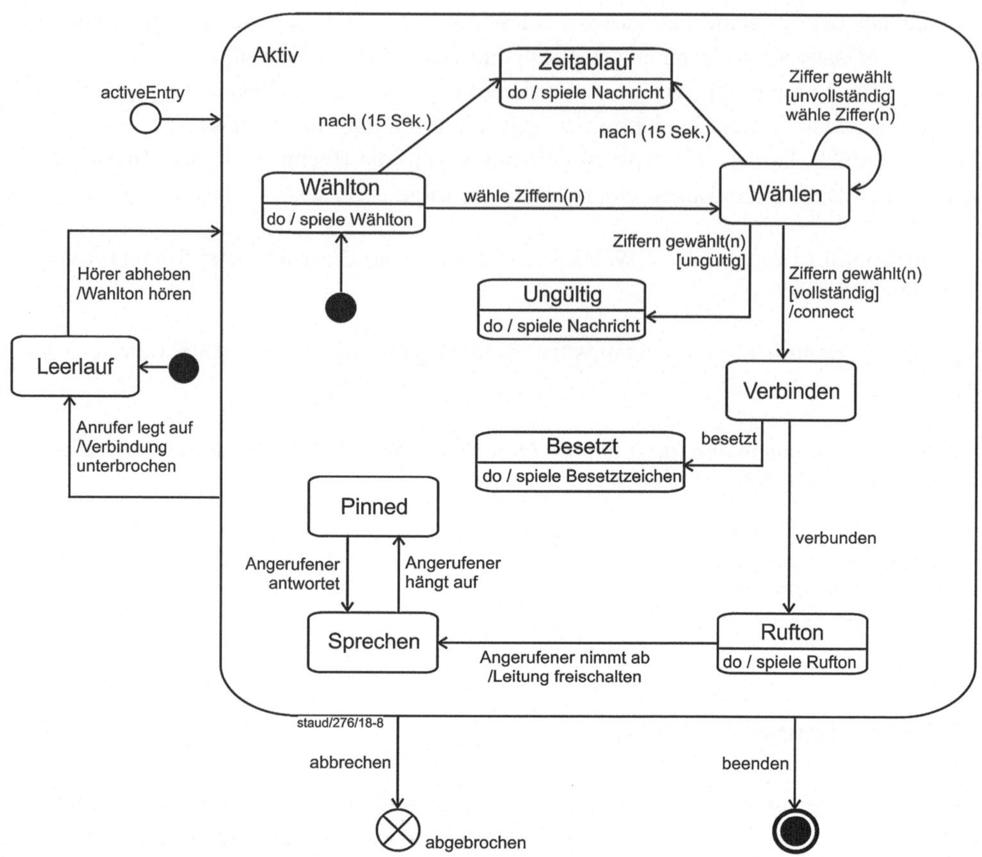

Abb. 13.31 Zustandsübergangsdiagramm *Telefonanlage*. Quelle: (OMG 2017, S. 336, Figure 14.36). Übersetzung durch den Verfasser

Zeitablauf

Kommt es hier zu einer Pause von 15 Sekunden, gerät die Anlage in den Zustand *Zeitablauf* (time out) und eine Nachricht wird abgespielt.

Wählen

Werden nun Ziffern gewählt, gerät die Anlage in den Zustand *Wählen*. Dieser Zustand hat eine Selbsttransition und ruft sich solange selber auf bis alle Ziffern gewählt sind.

Vom Zustand *Wählen* gibt es drei mögliche Zustandsübergänge:

- zu *Verbinden*, falls alle Nummern gewählt sind und die Nummer gültig ist: Ziffern gewählt(n) [vollständig]/connect
- zu *Ungültig*, falls die Ziffern insgesamt keine gültige Nummer darstellen. Ziffern gewählt(n) [ungültig]. Dieser Zustand spielt dann eine Nachricht ab.
- zu *Zeitablauf*, falls 15 Sekunden Pause bei der Eingabe entstehen: nach (15 Sek.)

Verbindung zustandegekommen

Betrachten wir den weiteren Verlaut, falls die Verbindung zustande kam. Hier gerät die Anlage entweder in den Zustand *Besetzt* oder *Rufton*. Falls der Angerufene abnimmt, kommt die Anlage in den Zustand *Sprechen*.

Die beiden Elemente am unteren Ende deuten die Abschaltung der Anlage an. Entweder durch das Abschalten (Schlusszustand) der Anlage oder durch einen Abbruch.

Auf der linken Seite ist die normale Beendigung des Gesprächs modelliert. Falls der Anrufer auflegt, wird die Verbindung unterbrochen und die Anlage ist wieder im *Leerlauf*, aus dem sie durch das Abnehmen des Hörers kommen kann.

Das Beispiel in Abb. 13.31 enthält u.a. folgende Komponenten bzw. Besonderheiten

- Mehrere Anfangszustände
- Einen Ausstiegspunkt (abgebrochen)
- Mehrere Bereiche für interne Aktivitäten (ZA)
- Einen Einstiegspunkt (activeEntry)
- Einen Schlusszustand
- Eine Selbsttransition (Wählen)
- Zahlreiche Transitionen
- Mehrere Zustände mit Bereichen
- Zahlreiche Zustandsaktivitäten (ZA)

Außerdem zwei Zustände mit mehreren abgehenden Transitionen.

13.6   Zustandsautomaten und Unternehmensmodellierung

Welchen Beitrag können Zustandsautomaten zu einer Unternehmensmodellierung leisten?

Wenn schon, dann Ablaufmodellierung

Eine erste Antwort ist schnell gegeben: Der Beitrag wird im Bereich der Ablauf-/Prozessmodellierung liegen, denn von ihrer ursprünglichen Aufgabe her, der Modellierung von Softwaresystemen, ist nur das in der Methode angelegt.

Die Präzisierung der Antwort ist schwieriger. Vor allem muss dabei zwischen den zwei Typen von Zustandsautomaten unterschieden werden, die oben recht deutlich wurden:

- „Fixe und Flache" Zustandsautomaten (so sollen sie hier genannt werden). Dies sind die mit fixen („festen") Zuständen, die ein Objekt, das nicht weiter strukturiert (unterteilt) wird, modellieren und deren Objektzustände nicht durch Aktivitäten[5] erzeugt und aufrecht erhalten werden müssen. Diese Objekte werden zwar bei jedem Zustandsübergang verarbeitet, ihr „Zustand" im Sinne der Ausprägung ihrer Attributsausprägungen verändert sich bei jedem Zustandsübergang, aber ihre einzelnen Zustände sind fix. Vgl. das Beispiel *Rechnung* oben und auch die Diskussion hierzu in Abschn. 13.2.2.

---

[5] Wie immer außerhalb von Kap. 10: im umgangssprachlichen Sinn

- „Dynamische und tiefe" Zustandsautomaten. Diese haben dynamische Zustände, die durch Aktivitäten (im umgangssprachlichen Sinn) erzeugt und aufrechterhalten werden, und die auch noch tief verschachtelt sein können (Zustandsautomat im Zustand usw.).

„Fixe und flache" Zustandsautomaten
Geschäftsobjekte in ihren Zuständen verfolgen
Diese eignen sich hervorragend für das, für das sie ja auch gemacht sind, für die Verfolgung der verschiedenen Zustände eines Objekts (hier: eines Geschäftsobjekts). Die Zustandsänderungen stellen dabei Verarbeitungsschritte dar und spiegeln direkt einen Prozessablauf wider. Allerdings einen *rund um ein einzelnes (Geschäfts-)Objekt.* Vgl. das oben angeführte Beispiel *Rechnung.*

Die Darstellung dieser Lebenszyklen eines Objekts als Zustandsdiagramm kann bei komplexen Anwendungen sehr sinnvoll sein, z.B. zur Vorbereitung der Programmierung. Sie stellen damit Detailanalysen aus dem weiten Feld der Prozessanalyse dar.

Einen weiteren Beitrag können sie aber nicht leisten. Sie eignen sich damit auch nicht zur Prozessmodellierung, auch wenn oben ein typischer Geschäftsprozess als Zustandsautomat dargestellt wurde (Kundenanfrage). Eine solche Darstellung eines Zustandsautomaten als Geschäftsprozess ist in Wirklichkeit nur die Beschreibung der Zuständsübergänge als Ablauf.

„Dynamische und tiefe" Zustandsautomaten
Betrachtet man diesen Typ Zustandsautomat mit den zwei Merkmalen

- Zustände als etwas aktives mit innerer „dynamischer" Struktur
- Verschachtelung der Zustände, d.h. „Tätigkeit in Tätigkeit" usw.

dann ist man deutlich näher an den notwendigen Basiselementen einer Methode zur Prozessmodellierung (vgl. unten). Damit sind grundsätzlich auch wichtige Aspekte von Geschäftsprozessen modellierbar. Denn das Objekt kann ja beliebig weit gefasst werden. Z.B. als das *Mahnwesen* im Beispiel WebShop oder als *Leistungserbringung* eines Unternehmens.

Im folgenden Abschnitt nun der Abgleich mit diesen Basiselementen.

13.6.1 Tauglichkeit für die Prozessmodellierung

Dieser Abgleich soll in Anlehnung an die in Abschn. 15.3 vorgestellten Basiskomponenten einer Methode zur Prozessmodellierung durchgeführt werden. Sie enthalten die für eine Modellierung von Tätigkeitsfolgen im einfachsten Fall notwendigen Theorieelemente. Die Nummerierung ist die von Abschn. 15.3.

(1) Elementare Tätigkeiten

Zerlegung

Die Einteilung der Gesamtaufgabe in einzelne Tätigkeiten und damit in Tätigkeitsfolgen ist gegeben. So wie das Objekt *Geldautomat* tatsächlich aus vielen Komponenten besteht, besteht der Geschäftsprozess eben aus seinen Teilaufgaben. So wie die Kompenenten zum Zwecke der Aufgabenerfüllung im System zusammenwirken, tun es die Teilaufgaben im Geschäftsprozess.

Tätigkeit in der Transition

Dies gilt für die „fixen und flachen" Zustandsautomaten weniger als für die „dynamischen und tiefen". Bei ersteren steckt die Tätigkeit nur in der Transition, als dritter Teil derselbigen.

Tätigkeit auch im Zustand

Bei zweiteren dagegen zusätzlich auch in den Aktivitäten im Zustand (entry-, do-, exit-activity). Hier kann man sich bereits eine Verschachtelung vorstellen, da dieses Konzept sehr dem Gegensatz von Funktions- und Prozessmodellierung ähnelt.

(2) Träger der Tätigkeiten

Ein solches Konzept ist hier nicht vorgesehen. Betrachten wir zwei Beispiele. Wenn die Rechnung vom Status *Neu* zu *Offen* übergeht, gibt es keine Möglichkeit, einen Handelnden festzuhalten, obwohl es natürlich einen gibt. Wenn im Geldautomat die eingeschobene Karte gelesen wird, ist ebenfalls keiner im Modell direkt erkennbar.

Systemorientierung

Der Grund ist einfach die Systemorientierung der UML-Autoren. Träger der Aktivitäten ist (implizit, unbewusst) das jeweilige System (das technische oder das Softwaresystem), da ist das Festhalten eines Trägers bei einer einzelnen „Handlung" (einem Systemschritt) nicht sinnvoll.

(3) Informationen auf Trägern aller Art

- Typ „fix und flach"

Nur ein flaches Objekt

Bei diesem Typ Zustandsautomat ist das Objekt selbst (im Prozessumfeld also typischerweise ein Geschäftsobjekt) der Informationsträger, der betrachtet wird. Weitere Information findet sich in den Tansitionen. Dies sind aber Informationen, die zu den Zustandsänderungen führen, die also die „Dynamik" des Geschehens realisieren und insofern hier nicht zählen.

Dies reicht natürlich für eine Prozessmodellierung nicht aus. Welcher Geschäftsprozess kommt schon mit nur einem (Geschäfts-)Objekt aus?

- Typ „dynamisch und tief"

Nur ein Objekt, aber tief verschachtelt

Bei diesem Typ Zustandsautomat spielen „Informationen auf Trägern aller Art" keine
Rolle, da im Prozessumfeld als Objekt einfach der ganze Geschäftsprozess genommen
wird, z.B. die Leistungserbringung in einem Unternehmen, und im Systemumfeld das
ganze System (Geldautomat). Dann werden die einzelnen Teilaufgaben einfach hintereinander gelegt oder auch verschachtelt.

Die einzelnen Zustände enthalten dann Automaten, Subautomaten usw. Die Zustandsänderung besteht darin, zum nächsten Abschnitt („Zustand") zu kommen bzw. vertikal
einen Subautomaten zu betreten bzw. zu verlassen. So wie bei den im Kapitel vorgestellten
Beispielen Geldautomat (vgl. insbes Abb. 13.17 und Abb. 13.18) und Telefonanlage (vgl.
insbesondere Abb. 13.31).

Keine Informationsverarbeitung

Von Informationsverarbeitung im hier gemeinten Sinn also keine Spur. Würde man also,
um in einem Prozessbeispiel zu bleiben, die Leistungserbringung horizontal und vertikal
so zerlegen, dass der ganze Geschäftsprozess in einen Zustandsautomaten abbildbar wäre,
könnte man die einzelne Informationsverarbeitung zwar in die Zustände reinschreiben, ein
Deutlichmachen der Informationsträger wäre darüberhinaus aber nicht möglich.

Zur Verdeutlichung stelle man sich vor, man müsse in Abb. 13.21 die im dort beschriebenen Prozess sicher zahlreichen Informationsträger (z.B. zu durchgeführten Prüfungen)
im Modell ausdrücken.

Dies kann man „den Zustandsautomaten" auch nicht vorwerfen. Aber man muss es
denen sagen, die denken, man könne damit Geschäftsprozesse modellieren.

(4) Informationsverarbeitung

Informationsverarbeitung in Anfangs-, Zustands-, Schlussaktivitäten

Hierzu gibt es eine Entsprechung in Zustandsautomaten, zumindest in denen mit dynamischen Zuständen. Die Informationsverarbeitung kann im Zustand angegeben werden. Z.B.
könnte für einen Geschäftsprozess *Leistungserbringung* der Zustand *Kalkulation* die
Anfangsaktivität *Daten zusammenstellen*, die Zustandsaktivität *Kalkulation durchführen*
und die Schlussaktivität *Ergebnis versenden* haben. Klingt etwas seltsam, wäre aber von
der Methode her machbar.

Trotz aller solcher Bemühungen bliebe es bei dem im vorigen Punkt beschriebenen
Defizit, dass die Informationsobjekte nur implizit vorhanden sind.

(5) Ereignisse

Ein Ereigniskonzept ist vorhanden. Ereignisse lösen die Zustandsübergänge aus. Sie sind
auch, bei dynamischen Zuständen, für die Strukturierung der Verarbeitungsschritte im Zustand verantwortlich.

(6) Kontrollfluss

Aufeinanderfolgen

Dieses Konzept liegt vor und zwar in vielfältiger Form. Zum einen durch das Zusammenwirken in der Abfolge mit Hilfe der Transitionen. Dieses Aufeinanderfolgen der einzelnen Tätigkeiten wird hier durch drei Aspekte beschrieben:

- dem Ereignis, durch das es zur Zustandsänderung kommt,
- einer *Bedingung* für das „Voranschreiten" (das Eintreten des Zustandsübergangs) und
- einer *Aktion*, die im Zuge der Transition auszuführen ist, die also zum nächsten Zustand führt.

Tiefenstruktur

Zum anderen durch das Zusammenwirken über verschachtelte Elemente. Die Frage des Zusammenwirkens von Tätigkeitsfolgen verschiedener Ebenen ist gründlich gelöst (vgl. die Diskussion um orthogonale Regionen usw. oben). Wenn also eine Aufgabe in sich strukturiert ist, gibt es einen Subautomaten und auch dieser kann wiederum strukturiert sein, d.h. einen Automaten enthalten.

Dieses Strukturmerkmal ist für die Geschäftsprozessmodellierung sinnvoll. Mit den obigen Punkten ist eine einfache Realisierung eines Kontrollflusses, wie er für Geschäftsprozesse benötigt wird, möglich.

Defizit: Wenig Verzweigungsmöglichkeiten

Trotz dieser grundsätzlichen Eignung gibt es auch Defizite. Was Zustandsautomaten zum Beispiel nicht bieten, sind äquivalente Operatoren. Im Kernbereich (wenn es nicht um orthogonale Regionen geht, die durch Transitionen parallel gestartet werden) wird nur das exklusive Oder angeboten. D.h. ein Zustand geht (aus einer Auswahl) immer zu genau einem neuen Zustand über. Das ist naheliegend für das Zustandskonzept, damit auch ein Stück weit für Systeme, aber nicht für Geschäftsprozesse.

Kein UND, oder doch?

Dass es im Kernbereich keinen UND-Operator gibt, überrascht natürlich nicht. Ein Zustand kann nicht in zwei Zustände übergehen. Allerdings kann ein UND-Operator durch Verschachtelung ausgedrückt werden, wenn z.B. ein Zustand mit Regionen angelegt wird (vgl. Abb. 13.9). Dies führt dazu, dass die (gegenüber Systemen) erweiterte Länge (eines Geschäftsprozesses) nur durch Verschachtelung erfasst werden kann. Typisch für Geschäftsprozesse ist aber *Länge*, nicht *Tiefe*, sodass hier insgesamt komplexe Modelle entstehen.

Dass die UML-Autoren dieses Defizit im Kontrollflusskonzept bemerkt haben, zeigen die Pseudoknoten und ihr Umfeld (Verknüpfer, Gabelung, …). Doch diese decken das Defizit nicht wirklich. Sie wirken künstlich aufgepfropft, da bei ihnen das Grundkonzept („Zustände") nicht mehr erkennbar ist. Vgl. die Beispiele in Abb. 13.12 und Abb. 13.13. Man gewinnt an dieser Stelle den Eindruck, dass die Methode ZA unter allen Umständen prozesstauglich gemacht werden sollte.

Hindernis

Dieses Defizit ist ein starkes Hindernis für eine nicht-triviale Prozessmodellierung mit Zustandsübergängen bzw. Zustandsautomaten.

(7) Ebenen – Kapselung

Ein solches Konzept ist direkt nicht vorgesehen, könnt aber durch die im vorigen Punkt beschriebene vertikale Strukturierung gelöst werden. Wenn also z.B. der Zustand selbst sehr „abgehoben" formuliert wird („Angebot erstellen") und der „Subautomat" (z.B. Kalkulation erstellen) nur angeführt, aber nicht detailliert beschrieben wird.

(8) Verweise, Verknüpfungen

Verweise und Verknüpfungen von einem Zustandsautomaten zum anderen sind direkt nicht vorgesehen, könnten aber durch ein grafisches Element (ähnlich dem Ausstiegspunkt) leicht realisiert werden.

(9) Zeitliche Dimension
Lebenszyklus

   Die zeitliche Dimension liegt im Kern der Methode ZA vor, als Lebenszyklus des Objekts, um das es geht. Die Bedeutung der zeitlichen Dimension zeigt sich auch darin dass die History-Pseudozustände definiert werden können, sozusagen als „Netz", in das das System im Krisenfall fällt. Mehr liegt nicht vor.

(10) Träger

Ein ähnliches Konstrukt liegt hier in den Objekten vor, um die es beim jeweiligen Zustandsautomat geht. Also im „flachen und fixen" Fall das Geschäftsobjekt, im „dynamischen und tiefen" Fall der Automat.

13.6.2 Verknüpfung mit der übrigen objektorientierten Theorie

Die Verknüpfung dieses Theorieelements mit den übrigen Bereichen der objektorientierten Theorie ist ansatzweise gegeben.

Fix und flach

Bei diesem Typ Zustandsautomat dadurch, dass das zu betrachtende Objekt ein Geschäftsobjekt sein kann, das in den Datenbeständen erfasst sein muss, sich also in der objektorientierten Datenbank finden könnte. Durch die Attribute, Methoden usw.

   Eine weitere Verknüpfung ist dadurch denkbar, dass sich die Methoden in den Zustandsübergängen spiegeln.

Dynamisch und tief

Bei diesem Typ Zustandsautomat vor allem durch die Methoden, die sich in den Zustandsübergängen widerspiegeln. Dann aber auch durch die „activities" der dynamischen Zustände (entry-, do-, exit), die sich in einem integrierten objektorientierten Modell als Klassenmethoden wiederfinden.

13.6.3 ZA und EPK im direkten Vergleich

Wenigstens kurz soll hier noch betrachtet werden, wie es um die Übertragung von Zustandsautomaten in eine Methode der Standardprozessmodellierung (hierfür wurde die *Methode EPK* gewählt) steht. Ist sie möglich? Wo liegen die Probleme?

Angesichts der obigen Ausführungen überrscht es nicht, das die Übertragung problemlos möglich ist, wenn man sich auf die Grundstruktur – die Übergänge von einem Zustand zum anderen – beschränkt.

Das Beispiel in Abb. 13.32 soll dies veranschaulichen. Dabei wird das Beispiel *Rechnung – einfach* von oben (vgl. Abb. 13.6) in eine EPK übertragen.

Transitionen zu Kontrollflusselementen
Transitionen mit ihrem Aufbau (bei Verhaltenszustandsautomaten) *Ereignis [Bedingung] Aktion* können direkt in Kontrollflusselemente übersetzt werden. Im einfachsten Fall gibt das Ereignis einen Hinweis auf eine durchgeführte Aktivität, und die Aktion einen Hinweis auf die nächste zu realisierende Aktivität. Falls mehr als eine Transition von einem Zustand abgeht, gibt die Bedingung Hinweise auf die Verzweigung im Rahmen eines exklusiven Oders.

Zustandsautomat Rechnung – einfach
Start
Der Startvorgang des Zustandsautomaten wird einfach zu einem Startereignis. Die beiden Transitionen, die vom Zustand *Neue Rechnung* weggehen, sind Ausdruck des Zustellversuchs, der in der EPK als Funktion modelliert wird. Entsprechend den beiden Transitionen mit den Bedingungen *Zustellung gescheitert* und *Zustellung gelungen* wird in der Ereignisgesteuerten Prozesskette ein exklusives Oder (XOder-Operator) gesetzt.

Statusänderung = Aktion
Die Aktionen bestehen in diesem Zustandsautomaten aus der jeweils notwendigen Statusveränderung. Sie wurde einmal angeführt (Rechnung ist zuzustellen [Zustellung gelungen] *Status Offen setzen*), ansonsten weggelassen. In der EPK müssen sie aber angeführt werden, da hier zur Syntax gehört, dass Ereignisse und Aktionen sich im Kontrollfluss ablösen müssen.

Zeitaspekte
Auch die Zeitaspekte sind in Ereignisgesteuerten Prozessketten abbildbar. Hier wurde einfach nach der Änderung des Rechnungsstatus auf *Offen* eine Wartefunktion (Warten auf den Zahlungseingang) gesetzt, die entweder zum rückbuchbaren Zahlungseingang, zur erfolgten Überweisung oder zum Ablauf der Frist führt.

Nach der rückbuchbaren Bezahlung kann dann noch eine Funktion *Warten ob Rückbuchung* eingebaut werden, die dann den Tatbestand erfasst, dass erst nach 6 Wochen vollständige Sicherheit bzgl. der Lastschrift vorliegt.

Die restliche EPK sollte selbsterklärend sein.

Abb. 13.32 Zustandsautomat
Rechnung – einfach als
Ereignisgesteuerte Prozesskette

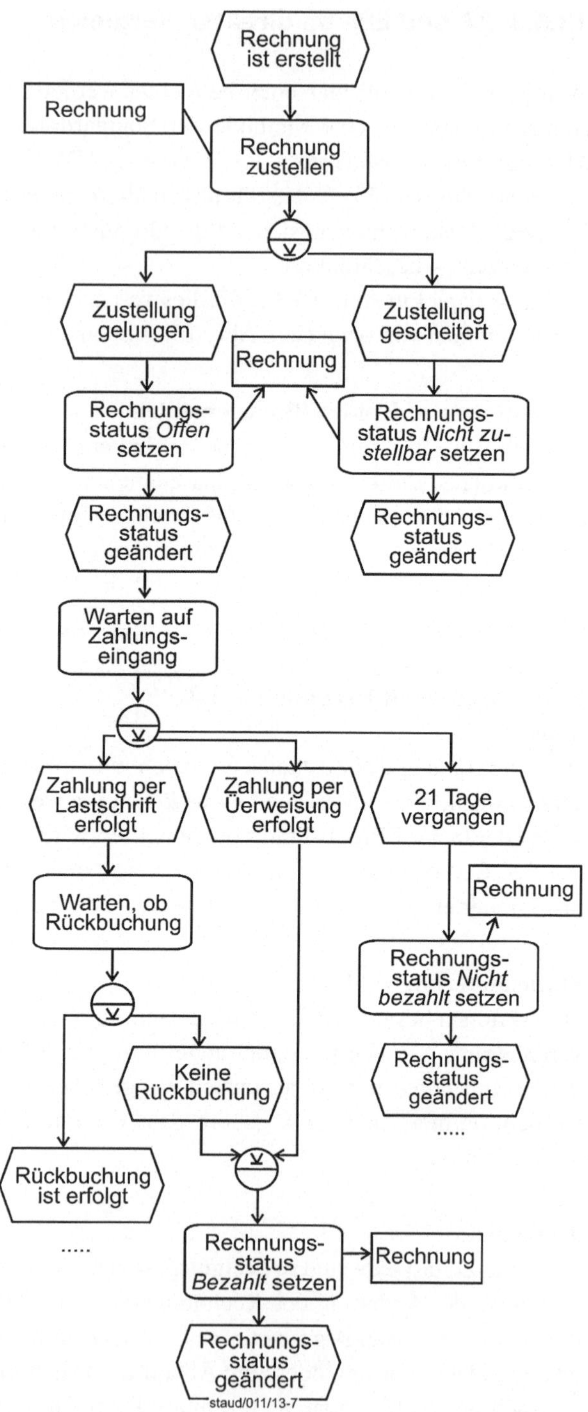

Die andere Richtung
Von EPK nach ZA
Die Übertragung in die andere Richtung (von EPKs zu Zustandsautomaten) ist nur so möglich, dass der gesamte Geschäftsprozess als Zustand aufgefasst wird und dann in Subzustände unterteilt wird. Man nutzt in diesem Fall die ausgefeilten Möglichkeiten der Verschachtelung von „Automaten" für die Abbildung der Prozesslogik. So etwas ist ansatzweise möglich, führt aber nicht zu überzeugenden Ergebnissen, vor allem auch nicht in der grafischen Gestaltung.

Dies kann aus Platzgründen hier nicht dargestellt werden.

13.6.4 Zusammenfassung

Systemorientierung
Nimmt man alle Faktoren zusammen (Methodenelemente, Darstellungstechnik, Methodenphilosophie,...), dann muss man feststellen, dass mit den Zustandsautomaten ganz einfach eine andere Ebene modelliert wird als in der Geschäftsprozessmodellierung. Es ist eine, die sehr nahe am zu erstellenden Programm ist.

Das macht auch die Wortwahl der UML-Autoren immer wieder deutlich, die (außerhalb der Beispiele) meist auf die programmnahe Systemebene ausgerichtet ist. Nur hin und wieder, v.a. auch in den Beispielen, wird Bezug auf Abläufe genommen, die für Geschäftsprozesse typisch sind.

Verschachtelung
Es ist im Übrigen nicht verwunderlich, dass die Verschachtelung (von Zuständen / Zustandsautomaten) so stark betont wird. Ohne diese wären Zustandsautomaten nur eine sehr eingeschränkte Angelegenheit. Mit dieser aber und mit einer bereit angelegten obersten Ebene („der ganze Geldautomat") kann hier umfassend Systemverhalten beschrieben werden. Bis zur Programmebene, bzw. (bei technischem Gerät) bis zur technischen Realisierung.

Antwort 1
Soweit die Antwort auf die Frage nach der grundsätzlichen Tauglichkeit der Methode ZA für die Unternehmensmodellierung (hier speziell Prozessmodellierung).

Nimmt man den schon mehrfach angesprochenen Trend zur vollständigen Automatisierung von Geschäftsprozessen (vgl. auch Kap. 14) mit in die Betrachtung, was ändert sich dann? Können Zustandsautomaten / Zustandsübergangsdiagramme in diesem Bereich für die systemnahe Prozessmodellierung eingesetzt werden (vgl. Abschn. 15.1 für die Ebenen der Prozessmodellierung)?

Antwort 2
Angesichts der oben beschriebenen Defizite ist das nur schwer vorstellbar, zumal für diese Aufgabe die Aktivitätsdiagramme zur Verfügung stehen.

Ein sinnvoller Einsatz der Zustandsautomaten kann daher wie folgt umrissen werden:

- Die des Typs „fix und flach" können für Detailanalysen komplexer Situationen rund um ein Geschäftsobjekt dienen (vgl. das Beispiel *Rechnung* oben).
- Die des Typs „dynamisch und tief" können der unmittelbaren Vorbereitung der Programmierung dienen, kommen also „nach" der Unternehmensmodellierung.

Vgl. hierzu auch die Gesamteinschätzung in Kap. 14.

Literatur

OMG Object Management Group. 2003. *UML 2.0 Superstructure Specification (Unified Modeling Language: Superstructure, version 2.0, final Adopted Specification*, ptc/03-08-02).

OMG Object Management Group. 2017. *OMG Unified Modeling Language (OMG UML)*. Version 2.5.1.

Rumbaugh, James, Ivar Jacobson, und Grady Booch. 2005. *The unified modeling language reference manual*, 2. Aufl. Boston: Addison-Wesley Professional.

Staud, Josef Ludwig. 2006. *Geschäftsprozessanalyse. Ereignisgesteuerte Prozessketten und objektorientierte Geschäftsprozessmodellierung für Betriebswirtschaftliche Standardsoftware*, 3. Aufl. Berlin: Springer.

Staud, Josef Ludwig. 2014. *Ereignisgesteuerte Prozessketten. Das Werkzeug für die Modellierung von Geschäftsprozessen*. Vilshofen: Lindemann.

Staud, Josef Ludwig. 2017. *Geschäftsprozesse und ihre Modellierung mit der Methode Business Process Model and Notation (BPMN 2.0)*. Hamburg: tredition.

Gesamteinschätzung 14

Die Gesamteinschätzung hier fasst die Ausführungen aus den Abschn. 7.8, Abschn. 9.4, Abschn. 10.11, Abschn.11.5, Abschn. 12.6 und Abschn. 13.6 zusammen.

Objektorientierte Unternehmensmodellierung?
Wie steht es nun mit den Antworten auf die zu Beginn gestellten Fragen nach den Umrissen einer zeitgemäßen Unternehmensmodellierung bzw. nach der Eignung der objektorientierten Theorie für diese?

Diese sollen nun, ergänzend zu den Zusammenfassungen der Kapitel, Schritt für Schritt gegeben werden. Der größte Teil der Ausführungen wird sich auf die UML-Theorieelemente für die Verhaltensmodellierung beziehen („Dynamische Aspekte"), doch kurz soll hier auch auf die Theorieelemente für die Strukturmodellierung („Statische Aspekte") eingegangen werden.

14.1 Statische Aspekte der Unternehmensmodellierung

Modellierung von Informationsstrukturen
Die Tauglichkeit der objektorientierten Theorie für die Modellierung der Informationsstrukturen bzw. der statischen Aspekte eines Anwendungsbereichs ist unstrittig. Hier kann höchstens die im Vorwort gestellte Frage wiederholt werden, wieso die auf dem Markt befindlichen einschlägigen wichtigen Softwareprodukte nicht objektorientiert sind, wieso also keine solche ERP-Software mit objektorientierter Datenbank und objektorientierter Programmierung existiert. Denn an sich ist der Weg bereitet, die Methoden dafür sind da.

© Springer-Verlag GmbH Deutschland, ein Teil von Springer Nature 2019
J.L. Staud, *Unternehmensmodellierung*, https://doi.org/10.1007/978-3-662-59376-9_14

Datenmodellierung

Ein wichtiger (und klassischer) Teilbereich der Unternehmensmodellierung ist die sog. Datenmodellierung, die Entwicklung von Datenbanken für Unternehmen. Heute bedeutet dies konkret die Entwicklung von Datenbanken für die informationelle Absicherung der Geschäftsprozesse eines Unternehmens. Die klassischen Techniken sind hier die relationale Datenmodellierung und die ER-Modellierung.

1:1 in die Datenbank

Für diesen Bereich ist der objektorientierte Ansatz aus mehreren Gründen fruchtbar. Zum einen, weil er erlaubt, die (halbwegs) natürliche Wahrnehmung eines Weltausschnitts als *Ansammlung von Objekten mit Beziehungen* direkt in das Datenmodell hinein abzubilden. Nicht wenige Autoren schreiben sogar von einer 1:1-Abbildung zwischen Objekten der Realwelt und Objekten des objektorientierten Datenmodells.

Teilweise Aufhebung

Ein zweiter Punkt ist aber genauso wichtig. Sieht man (statische) Datenbanken letztendlich als informationelle Grundlage von (dynamischen) Geschäftsprozessen, dann erlaubt die im objektorientierten Ansatz vorgenommene *Aufhebung der Trennung von dynamischen und statischen Aspekten* eines Weltausschnitts (über die Operationen/Methoden) u.U. eine effizientere Modellierung auch im Bereich der Geschäftsprozesse.

Leider ist da außerhalb von Laborsystemen wenig zu sehen. Dies gilt nicht nur für ERP-Software, sondern auch für Datenbanksysteme allgemein. Die relationale Technologie ist dominierend, objektorientierte Elemente sind dabei, aber im Kleinen. Ein wirklich ernsthafter Versuch, vom Kern her objektorientiert eine Unternehmensmodellierung aufzusetzen, ist nicht erkennbar.

14.2 Dynamische Aspekte der Unternehmensmodellierung

Prozess- vs. Funktionsmodellierung

Für die folgenden Ausführungen ist eine Unterscheidung wichtig, die in der Prozessmodellierung allgegenwärtig ist, in der Systemanalyse aber nicht, die von *Prozess- und Funktionsmodellierung*. Vgl. hierzu Abschn. 15.2.

Detaillierungsebenen

Außerdem wird eine Unterscheidung bezüglich der Detaillierungsebene der Prozessmodellierung benötigt:

- Grobmodellierung von Geschäftsprozessen,
- Standardprozessmodellierung und
- (software-) systemnahe Prozessmodellierung.

Vgl. die Kapitel oben (insbesondere Abschn. 7.8) und für eine nähere Beschreibung Abschn. 15.1.

14.2.1 Systemdenken vs. Prozessdenken

Systemorientierung

Es ist sozusagen überall mit der Hand zu greifen: Alle Theorieelemente des Dynamik-Teils der UML sind für Systeme entwickelt worden und dadurch umfassend geprägt. Dies bemerkt man nicht an den Beispielen, die oftmals geradezu ausdrücklich in der Grobmodellierung angesiedelt sind, sondern in den Theoriekomponenten selbst. Vgl. die Zusammenfassungen der entsprechenden Kapitel.

Funktionsmodellierung vs. Prozessmodellierung

Aus Prozesssicht geht es bei diesen Theoriekomponenten um *Funktionsmodellierung*, nicht um *Prozessmodellierung* (im Sinne von Abschn. 15.2), ja sogar um Funktionsmodellierung auf Systemebene. Dies hat die Konsequenz, dass die Theorieelemente für eine sehr detaillierte Ebene der Ablaufbeschreibung konzipiert sind.

Systemdenken vs. Prozessdenken

Mit einem anderen Schlagwort aus den obigen einschlägigen Kapiteln, *Systemdenken vs. Prozessdenken*, kann man festhalten, dass Ersteres hier eindeutig dominiert und Zweiteres nur in den Beispielen aufschimmert.

Defizite!

Besonders deutlich wird diese Ausrichtung bei folgenden Stellen, die dann auch Defizite der UML bezüglich der Prozessmodellierung darstellen.

Kontrollflussdefizit

Selbst bei sehr wohlwollender Betrachtung bleibt es bei dem Kontrollflussdefizit der UML auch in der Version 2.5. Dies ist zwar kleiner als in den früheren Versionen, aber immer noch da.

Kommunikationsdiagramme

Kommunikationsdiagramme besitzen nur ein sehr „abgemagertes" Kontrollflusskonzept. Sequenznummern erfassen höchstens eine Variante des Kontrollflusses (sozusagen eine Instanz).

Sequenzen

Sequenzen enthalten nur einen aus Prozesssicht stark reduzierten Kontrollfluss, so wie er für ein Programm notwendig ist.

Zustandsautomaten

Zustandsautomaten enthalten in der einfachen Form („fix und flach") nur die Zustandsänderungen eines Objekts. In der komplexen Form („dynamisch und tief)" deutlich mehr, allerdings ist die Umsetzung eines Kontrollflusses in diese Strukturen sehr kompliziert (vgl. Abschn. 13.6).

Aktivitäten

Ein Stück weit wurde das Kontrollflussdefizit (ab der Version 2.0) durch die *Aktivitäten* beseitigt. Mit ihnen ist es möglich, wenn auch inhaltlich und grafisch umständlich, Ablauffolgen zu modellieren. Eine Ursache für die Schwierigkeiten ist, dass das eigentlich für die Darstellung des Kontrollflusses gedachte Konzept (Aktivitäten) in der modelltechnischen Aufteilung von Tätigkeit und Ergebnis und der damit verbundenen Einbindung von Operatoren unhandlich ist.

Aufgepfropft

Außerdem ist die Methode AD dem Kernbereich der objektorientierten Theorie aufgepfropft und kaum mit den übrigen Theorieelementen verbunden.

Kein Scheitern, keine Alternativen

Es wurde im Text in den einschlägigen Kapiteln mehrfach thematisiert. In allen Theorieelementen ist der Einbau von Verzweigungen umständlich (Aktivitäten, Sequenzen) bis so gut wie unmöglich (Kommunikationsdiagramme). Die UML-Autoren scheinen davon auszugehen, dass die Tätigkeiten in der Regel nicht scheitern[1] und dass es selten alternative Zweige des Kontrollflusses zu gehen gilt.

Am deutlichsten ist dies in den Beispielen erkennbar, diese zeigen i.d.R. nur den positiven Ausgang einer Aktion.

Es zeigt sich aber auch in der Theorie, weil die inhaltliche und grafische Erfassung von Verzweigungen nur auf umständliche Weise möglich ist.

Ursache

Woher kommt so etwas? Nun, es kommt von der oben angesprochenen Systemorientierung der UML-Autoren. Je tiefer man in ein System einsteigt, desto geringer wird die Wahrscheinlichkeit, dass eine Aktion (außerhalb von „technischem Versagen") schief geht oder dass es Entscheidungsprozesse gibt, die zahlreiche alternative Ergebnisse haben (von beliebigen Teilmengen als Ergebnismenge wie beim Oder-Operator ganz zu schweigen; vgl. hierzu unten). In der Prozessmodellierung sind dagegen solche Strukturen ständig vorhanden, entsprechend vorbereitet ist hier die Modellierung von Verzweigungen.

Oder-Operator

Besonders deutlich wird dies beim Oder-Operator. Es ist nur eine Kleinigkeit, aber doch eine symptomatische. Dieses nicht-exklusive Oder (vgl. Punkt (6) von Abschn. 15.3 für eine Kurzbeschreibung) fehlt in allen Theorieelementen des Dynamik-Teils, was auf den ersten Blick überrascht, da dieser Operator in der Prozessmodellierung wirklich Bedeutung hat. Er drückt dort allerdings meist (wenn es nicht um Regelwerke und einfache Fälle geht) so ewas wie „Unschärfe" aus. Z.B. ist der Operator erfüllt, falls eine beliebige

---

[1] Dies wird durch das ausdrückliche Einbauen von Theoriebestandteilen zur Bewältigung von Ausnahmen, wie in Abschn. 10.4.5 beschrieben, nur bestätigt.

Teilmenge von verknüpften Ereignissen eintritt, obwohl vielleicht nur einige der Teilmengen Bedeutung haben. Oder, falls durch ihn Tätigkeiten verknüpft sind: Jede Teilmenge der Tätigkeiten erfüllt den Operator, obwohl auch hier vielleicht tatsächlich nur bestimmte Teilmengen überhaupt Bedeutung haben.

Der Prozess wird durchlaufen

Dies stört in der Prozessanalyse nicht, weil da das Modell nur den in der Praxis vorkommenden Abläufen entsprechen muss, es müssen nicht alle denkbaren Instanzen korrekt sein. Der Prozess wird, angetrieben durch menschliches Handeln, durchlaufen.

Das System handelt

Anders in der Systemanalyse. Hier wäre es eine Katastrophe, wenn z.B.einige der Teilmengen schlicht nicht zulässig wären. Die notwendige Determiniertheit der Abläufe ginge verloren. Deshalb muss hier aufgespaltet werden: in eine Kontrollflussstruktur aus einem XOder-Operator, dessen Kontrollflusszweige genau zu den mit dem logischen UND verknüpften zulässigen Teilmengen der Ereignisse bzw. Funktionen führen.

Pragmatik

Hier wird somit eine weitere Ursache für dieses Defizit sichtbar, eine Ursache, die auch einen grundsätzlichen wichtigen Unterschied zwischen systemnaher und Prozessmodellierung deutlich macht: Prozessmodellierung ist *pragmatisch*. Bei ihr muss nicht, um im Bild zu bleiben, jede Teilmenge (der verknüpften Oder-Elemente) dahingehend geprüft werden, ob ihr Wirksamwerden nicht vielleicht Schäden verursacht. Es genügt, wenn die Oder-Konstruktion die Varianten abdeckt, die im Prozess auftreten können.

Allgemein gesprochen: Ein Prozessmodell muss alle *im Prozess vorhandenen* Kontrollflussvarianten abdecken, der Rest bleibt ungeklärt. Eine systemnahe Modellierung dagegen muss *alle* denkbaren Abläufe berücksichtigen.

Die Ursache dafür ist die folgende: Ein Prozess wird – ganz konkret – von seinen Partizipanten realisiert, Menschen, Maschinen usw. Das Modell muss dieses Handeln unterstützen, aber nicht absichern, dass der Prozess in unkontrollierte Zustände gerät. Das machen die beteiligten Menschen.

Ein System dagegen handelt, einmal angestoßen und durch evtl. Benutzereingaben gesteuert, selbständig und das Modell muss verhindern, dass es in einen nicht vorgedachten Zustand kommt.

Informationsobjekte

Auch beim Umgang mit Informationsobjekten wird das Systemdenken deutlich. So wird bei Aktivitäten nur sehr ungenügend die Informationsverarbeitung erfasst (vgl. Abschn. 10.11.2), z.B. die, die jede Aktion an den Informationsobjekten („Rechnung") vornimmt. Dies ist für Prozessanalysen absolut ungenügend. Anders bei Systemen. Hier finden sich Informationsobjekte nur auf elementarer Ebene, bei Softwaresystemen z.B. als Attribute (also Attribute *Kundenname, Kundennummer* usw. statt Geschäftsobjekt *Rechnung*) oder als Signale (eingelesene EC-Karte ist gültig). Nur diese werden vom Programm verarbeitet.

Träger

Denkt man in Systemen, braucht man auch keinen Träger von Aktionen, Handlungen usw. Die jeweilige Systemkomponente, bzw. das jeweilige Programm sind der Träger. Das ist wohl der Grund, dass solche Träger fast völlig fehlen, was in einer Prozessmodellierung undenkbar ist.

Insgesamt: Systemorientierung
In erster Linie Softwareengineering
Es bleibt somit der Gesamteindruck, dass die UML-Autoren den „Dynamik-Teil" in erster Linie für das Softwareengineering entwickelt haben (für die Systemanalyse, die diese vorbereitet), auch wenn der Anspruch ein umfassenderer ist. Dementsprechend beschreiben die in den Kap. 11, 12, 13 und 15 angeführten Modellkonzepte wichtige Aspekte von Systemen und Systemverhalten und bereiten damit hervorragend die Systemrealisation durch Programmierung vor. Die Kapitel sollten aber deutlich gemacht haben, dass sie nicht Geschäftsprozesse als solche beschreiben, zumindest nicht so, wie wir es inzwischen gewohnt sind.

Tiefer liegende Ursache
Kein Kontrollfluss in der objektorientierten Theorie
Die hier deutlich gewordene Schwierigkeit der UML-Autoren (und ihrer Vorgänger bzgl. der Dynamik-Teile der objektorientierten Theorie) hat eine tief in der objektorientierten Theorie liegende Ursache. Objekte mit ihren Klassen können zusammenwirken, z.B. durch den Austausch von Nachrichten (wie oben gezeigt), und man kann damit auch zielgerichtetes Handeln im Kleinen (im System) modellieren. Es fehlt aber die übergeordnete Ebene, die „steuernde Hand" des Kontrollflusses. Dafür gibt es kein im Kern des objektorientierten Ansatzes integriertes Konzept und deshalb müssen die oben beschriebenen, dem objektorientierten Ansatz zum Teil aufgepfropften Konstrukte zur Beschreibung dynamischer Aspekte (Aktivitätsdiagramme, Sequenzdiagramme, Zustandsautomaten) hinzugefügt werden.

14.2.2 Gesamtsicht

Überwindung Einzelprozesssicht
Nicht direkt, aber indirekt und implizit und da recht deutlich, gibt die Methode AD (und die UML insgesamt) einen deutlichen Hinweis zur Überwindung einer Einzelprozesssicht. Diese ist in der Prozessmodellierung immer noch die Regel und auch zu Recht. Die Betrachtung von Einzelprozessen genügte lange Zeit, v.a. wenn die „loose Kopplung" der Prozesse miteinander mitbedacht wurde.

Immer detaillierter und hin zur Automatisierung
Die Dinge ändern sich aber seit einigen Jahren. Zum einen durch die immer detaillierter werdende Prozessmodellierung, zum anderen durch den (bei den Internet-Unternehmen schon vollzogenen) Trend zu vollautomatisierten Geschäftsprozessen (vgl. unten sowie Stichwort *Automatisierung*).

Beide Entwicklungen verkürzen den Abstand zwischen Prozessmodellierung und Systemanalyse (für die Anwendungsentwicklung) und führen auch dazu, dass die Zusammenhänge zwischen den Geschäftsprozessen wesentlich intensiver bedacht werden müssen. Ein Prozessmodell wird dann nicht nur die Prozesse mit ihren Verknüpfungen darstellen müssen, sondern alle Aspekte, die für ein komplexes zusammenwirkendes Ganzes notwendig sind (vgl. hierzu die Zusammenfassung von Kap. 10 in Abschn. 10.11).

14.2.3 Automatisierung und ihre Folgen

Es gibt viele Trends in der Entwicklung der Informationstechnologien, die direkt in die Unternehmensmodellierung hineinwirken:

- Eine immer detailliertere Abbildung von Informationsstrukturen und Geschäftsprozessen in die Modelle und dann in die Software. Vgl. (Staud 2006, insbes. Absch. 3.6) für eine Diskussion dieses Punktes.
- Die Abwertung der Aufbauorganisation in vielen Unternehmen und damit der Organisationsmodellierung.
- Die Auslagerung von Teilen der Datenbestände und Geschäftsprozesse „nach außen", z.B. in die „Cloud".

Automatisierung der Geschäftsprozesse
Ein Trend aber schlägt in seiner Bedeutung alle anderen: der aktuelle und durchschlagende Trend zur *vollkommen automatisierten Abwicklung von Geschäftsprozessen*. Dieser Trend wird durch die Internetunternehmen bereits vorgelebt.

Automatisierung bedeutet hier dann nicht nur „Echtzeit", das haben wir in ERP-Software schon lange, und auch nicht nur die Unterstützung einzelner Funktionen, sondern die weitgehend durch ein Programm realisierte Abwicklung der Geschäftsprozesse. Für den Menschen bleiben von Unternehmensseite her nur noch die Entscheidungsschritte und die Ausnahmen.

Dies betrifft nicht nur die Kundenkontakte, sondern auch die übrigen Bereiche der Unternehmen. Z.B. im Finanzwesen. Wir nähern uns damit der vollautomatisierten Abwicklung von Geschäftsprozessen, wo menschliches Eingreifen nur noch da erfolgt, wo Entscheidungen anstehen, die aus irgendeinem Grund nicht automatisiert sind oder die nicht automatisiert werden können.

Abgegrenzte Sache?
Wer nun glaubt, dies sei alles nur eine Sache der völlig standardisierten Geschäftsprozessabschnitte, eine eng umgrenzte Angelegenheit, der irrt. Er möge den Entwicklungsschritt der ERP-Software von vor 20 Jahren bis heute bedenken und diese Entwicklung hochrechnen und er möge die gestiegene Leistungsfähigkeit von KI-Systemen bedenken, die heute Dinge möglich machen, vor denen wir vor 20 Jahren träumten. Z.B. im Bereich Sprach- und (Hand-)Schrifterkennung.

Gegensatz System/Geschäftsprozess

Mit obigem Trend stellen sich für die Unternehmensmodellierung einige Fragen. Z.B. die folgende:

Gibt es den Gegensatz *System vs. Geschäftsprozess* wirklich?

Oder etwas provozierend:

Sind Geschäftsprozesse Automaten (mit minimalem menschlichen Einwirken)?

Als ein extremes Szenario kann man sich vorstellen, dass damit Geschäftsprozessmodellierung immer mehr und alleine zu Software Engineering wird.

Prädestiniert?

Damit wäre die in den obigen Abschnitten geäußerte Kritik an der objektorientierten Theorie im allgemeinen und der UML im besonderen nicht haltbar. Sie wäre geradezu geschaffen für eine zukünftige Unternehmensmodellierung.

Nun, dem ist nicht so, und dies aus zwei Gründen:

- Erstens weil derzeit und in naher Zukunft trotz aller Fortschritte viele Geschäftsprozesse bzw. Geschäftsprozessabschnitte schlicht nicht automatisierbar sind.
- Zweitens aber, und vor allem, weil es die Ebene der Geschäftsobjekte und des Prozesshandelns tatsächlich gibt. Sie macht den Prozess aus, mit ihr nur erkennt man ihn und kann ihn und seinen Kontrollfluss beschreiben. In einer systemnahen Modellierung ist dagegen ein Geschäftsprozess nicht mehr wirklich erkennbar.

Deshalb benötigt man immer eine Standardprozessmodellierung und auch weitere Übersichtsnotationen, selbst wenn der Automatisierungsgrad noch gewaltig angestiegen sein wird. Denn die systemnahe Ebene kann ohne den Überblick der übergeordneten Ebenen nicht modelliert werden.

14.2.4 Unternehmensmodellierung der Zukunft

Wie sieht nun, für die wichtigsten zwei Bereiche, die Unternehmensmodellierung der Zukunft aus?

Informationsstrukturen – Statische Aspekte
Unternehmensdatenmodelle

Hier ist, wie mehrfach ausgeführt, in der Praxis wenig Bewegung zu erkennen. Wünschenswert wäre eine umfassende objektorientierte Datenmodellierung mit Umsetzung elementarer Abläufe durch die implementierten Methoden. Es wird aber wohl in der absehbaren Zukunft bei der Dominanz der relationalen Theorie bzw. der NoSQL-Datenbanken bleiben. Die relationale Theorie in der klassischen Unternehmensmodellierung z.B. für ERP-Software, NoSQL-Datenbanken mit ihren einfachen, fast semantikfreien Datenmodellen für die Internet-Unternehmen (vgl. (Staud 2015, Kap. 24) für einen einführenden Überblick).

Überblicksnotationen sind hier auch notwendig, vor allem dergestalt, dass Geschäftsobjekte (Rechnung, Lieferschein) direkt sichtbar werden. Vielleicht aber auch so, dass ein gesamtes Unternehmensdatenmodell auf einer Seite dargestellt werden kann.

Verhalten – Dynamische Aspekte
Im Zentrum: Standardprozessmodellierung
Die Modellierung des „Verhaltens" muss eine *Standardprozessmodellierung* (zum Begriff vgl. Abschn. 15.1) aufweisen. Das ist die Ebene auf der Geschäftsobjekte sichtbar sind und Prozesshandeln erfasst werden kann, sodass die Modellierung des Kontrollflusses ohne Schwierigkeit möglich ist.

Hierfür sind die Ereignisgesteuerten Prozessketten (EPK) aufgrund ihrer „wohltuenden Abgehobenheit" und ihrer für die Prozessmodellierung geeigneten Theorieelemente die Methode der Wahl (vgl. (Staud 2006) und (Staud 2014) für eine umfassende Darstellung). Will man detaillierter modellieren und ein Stück weit in Richtung Vorbereitung der Anwendungsentwicklung gehen, dann sind die Business Process Diagrams der Methode BPMN die richtige Wahl (vgl. (Staud 2017) für eine umfassende Darstellung).

Darunter: Systemnahe Prozessmodellierung
„Darunter" eine systemnahe Prozessmodellierung – zur direkten Vorbereitung der Systemanalyse und des Software Engineering. In der heutigen Situation sind dafür Aktivitätsdiagramme und Zustandsautomaten die Werkzeuge der Wahl.

Darüber: Grobmodellierung von Geschäftsprozessen
Darüber die üblichen Übersichtsnotationen. Z.B. Grobmodellierungen der Geschäftsprozesse, entweder mit aggregierten Funktionen in Ereignisgesteuerten Prozessketten oder auch mit Methoden wie der Business Process Modeling Notation (BPMN).

Auf der obersten Eben bleiben die klassischen Wertschöpfungsketten ein sinnvolles Instrument.

Insgesamt also zum Beispiel:

- Übersichtsnotation 1: Wertschöpfungsketten
- Übersichtsnotation 2: Grobmodellierung der Geschäftsprozesse mit EPKs oder BPDs (aggregiert, „verdichtete" Funktionen/Aktivitäten)
- Standardprozessmodellierung mit EPKs oder Business Process Diagrams (auf dem entsprechenden Aggregationjsniveau).
- Systemnahe Prozessmodellierung mit Aktivitätsdiagrammen oder Zustandsautomaten

und wo nötig

- Modellierung einzelner „Funktionen" mit Sequenzdiagrammen

Dazu kommt natürlich das übliche sonstige Instrumentarium der Systemanalyse.

Literatur

Staud, Josef Ludwig. 2006. *Geschäftsprozessanalyse. Ereignisgesteuerte Prozessketten und objektorientierte Geschäftsprozessmodellierung für Betriebswirtschaftliche Standardsoftware*, 3. Aufl. Berlin: Springer.
Staud, Josef Ludwig. 2014. *Ereignisgesteuerte Prozessketten. Das Werkzeug für die Modellierung von Geschäftsprozessen*. Vilshofen: Lindemann.
Staud, Josef Ludwig. 2015. *Relationale Datenbanken. Grundlagen, Modellierung, Speicherung, Alternativen*. Vilshofen: Lindemann.
Staud, Josef Ludwig. 2017. *Geschäftsprozesse und ihre Modellierung mit der Methode Business Process Model and Notation (BPMN 2.0)*. Hamburg: tredition.

In diesem Kapitel sollen einige Themen angesprochen werden, die im Buch Verwendung finden und deren Kenntnis nicht einfach vorausgesetzt werden kann

> **Hinweis** Auch hier wird wieder der Begriff *Tätigkeit* verwendet, wenn es um die einzelnen zu lösenden Aufgaben in einem Geschäftsprozess geht und *Tätigkeitsfolge*, wenn der Gesamtprozess gemeint ist. Der Grund ist einfach der, dass die Begriffe *Aktion*, *Aktivität* und auch *Funktion* durch die Methode AD bzw. die Methode EPK besetzt sind.

15.1 Prozessmodellierung auf verschiedenen Ebenen

Detaillierung

Unternehmensmodellierung im allgemeinen und Prozessmodellierung im besonderen finden auf verschiedenen Detaillierungsebenen statt. Insgesamt werden in dieser Arbeit die folgenden Varianten der Prozessmodellierung bzgl. des Detaillierungsgrades der Analyse unterschieden.

Standardprozessmodellierung

Unter einer *Standardprozessmodellierung* (SPM) versteht der Verfasser die Ausprägung der Prozessmodellierung, bei der eine prozessrelevante Handlung eines Prozessteilnehmers („Kalkulation erstellen", „Brief schreiben", „an Sitzung teilnehmen") in ein Basistheorieelement (eine Tätigkeit/Funktion/Aktivität) findet. Auf dieser Detaillierungsebene sollten auch die Geschäftsobjekte als Ganzes erhalten bleiben (vgl. auch unten).

© Springer-Verlag GmbH Deutschland, ein Teil von Springer Nature 2019

J.L. Staud, *Unternehmensmodellierung*, https://doi.org/10.1007/978-3-662-59376-9_15

Istanalyse

Das ist die Ebene, die z.B. in einer klassischen Istanalyse Verwendung finden kann. Hier gibt es natürlich Spielraum, z.B. könnte die oben erwähnte Kalkulation auch noch unterteilt werden, aber das Handeln der Prozesspartizipanten spiegelt sich doch noch in der Prozessbeschreibung wider.

Das ist auch die Ebene, auf der zwischen Funktions- und Prozessbeschreibung unterschieden wird (vgl. den nächsten Abschnitt), wo also u.U. in einem Basiselement, z.B. einer Funktion, ein detaillierter Ablauf gekapselt wird.

Dies ist im Übrigen auch die Ebene, die viele Anbieter von ERP-Software wählen, wenn sie durch Prozessmodelle ihre Software beschreiben.

Systemnahe Prozessmodellierung

Ein Gegenstück hierzu ist die *(software-)systemnahe Prozessmodellierung*. Für diese sind die einzelnen Handlungen so zerlegt, dass sie problemlos in Programmierkonstrukte abgebildet werden können.

Eine solche Prozessmodellierung muss z.B. für Prozesse realisiert werden, die automatisiert werden sollen.

Grobmodellierung von Geschäftsprozessen

Ein anderes Gegenstück ist die *Grobmodellierung von Geschäftsprozessen*. Diese beschreibt den Prozess zwar noch integriert, fasst aber ganze Prozessabschnitte zusammen. Insgesamt entsteht so eine eher oberflächliche Prozessbeschreibung.

Solche Modelle sind Bestandteil der Übersichtsnotationen, wie sie zum Beispiel in der Unternehmensmodellierung nötig sind. Beispiele dafür sind die früheren *Szenarien* in der SAP-Unternehmensmodellierung, ganz allgemein die *Wertschöpfungsketten* und viele der Beispiele in der Literatur zu Geschäftsprozessen, die sehr oft auf Detaillierung verzichten (und, falls dies doch mal da ist, auf Umfang).

15.2 Funktionsmodellierung vs. Prozessmodellierung

Kapselung

Es ist nun mal – jedenfalls derzeit noch – ein Unterschied, der Bedeutung hat: In der Prozessmodellierung werden ganze Funktionen (abgegrenzte „kleine" Aufgaben) oftmals in einem Basiselement gekapselt. Damit sind sie nur noch durch ihre Benennung präsent, nicht in ihrem Aufbau.

In der Systemanalyse ist dies nicht nötig, ja nicht möglich. Das System, egal ob Softwaresystem oder physisch greifbares System, muss alle anstehenden Aufgaben bearbeiten.

„Abgehoben"

Abb. 15.1 soll das verdeutlichen. Es soll um einen (aus Prozesssicht winzigen) Ausschnitt aus der Leistungserstellung eines Unternehmens gehen. In einer Grobmodellierung (zum Begriff vgl. oben) könnte das Zusammenstellen der Ware, das Erstellen der Rechnung und der Versand des Ganzen zum Kunden in eine Aktion (oder Funktion) gepackt sein.

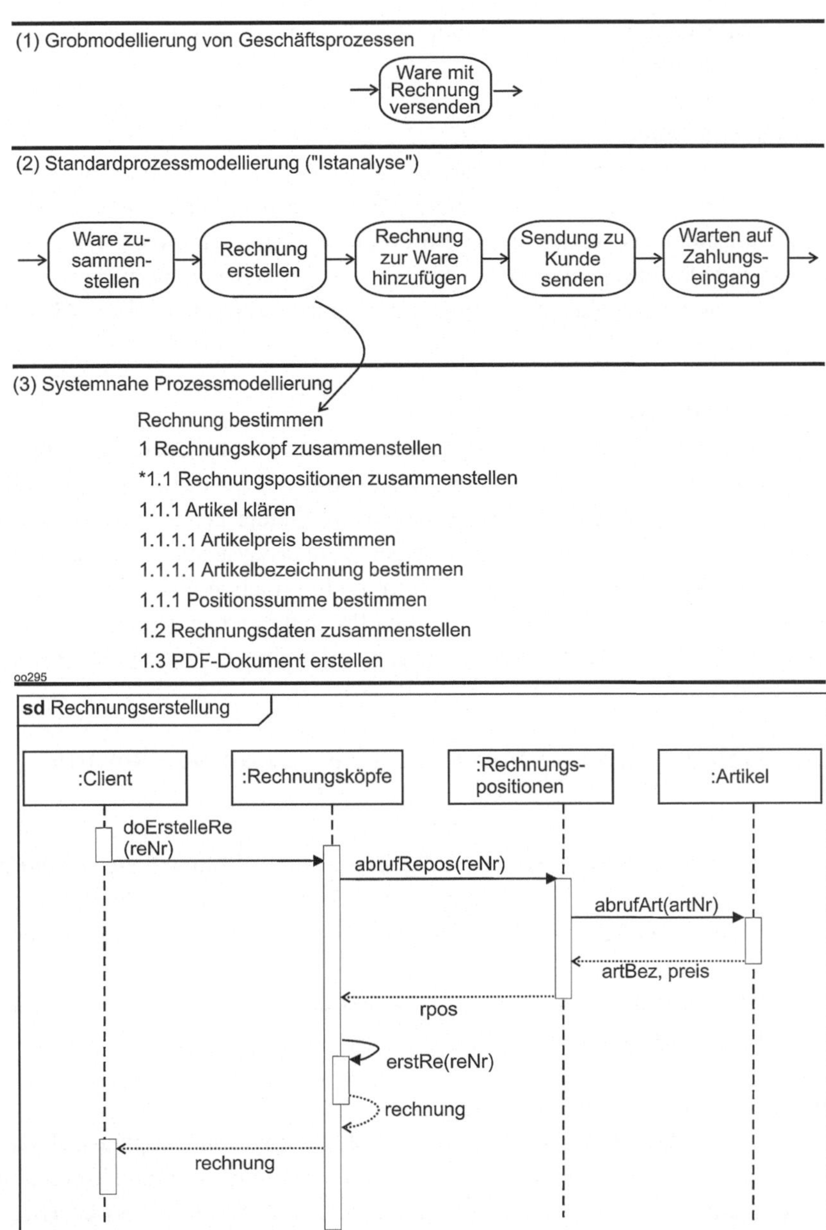

Abb. 15.1 Funktionsmodellierung vs. Prozessmodellierung

„Typisch"

In einer Standardprozessmodellierung könnte dieser Ausschnitt so modelliert sein wie in der zweiten Ebene angegeben. Elementare Tätigkeiten werden jeweils in ein Basiselement gepackt, wie z.B. bei einer Istanalyse. Da wäre dann z.B. auch die Aktion (Funktion) *Rechnung erstellen* mit dabei.

Diese hat natürlich eine innere Struktur, die aber in der Prozessmodellierung keine Rolle spielt. Sie ist hier gekapselt.

Funktionsmodellierung

In einer typischen Systemanalyse (z.B. für ein Softwaresystem, das eine weitgehend automatisierte Abwicklung des Prozesses erlaubt) müsste aber natürlich die innere Struktur eines solchen Basiselements geklärt und in ein Programm umgesetzt werden. Das ist in der dritten Ebene angedeutet: als Nachrichtenverkehr mit Sequenznummern (vgl. zum Kommunikationsdiagramm und zum Klassendiagramm mit Nachrichtenverkehr Abschn. 7.7) und als Sequenzdiagramm.

Geschäftsobjekt: als Ganzes oder zerlegt

Das Beispiel sollte auch deutlich machen, dass die Art der verarbeiteten Information in den unteren zwei Ebenen sehr unterschiedlich ist. Während in der Standardprozessmodellierung *Geschäftsobjekte* (also z.B. Rechnungen, Bestellungen, Lieferscheine usw.) betrachtet werden, was ja auch dem Prozessdenken entspricht, geht es in der systemnahen Prozessmodellierung um *Attribute*, bzw. *Variablen* usw., eben um die Information, in die das jeweilige Geschäftsobjekt für die Zwecke der Speicherung und Programmierung zerlegt werden musste. Die Semantik zu den Geschäftsobjekten ist da dann im jeweiligen Programm hinterlegt.

15.3   Basiselemente einer Methode zur Prozessmodellierung

Vergleichsbasis

An einigen Stellen im Buch war es notwendig, die jeweilige Teilmethode (Aktivitätsdiagramme, Zustandsautomaten, Sequenzdiagramme) mit einer Standardprozessmodellierung zu vergleichen. Deshalb werden in diesem Abschnitt die wichtigsten Theorieelemente einer solchen Methode zusammengestellt.

Die Frage ist also: Welche Elemente sind – grundsätzlich u[1]nd abstrahiert – notwendig für eine Standardprozessmodellierung ?

Kontrollfluss mit Tätigkeiten und Ereignissen

Sozusagen die Grundannahme ist, dass jede Modellierung von Tätigkeitsfolgen einen Kontrollfluss hat und dass dieser von einer Abfolge von Ereignissen und Tätigkeiten geprägt ist. Dies ist ja auch, wie oben im Text gesehen, in der objektorientierten Theorie so, wenn sie sich dann ernsthaft der Ablaufmodellierung zuwendet.

Ebenso wird vorausgesetzt, dass der Geschäftsprozess eine Aufgabe zu erfüllen hat und dabei Ressourcen aller Art benötigt. Ganz im Sinne der Definition von Geschäftsprozessen. Vgl. hierzu (Staud 2014, S. 5), (Staud 2006, Kap. 2) und (Staud 2017, Kap. 2).

Hier nun die Theorieelemente, sie sind von (1) bis (12) durchnummeriert:

---

[1] Eine ausführlichere Darstellung findet sich in (Staud 2017, Abschn. 3.1).

(1) Elementare Tätigkeiten
Was?
Ein Element für die Teilaufgaben, in die man die Gesamtaufgabe zerlegt. Bzgl. der unvermeidlichen Subjektivität dieser Zerlegung vgl. auch die Ausführungen zu *Systemdenken vs. Prozessdenken* im vorigen Kapitel sowie – grundsätzlicher – (Staud 2014, Abschn. 2.4).

Anstoßen – ausführen – beenden
In der Standardprozessmodellierung sind dies Tätigkeiten, die einmal angestoßen, dann ausgeführt und zuletzt beendet sind. Es ist also keine implizite Schleife („bleibt aktiv") vorgesehen, wie bei einigen Theorieelementen der UML.

(2) Zentraler Gegenstand des Geschäftsprozesses
Hier geht es um die Frage, welche Leistung der Geschäftsprozess erbringen soll. Was wird im Geschäftsprozess bearbeitet? Geht es um ein Produkt oder um eine sonstige Leistung. Diese *Leistungserbringung* ist oft mit *Geschäftsobjekten* verbunden.

(3) Träger der Tätigkeiten
Wer?
Dieses Element benennt, wer die jeweilige Tätigkeit realisiert. Dies können Organisationseinheiten, Stellen, Personen, Programme (z.B. auch WebServices) oder auch Maschinen sein.

Beziehungen zwischen Zuständigen
Diese „Zuständigen" werden den elementaren Tätigkeiten zugeordnet. Es sollte möglich sein, mehrere Träger darzustellen, auch Beziehungen zwischen den Trägern („Dies erledigt der *Verkauf* entweder mit der *Produktion* oder mit dem *Controling*").

(4) Informationen auf Trägern aller Art
Verbindung zu den Daten
Dieses Element erfasst jede irgendwie genutzte Information auf allen Trägern. Dies ist grundsätzlich notwendig, gibt aber auch den Hinweis auf Optimierungspotential. Außerdem stellt es die Verbindung zu den statischen Aspekten dar (den Datenbanken).

(5) Informationsverarbeitung
Unabdingbar für eine Standardprozessmodellierung ist, die Informationsverarbeitung während der Realisierung der elementaren Tätigkeiten zu erfassen.

Der Grund ist, dass in jedem Geschäftsprozess zahlreiche und umfangreiche Informationen verwaltet werden. Schließlich stellt ja auch jedes *Geschäftsobjekt* Information dar.

Dieses Erzeugen, Bearbeiten, Löschen und Transportieren von Information ist den oben eingeführten elementaren Tätigkeiten zuzuordnen. Die dort angegebenen Träger sind dann die informationsverarbeitende Einheit.

Die Erfassung der Informationsverarbeitung stellt den Zusammenhang zwischen Prozess- und Funktionsmodellierung her.

(6) Nachrichten

Dabei geht es um Nachrichten zwischen den Teilnehmern am Geschäftsprozess, z.B. zur Koordinierung ihrer Tätigkeiten. Die Partner des Nachrichtenaustausches können Menschen oder Programme sein.

(7) Ereignisse

Gedacht ist hier an die für den Geschäftsprozess wichtigen Ereignisse. Ereignisse in diesem Sinne sind ein Bestandteil des Kontrollflusses.

Immer dabei

In der Ablaufmodellierung werden schon lange Ereignisse und Aktionen miteinander verknüpft. Die einfache Tatsache, dass eine Tätigkeit startet, ist ein Ereignis bzw. bedingt ein Ereignis (die Ursache für die Tätigkeit). Die Tatsache, dass eine Tätigkeitsfolge endet, stellt wiederum ein Ereignis dar, bzw. führt zu einem Ereignis – oder auch zu mehreren, entsprechend der Operatoren. Dieses Konzept, Tätigkeitsfolgen und Ereignisse miteinander zu verknüpfen, ist elementar und aus der Standardprozessmodellierung nicht wegdenkbar.

Die Ereignisse kommen aus dem Ereignisraum des Unternehmens. Zu dieser gehört das Unternehmen selbst, seine Geschäftspartner, staatliche Einrichtungen, das politische System („Energiewende jetzt") und die Gesellschaft als solche („Wir wollen keine Stromtrassen").

(8) Kontrollfluss
Sequentielle Abfolge + Verzweigungen

Der Kontrollfluss regelt die Abfolge der elementaren Tätigkeiten. Hierzu gehört zuerst die sequentielle Anordnung (hintereinander), dann aber auch die Verzweigung.

Für die Standardprozessmodellierung genügt der einfachste Fall. *Geschäftsprozess wird angestoßen, abgearbeitet, beendet und steht erst dann wieder zur Verfügung.* Also:

- Kein Neustart, wenn schon gestartet
- Keine Nebenläufigkeiten (echte, technische Parallelität)
- Gesamtbeendigung: Wenn die Tätigkeitsfolge beendet wird, ist sie insgesamt beendet, läuft nicht irgendwo in Kontrollflusszweigen weiter.

Bei den Verzweigungen des Kontrollflusses ist im einfachsten Fall folgendes einzuplanen:

- Ein *exklusives Oder*: Genau einer der verknüpften Kontrollflusszweige wird aktiv, dann geht es weiter.
- Ein *Oder* (nicht-exklusives Oder): Eine beliebige Teilmenge der verknüpften Kontrollflusszweige wird aktiv, dann geht es weiter.
- Ein *Und*: Genau einer der verknüpften Kontrollflusszweige wird aktiv, dann geht es weiter.

Vgl. zu diesen Operatoren auch (Staud 2014, Kap. 5) oder (Staud 2006, Kap. 4).

Es müssen elementare Tägigkeiten, aber auch Ereignisse mit diesen Operatoren verknüpft werden können.

Zusammenführen

Dies betrifft nicht nur das Aufteilen des Kontrollflusses in mehrere Zweige, sondern auch das Zusammenführen mehrerer zuvor getrennter Kontrollflusszweige.

Start und Ende

In einem Kontrollflusskonzept sollte auch ein Element für den Start und die Beendigung des Geschäftsprozesses vorhanden sein. Damit ist dann auch die oft vorkommende Ralweltsituation mehrerer alternativer Startpunkte problemlos modellierbar.

Gesamtende

Das Element zur Beendigung einer Tätigkeitsfolge sollte die gesamte Tätigkeitsfolge beenden. Die Beendigung eines einzelnen Zweiges ist außerhalb von angestoßenen Teilaufgaben in der Standardprozessmodellierung nicht nötig.

(9) Andere Flüsse, Transporte

Es ergibt sich sehr oft, dass zum Gesamtbild eines Geschäftsprozesses auch Flüsse von Materialien, Produkten und Unterlagen gehören, v.a., wenn sich bei diesen Optimierungsbedarf manifestiert. In (Staud 2006, Abschn. 6.2) findet sich dazu ein aussagekräftiges Beispiel. Diese „anderen Flüsse" sollten in einer Standardprozessmodellierung auch erfasst und dargestellt werden können.

(10) Ebenen – Kapselung
Horizontale Integration

Eine Standardprozessmodellierung muss Detaillierungsebenen ermöglichen. Dies kann im einfachsten Fall so realisiert werden, dass einfach in den Elementen, die elementare Tätigkeitsfolgen erfassen, mehr oder weniger vom jeweiligen Abschnitt der Tätigkeitsfolge reingepackt wird (strukturell ähnlich dem, was im vorigen Kapitel unter dem Stichwort Prozess- vs. Funktionsmodellierung dargestellt wurde).

Vertikale Integration

Aussagekräftiger ist allerdings, wenn zwischen den in den einzelnen Ebenen gekapselten Tätigkeitsfolgen Beziehungen vorliegen, sodass klar ist, welche Tätigkeitsfolge in der höheren Ebene zusammengefasst ist. Zum Beispiel mit exakten Verweisen zwischen den Ebenen, so wie bei den *Strukturierten Aktivitätsknoten* oder den *Subautomaten im Zustand*.

(11) Zeitliche Dimension

Für eine Standardprozessmodellierung genügt es, wenn bzgl. der zeitlichen Dimension folgendes erfasst werden kann:

- die zeitliche Abfolge durch die sequentielle Anordnung
- Zeitpunkte
- Zeitverbrauch (vorgesehener), zumindest bei ausgewählten Tätigkeiten

(12) Subprozesse

Eher aus der Praxis der Modellierung kommt diese Theorieelement. Hier ist man oft genötigt, lange Tätigkeitsfolgen aufzuteilen. Zum einen, weil dadurch oft genutzte Prozessabschnitte an verschiedenen Stellen einfach per Verweis eingebaut werden können, zum anderen schlicht wegen der Übersichtlichkeit der entstehenden Grafik. Meist handelt es sich um Prozessabschnitte, die separat, unabhängig vom Gesamtprozess, betrachtet und aufgerufen werden können.

Und danach ....

Soweit, kurz und knapp aber hoffentlich ausreichend für die notwendigen Vergleiche in den angesprochenen Kapiteln, diese Grundanforderungen an eine Standardprozessmodellierung.

Geht man weiter, insbesondere auch in Hinblick auf eine systemnahe Prozessmodellierung, dann müssen diese Konzepte in vielerlei Hinsicht ergänzt werden, wobei dabei die Betrachtung der „Verhaltens-Kapitel" der objektorientierten Theorie sehr hilfreich ist.

Per Gesamtsicht zur Automatisierung

Ein wesentlicher Punkt wäre der, der unter dem Stichwort *Gesamtsicht* oben mehrfach diskutiert wurde: Das Ganze sehen, nicht nur einzelne Prozesse, mit allen Konsequenzen und mit einer Verknüpfung zur Standardprozessmodellierung. Dies erfordert die Übernahme von Theorieelementen, die oben unter den Begriffen *Nebenläufigkeit*, *restart*, *streaming*, *nicht alternative Startknoten*, *Abschalten einzelner Kontrofllusszweige* usw. diskutiert wurden und die Grundlage vollkommen automatisierter Geschäftsprozesse sind.

Literatur

Staud, Josef Ludwig. 2006. *Geschäftsprozessanalyse. Ereignisgesteuerte Prozessketten und objektorientierte Geschäftsprozessmodellierung für Betriebswirtschaftliche Standardsoftware*, 3. Aufl. Berlin: Springer.

Staud, Josef Ludwig. 2014. *Ereignisgesteuerte Prozessketten. Das Werkzeug für die Modellierung von Geschäftsprozessen*. Vilshoefen: Lindemann.

Staud, Josef Ludwig. 2017. *Geschäftsprozesse und ihre Modellierung mit der Methode Business Process Model and Notation (BPMN 2.0)*. Hamburg: tredition.